KB021118

우리아이
영 어 책
지 도

한 살부터 열아홉 살까지 아이표 영어 ‘책’ 도서관
우리 아이 영어책 지도

1판 1쇄 발행 2021년 8월 25일
1판 5쇄 발행 2024년 9월 10일

지 은 이 | 아이걸음
펴 낸 이 | 이정훈, 정택구
책임편집 | 송기자
교   열 | 한정아

펴 낸 곳 | (주)혜다
출판등록 | 2017년 7월 4일(제406-2017-000095호)
주   소 | 경기도 고양시 일산동구 태극로11 102동 1005호
대표전화 | 031-901-7810 **팩스** | 0303-0955-7810
홈페이지 | www.hyedabooks.co.kr
이 메 일 | hyeda@hyedabooks.co.kr
인   쇄 | (주)재능인쇄

저작권 ⓒ 2021 아이걸음
편집저작권 ⓒ 2021 (주)혜다

ISBN 979-11-91183-07-8 03740

이 책은 저작권법에 의해 보호받는 저작물입니다.
저자와 (주)혜다의 서면 허락 없이 내용의 일부를 인용하거나 발췌하는 것을 금합니다.

책값은 뒤표지에 있습니다.
제본, 인쇄가 잘못되거나 파손된 책은 구입하신 곳에서 교환해 드립니다.

한 살부터 열아홉 살까지 아이표 영어 '책' 도서관

우리아이
영어책
지 GUIDE & MAP 도

아이걸음 지음

헤다

| 편집 원칙 |

• 본문에서 소개하는 영어책 제목은 나중에 책을 검색할 때를 고려해 영어로 표기했어요. 간혹 한글인 경우가 있는데, 책을 찾는 데 어려움이 없을 만큼 대중적이거나 앞선 문장에서 반복적으로 나온 책일 경우예요.

• 한글판 도서가 있는 경우 영문 제목 옆에 한글판 도서명을 표기했어요. 영어책에 집중하기 위해 모든 한글판 제목을 쓰지는 않았고 필요하다고 판단될 때만 표기했어요.

• 작가는 글작가와 그림작가(또는 삽화가)가 있어요. 리더스북, 챕터북, 소설책은 보통 글작가의 이름만 써요. 삽화가가 아주 유명하거나 삽화가의 역할이 더 중요한 경우에는 글작가와 함께 표기했어요. 그림책은 글작가와 그림작가가 같은 사람인 경우가 많아요. 하지만 글작가와 그림작가가 다른 경우 (글작가, 그림작가)로 표기했어요. 글작가가 두 명인 경우에는 (글작가1 & 글작가2)로 표기했어요.

• 본문에 책제목은 〈 〉로 통일했어요. 단행본과 시리즈물의 경우도 〈 〉로 표시했어요. [ ] 는 여러 단행본과 시리즈를 포함한 개별 출판사의 브랜드로 주로 리더스북 브랜드에서 사용했어요.

"우리 아이에게
어떤 영어책을 골라줘야 할까?"

아이에게 꼭 맞는 영어책 세계로 안내하는 지도와 나침반

> "가장 개인적인 것이 가장 창의적인 것이다."
>
> _봉준호(영화감독)

영어 학습에서 영어책 읽기의 중요성과 필요성이 대두되면서 이에 대한 관심도 커졌습니다. 그러나 영어책에 대한 정보는 꽤 제한적이고 평면적이에요. 영어에 대한 두려움이 있는 엄마와 영어를 잘하는 엄마 모두 자기 아이의 영어책을 고르면서 어려움을 겪습니다. 10년 넘게 수도 없이 반복적으로 받는 질문이 있어요.

- 원서를 읽고 싶은데 무슨 책부터 읽어야 할까요?
- 파닉스 끝내고 영어책 읽기를 시작하려 하는데, 어떤 책을 읽어야 할까요?
- 챕터북이 어려우면 무슨 책을 읽어야 할까요?
- 〈매직트리하우스〉를 싫어하는데 무엇을 읽어야 할까요?
- 〈아서〉 챕터북을 재미있게 읽었는데 비슷한 책은 뭐가 있나요?

- 리딩 레벨이 2학년 수준이라면 어떤 책을 읽어야 할까요?
- 여자아이가 주인공인 책을 싫어하는 남자아이는 무슨 책을 읽게 해야 할까요?
- 원서 읽기를 늦게 시작해서 읽기 실력이 낮은데, 챕터북은 유치하다며 싫어할 땐 어떻게 해야 할까요?
- 〈퍼시잭슨〉 좋아하는 아이에게는 어떤 책을 권해야 할까요?
- 〈해리포터〉를 읽으려면 원서를 얼마나 많이 읽어야 할까요?
- 역사적 사실을 배경으로 한 책은 어떤 것이 있나요?
- 논픽션은 읽지 않으려고 하는데, 이럴 땐 어떻게 해야 하나요?
- 칼데콧 수상작들을 이미 한글 그림책으로 다 읽었는데, 원서로 다시 읽어야 하나요?
- 뉴베리 수상작이 너무 많은데 어떤 책부터 읽어야 할까요?
- 뉴베리 수상작은 얼마나 많이 읽어야 할까요?
- 중고생 수준의 책을 읽고 싶다면 무엇을 읽어야 할까요?

이런 고민을 해결하기 위해 많은 엄마가 영어 교육서에 나온 추천 도서 목록을 공부하거나 온라인상의 영어책 후기를 읽어봅니다. 온라인과 오프라인의 영어책 서점을 뒤지느라 시간을 쏟고 노력을 기울입니다. 그래도 해결되지 않아 다음과 같은 하소연을 합니다.

- 수상작 목록이나 추천 도서 목록은 쉽게 구할 수 있지만, 그 목록만으로 아이에게 맞는 책 고르기가 쉽지 않아요.
- 표지와 제목만 잔뜩 나열한 정보로는 아이가 좋아할 만한 영어책을 고르기 힘들어요.

- 10~20년 전 인기 도서는 많이 알려졌지만, 최근 도서 정보는 얻기 힘들어요.
- 유아 대상 책 정보는 쉽게 찾을 수 있는데, 초중고생 책 정보는 상대적으로 드물어요.

영어책 고르는 안목이 있는 엄마

영어 공부는 하루아침에 끝나지 않아요. 최소 10년이 걸립니다. '조금씩이라도 매일 꾸준히 하는 것'이 외국어 학습을 성공으로 이끕니다. 단순하지만 실천하기 어려운 이 일을 가능하게 하는 힘은 '재미'입니다. 아이들은 재미있어야 열심히 하고, 계속하고, 끝까지 하기 때문이에요. 우리 아이가 영어책 읽기를 재미있게 하기 바란다면, 아이가 재미있게 읽을 수 있는 책을 찾아 주면 됩니다.

그러면 재미있는 책은 어떻게 찾을 수 있을까요? 좋은 영어책은 정말 많습니다. 각종 기관에서 추천하는 필독서 목록과 계속 쏟아져 나오는 최신 베스트셀러만 읽어도 24시간이 부족할 지경이에요. 더 큰 문제는 남들이 좋다는 책을 우리 아이가 좋아한다는 보장이 없다는 점이에요. 엄마에게 필요한 능력은 아이가 재미있게 읽을 책을 찾는 안목이에요. 아이가 계속 재미있게 읽기를 원한다면, 한두 권이 아니라 수많은 책을 계속 찾아야 해요. 이런 안목을 기르려면 어떻게 해야 할까요?

안목은 하루아침에 만들어지지 않아요. 엄마는 아이를 잘 알고 있다고 생각하지만, 아이의 책 취향을 파악하는 데는 시간과 노력이 필요합니다. 아이의 책 취향을 파악하려면 아이가 좋아하는 책에 대한 데이터베이스가 구축되어야 해요. 아이가 자라면서 좋아하는 책도 변하는데,

그런 변화를 반영한 최신 데이터베이스로 업데이트해야 해요. 좋아하는 책뿐만 아니라 싫어하는 책도 귀중한 데이터예요. 다른 집에서 대박 났다는 책이 우리 집에서는 쪽박이라면, 실망할 게 아니라 아이의 취향에 대한 귀중한 발견이라고 기뻐해야 합니다.

이 과정은 노동이 아니라 선물이에요. 엄마 혼자 열심히 공부해서 좋은 책을 대령할 게 아니라, 아이와 함께 책 고르는 행복한 시간을 선물받았다고 생각하면 어떨까요?

두근거리지 않는 책은 읽지 마라

"설레지 않는 물건은 버리라"는 말이 있어요. 갖고 있어야 할 물건과 버려야 할 물건을 가르는 기준이 되는 말이에요. 물건을 덜 가지려고 노력하는 이유는 시간과 에너지와 물건을 더 잘 사용하기 위해서예요. 책도 마찬가지입니다. 많은 책을 사고 읽는 것이 능사가 아니에요. 책을 읽는 데 들어가는 것은 돈과 시간과 에너지만이 아닙니다. 책을 읽으면서 아이는 마음과 생각 또한 사용하고 있어요. 돈과 시간과 에너지가 유한한 자원이듯, 아이의 마음과 생각도 유한한 자원이에요.

아이의 마음과 생각을 설레지도 않는 것으로 채우는 것은 낭비예요. 아이의 유한한 시간과 마음과 생각을 이왕이면 설레는 것들로 채우는 게 좋지 않을까요? 정보나 기억에 감정이 입혀지면 그 기억은 오래 남고 아이의 삶에 영향을 미칩니다. 시간이 지나면 읽었던 책은 잊힐 수 있지만, 그 책을 읽었던 행복한 경험은 평생 아이와 함께해요.

이 책은 수많은 영어책 정보 속에서 우리 아이가 좋아할 만한 책을 찾는 데 지도가 되길 바라는 마음으로 썼습니다.

서울에서 부산까지 가는 길은 여러 가지예요. 빨리 가는 게 목적이라면 고속열차를 타면 돼요. 가면서 중간중간 큰 도시에 내려 놀다 가는 방법도 있고, 일반 기차나 고속버스를 타고 가는 방법도 있어요. 직접 운전해서 갈 수도 있고요. 중간에 대전이나 대구에 들를 수도 있고, 광주나 여수까지 갔다가 지리산을 경유할 수도 있어요. 이제 얼마나 빨리 도착했느냐가 아니라, 가는 동안 무엇을 보고 느끼고 배웠는지, 나만의 것이 무엇인지를 묻는 세상으로 변했어요.

"가장 개인적인 것이 가장 창의적인 것이다"라고 한 봉준호 감독의 말이 떠오릅니다. 혼자 가는 길은 외롭고 위험하지만, 나만의 길이기에 독창적이에요. 이 책이 우리 아이에게 꼭 맞는 길을 찾기 위한 지도가 될 수 있기를 바랍니다. 나침반은 바로 여러분의 아이가 되어줄 거예요.

아이걸음

C O N T E N T S

8장 아이표 영어책 지도에서 우리 아이 취향과 꿈 찾기

한 살부터 열아홉 살까지
우리 아이 영어책

서점이나 도서관의 책 분류 방식을 알면
책 고르기가 한결 편해요

영어책 읽기를 처음 시작할 때 엄마들이 가장 궁금한 건 '무슨 책부터 읽어야 하나'입니다. 온·오프라인 상관없이 엄마들은 도서관이나 서점에서 영어책을 찾는 데 어려움을 느낍니다. 아이에게 어떤 책이 필요한지도 모르겠고, 책이 어디에 있는지 찾기 힘들기 때문이에요. 이때 고려해야 할 것은 아이의 나이와 영어 수준입니다. 아이의 영어 실력이 나이와 비슷하다면 해당 연령대 책을 찾으면 돼요. 아이의 영어 실력이 나이와 다르다면 영어 실력 연령이 비슷한 곳에서 책을 찾아야 해요. 아이의 영어 실력이 어느 정도인지 잘 모른다면 낮은 연령의 책에서 높은 연령의 책으로 올라가며 찾으면 돼요.

영어책 도서관이나 서점은 나이에 따라 책이 분류되어 있어요. 우리나라 도서관이나 서점이 어린이, 청소년, 성인으로 분류하는 것과 비슷해요. 영어책은 어린이(Children, Kids)와 성인(Adult), 그리고 그 중간인 영 어덜트(Young Adult)로 나뉘어요. 영 어덜트는 십 대 후반부터 이십 대 초반까지를 의미해요. 한국의 청소년은 중학생과 고등학생인데 미국의 영 어덜트는 고등학생과 대학생이에요. 그래서 영 어덜트 코너에는 중학생이 읽기에는 이른 내용이 많이 포함되어 있으니 조심해야 해요.

이 책에서는 성인용 책은 다루지 않고, 어린이 책과 영 어덜트 책 위주로 설명할게요. 영 어덜트 책까지 읽고 나면, 아이가 관심 있는 성인 도서 찾는 방법은 이미 터득했을 테니까요.

연령별 영어책 분류 방식

한국은 어린이 책을 영유아, 유아, 초등학생, 청소년 책으로 나눠요. 미국도 어린이 책을 연령에 따라 영유아, 유아, 초등생, 중학생 책으로 나눕니다. 책 형태로 분류하면 그림책, 리더스북, 챕터북, 소설책이 있는데, 독자의 나이와 연관되어 있어요.

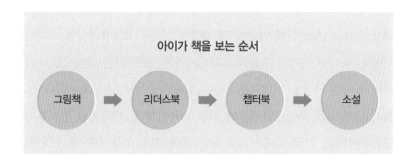

아이가 책을 보는 순서

그림책 ➡ 리더스북 ➡ 챕터북 ➡ 소설

영유아부터 유아까지는 주로 그림책을 봅니다. 유치원생과 초등 1학년생은 그림책도 보지만, 읽기 연습용 책인 리더스북을 읽어요. 초등 저학년생은 얇은 문고판 형태의 챕터북을 읽고, 초등 고학년생부터는 소설을 읽어요.

책 분량을 보면 그 책의 대상 연령을 파악하기 쉬워요. 그림책은 주로 32쪽이고, 리더스북도 32쪽 전후가 많습니다. 2~3학년생이 주로 읽는 챕터북은 70~150쪽, 4~5학년생이 주로 읽는 소설책은 200~300쪽 정도입니다. 중학생 이후 읽는 소설은 300~600쪽으로 다양해요.

논픽션 책은 연령이 아닌 주제에 따라 분류해요. 어린이 논픽션 서가에는 유아부터 중학생까지의 책이 모여 있어요. 책 두께나 난이도에 상관없이 주제별로 분류합니다.

미국의 학제 시스템

미국 서점에서는 어린이 책을 0~2세, 3~5세, 6~8세, 9~12세, 영 어덜트로 나눠요. 그 기준은 학제 시스템과 연관이 있어요.

미국 학교도 초등학교, 중학교, 고등학교, 대학교가 있어요. 한국과 다른 점은 초중고를 1~12학년까지 쭉 이어서 부른다는 거예요. 한국에서 중학교 1학년이면 미국에서는 7학년, 고등학교 1학년이면 10학년이에요. 유치원 과정이 초등학교 과정에 있는 것도 다른 점이에요. 1년짜리 유치원 과정을 킨더가튼(Kindergarten)' 줄여서 '킨더(Kinder)'라고 불러요. 한국은 초등 1학년부터 의무 교육이지만, 미국에선 킨더부터 공교육이에요. 한국 학제는 초등 6년, 중등 3년, 고등 3년, 총 12년이지요. 미국은 주마다 차이가 있지만, 일반적으로 초등 6년(킨더~5학년),

중등 3년(6~8학년), 고등 4년(9~12학년), 총 13년으로 운영해요.

영어책을 듣는 시기와 읽는 시기

아이에게는 영어책을 듣는 시기와 읽는 시기가 있어요. 학교에 입학하기 전에는 부모와 어린이집 선생님이 책 읽어주는 것을 들어요. 킨더부터 1학년 때까지는 주로 읽기를 배우고 연습해요. 듣기와 읽기가 공존하지만, 듣는 시간이 더 많아요. 2학년 때까지 읽기 연습을 하며 혼자 읽기를 하고, 3학년 이후부터 본격적으로 읽어요. 책을 듣는 시기에 아이가 접하는 것은 그림책이에요. 엄마와 선생님이 읽어주기 때문에 그림책에는 어려운 단어도 꽤 있어요. 이런 단어들은 들으면 알지만 직접 읽기는 어려워요. 원어민 아이들이 어릴 때 듣는 책이라고 해서 영어를 공부하는 한국 아이들이 그림책부터 읽기 시작할 때 어려움을 호소하는 이유예요. 한국은 초등학교 입학 전에 집 또는 유치원에서 대부분 한글을 떼고 읽기 독립을 하지만, 미국에선 이 과정을 킨더에서 해요. 킨더와 1학년을 거치며 읽기 독립을 합니다.

이 책의 연령 분류 기준

영유아를 세분하면 생후 0~18개월은 베이비, 18~36개월은 토들러, 만 3~4세는 프리스쿨러라고 불러요. 공교육은 킨더부터 시작하지만, 주에 따라 만 4세 프리스쿨 과정을 학교에서 이수하는 곳도 있어요. 그래서 프리스쿨러라고 하면 만 4세를 떠올리기도 해요. 이 책에서는 프리스쿨러 만 3세와 프리스쿨러 만 4세를 구분했어요. 책에서 토들러, 프리스쿨러, 킨더와 같은 용어를 사용하는 이유는 영유아, 유아, 유치원으로 해석할 경우 연령대가 달라지기 때문이에요. 한국의 유치원 3년 과정이 미국에서는 프리스쿨과 킨더를 포함해요.

책에서 제시한 연령별 도서는 원어민 아이들이 평균적으로 읽는 나이의 책입니다. 한국 아이가 원어민 아이의 연령과 똑같이 읽어야 한다는 의미는 아니에요. 아이가 몇 살에 영어책을 처음 접하는지에 따라 아이가 읽어야 할 책의 연령대가 달라져요.

초등학생, 중학생, 고등학생도 미국 학년을 기준으로 표현했어요. 이 책에서 중학생 책은 6~8학년, 고등학생 책은 9~12학년 책을 의미해요. 미국은 초등 고학년생과 중학생이 읽는 책을 Middle Grade 소설이라고 부르기도 해요. Middle School(중학교)은 6~8학년이지만, Middle Grade 소설은 4~8학년 책을 의미하는 경우가 많아요. 이 책에서는 3~5학년생 소설을 초등학생 소설, 6~8학년은 중학생 소설, 9~12학년은 고등학생 소설로 분류했어요.

고등학생은 영 어덜트 소설을 많이 읽지만, 엄밀히 구분하면 11~12학년부터 영 어덜트에 들어가요. 9~10학년은 정신적 성숙도에 따라 영 어덜트 소설이 아직 적합하지 않을 수 있어요. 영어 실력뿐만 아니라 아이의 정신적·정서적 연령도 고려해서 책을 고르세요.

처음 영어책 읽는 시기에 따라 달라지는 책 고르기

아이마다 언어 능력이 달라요. 어떤 아이는 또래보다 빠르고, 어떤 아이는 또래보다 늦어요. 영유아기에는 또래보다 늦은 듯 보이다가 어느 시기부터 갑자기 빨라지는 아이도 있고요. 다른 능력을 개발하는 데

더 관심이 많아 언어에는 관심이 덜한 아이도 있어요.

한글책을 읽는 시기는 아이의 언어 능력 외에도 여러 요소에 의해 결정돼요. 한글책을 읽으면서 아이의 성향을 파악하세요. 영어책 읽기도 한글책 읽기와 비슷하게 하는 아이가 있고, 한글책은 잘 읽는데 영어책은 부담을 갖는 아이도 있어요. 모국어 독서도 아이마다 편차가 있듯 영어책 읽기 또한 아이마다 시작 시기와 속도가 다르니, 이 예시를 참고하여 내 아이에게 맞는 책을 고르세요.

이 책에서 말하는 연령별 구분은 내 아이의 현재 나이가 아니라, 원어민 아이를 기준으로 해당 연령에 보편적으로 읽는 책의 예시예요. 예를 들어 책 속에 나오는 1학년 아이의 책을 우리 아이가 1학년 때 읽어야 한다는 의미가 아니에요. 우리 아이가 1학년 수준의 책을 읽을 수 있게 되었을 때 읽을 만한 책이라는 뜻이에요.

●**원서 읽기를 일찍 시작하는 경우** 한글 독서와 비슷한 수준으로 읽어주면 돼요. 해당 연령대에 오래 머무를수록 좋아요. 만 4세 이전에 시작한다면 다음 연령대로 성급하게 넘어가기보다 그 연령대에서 읽을 수 있는 책을 가능한 한 많이 읽어주세요. 어린 나이일수록 책을 많이 읽어주되, 되도록 천천히 어려운 책으로 나아가는 게 좋아요. 만 4세에 시작한다면, 생후 0~18개월과 18~36개월 책은 건너뛰어도 돼요. 이때는 만 3~4세 이상 책으로 시작할 수 있어요. 읽어보고 아이가 어려워하면 좀 더 쉬운 책으로, 읽어주기 적당하다면 해당 연령대 책을 꼼꼼히 읽은 후 다음 연령대로 넘어가세요.

●**5세 이후 영어책 읽기를 시작하는 경우** 이 시기가 되면 이미 한글 그림책으로 외국 작가의 책을 접했을 거예요. 베이비 책은 건너뛰고

18~36개월 토들러 책 표지를 둘러보세요. 아이가 좋아했던 작가가 눈에 들어오면 그 작가의 다른 책을 영어책으로 읽어주세요. 그 책이 시리즈로 나왔다면 같은 시리즈의 다른 책을 읽어주세요. 시리즈물은 보통 10권 이상이니 자연스럽게 영어책 다독으로 이끌 수 있어요. 토들러 책까지는 스토리가 단순해 너무 많이 읽어주지 않아도 돼요. 이미 한글책 읽기를 통해 스토리에 빠지는 경험도 해봤을 테니, 스토리가 탄탄한 유아용 영어책으로 넘어가세요. 만 3~4세 프리스쿨러 대상의 책을 찾으면 돼요. 몇 권만 읽어도 되지만, 아이가 좋아하는 작가나 시리즈가 생기면 충분히 읽어주세요. 6~7세에 시작하는 경우에는 만 3세 책의 일부를 보고, 만 4세 이후의 책 위주로 읽으며 연령대 높은 책으로 넘어가세요.

●**초등 1~2학년 때 영어책 읽기를 시작하는 경우**　영어 그림책 읽기부터 시작해도 되고, 리더스북 읽기로 시작해도 돼요. 책을 읽기 전 듣기가 어느 정도 돼 있어야 읽기에 가속도가 붙어요. 영어 노래나 영상물, 오디오북 등을 통해 이미 영어 소리에 익숙하다면 아이가 좋아하는 수준의 책을 읽어주세요. 어떤 아이는 그림책을 좋아할 수도 있고, 어떤 아이는 한글 그림책을 충분히 봐서 리더스북을 선호할 수도 있어요. 리더스북을 어느 정도 읽다가 그림책으로 다시 돌아가는 방법도 있어요. 그림책에 나온 어휘 수준이 리더스북보다 높은 경우가 많기 때문이에요.

그림책으로 시작한다면, 우선 만 3세 이상 책에서 몇 권, 만 4세 이상 책에서 몇 권 정도만 읽어주세요. 이런 식으로 아이가 좋아하는 수준을 파악한 뒤, 해당 연령대의 책을 편하게 즐길 수 있을 때까지 읽게 하세요. 그런 뒤 다음 연령대로 넘어가는 방식이에요.

●**초등 3~4학년 때 영어책 읽기를 시작하는 경우**　이미 학교나 학원,

집에서 영어를 접한 경우가 많아요. 간단한 수준의 책을 읽을 수 있다면 리더스북으로 읽기를 시작하세요. 리더스북의 낮은 레벨부터 차근차근 올라가면서 단어의 난이도와 문장 수준이 높아지도록 하세요. 리더스북을 어느 정도 읽은 후에 프리스쿨과 킨더 수준의 그림책을 읽어보는 것도 좋지만, 그림책은 어린아이들이 읽는 책이라며 거부하는 아이도 있어요. 그렇다면 리더스북을 충분히 읽고 챕터북으로 넘어가세요. 책을 고를 때는 아이가 편하게 느낄 수 있는 쉬운 수준에서 시작하세요. 처음에는 자기가 읽는 한글책보다 너무 쉽고 유치한 내용이라고 거부할 수도 있지만, 그럴 땐 곧 재미있는 책을 읽을 수 있다고 격려해주세요. 자신의 영어 실력보다 어려운 책으로 시작하고 싶어 하는 아이도 있어요. 도전정신이 뛰어나서이기도 하고, 아이만의 이유가 있을 수 있어요. 아이 의견을 충분히 반영하는 게 영어책 읽기에 성공하는 길이에요.

이미 한글 독서를 통해 습득한 언어 능력과 유추해석 능력, 이해력, 학습 능력이 있으니 부담스러워하지 않는 선에서 아이의 연령대 책까지 빠른 속도로 읽어가도 돼요. 이 책에서 소개하는 연령별 영어책은 대부분 1년 단위로 나뉘어요. 원어민 아이들이 각 단계를 넘어가는 데 1년이 걸린다는 의미예요. 하지만 영어책 읽기를 늦게 시작하면 그 시간이 단축되기도 해요. 영유아기에 한글책과 영어책 읽기를 병행하면 영어책 읽기의 속도는 단계별로 1년씩 걸리지만, 초등학교 입학 전후에 시작하면 단계별로 처음에는 1년이 걸리다가 점점 기간이 짧아지기도 하고, 처음부터 6개월 이내가 될 수도 있어요. 물론 꾸준히 한다는 것을 전제로 할 때만 적용되는 이야기예요. 한글책을 잘 읽을수록 영어책 읽기에도 가속도가 붙어요. 한글책 읽기를 절대로 소홀히 해선 안 됩니다.

●**파닉스를 끝내고 영어책 읽기를 시작하는 경우** 유치원, 초등 방과후

수업, 학원 등을 통해 파닉스 규칙만 배운 아이들이 있어요. 영어 노래, 영어 영상물, 영어 그림책, 영어 오디오북 같은 콘텐츠는 전혀 접해 본 적이 없는 경우가 많아요. 이런 아이들에게는 아이가 좋아하는 영어 콘텐츠를 접하며 영어 소리에 익숙해지는 시간을 먼저 허락해 주세요. 파닉스에서 만났던 단어들을 소리로 접하는 시간이 필요해요. 그 이후 아이의 연령에 따라 그림책이나 리더스북으로 읽기를 시작하면 돼요. 아이가 혼자 읽기 연습을 하기 전 엄마가 읽어주면 더 좋아요. 초등 입학 전이라면 영어 그림책을 충분히 접하는 게 좋고, 만 7세나 초등 입학 후 아이가 문자에 관심이 많다면 읽기 연습을 시작해도 좋아요. 읽기 연습에는 그림책보다 리더스북이 더 쉬워요.

어려서부터 학습 형태를 띤 영어책만 보여줬다면, 초등생이라도 그림책을 많이 볼 수 있게 해주세요. 그림책을 보면서 좋았던 시간이 그림이 없는 책을 즐길 수 있는 자양분이 돼요. 한글 그림책을 충분히 읽었다면, 영어 그림책을 즐길 수 있는 기본 체력은 준비된 셈이에요. 영어로도 한글 그림책과 같은 즐거움을 체험할 수 있게 도와주세요. 만약 아이가 한글 그림책을 충분히 보지 못했다면, 영어 그림책을 통해 그림책 읽는 즐거움을 느끼게 해주세요.

목표는 원어민 대학생 수준의 원서 읽기

어느 도서관이나 서점에 가도 어른 책이 아이 책보다 훨씬 많아요. 나이 들수록 책을 더 많이 읽어야 한다는 뜻이기도 해요. 영어책도 그래요. 아이에게 어렸을 때부터 영어책을 읽게 하는 이유는 어른이 되어서 영어로 된 글을 자유롭게 읽을 수 있게 하기 위해서예요. 초등 5학년 수준의 〈해리포터〉를 영어책 읽기의 최종 목표로 생각하면 안 돼요. 〈해리포터〉는 전체 영어 콘텐츠를 대표하지 못해요. 아이가 크면서 영어책 읽는 수준도 함께 높아져야 해요

수능 영어는 미국의 중학교 수준이에요. 영어 학원의 진도가 미국 중학교 수준에서 멈추는 경우가 많은데, 영어를 평생 사용할 생각으로 영어책 읽기를 한다면 원어민 대학생 수준의 원서 읽기를 목표로 해야 해요. 어려서부터 영어책을 즐겨 읽다 보면 원어민 중고생이 읽는 영 어덜트 소설까지 읽는 게 그리 어렵지 않아요. 그 수준의 책을 읽을 수 있게 되면 소화할 수 있는 영어 콘텐츠가 무궁무진해요. 청소년 소설을 읽을 영어 실력을 갖추면 각종 시험의 주요 변수인 논픽션 읽기도 한글책 읽기와 함께 하면서 훨씬 수월하게 접근할 수 있어요.

연령별 영어 독서

연령 / 학년		1	2	3 PK	K	1	2	3	4	5	6	7	8	9	10	11	12
		영유아			초등학생						중학생			고등학생			
엄마가 읽어주는 시기	그림책	그림책	그림책	그림책													
아이가 읽기 연습하는 시기	리더스북	리더스북			리더스북	리더스북											
	챕터북	챕터북			챕터북	챕터북	챕터북										
아이가 본격적으로 책을 읽는 시기	소설								초등 소설	초등 소설	중등 소설	중등 소설	중등 소설				
	고전													고등 소설	고등 소설	고등 소설	고등 소설
														고전	고전	고전	고전
한국 수능 영어 수준											수능 영어	수능 영어	수능 영어				
미국 수능 영어 수준																SAT/ TOEFL	SAT/ TOEFL

이 책의 구성과 활용 방법

이 책은 아이의 연령에 따라 구성했어요. 그림책, 리더스북, 챕터북, 소설, 논픽션 순서예요. 그림책도 연령에 따라 영유아, 토들러, 프리스쿨러 만 3세, 프리스쿨러 만 4세, 킨더, 1학년으로 나눴어요. 리더스북부터는 아이가 읽는 단계예요. 읽기를 시작하기 전에 알아야 할 리딩 레벨에 대해 먼저 설명하고 리더스북과 챕터북을 소개했어요. 리더스북과 챕터북도 책의 난이도와 내용에 따라 연령별, 장르별로 소개하고, 리딩 레벨을 한눈에 볼 수 있는 표도 실었어요. 소설로 넘어가기 전에 그래픽 노블을 소개한 이유는 소설로 넘어가는 데 도움이 되기 때문이에요. 만화 형식을 일부러 권할 필요는 없지만 영어책에 대한 두려움과 거부감을 줄이는 데 활용할 수 있어요.

소설은 3학년부터 12학년까지 읽어요. 3~5학년생이 읽는 초등학생 소설, 6~8학년생이 읽는 중학생 소설, 9~12학년생이 읽는 고등학생 소설을 소개했어요. 5학년 때부터 많이 읽는 뉴베리 수상작은 따로 모았어요. 고전도 나이에 따라 읽을 수 있는 책이 다르기 때문에 연령별로 분류했어요. 논픽션은 역사, 과학, 수학, 학습지와 사전, 시사와 온라인 교육으로 구분해 소개했어요.

여기까지는 영어책 지도인 셈이에요. 지도에는 많은 정보가 담겨 있지만, 그 정보가 모두에게 똑같이 필요한 것은 아니에요. 아이의 취향과 관심사에 따라 어떤 길로 갈지를 정해 각자의 길로 가는 것이지요. 이때 방향을 찾을 수 있게 도와주는 것이 나침반이에요. 그 나침반 역할을 하는 것은 우리 아이의 취향과 관심사고요.

마지막 장에서는 아이의 취향과 관심사에 따라 보기 적당한 책을 소개했어요. 동물, 공룡, 공주, 탈것, 알파벳, 명작 동화, 여행, 미술, 인체 등 아이의 그림책 취향에 따라 볼 수 있는 책을 모았어요. 초등학생 이후 신화, 성경, 판타지, 미스터리, 디스토피아, SF를 좋아하는 아이들이 볼 수 있는 책도 모았어요. 아이의 장래 희망은 계속 변하겠지만, 지금 아이가 관심 있는 직업이나 분야가 있다면 함께 찾아보면 좋아요. 인권, 환경, 저널리즘, 과학, 컴퓨터 공학, 우주, 미술, 패션, 건축, 음식에 대한 책을 소개했어요.

책을 고른 기준

소개하고 싶은 책이 정말 많아요. 다 실으면 아마 1,000쪽도 넘을 것 같아요. 그래서 고르고 골랐어요. 아이들 영어책에 주는 상은 다양해요. 그림책은 칼데콧상, 리더스북은 닥터 수스상, 초등생부터 중학생 수준의 책은 뉴베리상, 영 어덜트 책은 마이클 프린츠상, 흑인 작가에게 주는 코레타 스콧 킹상, 히스패닉 작가에게 주는 푸라 벨프레상 등이 있어요. 상 받은 책만 모아도 엄청나요. 이런 수상작을 다 읽을 수는 없으니, 꼭 읽어볼 만하거나 인기 있는 책을 골랐어요. 수상작이나 추천 도서 목록에 빠지지 않고 등장하는 책이라도 덜 읽히는 책은 제외하거나 따로 명시했어요. 간단히 언급한 책 중 관심 가는 책이 있다면 제 블로그의 '아이들 책 이야기' 카테고리에 들어 있는 내용을 이용해주세요. 책과 작가에 관한 더 자세한 내용이 정리되어 있고, 앞으로도 계속 써나갈 예정이에요.

1장

아이표 영어
그림책 지도

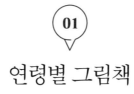

연령별 그림책

그림으로 만나는 스토리텔링 세상

그림책을 많이 접하지 못하고 자란 저는 엄마가 되어 그림책이라는 신세계를 만났어요. 책은 활자가 다스리는 세상인 줄 알았는데, 그림책 세상은 이미지의 향연이었어요. 이미지가 들려주는 스토리텔링에 빠지고, 작가의 은밀한 속삭임에 공감하고, 내 인식 안에 존재하지 않던 새로운 세상의 귀퉁이들을 많이 접했어요. 그래서인지 저는 아직도 서점이나 도서관의 그림책 서가를 서성거려요. 물 흐르듯 그림책 표지들을 스캔하다 '잠깐 멈춤' 모드가 될 때가 있어요. 눈길을 사로잡는 표지를 보면서 '아! 이건 또 뭘까?' 하는 설렘과 기대로 살짝 두근거리기까지 해요. 책장을 넘길수록 그 마음이 커지고 깊어지는 책을 만나면 행복해요. 일과 중에도 불쑥불쑥 그림책의 한 장면이나 글이 떠올라요.

저는 그림책을 만나면 '픽처 리딩(Picture Reading)'을 먼저 해요. 글자를 읽지 않고 그림만 보면서 스토리를 유추해가며 읽는 방법이에요. 픽처 리딩은 아이들이 유치원에 들어가면 배우는 그림책 읽는 법이기도 해요. 그림책의 주 독자층인 만 4~8세는 활자보다 이미지가 더 편한 연령대예요. 그림책은 그림으로 스토리텔링이 되어야 해요. 글자 없는 그림책은 있지만, 그림이 없으면 그림책이라 할 수 없어요. 좋은 그림책은 그림만으로도 어떤 내용인지 알 수 있고 즐길 수 있어요.

아이들이 영어를 즐기려면 영어로 만나는 콘텐츠가 즐거워야 해요. 영어 그림책은 영어를 공부하기 위해 보는 책이 아니에요. 스토리텔링을 듣고 느끼고 경험하기 위한 책이에요. 그래서 영어 그림책도 좋은 책을 골라야 해요. 한글책을 고를 때처럼 영어 그림책도 언어 습득을 위한 도구가 아니라, 아이의 즐거움을 위한 매개체로 대해주세요. 표지만 봐도 설레고 기대되는 책, 책장을 넘기며 스토리텔링에 빠지게 되는 책을 고르면 아이는 어느새 영어 그림책을 즐기게 됩니다.

영어 그림책은 읽기 연습이 아닌 듣기 연습용 책

그림책은 아이의 연령에 따라 영아용, 유아용, 유치원생용, 초등 저학년용 그림책으로 분류해요.(또는 0~2세용, 3~4세용, 5~6세용, 7~8세용 그림책으로 분류하기도 합니다.)

원어민 아이가 그림책을 보는 시기는 태어나서부터 초등 저학년까지예요. 특히 만 2~5세(킨더)에 가장 많이 봐요. 이 시기는 대부분 읽기를 배우기 전이거나 배웠다 해도 서툴러 부모나 선생님이 읽어주면 '귀로 들으면서 책 속의 그림을 보는 시기'예요. 즉 그림책을 듣는 시기라고 할 수 있어요. 그러니 그림책은 애초부터 읽기 연습을 위한 책이 아니에요. 아이가 그림을 보면서 스토리를 상상하고 그 세계에서 마음껏 날아다닐 수 있게 해주는 책이에요. 아이는 엄마가 읽어주는 것에 귀를 열고 여러 감각을 깨우며 스토리에 빠져 상상력을 발휘하느라 바빠요.

영어 그림책도 마찬가지예요. 이 시기에는 엄마가 한글 그림책을 읽어주듯 영어 그림책을 읽어주는 게 좋아요. 듣는 용도라 읽기 연습용 리더스북보다 단어의 난도가 높은 경우도 있어요. 라임을 맞추기 위한 단어들은 엄마들도 읽기 힘들다고 하소연하기도 해요.

초등 저학년을 위한 그림책도 있어요. 이때는 스스로 책을 읽을 수 있어, 엄마나 선생님이 읽어주는 것을 듣기도 하고 아이 스스로 읽기도 합니다. 그래도 여전히 귀로 들을 때 더 많은 것을 이해할 수 있는 시기예요. 스스로 읽을 수 있어도 아이가 원하면 읽어주세요.

처음 그림책 읽어주는 시기에 따른 책 선정 기준과 방법

처음 영어책을 접할 때는 아이 연령에 상관없이 엄마가 읽어주세요. 영어책을 읽어주기 힘든 엄마라면 유튜브에서 읽어주는 영상을 함께 보거나 오디오북을 함께 들으세요. 아이 혼자 듣게 하지 말고 엄마가 곁에 있어주면 영어를 대하는 마음이 한결 가벼워져요.

영유아기의 영어책 읽어주기나 영어 노래 들려주기는 한글책 읽어주기와 한글 노래 들려주기를 방해하지 않는 선에서 즐거운 놀이 정도로 생각하세요. 조기 영어 교육에 장점도 있지만, 영유아기는 아이에게 필요한 모국어와 사고 체계의 발달이 더 중요한 시기예요. 아이의 영어 실력은 결코 모국어 실력을 넘어서지 못해요. 영어 잘하는 아이가 되기 위한 첫 번째 관문은 모국어 실력을 키우는 일이에요.

●**생후 0~18개월인 경우** 한글책 위주로 읽어주면서 영어책도 한두 권 섞어서 읽어주세요. 0~18개월용 영어 그림책에서 소개한 책 중에서 몇 권 골라 읽어주세요. 영어책 읽어주기를 일찍 시작했으니, 한글책과 영어책 수준을 비슷하게 맞추면 돼요.

●**생후 18~36개월인 경우** 0~18개월 영어책에 나오는 책은 건너뛰어도 됩니다. 18~36개월 영어 그림책에서 소개한 책 중에서 마음에 드는 책을 몇 권 골라 읽어주세요. 한글책에서 만나지 못한 새로운 작가나 그림이면 더 좋아요.

●**만 3세인 경우** 0~18개월용 영어책에서 소개한 책은 과감히 건너뛰어도 됩니다. 갑자기 아기 책을 들이대면 아이가 흥미를 잃을 수 있어요. 18~36개월 영어 그림책 중에서 한글책으로 접하지 않은 새로운 표지가 보이면 그 책을 읽어주세요. 아이가 좋아했던 작가의 책이 보이면 같은 작가의 다른 책을 읽어줘도 좋아요. 앞 연령대의 책을 몇 권 읽은 후, 프리스쿨러 만 3세 영어책에 소개한 책들을 읽어주세요. 아이가 좋아하는 표지나 장르를 고르면 훨씬 쉽게 적응할 수 있어요.

●**만 4세인 경우** 앞쪽 프리스쿨러 만 3세용 영어 그림책에서 소개한 책들을 먼저 읽어주고, 프리스쿨러 만 4세용 영어 그림책으로 넘어가세요. 어린 연령대의 책은 내용도 쉽기 때문에 먼저 읽어주면 수월하게 진행할 수 있어요. 이때는 이미 한글책도 어느 정도 접한 상태일 테니, 한글책에서 파악한 아이의 취향에 맞게 영어책을 선택하세요. 좋아하는 작가나 시리즈, 흥미를 갖는 아이템이 있다면 그 책부터 시작하면 됩니다.

●**만 5~6세인 경우** 영유아용과 토들러용 영어 그림책은 건너뛰고 프

리스쿨러용 영어 그림책 중에서 아이가 마음에 들어 하는 책부터 읽어주세요. 만 3세용에서 마음에 들어 하는 책이 없다면 만 4세용부터 봐도 충분합니다. 늦게 시작하면 이미 한글책 듣기를 통해 훈련된 덕분에 영어책 듣기도 비슷한 분량을 소화할 수 있는 아이가 꽤 많아요. 하지만 아이가 영어에 대한 생소함이나 거부감 때문에 더 쉬운 책을 선호한다면 아이의 선택을 존중해주세요.

●**만 7세 이상인 경우** 그림책보다 리더스북으로 시작하는 게 더 쉬울 수 있어요. 영유아와 토들러용은 건너뛰고 프리스쿨러와 킨더용 영어 그림책 중에서 아이가 좋아하는 책 몇 권만 듣고 리더스북으로 넘어가도 됩니다.

한글판으로 접한 영어권 작가 중 아이가 특히 좋아하는 작가나 시리즈가 있다면, 원서로 그 작가의 다른 책들도 읽어주세요. 일부러 쌍둥이 책을 찾아 이미 읽은 한글책을 영어로 읽어줄 필요는 없어요. 쌍둥이 책을 선호하는 아이라면 읽어줘도 되지만, 이미 스토리를 알고 있어 흥미를 잃는 아이가 더 많아요.

연령에 따라 달라지는 그림책 형태

그림책은 아이 연령에 따라 형태가 달라요. 생후 18개월 이전 영유아에게 책은 많은 장난감 중 하나일 뿐이라서 장난감 형태로 많이 나옵니다. 아이가 모든 것을 입으로 가져가는 시기예요. 그래서 입에 넣어도 괜찮은 천, 비닐, 플라스틱으로 책을 만들어요. 책장을 넘기는 게 힘들기 때문에 영유아용 종이책은 두꺼운 합지로 된 보드북 형태예요.

생후 18~36개월의 토들러는 그 안에서도 18개월과 36개월의 차이가 엄청나요. 보드북이 더 편한 시기이지만, 자라면서 하드커버 그림책도 보게 됩니다. 책은 여전히 놀잇감 수준으로 엄마와 감정을 나누고 접촉하며 교감하는 장난감이에요.

만 3세 이후 프리스쿨러부터는 책을 즐기기 시작합니다. 책이 장난감과 다르다는 것을 알아차리고, 스토리와 캐릭터의 매력에 빠져들어요. 주로 그림책을 보고, 보드북에서 하드커버로 넘어가는 시기입니다.

킨더 이후 초등 저학년은 자신의 취향에 따라 다양한 그림책과 논픽션 책을 읽어요. 좋아하는 영상물이나 놀이와 연계한 책도 생겨요. 책 형태에 구애받지 않고 하드커버와 페이퍼백을 가리지 않고 읽습니다.

연령별 어울리는 그림책 유형

대상	해당 연령	책 형태
영유아	생후 0~18개월	촉감책, 사운드북, 보드북
토들러	생후 18~36개월	보드북
프리스쿨러	만 3~4세	보드북과 하드커버
킨더	만 5세	하드커버와 페이퍼백
초등 저학년	만 6세 이상	하드커버와 페이퍼백

작가와 시리즈라는 금맥

아이가 어떤 책을 좋아하면 그 작가의 다른 책도 좋아할 확률이 높아요. 인기 있는 작가들은 적으면 10권에서 많으면 50권도 넘게 책을 내요. 좋아하는 작가 한 명을 따라가다 보면 정말 많은 책을 볼 수 있어요. 좋아하는 책이 시리즈물인지도 확인해보세요. 인기 시리즈는 수십 권의 연관 책이 나와 있어요. 책을 찾는 수고를 덜기 위해 전집을 구매하는 엄마가 많아요. 하지만 아이가 좋아하는 작가와 시리즈를 만나면 전집에 버금가는 양의 책을 읽게 돼요.

다음은 각 시기별 주요 그림책 작가와 그림책 시리즈입니다. 아직 아이가 좋아하는 영어 그림책 작가를 발견하지 못했다면, 한글 그림책으로 만났을 때 좋아한 작가나 시리즈가 있는지 확인해보세요.

아이에게 영어책 읽어주는 방법

한글책 경험을 살려 읽어주세요 영어를 익히는 시간이라고 생각하지 말고, 아이에게 한글 그림책을 읽어줄 때처럼 재밌게 읽어주세요. 책 속의 그림을 함께 보며 즐겁게 노는 시간이에요. 그 시간을 엄마가 즐거워하면 아이도 영어책 읽기를 즐겁게 인식하게 돼요.

영어 발음은 신경 쓰지 마세요 아이가 엄마의 영어 발음을 따라 할까 걱정되어 영어책 읽어주기를 꺼리는 사람이 많아요. 하지만 아이의 영어 발음에 영향을 줄 만큼 엄마가 많이 읽어 주기는 불가능에 가까워요. 아이는 자라면서 다양한 경로를 통해 엄청난 양의 원어민 발음을 접하고 자연스럽게 발음을 익혀요.

유튜브와 오디오북을 활용하세요 영어책 읽어주는 게 익숙하지 않거나 두렵다면 먼저 유튜브 영상이나 오디오북을 활용하세요. 책을 재밌게 잘 읽어주는 사례를 보고 한두 번 연습한 뒤 읽어주면 훨씬 수월해요. 엄마의 영어 실력도 향상되는 효과가 있어요.

아이 옆에서 함께 보고 들으세요 아이에게 영어 영상물이나 오디오북을 들려줄 때는 항상 아이 옆에서 함께 하세요. 아이만 혼자 덩그러니 앉아 있으면 영어가 더 어렵고 지루할 수 있어요. 하지만 엄마가 함께하면 그 시간이 더 쉽고 편하고 즐겁게 느껴요. 엄마의 영어 울렁증도 치유될 수 있어요.

영어책 읽어주는 유튜브 채널들 유튜브에 영어책 읽어주는 영상이 정말 많아요. 책 제목으로 검색해서 조회수 높은 영상들을 보세요. Storyline Online, Storytime Now!, Kid Time Story Time, StoryTime at Awnie's House, The StoryTime Family 이런 채널들이에요. 유튜브 채널은 저작권 문제 때문에 종종 사라지기도 해요. 오래 전 영상을 올린 곳이 누적 조회수가 높지만, 최근 생긴 채널의 영상 수준이 더 높기도 해요. 본문 내용만 읽어주는 곳도 있고, 보충 설명을 하며 읽어주는 곳도 있어요. 몇 권 검색해 보면 아이와 엄마의 취향에 맞는 곳을 찾을 수 있어요.

시기별 주요 그림책 작가

대상	주요 작가
영유아 (생후 0~18개월)	에릭 칼(Eric Carle), 캐런 카츠(Karen Katz), 레슬리 패트리셀리(Leslie Patricelli), 산드라 보인튼(Sandra Boynton), 제즈 앨버로우(Jez Alborough), 제인 포스터(Jane Foster)
토들러 (생후 18~36개월)	레슬리 패트리셀리(Leslie Patricelli), 에릭 칼(Eric Carle), 캐롤라인 제인 처치(Caroline Jayne Church), 캐런 카츠(Karen Katz), 산드라 보인튼(Sandra Boynton), 마가릿 와이즈 브라운(Margaret Wise Brown), 데이빗 섀논(David Shannon), 로이스 엘러트(Lois Elhert), 바이런 바튼(Byron Barton), 도널드 크루스(Donald Crews), 낸시 태퍼리(Nancy Tafuri)
프리스쿨러 (만 3세)	에릭 칼(Eric Carle), 산드라 보인튼(Sandra Boynton), 잰 브렛(Jan Brett), 오드리 우드(Audrey Wood), 낸시 틸먼(Nancy Tillman), 돈 프리먼(Don Freeman), 에드 엠벌리(Ed Emberley), 크리스 호튼(Chris Haughton), 빌 코터(Bill Cotter)
프리스쿨러 (만 4세)	모 윌렘스(Mo Willems), 애나 듀드니(Anna Dewdney), 리처드 스캐리(Richard Scarry), 잰 브렛(Jan Brett), 에즈라 잭 키츠(Ezra Jack Keats), 팻 허친스(Pat Hutchins), 데이빗 섀논(David Shannon), 테드 힐스(Tad Hills)
킨더 (만 5세)	존 클라센(Jon Klassen), 올리버 제퍼스(Oliver Jeffers), 케빈 행크스(Kevin Henkes), 로버트 먼치(Robert Munsch), 레오 리오니(Leo Lionni), 패트리샤 폴라코(Patricia Polacco), 버지니아 리 버튼(Virginia Lee Burton), 데이비드 위즈너(David Wiesner), 토미 드파올라 (Tomie dePaola), 윌리엄 스타이그(William Steig), 제임스 마셜(James Marshall)

※작가의 한글 이름은 한글판 표기와 같습니다. 데이빗 섀논이나 데이빗 섀넌처럼 출판사마다 다를 경우 소개한 도서의 한글판 표기를 따랐습니다.

시기별 주요 그림책 시리즈

대상	주요 시리즈
영유아 (생후 0~18개월)	• DK 촉감책(DK: Baby Touch and Feel) • 브라이트 베이비 촉감책(Priddy: Bright Baby Touch and Feel Books) • 어스본 촉감책(Usborne Touchy-Feely Books) • 네버 터치 A(Never Touch A) • DK 마이 퍼스트(DK My First) • 프리디 베이비 퍼스트 100(Priddy Baby: First 100) • 베이비 아인슈타인(Baby Einstein)
토들러 (생후 18~36개월)	• 스팟(Spot) • 메이지(Maisy) • 맥스 앤 루비(Max and Ruby) 보드 북 • 고시 앤 프렌즈(Gossie and Friends) • 핏 더 캣(Pete the Cat) • 헬로 월드(Hello World!)
프리스쿨러 (만 3세)	• 맥스 앤 루비(Max and Ruby) • 큐리어스 조지(Curious George) • 클리포드(Clifford) • 도라와 디에고(Dora & Diego) • 리틀 크리터(Little Critter) • 리틀 블루 트럭(Little Blue Truck) • 트럭 타운(Truck Town)
프리스쿨러 (만 4세)	• 라마 라마(Llama Llama) • 하우 두 다이노소(How Do Dinosaurs) • 프로기(Froggy) • 올리비아(Olivia) • 팬시 낸시(Fancy Nancy) • 핏 더 캣(Pete the Cat) • 무지개 물고기(Rainbow Fish) • 프랭클린(Franklin) • 까이유(Caillou) • 마들린느(Madelin)
킨더 (만 5세)	• 안젤리나 발레리나(Angellina Ballerina) • 베렌스타인 베어즈(Berenstain Bears) • 미스터 맨 리틀 미스(Mr. Men Little Miss) • 이프 유 기브 어(If You Give A) • 티모시네 유치원(Tomothy Goes to School) • 엘로이즈(Eloise) • 핑칼리셔스(Pinkalicious)

영유아(Baby/Infant)
생후 0~18개월

이 시기에는 한글책 위주로 읽어주세요. 한글책과 영어책 비중이 9:1 이나 5:1 정도면 충분합니다. 아이에게 영어책 읽어주는 것에 익숙해지는 '엄마 연습(혹은 훈련)' 기간이에요. 영어가 목적이 아니라 한글 그림책과는 다른 그림을 보여주고 싶어서 영어책을 찾는 분도 있어요. 그럴 때는 영어로 읽어줘도 되고, 한국말로 읽어줘도 돼요. 아이는 그림만 보기 때문에 엄마가 사용하는 언어에는 관심이 없을지도 몰라요. 영어인지 한글인지 구분을 못 할 테니까요. 이 시기의 아이에게는 글자도 그림의 일부예요. 아이가 그림을 보는 동안 책 속의 영어를 한국말로 풀어서 읽어줘도 됩니다. 그래서 엄마의 말하기 기술이 느는 시기예요. 책 속의 글이 한 단어 또는 한 줄뿐인데, 주절주절 더 많은 이야기를 들려주게 돼요. 외국에 사는 분은 원어민 아이와 같은 수준의 책을 읽어주면 됩니다. 한글책도 함께 읽어주세요.

영유아기 특징과 그림책 유형

이 시기의 아이가 읽는 책을 '베이비 북(Baby Book)' 또는 '인펀트 북(Infant Book)'이라고 해요. 구글이나 아마존에서 책을 찾고 싶다면 'Baby Books', 'Infant Books', 'Books for Babies', 'Books for Infants'로 검색하세요.

아이가 책을 읽는 시기가 아니라 엄마가 읽어주는 시기예요. 아이에게 책은 많은 장난감 중 하나일 뿐입니다. 그래서 장난감 형태로 나온 책도 많아요. 사실 장난감을 갖고 놀기에도 바쁠 때라 책이 많이 필요하진 않아요.

생후 12개월 이전에는 헝겊책이나 촉감책이 좋아요. 뭐든 입속으로 집어넣으려 하니 인체에 무해한 헝겊, 비닐, 플라스틱으로 만든 책을 선택해요. 책 특정 부분에 다양한 재료를 붙이는 촉감책은 '터치 앤 필 북(Touch and Feel Book)'이라고 불러요. 누르면 소리가 나거나 노래가 나오는 사운드북 형태도 많아요.

생후 12~18개월에는 두꺼운 종이로 만든 보드북을 볼 수 있어요. 아이가 자꾸 입에 넣으려고 한다면 엄마가 아이를 안고 책을 보기를 권합니다. 촉감책에는 가죽이나 털, 반짝이 같은 게 붙어 있기도 하니 아이 입에 들어가지 않도록 신경 써야 해요.

아이의 발달 과정에 따라 접하게 되는 책을 순서대로 설명할게요. 아이가 두 돌이 지나 처음 영어책을 접한다면 영유아기 책은 건너뛰어도 됩니다.

초점책 또는 흑백 보드북(Black and White Baby Books)

이 시기에는 아이 침대 곁에 흑백 그림이나 모빌을 붙여두는 것만으로도 충분해요. 책은 한두 권이면 되고요. 요즘은 영유아기용 보드 북이 많이 나오는 추세지만, 교육 목적이라기보다 사진 찍고 싶어 하는 엄마들의 욕구 충족용이 아닐까 싶어요. 스토리가 없는 표지와 비슷한 그림의 연속입니다.

그림책은 보통 32쪽인데, 그보다 훨씬 적은 12~18쪽 책도 많아요. 대부분 흑백이고 어쩌다 한두 가지 강조 색을 추가한 정도예요. 보드 북 형태로 아기 옆에 세워둘 수 있어요. 아기를 안고 책장을 넘기면서 보여줄 수도 있어요.

대표적인 초점책은 20년 전 출간된 피터 리넨탈의 〈Look Look!〉, 10년 전 출간된 타나 호반의 〈Black & White〉예요. 그리고 근래 흑백 보드북이 많이 나오고 있어요. 〈A High-Contrast Book〉 시리즈가 특히 인기 있어요. 앞으로 더 다양한 책이 나올 거라 예상해요. 책을 고를 땐 검색창에서 'Black and White Baby Books'로 검색 후 표지가 마음에 드는 것을 고르면 됩니다.

대표 초점책 ● Look Look! (Peter Linenthal) ● Black & White (Tana Hoban)
A High-Contrast Book 시리즈 ● Hello, Garden Bugs (Duopress Labs) ● Hello, My
World (Duopress Labs)

촉감책(Touch and Feel Books)

아이의 촉감을 자극하기 위한 책 중에는 동물을 주제로 한 것이 많아요. 동물과 사물 일부분에 천, 털, 가죽, 비닐, 반짝이 같은 것을 붙여놓아 직접 만져볼 수 있는 형태예요. 하지만 이런 게 목적이라면 책보다 실제 사물을 만져보는 게 더 효과적일 거예요. 아이가 책과 친해지기 위한 목적이라면 한두 권이면 충분합니다.

스테디하게 팔리는 촉감책은 DK와 프리디(Priddy) 출판사에서 많이 출간되었어요. 그 밖에도 여러 촉감책이 계속 나오고 있어요. 인터넷 검색창에서 'Touch and Feel Books'로 원하는 책을 찾을 수 있어요.

인기 촉감책 ●Baby Touch and Feel (DK) ●Bright Baby Touch and Feel (Priddy) ●See, Touch, Feel (Priddy) ●Touchy-Feely Books (Usborne)

눈에 띄는 촉감책으로 〈Never Touch A〉 시리즈가 있어요. '절대 만지면 안 돼'라는 뜻의 제목처럼 책 속에 정말 만지면 안 될 동물이 등장해요. 색감이나 동물이 기존의 다른 책보다 화려해요. 12쪽으로 글밥이 유아용 그림책 정도로 많아 두세 돌까지 그림책처럼 읽어줄 수 있어요. 다른 촉감책이 털, 가죽, 천, 반짝이 같은 재질을 사용하는 데 비해 이 시리즈는 실리콘을 사용한 것도 특징이에요. 20권 넘게 나왔고, 인기가 많아 앞으로도 계속 나올 것 같아요.

⟨Pat the Bunny⟩는 촉감책과 플랩북의 원조 격이라고 할 수 있어요. 1940년에 나온 책으로 내용도 그림도 고전적입니다. 지금도 꾸준히 읽히지만, 요즘 나오는 책과 비교하면 단순한 편이에요. 아이가 유난히 토끼를 좋아하거나 일부러 20세기 초 느낌이 나는 책을 구하는 분에게만 권해요. 그게 아니라면 그냥 지나쳐도 됩니다.

Never Touch A 시리즈 (Make Believe Ideas) ● **Never Touch A Dinosaur!**
● **Never Touch A Shark!** ● **Never Touch A Dragon!**
● **Pat the Bunny** (Dorothy Kunhardt)

헝겊책과 비닐책(Soft Cloth Books, Bath Books)

헝겊책과 비닐책은 종이책을 보기에는 아직 어린 아이들을 위한 책이에요. 헝겊책은 작은 인형이나 딸랑이 같은 게 붙어 있기도 해요. 가장 오래된 책은 라마즈(Lamaze)에서 나왔고, 그 외에 다른 장난감 회사에서도 만들고 있어요.

비닐책은 욕조에 갖고 들어가 놀 수 있어요. 물에서 보는 책이라 그런지 물고기가 자주 등장해요. ⟨The Rainbow Fish⟩무지개 물고기 비닐책이 베스트셀러이자 스테디셀러예요. 새로운 책이 꾸준히 나오고 있으니 마음에 드는 것을 고르면 됩니다. 인터넷에서 'Bath Book'으로 검색해 찾아보세요.

● **Peek-a-Boo Forest** (Lamaze) ● **The Rainbow Fish** (Marcus Pfister) ● **Color Me: Who's in the Water?** (Surya Sajnani) ● **Splish! Splash! Bath!** (Baby Einstein)

보드북(Board Books)

빠르면 생후 12개월 전후부터 보드북을 볼 수 있어요. '보드북'은 책 표지가 딱딱해서 붙은 이름이에요. 이 시기에 보는 보드북은 스토리가 없거나 있어도 아주 단순해요. 동물이나 사물을 소개하는 인지책은 그림이나 사진을 보여주고 각각 이름만 적혀 있는 정도가 많아요. 대표적으로 〈DK My First〉, 〈Priddy Baby First 100〉 시리즈가 있습니다.

스테디셀러 보드북 ● **My First Words** (DK) ● **My First Trucks and Diggers** (DK) ● **First 100 Words** (Priddy Baby) ● **First 100 Animals** (Priddy Baby)

이 시기의 보드북은 대부분 내용이 비슷해요. 동물, 음식, 자동차 이름이 나오거나 알파벳 또는 숫자가 나옵니다. 책 속 그림이 표지 그림과 비슷하니 표지가 마음에 드는 것을 고르면 돼요. 대표 도서로 에릭 칼의

〈My Very First Book〉 시리즈가 있어요. 그림이 선명하고 예뻐서 인기가 많아요.

My Very First Book 시리즈 (Eric Carle)

제인 포스터의 보드북은 아트워크 같은 그림 때문에 엄마들이 좋아해요. 분량은 24~26쪽이고 생후 12~18개월에 적당합니다. 스무 권 넘게 나왔으니 표지를 보고 마음에 드는 것을 고르세요.

(Jane Foster) ●123 ●Colors ●Animal Sounds ●Things That Go

〈맥스와 루비〉는 세 돌 이후에 보는 그림책 시리즈입니다. 캐릭터가 인기가 많아 〈베이비 맥스 앤 루비〉 시리즈도 나왔어요. 아이가 토끼를 좋아해서 일부러 토끼 나오는 책을 찾는다면 권합니다.

Baby Max and Ruby 보드북 시리즈 (Rosemary Wells) ●Peek-A-Boo
●Clean Up Time! ●Counting Peas ●Love

영유아와 토들러 시기에는 까꿍 놀이 하는 책을 많이 봐요. '까꿍'을 영어로 'Peek-a-boo(또는 Peekaboo)'라고 해요. 〈Peek-a Who?〉는 Peek-a-boo의 개념을 알아야 제대로 즐길 수 있는 책이에요. 제목은 Peek-a-boo에서 'boo'를 'WHO'로 바꾼 거예요.

산드라 보인튼의 책은 영유아부터 유치원생까지 인기가 많아요. 소리 내어 읽어주면 리듬감이 붙어 노래처럼 느껴지는 책이 많고, 실제 노래 CD와 함께 파는 책도 많아요. 하지만 한국에서는 다른 인기 작가보다 인기가 덜합니다. 취향에 맞지 않으면 건너뛰어도 되지만, 작가의 코믹한 그림 스타일을 좋아하는 아이도 많으니 한 권 보여주고 아이의 반응을 살펴보세요. 〈Moo, Baa, La La La!〉가 가장 보기 쉬운 책입니다.

레슬리 패트리셀리의 책은 색감이 선명하고, 올이 굵은 캔버스에 유화로 그린 느낌이라 한번 보면 잊히지 않아요. 머리카락이 한 올 있는 아이가 등장해 아이들의 관심을 끌어요. 대부분 토들러 시기에 보는 책인데, 몇 권은 생후 12~18개월부터 봐도 좋아요. 제목에 나오는 단어가 계속 반복되기 때문에 읽어주기도 어렵지 않아요. 〈Yummy Yucky〉와 〈No No Yes Yes〉를 추천합니다.

● **Peek-a Who?** (Nina Laden) ● **Moo, Baa, La La La!** (Sandra Boynton)
● **Yummy Yucky** (Leslie Patricelli) ● **No No Yes Yes** (Leslie Patricelli)

제즈 앨버로우의 〈Hug〉는 앞서 나온 책들에 비해 제법 줄거리가 있어요. 동물이 많이 나오고, 새끼 침팬지가 하는 말은 "안아줘(Hug)"뿐이라 생후 15~18개월 전후부터 읽어주기 좋아요. 제즈 앨버로우의 다른 책 〈Tall〉과 〈Yes〉도 생후 15개월부터 만 4세까지 읽어주면 좋습니다. 한두 단어가 반복되는 단순한 구조지만, 스토리와 그림이 재미있어 단어에 대한 느낌을 즐기고 습득할 수 있는 시리즈입니다.

(Jez Alborough) ●Hug ●Tall ●Yes ●Play

18개월 이후에도 볼 수 있는 그림책

앞서 소개한 책 중 생후 18개월 이후에도 볼만한 책은 몇 권 되지 않아요. 레슬리 패트리셀리의 책과 〈Peek-a-Who?〉는 길어야 두 돌까지, 제즈 앨버로우의 책들은 네 돌까지 볼 수 있어요. 아이가 생후 18개월 이후라면 나머지 책은 일부러 찾아 읽어주지 않아도 돼요. 눈·코·입 같은 신체 부위나 동물과 사물 이름을 알게 하기 위해 이런 책을 여러 권 살 필요는 없어요. 이후에 읽게 되는 책 한두 권으로도 충분히 습득할 수 있거든요.

토들러(Toddler)
생후 18~36개월

생후 18~36개월 아이들을 토들러라고 불러요. 걷기 시작해서 아직 걷는 게 익숙하지 않아 아장아장 뒤뚱뒤뚱 걷는 아이들을 말해요. 정확히는 12~18개월 정도인데, 36개월 이전까지 뭉뚱그려 '토들러'라고 불러요.

보드북을 주로 보다가 하드커버 그림책으로 넘어가는 시기예요. 아직 종이 책장을 넘기는 게 익숙하지 않은 아이가 많아서 이미 하드커버나 페이퍼백으로 나온 그림책이 보드북으로 나오기도 해요. 책들은 색이 선명하고 그림과 내용이 비교적 단순해요. 스토리가 없거나 있어도 아주 간단합니다. 하지만 생후 18개월 아이와 36개월 아이가 많이 다른 것처럼 생후 18개월에 적당한 책과 생후 36개월에 적당한 책은 차이가 커요. 연령이 올라가면서 그림이 조금씩 복잡해지고 스토리도 생깁니다.

아이는 자기와 비슷한 또래 아이들에게 특히 관심을 보이고 엄마, 아빠를 포함한 가족에게도 관심을 보여요. 이 시기의 책은 생활 동화로 분류되는 스토리가 많아요. 아이들이 좋아하는 동물이나 탈것도 많이 등장해요. 책에서 등장하는 아이가 동물이나 탈것과 놀기도 하지만, 동물이나 탈것이 주인공이 되어 아이들의 생활이나 노는 모습을 대신 보여주는 경우도 많아요.

아이 중에는 좋아하는 책만 무한 반복해서 보려 하는 경우도 꽤 있어요. 많은 책이 필요한 시기가 아니라, 책을 좋아하고 즐기는 경험이 더 중요한 때예요. 활동이 늘고 호기심도 왕성해지고요. 아이는 책보다 자기 눈과 손발, 입으로 직접 확인해보고 싶어 해요. 집에서 책만 보여주지 말고, 밖으로 나가거나 집 안에서라도 몸을 움직이는 활동이 필요해요. 책은 자기 전 한두 권 읽어주는 정도로 충분해요. 두 돌 전후로 아이가 책에 관심을 보이면 그때부터 읽어주는 양을 늘려가세요. 생후 24~30개월 전후로 아이는 책 속 스토리 전개에 관심을 보이고, 책 읽어주는 시간에 집중하게 되며 질문도 많아져요.

토들러 시기부터는 책 읽는 공간이나 시간을 정해놓으면 좋아요. 아이가 다른 놀이를 하다가도 책 읽는 공간을 찾게 돼요. 잠자기 전 책을 몇 권씩 읽어주면 책이 일상의 루틴으로 자리 잡습니다.

아이가 동요를 듣고 부르는 것을 좋아하기 시작하는 시기이기도 해요. 영어 동요를 그림책으로 접할 수도 있고, 책을 노래로 불러주는 음원이나 영상도 많이 있어요. 이 시기에도 영유아기처럼 한글책 읽기가 주가 되어야 해요. 한글책을 충분히 읽어줘 아이가 모국어로 자신의 감정과 생각을 잘 표현할 수 있도록 도와주세요.

플랩북(Flap Books)

책장의 일부가 접혀 있어 펼쳐가면서 보는 플랩북은 생후 18개월 전후, 아이가 책을 찢지 않는 시점부터 볼 수 있어요.

〈Karen Katz Life-the-Flap Book〉 시리즈는 엄마와 아이 모두에게 인기가 많아요. 20권 넘게 나왔는데, 다음은 가장 인기 있는 책이에요. 배꼽이나 눈·코·입 찾기, 까꿍(Peek-a-boo) 놀이는 이맘때 아이들 책에 단골로 등장하는 주제예요. 인터넷에서 'Flap Book'으로 검색해서 그림이 마음에 드는 다른 작가의 책으로 사도 돼요.

[Karen Katz Life-the-Flap Book] ● Where is Baby's Belly Button?
● Toes, Ears, & Nose! ● Zoom, Zoom, Baby! ● Peek-a-Baby

〈Dear Zoo〉는 1982년 플랩북이 흔치 않던 때에 나왔어요. 동물이 많이 나와 인기 있었어요. 요즘은 동물 관련 플랩북이 많아 과거처럼 필독서 느낌은 아니지만 여전히 스테디셀러입니다.

● Dear Zoo (Rod Campbell) ● Where's Spot? (Eric Hill)

[Spot] 시리즈는 종류가 아주 많지만 〈Where's Spot?〉 한 권이면 충분해요. 이 책 역시 1980년 플랩북이 흔치 않던 때에 나와 베스트셀러이자 스테디셀러가 되었어요. 요즘 나온 책과 비교하면 단순해요. 하지만 아이가 강아지 '스팟'을 좋아한다면 많이 사줘도 됩니다. 문장이 쉬워 나중에 리딩 연습할 때 활용하기 좋아요.

사운드북(Sound Books)

책에 있는 버튼을 누르면 동물이나 자동차 소리, 노래 등이 흘러나옵니다. 장난감인데 책 형태예요. 유행하는 캐릭터로 꾸준히 나와 종류가 엄청 많아요. 그중 아무거나 사도 됩니다. 미국 서점에서라면 직접 보고 고르면 되지만, 한국에서는 특정 상품을 찾으려 하기보다 온·오프라인에서 쉽게 접할 수 있는 것 중 마음에 드는 것을 고르면 됩니다.

● Around the Farm ● I'm Ready to Read with Mickey ● Disney Junior Puppy Dog Pals Lift-and-Laugh ● Daniel Tiger's Neighborhood Friendly Songs

생활 동화와 인성 동화

이 시기의 책 속에는 아이들이 먹고 자고 놀고 대변 훈련하고 이 닦고 목욕하는 모습이 나와요. 주인공은 사람이기도 하고 동물이기도 하지만 행동은 비슷해요.

레슬리 패트리셀리의 책은 색감이 밝고 예뻐서 아이들이 좋아합니다. 특히 주인공이 비슷한 또래여서 그런지 아이들이 감정이입을 잘해요. 20권 넘게 나왔고 앞으로도 계속 나올 것 같지만, 다 볼 필요는 없어요. 제목을 보고 맘에 드는 책 몇 권만 접해보세요. 한글판으로도 몇권 나와 있습니다.

(Leslie Patricelli) ● Nighty-Night ● Toot ● Tooth ● Tubby

⟨Maisy⟩는 생쥐 '메이지'가 주인공이에요. 레슬리 패트리셀리의 책처럼 선명한 원색을 사용했어요. 영유아부터 유아까지 볼만한 다양한 책이 있는데, 그중 12~14쪽 분량의 플랩북이 토들러에게 적당해요. 아이가 까꿍 놀이에 심취해 있을 때 책으로 까꿍 놀이를 할 수 있고, 접힌 부분을 펼치면서 아이의 호기심을 충족하기에도 아주 좋아요.

두 돌이 넘어서도 아이가 ⟨메이지⟩ 시리즈를 보고 싶어 하면 24쪽

Maisy 시리즈(12~14쪽) ● Where is Maisy? ● Where Are Maisy's Friends?
Maisy 시리즈(24쪽) ● Maisy Goes Shopping ● Maisy's Morning on the Farm

짜리 그림책을 보여주세요. 주인공이 쇼핑을 하고, 농장에 가고, 의사를 만나고, 옷을 입고, 청소를 합니다.

(David Shannon) ●Oh, David! ●David Smells! ●Oops!

데이빗 섀논은 유아 그림책 〈데이빗〉 시리즈의 인기 이후 베이비 버전의 책을 냈어요. 장난꾸러기 데이빗이 토들러 시기에는 이런 모습이었겠구나 싶은 모습을 보여줍니다. 앞에 소개한 레슬리 패트리셀리의 그림책 주인공이 보통의 아기라면, 데이빗 섀논 책에 나오는 아기는 장난꾸러기예요. 자칫 음식 갖고 장난치는 모습을 보고 배울 수도 있어요. 그래서인지 몰라도 아기가 주인공인 책이 많아지면서 인기가 줄었어요. 그림 스타일에 대한 호불호가 나뉘는 책이에요.

Max and Ruby 보드북 시리즈 (Rosemary Wells) ●Max's Bedtime ●Max's Breakfast ●Max's Toys ●Max's Birthday

〈Max and Ruby〉 시리즈는 유아용 그림책이에요. 맥스는 만 3세 정도의 장난꾸러기 아이예요. 인기가 많은 시리즈라서 연령별로 여러 종류가 있어요. 영유아 책에서 소개한 〈베이비 맥스 앤 루비〉는 스토리가 거의 없고 그림만 보는 수준이에요. 토들러용으로 나온 책은 보드북이고 12쪽 분량이라 스토리가 단순해요. 아이들은 맥스의 뚱하고 엉뚱한 표정을 좋아합니다.

너를 사랑해

아이에게 사랑한다고 대놓고 말하기 쑥스러운 엄마에게 좋은 대안이 되는 책이 있습니다. 책을 읽어주면서 마음껏 사랑 표현을 할 수 있어요.

한국에선 〈사랑해 사랑해 사랑해〉로 더 유명한 캐롤라인 제인 처치의 〈I Love You Through and Through〉가 인기를 끌면서 비슷한 토들러용 책이 많이 나왔어요. 그림이 사랑스러워 아이보다 엄마가 더 좋아하는 것 같아요. 한글판으로도 여러 종류가 나와 있으니 몇 권은 한글로, 몇 권은 영어로 읽어주세요. 생후 18개월 전에 읽어줘도 될 만큼 줄거리가 단순해요.

(Caroline Jayne Church) ● I Love You Through and Through ● Ten Tiny Toes ● You Are My Sunshine ● Twinkle, Twinkle, Little Star

〈You Are My Sunshine〉이나 〈Twinkle, Twinkle, Little Star〉처럼 영어 동요를 그림으로 표현한 책도 몇 권 있습니다. 한 페이지에 가

사 한 줄씩 나오는데, 다른 동요 그림책보다 그림이 예뻐서 추천해요. 음원은 영어 동요 CD나 유튜브에서 쉽게 구할 수 있어요. 틀어놓고 그림책과 같이 보거나 외워서 불러주세요. 아이도 금방 따라 흥얼거려요. 만 3세 전후부터 킨더까지 많이 부르는 노래입니다.

로버트 먼치의 〈Love You Forever〉는 노래가 좋아 엄마들에게 인기 많은 책이에요. 엄마가 너를 얼마나 사랑하는지 아느냐고 절절하게 고백하는 노래예요. 그런데 책 속의 사랑 표현이 너무도 엄마 중심적이어서 아이는 별 감흥을 못 느끼는 경우도 많아요. 그냥 엄마가 "우리 ○○ 사랑해"라고, '하트뿅뿅'한 눈빛으로 말해주는 것을 아이는 더 좋아할 것 같기도 해요. 한글판 제목은 〈언제까지나 너를 사랑해〉예요. 1986년에 출간됐는데 이후 비슷한 책이 많이 나와 인기가 줄었어요.

●Love You Forever (Robert Munsch) ●Goodnight Moon (Margaret Wise Brown)
●Big Red Barn (Margaret Wise Brown) ●The Runaway Bunny (Margaret Wise Brown)

마가릿 와이즈 브라운의 그림책은 라임을 잘 맞춘 문장이 아이에게 읽어주기에 좋아 높은 평가를 받고 있어요. 한글판으로도 많이 나오고 유명해요. 하지만 나온 지 오래되어 요즘 책과 비교하면 좀 단순해요. 문장도 원어민이 아니면 재미를 느끼지 못할 수 있어요. 한 권만 읽는다면 〈Goodnight Moon〉을 권해요. 1947년에 나와 미국에선 거의 상식 수준으로 여겨지는 책이에요. 여러 문화 콘텐츠에서 인용되고 패러디되기 때문에 알고 있으면 좋아요. 동물이 많이 나오는 〈Big Red Barn〉

은 보드북으로 보기 좋아요. 한 권 더 읽어주고 싶다면 〈The Runaway Bunny〉를 권해요. '네가 어디로 가든 널 찾겠다'는 엄마의 절절한 사랑을 담았어요.

동물 친구들

아이들 책에는 다양한 동물이 등장해요. 아이들은 동물 인형도 좋아하고, 동물 그림책도 좋아하고, 직접 동물을 보고 만지는 것도 좋아해요.

(Eric Carle) ●Brown Bear, Brown Bear, What Do You See? ●Polar Bear, Polar Bear, What Do You Hear? ●Panda Bear, Panda Bear, What Do You See? ●Baby Bear, Baby Bear, What Do You See? ●From Head to Toe

에릭 칼은 독특한 유화로 인기가 많은 작가예요. 그의 책은 토들러부터 킨더까지 읽는데, 그중 토들러 시기에 보기 좋은 책이 있어요. 〈Brown Bear, Brown Bear, What Do You See?〉는 노래가 쉽고 재미있어요. 색깔과 동물 이름을 외우기에도 아주 좋아요. 이 책의 인기로 〈Brown Bears and Friends〉 시리즈가 나왔어요. 같은 형식으로 등장하는 동물만 달라져요. 〈Polar Bear, Polar Bear, What Do You Hear?〉, 〈Panda Bear, Panda Bear, What Do You See?〉, 〈Baby Bear, Baby Bear, What Do You See?〉예요. 〈From Head to Toe〉는 머리부터 발끝까지 신체 부위를 설명하는 책이에요. 동물과 아이들이 같이 나와 몸 놀이 하기 좋습니다.

〈Gossie and Friends〉시리즈는 그림을 보면 오리인지 거위인지 헷갈리지만, 이름이 고시(Gossie)인 것으로 보아 오리(Duck)가 아니라 거위(Goose)라는 것을 알 수 있어요. 연못 주변에 사는 거위 친구들이 대거 등장해요. 토들러 수준에 맞는 단순한 스토리이고, 그림도 귀엽고 사랑스러워요. 나중에 리딩 연습할 때 읽어도 좋은 문장으로 되어 있어요. 그림책으로 여러 권 나와 있고, 리더스북 [Green Light Readers 레벨 1]에도 몇 권이 있어요.

Gossie and Friends 시리즈 (Olivier Dunrea) ● Gossie ● Gossie & Gertie ● Peedie ● BooBoo

〈Good Night, Gorilla〉는 '굿나잇'이 18회, 동물 이름이 6회 나오는 게 전부인 글자가 거의 없는 그림책이에요. 스토리만 봐도 재미있지만, 책 속의 숨은그림찾기 같은 장치 때문에 구석구석 볼거리가 많아요. 그림을 꼼꼼히 보고, 유쾌하며, 귀여운 동물을 좋아하는 아이라면 작가의 다른 책도 보면 좋아요. 〈10 Minutes till Bedtime〉은 잠자기 전 10분 동안 벌어지는 햄스터와의 난리법석을 그렸어요. 귀여운 햄스터들이 대거 등장해 구석구석 볼거리가 많아요. 글밥이 많지 않은데 그림만 봐도 좋아요. 만 3세 이상에 아이에게 권해요. 〈Officer Buckle and Gloria〉는 인기 없는 경찰관 아저씨가 경찰견 글로리아 덕분에 경험하는 재미있는 일을 그렸어요. 재주 넘치는 강아지를 만날 수 있어요. 글밥이 많은 40쪽 분량의 그림책이라 만 4세 이후에 읽기 좋아요.

(Peggy Rathmann) ● Good Night, Gorilla ● 10 Minutes till Bedtime
● Officer Buckle and Gloria

〈Pete the Cat〉 시리즈는 만 4세 이후 아이들이 특히 좋아하는 시리즈예요. 인기에 힘입어 토들러를 위한 책도 나왔어요. 엉뚱한 고양이가 주인공으로 그림이 재미있고 색감도 밝아요. 그림책은 천천히 봐도 되는데, 아이에게 영어 동요를 불러줄 때 같이 보면 좋은 책이 있어요. 'Old MacDonald Had a Farm', 'The Itsy Bitsy Spider', 'The Wheels on the Bus', 'Twinkle, Twinkle, Little Star' 같은 동요 한 곡마다 책이 한 권씩 나와 있어요. 토들러 시기에 적당한 영어 동요 그림책을 찾는다면 추천해요.

Pete the Cat 동요 시리즈 (James Dean) ● Old MacDonald Had a Farm ● The Itsy Bitsy Spider ● The Wheels on the Bus ● Twinkle, Twinkle, Little Star

산드라 보인튼, 바이런 바튼, 도널드 크루스는 토들러부터 프리스쿨러까지 원어민 아이들이 많이 접하는 작가예요. 하지만 점점 덜 읽는 추세라서 대표작 한 권씩만 모았어요. 그림이 마음에 든다면 같은 작가의 다른 책도 읽어보세요. 바이런 바튼과 도널드 크루스의 그림은 특히 남자아이들이 좋아하는 소재가 많습니다. 도널드 크루스의 〈Freight Train〉화물열차은 1979년, 〈Truck〉트럭은 1981년 칼데콧 아너를 받았어요.

● **The Going to Bed Book** (Sandra Boynton) ● **Planes** (Byron Barton) ● **Freight Train** (Donald Crews) ● **Truck** (Donald Crews)

로이스 엘러트의 책은 프리스쿨과 킨더 교실에서 많이 보여줘요. 〈Color Zoo〉알록달록 동물원는 1990년 칼데콧 아너를 받았어요. 자르고 붙이고 만들고 색칠하는 미술 시간을 책을 통해 경험할 수 있어요. 〈Planting a Rainbow〉와 〈Eating the Alphabet〉도 알록달록한 원색의 채소와 과일이 많이 나와 수업 시간에 교사들이 읽어주기 좋아하는 책이에요.

(Lois Ehlert) ● **Color Zoo** ● **Planting a Rainbow** ● **Eating the Alphabet** (Nancy Tafuri) ● **Have You Seen My Duckling?**

낸시 태퍼리는 동물을 사실적으로 표현한 그림책을 많이 그렸어요. 〈Have You Seen My Duckling?〉아기 오리는 어디로 갔을까요?은 1985년 칼데콧 아너를 받았어요. 작가는 오리, 닭, 토끼, 다람쥐, 양을 특히 많이 그렸어요.

세상을 탐구하는 책

토들러 때는 아이의 시선이 세상으로 향하는 시기예요. 주변 사물과 동물에서 시작해 점점 더 관심의 폭이 넓어져 질문이 많아져요. 그래서 영유아기에 봤던 인지책보다 좀 더 발전한 책들이 나와요.

질 맥도널드의 〈Hello, World!〉는 영유아부터 토들러를 대상으로 한 논픽션 보드북 시리즈예요. 지식 정보책이고 나온 지 얼마 안 되어 그림도 예쁘고 선명해요. 아이가 똑똑해지기를 바라는 엄마들에게 특히 인기가 많아요. 문장은 한두 줄이지만 내용은 만만치 않아요. '새', '공룡', '벌레', '바다 생물' 같은 제목도 보이고 '지구', '태양계', '기후', '인체', '달 착륙' 같은 프리스쿨 수준의 제목도 있어요.

Hello, World! 시리즈 (Jill McDonald) ● Dinosaurs ● Ocean Life ● Solar System ● My Body

피터 시스를 토들러 이후에 처음 한글 그림책으로 접하면, 이 작가의 토들러용 그림책을 그냥 지나친 것을 아쉬워하게 돼요. 토들러 수준에 딱 맞게 단순하면서도 매력적인 그림과 주인공이 등장해요. 그런 아쉬움이 생기지 않도록 한글책이라도 꼭 접하기를 권해요.

(Peter Sis) ● Fire Truck 소방차가 되었어 ● Trucks Trucks Trucks 일하는 자동차 출동!
● Dinosaur! 공룡 목욕탕 ● Ballerina! 발레가 좋아

미술 그림책

아이들이 그림 그리기에 관심 있을 때 보면 즐거운 책입니다. 에르베 튈레의 책은 아이디어가 뛰어나고 신선하며 독창적이에요. 마치 예술 작품을 마주하는 느낌이에요. 〈Press Here〉가 가장 인기있고 〈Mix It Up!〉도 많이 봐요. 한글책으로도 여러 권 출간되었으니 영어책이 부담스럽다면 먼저 한글책을 보세요. 〈Beautiful Oops!〉는 그림을 그릴 때 잘 못 그릴까 봐, 망칠까 봐 조심스러워하는 아이들을 자유롭게 해주는 책이에요. '뭐든 마음대로 그릴 수 있다'는 메시지를 단순하고 강력하게 전달해요.

● Press Here (Herve Tullet) ● Mix It Up! (Herve Tullet)
● Beautiful Oops! (Barney Saltzberg)

프리스쿨러(Preschooler)
만 3세 이상

프리스쿨러는 학교 가기 전의 아이를 의미해요. 만 5세부터 학교에 갈 수 있기 때문에 만 3∼4세는 프리스쿨러로 불러요. 만 3세와 만 4세는 성장 발달에 꽤 큰 차이가 있어 따로 분류했어요.

이 시기는 호기심과 표현이 많아질 때입니다. 말솜씨가 늘어서 책에 나오는 표현도 곧잘 따라 해요. 주로 그림책을 보는데, 토들러 때 봤던 그림책보다 좀 더 큰아이가 볼만한 느낌의 책이에요. 줄거리가 촘촘해지고 기승전결이 잘 보여요. 주인공이 매력적이고, 아이들을 신나게 하는 사건·사고가 많이 나옵니다. 인기 있는 작가와 시리즈가 폭발적으로 많아지는 연령대예요. 아이의 취향이 드러나면서 좋아하는 캐릭터나 시리즈가 생기게 되어 책 고르기가 한결 수월해요. 아이가 인기 도서를 좋아하지 않아도 실망할 필요 없어요. 그 외에도 많은 책이 있으니 과감하게 다른 책으로 넘어가세요.

여전히 보드북 형태가 무난하지만, 이때부터는 책장을 찢지 않고 넘길 수 있어 하드커버로 된 그림책도 충분히 볼 수 있어요.

에릭 칼, 오드리 우드, 잰 브렛, 낸시 틸먼, 크리스 호튼, 빌 코터 등 인기 있는 그림책 작가들의 책을 만나게 돼요. 유명 작가의 가장 인기 있는 책이나 아이가 선호하는 소재의 책을 골라 읽어주고, 아이가 좋아하면 그 작가의 다른 책도 읽어주세요. 작가 중에는 한 가지 동물이나 소재만 그리는 사람도 있지만, 여러 소재를 다양하게 그리는 사람도 있어요. 아이 취향에 맞는 작가를 만나 그의 다른 작품을 읽어가다 보면 아이의 관심사가 다른 것으로 옮겨가기도 해요.

이 시기에 많은 아이가 좋아하는 그림책 시리즈는 〈맥스 앤 루비〉, 〈큐리어스 조지〉, 〈클리포드〉 등이에요. 책의 인기로 애니메이션이 제작된 경우도 있고, 영상물의 인기로 책이 제작된 경우도 있어요. 책과 영상물을 함께 즐길 수 있어서 아이가 한동안 푹 빠져들게 됩니다.

영어 동요를 즐기기 시작할 때라서 동요 그림책도 좋아해요. 영어책을 노래로 만든 음원이나 영상물도 좋아하고요. 책, 노래, 짧은 영상물을 함께 활용하면서 아이의 즐거움이 한층 커지는 시기예요.

많이 할수록 좋은 사랑 표현

엄마가 아이에게 사랑을 고백하는 그림책 중 낸시 틸먼의 책이 특히 인기가 많아요. 그림이 아름다워 베이비 샤워나 출산 선물로도 좋아요. 아이가 배 속에 있을 때부터 유치원생 때까지 읽어주면 엄마도 아이도 행복해할 책이에요. 아이보다 엄마가 더 좋아할 스타일이기도 하고요. 한글판 제목을 보면 알 수 있듯, 내용은 엄마의 사랑 고백이에요. 책마다 그림과 글이 비슷한 구조라 한 권 읽어보고 취향이 맞는 사람에게만 권합니다.

(Nancy Tillman) ● **On the Night You Were Born** 네가 태어난 날엔 곰도 춤을 추었지
● **Wherever You Are: My Love Will Find You** 네가 어디에 있든 너와 함께할 거야
● **I'd Know You Anywhere, My Love** 네가 기린이 되든 곰이 되든 우린 널 사랑해
● **You're Here for a Reason**

에밀리 윈필드 마틴의 〈The Wonderful Things You Will Be〉는 네가 무엇이 되든, 무엇을 하든 너를 사랑하겠다고 외치는 책이에요. 그림이 사랑스러워 보고 있으면 행복해져서 엄마들이 아이에게 읽어주고 싶어 하는 책이에요. 엄마의 소리에 귀를 쫑긋 세우고 눈을 반짝이는 토들러 시기에 이런 책이 제격이에요. 아빠 토끼의 절절한 사랑 고백서인 〈Guess How Much I Love You〉도 25년 넘게 꾸준히 사랑받고 있어요.

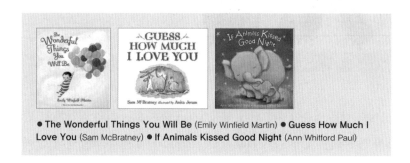

● **The Wonderful Things You Will Be** (Emily Winfield Martin) ● **Guess How Much I Love You** (Sam McBratney) ● **If Animals Kissed Good Night** (Ann Whitford Paul)

앤 위트포드 폴의 〈If Animals Kissed Good Night〉은 엄마와 아이가 자기 전 굿나잇 키스를 하는 것처럼 동물도 그렇게 하면 어떨까 상상하는 이야기예요. 동물마다 어미와 새끼가 등장해 사랑 넘치는 장면의 연속입니다. 원어민은 토들러 시기의 아이에게 잠자리 동화로 들려주기에 적당한 내용이지만, 한국에 사는 엄마라면 만 3세 이상 아이에게 권해요. 스토리는 단순한데 글밥이 많은 편이고 34쪽 분량이라 토들러에게는 버거울 수 있어요.

좋아하는 작가의 책 읽기

아이가 좋아하는 책을 만나면 그 작가의 다른 책도 시도해보세요. 호박 넝쿨처럼 줄줄이 딸려오는 책들을 만날 수 있어요. 20~30권이 넘는 책을 발견하는 좋은 출발점이기도 해요. 그래서 인기 작가들의 대표 작품을 모았어요. 많은 아이가 좋아하는 책이니 원서가 어렵다면 한글판이라도 보기를 바라요.

(Eric Carle) ●The Very Hungry Caterpillar ●Papa, Please Get the Moon for Me

에릭 칼은 영유아부터 킨더 시기까지 꾸준히 읽는 책의 작가예요. 만 3세 전후에는 〈The Very Hungry Caterpillar〉배고픈 애벌레를 권해요. 애벌레 인형과 애니메이션이 나올 정도로 인기 있는 캐릭터예요. 먹을 것이 많이 나오고 애벌레가 나비로 변신해 아이들이 좋아해요. 〈Papa, Please Get the Moon for Me〉아빠, 달님을 따주세요도 플랩북으로 아이들의 흥미를 끄는 책입니다. 에릭 칼은 토들러부터 킨더까지 오랜 기간 볼 수 있는 책을 정말 많이 남겼어요. 뒤에서 에릭 칼의 그림책을 연령별로 소개할게요.

(Audrey Wood) ●The Napping House ●Piggies ●Silly Sally ●The Little Mouse, the Red Ripe Strawberry and the Big Hungry Bear ●King Bidgood's in the Bathtub ●Heckedy Peg

오드리 우드의 책을 접한다면 먼저 〈The Napping House〉낮잠 자는 집와 〈Piggies〉꼬마 돼지를 읽어주세요. 음원과 함께 보면 더 재미있어서 동요처럼 따라 부를 수 있어요. 〈Silly Sally〉도 노래가 재미있어요. 〈The Little Mouse, the Red Ripe Strawberry and the Big Hungry Bear〉는 귀여운 책이니 보드북으로 보여주세요. 〈King Bidgood's in the Bathtub〉그런데 임금님이 꿈쩍도 안 해요과 〈Heckedy Peg〉마귀 할멈 헥커디 펙는 전래 동화 느낌이 나는 책이에요. 그림 스타일도 다르고 내용도 더 복잡해서 킨더 때 읽으면 좋아요.

(Don Freeman) ● **Corduroy** ● **Earl the Squirrel** ● **Fly High Fly Low** ● **Mop Top**

돈 프리먼의 대표작 〈Corduroy〉꼬마 곰 코듀로이는 초록색 코듀로이 멜빵바지를 입은 곰 인형 이야기로 그림책 분야의 고전이에요. 돈 프리먼의 그림책은 순수해요. 아이에게 자극적이지 않은 책을 읽어주고 싶을 때 추천해요. 책마다 그림 스타일이 달라 매번 새로운 작가를 만나는 것 같아요. 〈Fly High Fly Low〉날아라 함께!는 칼데콧 아너를 받았어요.

(Mo Willems) ● **Knuffle Bunny** ● **Knuffle Bunny Too** ● **Knuffle Bunny Free**

모 윌렘스의 〈Knuffle Bunny〉는 빠르면 두 돌 즈음에도 좋아하는 아이가 많아요. 아이가 좋아한다면 속편 〈Knuffle Bunny Too〉와 〈Knuffle Bunny Free〉도 기억해두었다가 만 4세 이후 읽어주세요. 모 윌렘스는 킨더 때까지 오랫동안 사랑하게 될 작가예요.

애드 엠벌리의 〈Go Away, Big Green Monster!〉는 음원과 함께 보면 더 신나는 책이에요. 비슷한 몬스터 책들이 시리즈로 나와 있는데, 이 작가의 드로잉북 시리즈가 특히 인기 있어요. 그림 그리기를 좋아하는 아이가 보고 그릴 게 필요할 때, 어떻게 그리는지 배우고 싶어 할 때 권할 만해요.

(Ed Emberley) ●Go Away, Big Green Monster! ●Glad Monster, Sad Monster ●Ed Emberley's Drawing Book of Animals ●Ed Emberley's Complete Funprint Drawing Book

마이클 로젠과 헬렌 옥슨버리의 〈We're Going on a Bear Hunt〉곰 사냥을 떠나자는 워낙 유명해서 역할 놀이나 동요로 먼저 접한 경우도 많아 요. 1989년 출간해 현대 고전처럼 읽히고, 프리스쿨에서 특히 많이 활 용하는 책이에요. 유튜브에서 볼 수 있는 작가의 퍼포먼스도 추천해요. '책은 이렇게 읽어주는 거구나' 싶도록 책 읽기의 모범을 보여줘요.

●We're Going on a Bear Hunt (Michael Rosen, Helen Oxenbury) ●Ten Little Fingers and Ten Little Toes (Mem Fox, Helen Oxenbury) ●So Much! (Trish Cooke, Helen Oxenbury) ● Alice's Adventures in Wonderland (Lewis Carroll, Helen Oxenbury)

그림을 그린 헬렌 옥슨버리도 한국에서는 사랑받는 그림책 작가예 요. 동글동글한 아이들이 나오는 사랑스러운 책이 많아요. 라임이 잘 맞 아 읽어주기 좋은 책으로 생후 18~30개월에는 〈Ten Little Fingers and Ten Little Toes〉를, 세 돌 이후에는 〈So Much!〉를 권해요. 앞의 책은 온 세상 아가들이 등장하고, 〈So Much!〉에는 대가족이 함께 모여 신나게 노는 행복한 아기가 등장해요. 글밥이 꽤 많지만 리듬감 있고 반복되는 스토리 구조라 즐겁게 읽어줄 수 있어요. 나중에 아이가 고전을 읽는 시기에 〈Alice in Wonderland〉이상한 나라의 앨리스를 읽을 때에도 헬렌 옥슨버리의 삽화를 추천합니다.

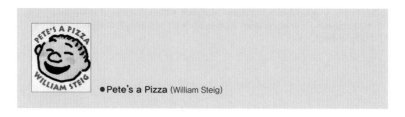

●Pete's a Pizza (William Steig)

윌리엄 스타이그는 칼데콧상을 세 번이나 받은 작가예요. 그의 그림책은 글밥이 많은 편이라 대부분 킨더 이후에 보기 적당해요. 만 3세 이후에는 〈Pete's a Pizza〉아빠와 피자놀이를 권해요. 이 책을 읽어주고 난 후 신체 놀이 하는 것을 즐기게 된 아이가 많아요.

(Chris Haughton) ●Shh! We Have a Plan ●Oh No, George! ●Little Owl Lost
●Don't Worry, Little Crab

크리스 호튼은 콜라주 기법과 포토샵을 이용해 단순하고 강렬한 그림책을 만드는 아일랜드 작가예요. 스토리와 문장이 단순하지만, 유머가 넘치고 반전 있는 결말이 즐거움을 줘요. 동물이 주인공인데 아이들의

(Bill Cotter) ● Don't Push the Button! ● Don't Touch This Book!
● Don't Shake the Present! ● Don't Push the Button! A Christmas Adventure

사랑스러움과 엉뚱함을 닮았어요. 〈Shh! We Have a Plan〉으로 에즈라 잭 키츠상을 받았어요.

빌 코터의 〈Don't Push the Button〉 시리즈는 한글판 제목이 〈절대로 누르면 안 돼!〉, 〈절대로 만지면 안 돼!〉예요. 절대로 하지 말라고 하면 반드시 하고 싶어지는 게 아이들 마음이죠. 그래서 이 책의 부제는 'A Funny Interactive Book for Kids'예요. 책을 읽어주다 보면 아이가 듣기만 하는 게 아니라, 누르고 만지고 흔들며 책과 소통하면서 깔깔거려요. 책이 재미있는 놀이임을 경험하게 해주는 시리즈예요.

동물 좋아하는 아이가 좋아할 책

유진 자이언의 〈Harry the Dirty Dog〉는 개구쟁이 강아지 해리가 주인공이에요. 목욕하기 싫어서 집 밖으로 뛰쳐나간 해리의 모험담을 그립니다. 이 책은 하드커버보다 보드북의 색감이 더 좋아요. 시리즈로 첫 번째 책인 〈Harry the Dirty Dog〉는 그림책이지만, 다른 세 권 〈Harry By the Sea〉, 〈No Roses for Harry!〉, 〈Harry and the Lady Next Door〉는 리더스북 느낌이 더 강해요. 리딩 연습할 때 다시 꺼내 보면 좋을 책이에요.

●Harry the Dirty Dog (Gene Zion) ●Make Way for Ducklings (Robert McCloskey)

로버트 맥클로스키의 〈Make Way for Ducklings〉아기 오리에게 길을 비켜
주세요는 1942년 칼데콧상을 받았고 지금까지도 사랑받는 책이에요. 여
덟 마리 아기 오리의 이름이 알파벳 순서대로 Jack, Kack, Lack, Mack,
Nack, Oack, Pack, Quack입니다. Quack은 오리가 꽥꽥거리며 우는
소리로, 소리 내서 읽어주면 아이가 깔깔거리며 웃어요. 세피아 톤의 그
림도 아름다워요. 책 속에는 보스턴 공원의 모습이 멋지게 펼쳐지는데,
실제로 그곳에 가보면 오리들 동상이 있어요. 책을 읽고 난 후 구글에서
지도와 사진을 검색해 아이에게 보여주면 좋아할 거예요.

(Jan Brett) ●The Mitten ●The Hat

잰 브렛의 그림은 동물도감보다 낫다는 생각이 들 만큼 유아 그림책
의 정석이에요. 선생님들이 특히 좋아해서 어린이집과 학교에서 많이
읽어줍니다. 세 돌 이후에 제일 먼저 접하기 좋은 책은 〈The Mitten〉
털장갑이에요. 비슷한 스토리로 〈The Hat〉도 있어요. 잰 브렛은 세계를

여행하며 특징적인 동식물과 전래 동화를 그려요. 동물을 좋아하는 아이에게 추천할 만합니다. 잰 브렛의 책은 네 돌 이후부터 볼만한 것이 더 많아요.

다섯 마리 원숭이 시리즈 (Eileen Christelow) ●Five Little Monkeys Jumping on the Bed ●Five Little Monkeys Bake a Birthday Cake ●Five Little Monkeys Sitting in a Tree ●Five Little Monkeys Hide-and-Seek

〈Five Little Monkeys Jumping on the Bed〉는 다양한 책과 패러디가 나왔어요. 그중 에일린 크리스텔로우가 그린 책을 추천해요. 영어 동요집이나 유튜브에서 노래도 쉽게 찾을 수 있으니 노래와 함께 즐기도록 해주면 좋아요. 시리즈가 10권이 넘어요. 가장 유명한 책은 〈Five Little Monkeys Jumping on the Bed〉입니다. 보드북도 나왔어요.

●They All Saw A Cat (Brendan Wenzel)

브랜든 웬젤의 〈They All Saw A Cat〉어떤 고양이가 보이니?은 2017년 칼데콧 아너를 받았어요. 표지만 보면 특별해 보이지 않지만, 읽다 보면 독특하고 신선한 전개에 손뼉을 치게 돼요. 고양이를 바라보는 시선에 따라 어떻게 달리 보이는지에 관해 이야기가 전개되어 전혀 지루하지 않아요. 영어 그림책을 늦게 접한 초등 저학년까지도 볼만합니다.

두고 두고 즐길 수 있는 인기 시리즈

이 시기에 많은 아이가 좋아하는 그림책 시리즈는 〈맥스 앤 루비〉, 〈큐리어스 조지〉, 〈클리포드〉, 〈리틀 크리터〉 등입니다. 나중에 리딩 연습할 때 리더스북 대용으로도 좋은 그림책들이에요.

● Max and Ruby ● Curious George ● Clifford ● Little Critter

〈Max and Ruby〉, 〈Curious George〉, 〈Clifford〉는 그림책 인기에 힘입어 TV 애니메이션으로도 나왔어요. 애니메이션은 그림책에 있는 내용으로 만들기도 하지만, 그림책에 나온 캐릭터를 활용해 이야기를 새롭게 만드는 경우가 더 많아요. 그래서 애니메이션 이야기를 다시 그림책으로 만들기도 하고요. 원작을 책으로 먼저 접한 아이들은 애니메이션 때문에 나중에 나온 그림책을 더 읽기도 하고, 애니메이션을 먼저 접한 아이 중에는 나중에 원작 도서를 찾아 읽기도 해요. 방대한 양의 책과 영상이 있어 아이들이 오래도록 즐길 수 있어요. 책은 주로 정사각형 모양의 페이퍼백으로 나옵니다.

〈Little Critter〉 시리즈는 장난꾸러기 남자아이가 주인공이라 아이들의 공감대가 커요. 하지만 그림이 취향에 맞지 않는 아이는 예쁘지 않다고 거부하는 경우도 있어요. 만 4세 전후로 가장 재미있게 보는데, 빠르면 40개월부터 만 5세까지가 적정 연령이에요.

남자아이가 좋아하는 탈것 시리즈

자동차, 트럭, 기차, 비행기 등 탈것을 좋아하는 아이가 많아 탈것들을 주인공으로 한 책도 많이 있어요.

● **TruckTown** (Jon Scieszka, et al) ● **Little Blue Truck** (Alice Schertle) ● **Goodnight, Goodnight, Construction Site** (Sherri Duskey Rinker) ● **The Wheels on the Bus** (Paul O. Zelinsky)

〈TruckTown〉 시리즈는 유명 그림책 작가 셋이 모여서 만들었어요. 여럿이 함께 만들어 20여 권의 책이 짧은 기간에 쏟아져 나왔어요. 책이 많으면 아이들이 더 많이 찾아보는지, 나오자마자 베스트셀러가 되고 애니메이션도 나왔어요. 지금은 후속작이 뜸해 인기가 예전 같지는 않아요.

파란색 트럭이 주인공인 〈Little Blue Truck〉과 공사 차량이 나오는 〈Goodnight, Goodnight, Construction Site〉가 특히 인기 있어요. 인기 영어 동요를 모티브로 한 〈The Wheels on the Bus〉는 버스가 주인공으로 수십 권 넘게 나왔어요. 이 중 칼데콧 수상 작가인 폴 오 젤린스키가 그린 책을 권합니다.

프리스쿨러(Preschooler)
만 4세 이상

만 4세는 여전히 프리스쿨러로 학령기 이전의 나이이지만, 1년 후에는 킨더에 들어가 학교 생활을 시작해요. 그래서 슬슬 학습적인 것을 익힙니다. 알파벳이나 파닉스를 조금씩 배우고, 쓰기나 그리기를 많이 해요. 이 시기에 아이는 선생님이 책을 읽어줄 때 집중해서 잘 듣는 편입니다. 집에서 엄마가 읽어주는 책을 2~3권 이상 들을 수 있어요. 아이의 취향이 드러나면서 좋아하는 시리즈나 캐릭터가 생기기 시작해요. 관련 책을 보고 싶어 하거나 특정 책만 반복해서 보기도 해요.

이 시기에도 주로 보는 책은 그림책이에요. 어린이집에서는 대부분 보드북을 사용하지만, 집에서는 하드커버로 된 책을 충분히 볼 수 있어요. 같은 책을 반복해서 보는 걸 전보다 덜하거나 싫어하는 아이도 있어요. 계속 새로운 이야기를 접하고 싶어 하는 아이도 나오는 시기예요. 이럴 때 모든 책을 다 살 수는 없으니 도서관이나 도서 대여점을 활용하세요.

아이들의 주 무대는 가정과 학교

그림책 주인공이 사람이든 동물이든 아이들 일상을 그린 경우가 많아요. 배경은 주로 집과 학교예요. 먹기, 놀기, 잠자기 같은 생활습관에 관한 이야기가 자주 나와요. 친구들과 놀거나 싸우거나 화해하는 이야기도 많아요. 생활 동화나 인성 동화로 분류할 수 있는데, 아이들이 컸기 때문에 토들러 때 보던 책과는 상황이 달라요.

애나 듀드니의 〈Llama Llama Red Pajama〉는 제목에서도 느껴지듯 라임을 잘 살린 책이에요. 큰 소리로 읽어주면 리듬감이 살아나 더 재미있게 느껴져요. 프리스쿨에서 킨더 사이 아이들의 마음을 잘 보여주는 생활 동화예요. 책의 인기로 토들러용 보드북과 리더스북이 나왔고, 애니메이션이 제작된 후에는 페이퍼백도 나왔어요. 이 중 따뜻한 느낌의 그림이 돋보이는 초기에 나온 그림책들을 추천해요.

(Anna Dewdney) ● Llama Llama Red Pajama ● Llama Llama Mad at Mama
● Llama Llama Misses Mama ● Llama Llama Holiday Drama

제인 율런과 마크 티그의 〈How Do Dinosaurs〉 시리즈는 다양한 공룡이 등장하는 그림책으로 공룡 좋아하는 아이들이 열광합니다. 공룡이 고집 세고 장난기 넘치는 프리스쿨러 아이들의 모습을 보여줍니다. 만 3세도 재미있게 볼 수 있는 스토리지만, 만 4세가 되면 그림을 더 구석구석 즐길 수 있어요.

(Jane Yolen, Mark Teague) ● How Do Dinosaurs Say Good Night?
● How Do Dinosaurs Eat Their Food? ● How Do Dinosaurs Go to School?
● How Do Dinosaurs Say I Love You?

개구쟁이 친구들

읽어주는 엄마는 속 터지지만, 장난꾸러기 주인공 덕분에 아이는 재미있게 보는 책이 있어요. 데이빗 섀논의 〈데이빗〉 시리즈는 말썽꾸러기의 경지에 오른 아이가 주인공이에요. 아이들 책 시리즈에 공통으로 등장하는 소재가 있어요. 운동, 밴드, 베이킹, 외식, 병원, 애완동물, 아빠나 할머니와 보내는 하루, 핼러윈, 크리스마스, 추수감사절, 캠핑 등이에요. 〈프로기〉 시리즈는 이런 이벤트를 재미있게 풀어내 아이들의 엄청난 사랑을 받아요. 모 윌렘스의 〈비둘기〉 시리즈는 한마디도 지지 않고 또박또박 말대답하는 아이가 주인공이에요. 비둘기 모습을 하고 있

● No, David! (David Shannon) ● Froggy Learns to Swim (Jonathan London)
● Don't Let the Pigeon Drive the Bus! (Mo Willems)

지만, 이맘때 말 안 듣는 아이의 모습을 대표해요.

다음은 개성 넘치는 여자아이들이 주인공인 시리즈입니다. 〈Olivia〉 시리즈는 통통 튀고 매력 넘치는 돼지 올리비아가 주인공이에요.

●**Olivia** (Ian Falconer) ●**Fancy Nancy** (Jane O'Connor) ●**Madeline** (Ludwig Bemelmans)

〈Fancy Nancy〉는 꾸미는 것 좋아하는 여자아이 낸시가 주인공이고요. 올리비아와 낸시는 흉내 내기 힘든 독특한 모습을 보여줘 나오자마자 엄청난 인기를 얻었어요. 여러 권의 그림책 시리즈가 되었고, 리더스북까지 나와 연계해서 볼 수 있어요. 〈Madeline〉 시리즈는 고전 취급을 받는 그림책이에요. 그림과 캐릭터가 요즘 나오는 책에 뒤지지 않지만, 아이 취향에 맞지 않는다면 한글판으로 첫 번째 책 정도만 접해도 됩니다.

Pete the Cat 시리즈 (Eric Litwin, James Dean) ●Pete the Cat: I Love My White Shoes ●Pete the Cat and His Four Groovy Buttons ●Pete the Cat and the Perfect Pizza Party ●Pete the Cat Saves Christmas

에릭 리트윈과 제임스 딘의 〈Pete the Cat〉 시리즈에 등장하는 'Pete' 은 독특하고 매력적인 주인공 고양이의 이름이에요. 그림이 톡톡 튀고 스토리와 캐릭터는 개성이 넘쳐요. 2010년 첫 책이 나온 이후 40권 넘게 나올 만큼 인기가 많습니다. 아이에게 책을 읽어주다 보면 저절로 노래를 하게 돼요. 웹사이트에 들어가면 작가가 직접 불러주는 노래가 올라와 있으니 참고하세요. 보드북과 리더스북도 있는데 그림책 먼저 읽기를 권해요. 애니메이션도 있습니다.

동물 좋아하는 아이를 위한 책

잰 브렛의 그림책은 미국 프리스쿨과 킨더 교실에서 필독서예요. 그림이 구석구석 볼거리가 많고 다채로운 이야기가 특징이에요. 세계 각국의 동식물과 환경, 문화를 접할 수 있어요. 만 3세용 그림책에서 소개한 〈The Mitten〉으로 처음 접해도 좋아요. 만 4세 이후에는 〈Gingerbread Baby〉가 대중적으로 인기 있는 스토리입니다. 아이가 좋아한다면 수십 권에 달하는 잰 브렛의 그림책 세계로 여행을 떠나는 것도 괜찮아요. 시공을 넘나들며 세계를 유람할 수 있어요.

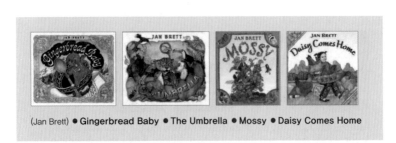

(Jan Brett) ● Gingerbread Baby ● The Umbrella ● Mossy ● Daisy Comes Home

자신감이 넘치거나 부족한 동물이 나오는 책도 있어요. 〈Rainbow Fish〉무지개 물고기 시리즈는 자신이 아름답다고 생각하고 나눌 줄 모르는 물고기 이야기예요. 나누면 더 행복해진다는 메시지를 담고 있어요. 그림이 화려해서 좋아하는 아이가 많아요. 애니메이션도 있어요.

〈Pout-Pout Fish〉 시리즈에 나오는 독특한 캐릭터는 아이들에게 인기가 있어요. 못생겼다고 생각하는 물고기가 어떻게 변하는지 보여줘요. 남을 비난하기 전에 먼저 친절을 베풀어야 한다는 것도 일깨웁니다. 리듬을 실어 노래 부르듯 읽어주면 아이가 더 재미있어해요. 엄마가 유튜브 영상을 보고 읽는 연습을 하면 더 좋아요.

자일스 안드레아의 〈Giraffes Can't Dance〉는 춤을 못 춰 친구들에게 놀림당하는 기린이 춤을 잘 출 수 있게 되는 이야기예요. 숲속 동물들이 신나게 춤추는 모습이 그려져 있어 동물 좋아하는 아이라면 재미있어할 거예요. 유치원에서 친구들에게 놀림당하는 아이가 떠오르기도 하는 스토리입니다.

● **The Rainbow Fish** (Marcus Pfister) ● **The Pout-Pout Fish** (Deborah Diesen) ● **Giraffes Can't Dance** (Giles Andreae)

어린이집에서 선생님들이 특히 많이 읽어주는 그림책이 있어요. 엄마가 소리 내서 읽어주기에 좋고, 스토리도 아이들 관심을 끌기에 좋아요. 〈Bark, George〉는 엽기적이지만 아이들을 깔깔거리게 만들어요. 〈Are You My Mother?〉는 리더스북이에요. 읽기 연습용 책이지만 스토리가 재미있어 그림책으로 읽어줘도 좋습니다. 엄마를 찾아 나선 아기 새의 모습을 그렸어요. 60쪽이 넘지만 문장이 쉽고 반복적이라 그림책보다 쉽게 읽어줄 수 있어요.

● **Bark, George** (Jules Feiffer) ● **Are You My Mother?** (P. D. Eastman)

학습 관련 그림책

이 시기의 미국 아이들은 학교에서 알파벳이나 숫자, 요일을 배웁니다. 그래서인지 그런 내용의 그림책이 많아요.

〈Chicka Chicka Boom Boom〉은 알파벳 그림책이고, 〈Today is Monday〉는 요일 그림책이에요. 〈Caps for Sale〉은 모자 장수가 나오는 숫자 그림책이고, 〈One Big Pair of Underwear〉는 뺄셈을 가르치는 숫자 그림책입니다. 앞의 세 권은 특히 노래가 신나는 책이에요. 노래를 외워 부르다 보면 책 전체를 외우는 효과가 있습니다.

● **Chicka Chicka Boom Boom** (Bill Martin Jr. & John Archambault)
● **Today Is Monday** (Eric Carle) ● **Caps for Sale** (Esphyr Slobodkina)
● **One Big Pair of Underwear** (Laura Gehl)

테드 힐스의 〈Rocket〉 시리즈는 엄마와 선생님들이 좋아하는 책입니다. 학구열에 불타는 강아지가 주인공이기 때문이에요. 〈How Rocket Learned to Read〉는 부모들이 선정하는 'Parent's Choice Silver Award'를 받았는데, 미국 엄마들도 학습 효과가 좋은 책을 선호한다는 것을 알 수 있어요. 프리스쿨부터 킨더 시기까지 읽어주기 좋지만, 정작 아이는 지루하다며 시큰둥한 경우도 있어요. 그림책보다 오히려 [Step-Into Reading 레벨 1]의 리더스북을 권합니다. 그림책 작가의 작품이라 리더스북인데도 그림이 좋아요. 〈Rocket〉 시리즈보다 오리와 거위가 나오는 〈Duck & Goose〉 시리즈가 더 인기가 많은데, 역시 글밥이 많은 편이에요.

Rocket 시리즈 (Tad Hills) ● How Rocket Learned to Read ● Rocket Writes a Story
● [Step-Into-Reading 레벨 1]의 책들

프리스쿨이나 킨더에 입학하는 아이들은 설렘과 두려움을 동시에 경험해요. 이런 아이를 격려하는 책도 많은데, 그중 오드리 펜의 〈The Kissing Hand〉를 권해요.

● The Kissing Hand (Audrey Penn)

크레용 하나로 떠날 수 있는 상상 여행 그림책

〈Harold and the Purple Crayon〉은 독특한 아이디어가 돋보이는 책이에요. 크레용 하나만 있으면 뭐든지 가능해요. 글자 없는 그림책 중 이런 스토리라인의 책이 있는데, 이 책이 원조 격이에요.

그림이 아름다워서 칼데콧상을 받은 상상 여행 그림책도 있어요. 대표적인 게 〈The Red Book〉과 〈Journey〉예요. 〈Journey〉는 〈Quest〉, 〈Return〉으로 이어지는 여행 3부작 시리즈예요. 세 권을 연달아 읽기를 추천합니다.

헤지 팔레의 〈The Adventures of Polo〉 시리즈도 크레용 하나로 상상의 나래를 펼치며 스토리가 전개되는 책이에요. 만화책 같은 화면 분할로 아이들의 흥미를 이끌어요.

● **Harold and the Purple Crayon** (Crockett Johnson) ● **The Red Book** (Barbara Lehman) ● **Journey** (Aaron Becker) ● **The Adventures of Polo** (Regis Faller)

"용기를 내"라고 속삭이는 책도 있습니다. 아이를 신나는 모험으로 이끄는데, 와티 파이퍼의 〈The Little Engine That Could〉는 그중에

● **The Little Engine That Could** (Watty Piper, Loren Long)

서도 고전이라고 할 수 있어요. 이미 오래전에 나온 책으로 로렌 롱이 새 그림으로 멋지게 재탄생시켰어요. 로렌 롱은 탈것이 등장하는 책을 많이 그려 남자아이들이 좋아하는 작가입니다.

SNS가 만든 베스트셀러의 위험성

(Craig Smith) ●The Wonky Donkey ●The Dinky Donkey
●The Grinny Granny Donkey

크레이그 스미스의 〈The Wonky Donkey〉는 소셜 미디어가 탄생시킨 베스트셀러예요. 2010년에 나왔지만 잠잠하다가 8년 뒤, 아기에게 이 책을 읽어주며 끊임없이 웃는 할머니의 동영상이 화제가 되면서 뒤늦게 인기를 얻게 되었어요. 이 책은 컨트리 뮤직 가수가 자신의 노래를 이용해 그림책으로 만든 것이에요. 애초 노래로 만든 책이라 리듬감을 살려 읽어주기에 좋고, 그림도 코믹해 좋아하는 사람이 많아요. 이 책을 산 사람은 동영상을 보고 산 경우가 대부분인데 이 책에 대해 부정적 평가를 하는 엄마나 교사도 많아요. 글이 아이가 보는 그림책으로 적당하지 않다거나 장애를 가진 동물이나 사람을 희화화했다는 점, 부적절한 단어를 아이가 배울 수 있다는 것이 이유예요. 베스트셀러라는 소문만 듣고 샀다가는 당황할 수도 있어요. 후속작이 있는데 그 책은 내용을 좀 순화했어요. 추천하려고 소개하는 책이 아니에요. 오히려 주의 경보입니다.

킨더(Kindergartener)

만 5세

킨더는 미국 초등학교의 첫 번째 학년으로 학교에 적응하는 기간이에요. 알파벳과 파닉스를 배운 후 쉬운 리더스북을 읽기 시작하는 시기입니다. 책 읽기에 관심이 많은 아이라면 눈에 띄게 리딩 레벨이 높아지기도 하지만, 대부분 읽기 연습을 시작하고 적응하는 시기예요. 킨더 때 아이가 읽는 리더스북에 관해서는 다음 장에서 다룰 것이니, 여기선 그림책 이야기만 할게요.

이 시기에도 아이 스스로 읽기보다 엄마나 선생님이 읽어주는 경우가 많습니다. 프리스쿨 때보다 내용은 좀 더 복잡해졌어요.

엄마가 책을 읽어주면 단어나 문장 일부를 따라 읽거나 스스로 읽을 수 있어요. 하지만 듣는 게 더 편할 때라 엄마에게 읽어달라고 하는 경우가 많습니다. 그럴 땐 읽어주는 게 좋아요.

아이는 이 시기 전후로 자신이 좋아하는 책을 골라 보기 시작해요. 취향이 확실해지거나 친구나 선생님의 영향으로 새것에 눈을 뜨기도 해요. 이 시기의 그림책은 아이들이 좋아하는 노래, 놀이, 영상물과도 연계해요. 좋아하는 시리즈나 캐릭터가 생기고 관련 책을 찾아보게 됩니다.

보통 그림책은 처음에 하드커버로 나오고 1~2년 뒤 페이퍼백으로 나와요. 하지만 처음부터 페이퍼백으로 나오기도 해요. 주로 TV 애니메이션을 그림책으로 펴낸 경우예요. 아이가 페이퍼백을 충분히 넘길 수 있는 시기라 하드커버나 페이퍼백 중 아무거나 읽어도 상관없어요.

독특한 영혼의 아이들을 그린 작가

케빈 헹크스와 로버트 먼치는 아이들의 심리 묘사를 잘하는 작가예요. 캐릭터가 독특하고 매력적이에요.

케빈 헹크스의 그림책 속 아이들은 생쥐 모습이에요. 작고 귀여운 캐릭터예요. 하고 싶은 것 많고, 걱정 많고, 고민도 많고, 즐거움도 많은 캐릭터들을 아주 사랑스럽게 그렸어요. 아이는 위로받고 엄마는 아이를 이해하게 되는 책입니다.

(Kevin Henkes) ●Owen ●Lilly's Purple Plastic Purse ●Chrysanthemum ●Wemberly Worried

로버트 먼치는 아이들을 웃게 만드는 작가예요. 그의 웹사이트에는 그가 쓴 모든 책의 오디오북이 있어요. 작가가 직접 스토리텔링하는데 그 내용을 못 알아들어도 따라 웃을 만큼 재미있게 읽어줘요. 스토리와 캐릭터가 톡톡 튀어 아이 취향과 잘 맞는다면 많이 읽어주세요. 수십 권이 넘는 작품 중 인기 있는 책 몇 권을 골라 쉬운 책부터 나열했어요. 쉬운 책은 프리스쿨 만 4세 이후에도 읽어줄 만합니다.

(Robert Munsch) ●Pigs ●Thomas' Snowsuit ●Stephanie's Ponytail
●The Paper Bag Princess

고전이 된 그림책

버지니아 리 버튼의 책은 80년 넘게 사랑받아 그림책의 고전이라 할 수 있어요. 만화에 빠져 있는 두 아들을 위해 그림책을 만들었다고 합니다. 처음에는 말이 나오는 그림책을 그렸는데 아이들이 관심이 없자 탈것이 나오는 그림책을 그렸다고 해요. 책을 읽어주면서 엄마가 아이에게 반응을 강요하기보다 아이가 하는 반응에 따라 움직여야 한다는 것을 배울 수 있어요. 탈것 좋아하는 남자아이에게 권합니다.

(Virginia Lee Burton) ●Choo Choo ●Mike Mulligan and His Steam Shovel
●The Little House ●Katy and the Big Snow

레오 리오니의 그림책은 철학 동화책처럼 생각할 거리를 많이 던져줍니다. 아이에게 읽어주면서 함께 이야기할 게 많은 책이에요. 너무 일찍 읽어주기보다 킨더 이후부터 초등 저학년까지 아이와 함께 읽기를 권해요. 이 작가는 칼데콧 아너를 네 번이나 받았어요. 나온 지 오래되어 최근에는 덜 읽히는 추세지만, 이 책들을 읽고 자란 선생님과 엄마들은 여전히 선호하는 책이에요.

(Leo Lionni) ●A Color of His Own ●Inch by Inch 1961 칼데콧 아너
●Swimmy 1964 칼데콧 아너 ●Frederick 1968 칼데콧 아너

윌리엄 스타이그는 칼데콧상과 뉴베리상을 수상해 그림과 글 모두 인정받은 작가입니다. 그의 그림책은 글밥이 많은 편이라 다른 책보다 어렵다고 느끼는 아이가 많아요. 한글판으로 읽어도 좋고, 아이가 읽기 힘들어하면 1학년 이후 읽어도 됩니다. 먼저 〈Doctor De Soto〉치과 의사 드소토와 〈Sylvester and the Magic Pebble〉당나귀 실베스터을 읽어보세요.

(William Steig) ●Doctor De Soto ●Sylvester and the Magic Pebble ●Shrek!
●The Amazing Bone

장 드 브루노프의 〈The Story of Babar〉코끼리 왕 바바 시리즈는 엄마가 네다섯 살 두 아들의 잠자리 동화로 만든 이야기를 화가 남편이 펴낸 책이에요. 정글을 떠나 도시로 간 코끼리 이야기를 담았습니다. 1931년에 나와 요즘 시선으로는 불편한 장면이 있어요. 엄마 코끼리가 죽는 장면도 나오니 죽음이나 이별을 힘들어하는 아이에게는 권하지 않아요. 다만 그림책 고전에 속해 여기저기서 회자되는 책이니 알고 있으면 좋을 것 같아요. 작가가 요절한 후 그의 아들이 이어서 〈바바〉 시리즈를 내고 있어요. 그림 스타일은 아버지와 같지만 내용은 달라요. 아들 로랑 드 브루노프의 책 중 〈바바의 세계여행〉, 〈바바의 미술관〉, 〈바바의 신나는 미국 여행〉 같은 책은 한글판으로도 출간되었어요.

(Jean De Brunhoff) ●The Story of Babar: The Little Elephant ●The Travels of Babar (Laurent De Brunhoff) ●Babar's Museum of Art ●Babar's Guide to Paris

케이 톰슨의 〈엘로이즈〉 시리즈는 뉴욕 호텔에서 유모와 함께 사는 여섯 살 여자아이가 주인공이에요. 명랑 쾌활 발랄 엉뚱한 캐릭터예요. 요즘 시선으로 보면 마냥 귀엽지만 1950년대 출판 당시에는 센세이셔널했어요. 미국 역사상 최초의 개구쟁이 여자아이(Naughty Girl) 캐릭터라고 할 수 있어요. 45~68쪽 분량의 크고 두꺼운 그림책이라 유아가 보기에는 어려워요. 빠르면 킨더부터 초등 저학년 때까지 많이 봅니다. 가장 최근에 출간한 리더스북은 볼륨이 적고 이야기가 단순해요. 아이가 그림책 시리즈 보는 것을 부담스러워한다면 먼저 리더스북을 권해요. 그림책은 한글판으로 읽어주고 리더스북을 권해도 좋습니다.

(Kay Thompson) ● Eloise 나야 엘로이즈 여기는 뉴욕 ● Eloise in Paris 나야 엘로이즈 여기는 파리 ● Eloise at Christmastime 엘로이즈의 크리스마스 소동 ● Eloise in Moscow 엘로이즈 모스크바에 가다

토미 드파올라는 200권이 넘는 그림책을 그려 미국에서는 프리스쿨이나 킨더 교실에서 많이 읽힙니다. 가장 유명하고 인기 있는 책은 1976년 칼데콧 아너를 받은 〈Strega Nona〉예요. 작가가 이탈리아·아일랜드계 미국인이라서 이탈리아와 유럽을 배경으로 한 그림이 많아요. 이탈리아 시골 마을에 사는 마법사 할머니의 이야기 〈Strega Nona〉그림책 시리즈는 10권 가까이 나왔어요. 그림은 마음에 드는데 어렵게 느껴진다면 리더스북으로 나온 책을 보세요.

(Tomie dePaola) ● Strega Nona ● Strega Nona and Her Tomatoes ● Strega Nona and the Twins ● The Knight and the Dragon

패트리샤 폴라코는 미국보다 한국에서 더 사랑받는 작가예요. 한글

판이 꽤 많이 나왔어요. 할머니와의 추억을 아름답게 그린 정서가 한국 엄마들에게 와닿아서 그런 게 아닐까 싶습니다. 부모가 세 살 때 이혼한 후 러시아·유대인계 외할머니와 다섯 살 때까지 함께 살았던 작가의 추억이 담겨 있어요. 난독증을 치유해준 선생님 이야기를 담은 〈Thank You, Mr. Falker〉도 미국 학교에서 많이 읽는 책이에요.

(Patricia Polacco) ●Thank You, Mr. Falker 고맙습니다, 선생님
●Thunder Cake 천둥 케이크 ●The Keeping Quilt 할머니의 조각보

제임스 마셜은 1989년 칼데콧 아너를 받은 〈Goldilocks and the Three Bears〉를 비롯해 〈아기 돼지 삼 형제〉, 〈빨간 모자〉, 〈신데렐라〉, 〈헨젤과 그레텔〉 같은 명작 그림책을 많이 그렸습니다. 킨더와 1학년 아이들이 좋아하는 그의 책은 하마의 우정을 그린 〈George and Martha〉조지와 마사와 〈Miss Nelson〉넬슨 선생님 시리즈예요. 〈넬슨 선생님〉은 2학년 교실을 배경으로 하고, 선생님이 주인공이라서 학교생활을 경험한 초등 저학년 아이가 재미있게 읽을 수 있어요.

(James Marshall) ●Goldilocks and the Three Bears ●George and Martha
●George and Martha (리더스북) ●Miss Nelson is Missing!

(David Wiesner) ● **Free Fall** 자유낙하 1989 칼데콧 아너 ● **Tuesday** 이상한 화요일 1992 칼데콧 메달 ● **Sector 7** 구름공항 2000 칼데콧 아너 ● **The Three Pigs** 아기 돼지 세 마리 2002 칼데콧 메달 ● **Flotsam** 시간 상자 2007 칼데콧 메달 ● **Mr. Wuffles!** 2014 칼데콧 아너

데이비드 위즈너는 칼데콧상을 여섯 번이나 받았어요. 그의 책은 글자가 없는 그림책이 많아요. 〈Tuesday〉는 프리스쿨 만 4세 이후에도 볼만하지만 나머지 책은 킨더 이후에 보면 더 좋아요. 상상의 세계로 자유롭게 여행하는 이야기가 많아요. 〈아기 돼지 삼 형제〉를 패러디한 책 〈The Three Pigs〉는 원작을 살짝 비틀었어요. 이 책에만 글이 있는 것도 눈에 띕니다. 칼데콧상을 받은 책을 출간 순서대로 나열했어요. 동물을 좋아하는 아이에게는 〈Tuesday〉를, 바다 동물과 기계를 좋아하는 아이에게는 〈Flotsam〉을 권합니다.

〈Cloudy With a Chance of Meatballs〉는 1978년에 나온 그림책이

(Judi Barrett & Ron Barrett) ● **Cloudy With a Chance of Meatballs** ● **Cloudy With a Chance of Meatballs 2** ● **Cloudy With a Chance of Meatballs 3**

에요. 부부 작가 쥬디 바레트와 론 바레트의 작품입니다. 펜화에 일부만 채색한 그림이 오히려 상상력을 자극하는 책으로 킨더 교실에서 많이 읽혀요. 2009년 영화가 나온 이후로 오히려 책의 인기가 줄어든 느낌이에요. 하늘에서 음식이 쏟아져 내리는 아이디어를 영화와 부가 상품들이 점령했어요. 아이가 영화를 보기 전에 먼저 책으로 접하면 좋겠어요. 속편도 있어요. 내용은 첫 번째 책과 비슷해요.

21세기 인기 작가

존 클라센의 그림책은 그림이 단순한데 영상을 보는 것 같아요. 이야기도 흥미롭고요. 데뷔작으로 닥터 수스상을 받았고, 칼데콧상도 세 번이나 받았어요. 맥 바넷이 글을 쓰고 존 클라센이 그림을 그린 도형 시리즈는 킨더 이후부터 초등 저학년까지의 아이가 읽기 좋아요. 레오 리오니가 떠오를 만큼 많은 생각할 거리를 던져주는 책입니다.

(Jon Klassen) ● I Want My Hat Back 2012 닥터 수스 아너 ● Extra Yarn 2013 칼데콧 아너
● This is not My Hat 2013 칼데콧 메달 ● Sam & Dave Dig a Hole 2015 칼데콧 아너

(Mac Barnett & Jon Klassen) ● Triangle ● Square ● Circle

올리버 제퍼스는 그림과 스토리가 귀엽고 사랑스러워 아이와 엄마 모두 좋아하는 작가입니다. 그의 초기작에 등장하는 주인공 소년은 작가 자신의 어린 시절을 보는 것 같고, 두 아이의 아빠가 된 후로는 부모가 아이에게 들려주고 싶은 이야기를 하고 있어요. 길 잃은 펭귄과 친구가 되는 소년 이야기 〈Lost and Found〉다시 만난 내 친구와 〈How to Catch a Star〉별을 따는 법가 아이들에게 인기있어요. 두 책 모두 속편까지 좋아요.

〈Here We Are: Notes for Living on Planet Earth〉우리는 이 행성에 살고 있어는 논픽션 분위기의 그림책으로 아이보다 어른들에게 더 높은 평가를 받고 있어요. 지구와 사람, 동물과 나, 모두에게 친절하자는 메시지를 담고 있어요.

올리버 제퍼스가 그림만 그린 〈The Day the Crayons Quit〉은 2013년에 나와 대형 베스트셀러가 되었어요. 글밥이 꽤 많아 너무 일찍 읽어주면 아이가 내용을 다 이해하기 힘들어할 수 있어요.

(Oliver Jeffers) ●Lost and Found ●How to Catch a Star ●Here We Are ●The Day the Crayons Quit

비제이 노박은 미국의 유명 배우이자 코미디언이에요. 그의 〈The Book With No Pictures〉는 작가의 명성 때문에 인기를 얻기는 했지만 아이들에게도 사랑받는 책이에요. 제목처럼 책 속에 그림이 하나도 없어요. 하지만 글자 크기와 서체만으로도 아이들이 좋아해요. 실없이 웃긴 소리를 늘어놓는 책이지만, 엄마가 코미디언처럼 재미있게 연기하면서 읽어주면 아이가 깔깔거리며 박장대소합니다. 엄마의 연기력에 따라 아이가 책을 즐기는 정도가 달라지니, 유튜브에서 작가가 읽어주는 영상을 꼭 한번 본 다음에 읽어주기를 권해요. 킨더 수준의 책을 알아듣는 나이에 적당하고, 듣기가 잘되어 있는 아이라면 프리스쿨부터 읽어줘도 좋아요. 웃긴 것 좋아하는 아이라면 리딩 연습하는 시기에도 권해요. 렉사일 지수 490L로 대략 AR 2점대 중반의 48쪽 책이에요.

● The Book With No Pictures (B. J. Novak)

킨더 시기에 볼만한 인기 시리즈

이 시기의 아이들에게 인기 있는 시리즈는 대부분 주인공이 아이 자신의 모습을 대변합니다. 생쥐, 곰 또는 다른 동물의 모습을 하고 있어도 하는 행동이나 배경은 아이들 일상과 닮았어요.

〈Berenstain Bears〉베렌스타인 베어즈는 1951년부터 나온 그림책 시리즈예요. 그림책, 리더스북, 챕터북 등으로 무려 300권 넘게 나왔어요. 주인공의 여동생이 태어나면서 시작한 시리즈는 셋째도 태어나고, 어느새 주인공이 자라 초등학생이 됩니다. 집과 학교를 배경으로 하고, 오빠와 여동생의 관계를 아주 현실적으로 그렸어요. 끊임없이 장난치는 아이를 대하는 부모의 모습에서 엄마로서 배울 점도 많아요. 엄마와 선생님이 아이에게 읽어주고 싶어 할 만큼 교훈적인 내용이에요. 너무 모범적인 책인데 아이들이 좋아하는 게 의아하다는 엄마들이 많아요.

〈Arthur〉 시리즈도 〈베렌스타인 베어즈〉와 비슷해요. 그림책부터 챕터북까지 어마어마하게 많은 책이 나와 있고, 오빠와 여동생이 주인공이면서 집과 학교에서 일어나는 일상을 그려요. 킨더부터 초등 저학년까지의 아이들이 즐길 수 있어요.

〈Mr. Men Little Miss〉 시리즈는 한글 전집 〈EQ의 천재들〉의 원서예요. 글밥이 많아 읽기 연습용으로도 많이 이용하지만, 엄마가 읽어주면 더 좋은 그림책이에요. 주인공의 특징과 상황을 잘 설명하는 어휘와 표현을 접할 수 있어요.

〈If You Give a〉 시리즈는 생쥐에게 쿠키를 줬더니 꼬리에 꼬리를 물고 사건이 일어나는 내용입니다. 글밥은 적지만 이 책이 전하는 유머를 이해하고 웃으면서 보려면 킨더 이후에 읽기를 권해요. 생쥐와 함께 벌어지는 다른 에피소드도 있지만 다른 동물, 다른 음식과 관련한 다양한 에피소드가 있어요. 동물과 먹을 것 좋아하는 아이가 특히 좋아할 그림책이에요. 애니메이션도 있어요.

● **Berenstain Bears** (Stan & Jan Berenstain) ● **Arthur** (Marc Brown)
● **Mr. Men Little Miss** (Roger Hargreaves) ● **If You Give a** (Laura Numeroff)

1학년

만 6세

미국의 초등 1학년은 본격적으로 읽기 연습을 하는 시기예요. 학교 수업시간에도 읽기 연습을 하고, 집에서도 읽기 연습을 해야 해요. 매일 꾸준히 책을 읽으니 읽기 실력이 가파르게 올라가는 때예요. 1학년 2학기에는 초기 챕터북을 읽거나 2학년 수준의 챕터북을 읽는 아이들도 나와요.

그림책, 리더스북, 챕터북을 다양하게 읽는 시기입니다. 읽기 연습을 위해 매일 몇 권씩 리더스북을 읽지만 여전히 그림책도 봐요. 학교에서는 그림책을 읽어주기도 하고 챕터북을 읽어주기도 해요.

이 시기부터 엄마들은 아이가 스스로 책 읽기를 원해요. 하지만 아이는 여전히 듣고 이해하는 게 익숙해 엄마가 읽어줄 것을 기대하거나 요구하지요. 엄마가 읽어줄 수만 있다면 초등 3~4학년 때까지도 읽어주는 게 좋아요. 아이 스스로 혼자 읽는 게 더 빠르다고 느끼면, 그때부턴 읽어달라고 요구하지도 않아요.

1학년 아이가 읽는 그림책은 이전보다 수준이 좀 높아요. 이 시기에는 단순히 스토리를 파악하거나 재미있는 구간만 집중하는 게 아니라, 책 전체의 주제를 이해하고 아이와 책에 관한 대화도 가능해요.

그림책을 소개하는 마지막 연령대예요. 리더스북과 챕터북도 봐야 할 시기라 소개하는 그림책 수는 다른 연령보다 상대적으로 적어요.

추천 도서 단골 그림책

모리스 샌닥의 〈Where the Wild Things Are〉괴물들이 사는 나라는 칼데콧상을 받은 그림책의 고전이에요. 영화로도 나왔고 여러 곳에서 레퍼런스로 언급할 정도로 유명한 책이에요.

크리스 반 알스버그의 〈Jumanji〉주만지도 1982년 칼데콧 메달을 받았어요. 글밥이 꽤 많아요. 영화도 두 편 나왔는데 1995년 영화에는 로빈 윌리엄스가, 2017년 영화에는 드웨인 존슨이 주연을 맡았어요. 책을 먼저 읽기를 권해요.

먼로 리프의 〈The Story of Ferdinand〉꽃을 좋아하는 소 페르디난드는 투우에 관한 책이에요. 해피 엔딩이니 엄마와 읽은 후 함께 이야기를 나눠도 좋아요. 1936년에 나온 책이라 동물에 대한 관념이 지금 시대와 차이가 있어요. 동물을 학대한다고 생각하면 보기 불편할 수도 있어요.

● **Where the Wild Things Are** (Maurice Sendak) ● **Jumanji** (Chris Van Allsburg)
● **The Story of Ferdinand** (Munro Leaf)

일상을 그린 그림책

마크 브라운의 〈아서〉 시리즈는 여러 종류가 있어요. 유아기에는 〈아서 스타터〉 그림책 시리즈를 보고, 킨더부터 초등 1학년 때에는 〈아서 어드벤처〉 그림책 시리즈를 봅니다. 〈아서〉 시리즈는 미국의 가정과 학교 생활을 현실적이고 재미있게 그렸어요. 애니메이션에는 2학년 아이들이 나오고 말이 좀 빠른 편으로 초등 저학년 때 보기 좋아요.

아서 어드벤처 시리즈 (Marc Brown) ●Arthur's New Puppy ●Arthur's Christmas ●Arthur's Halloween ●Arthur's Family Vacation

주디스 바이오스트의 〈알렉산더〉 시리즈는 아이에게 너무 일찍 보여주면 흥미를 갖기 어려운 그림책이에요. 1972년에 나왔고 영화로도 나왔어요. 아이들보다 선생님과 사서들이 좋아하는 책이에요. 주인공 남자아이가 매력적이에요. 흑백 펜화 그림이 호불호가 갈리긴 하지만,

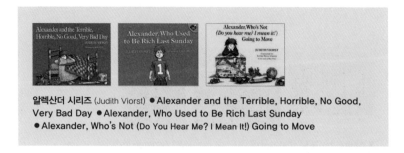

알렉산더 시리즈 (Judith Viorst) ●Alexander and the Terrible, Horrible, No Good, Very Bad Day ●Alexander, Who Used to Be Rich Last Sunday ●Alexander, Who's Not (Do You Hear Me? I Mean It!) Going to Move

캐릭터와 스토리의 매력에 한번 빠지면 후속편도 읽고 싶어져요. 한글 판은 〈Alexander, Who Used to Be Rich Last Sunday〉가 〈부자가 되고 싶은 알렉산더〉라는 제목으로 출간되었어요.

고전 그림책

〈Peter Rabbit〉피터 래빗은 1902년에 나와 100년 넘게 사랑받는 그림 책이에요. 이 시리즈는 글이 어려운 편이라 유아를 위한 축약본 그림책 도 많아요. 원작 그림책은 1학년 이후에 읽으면 적당해요. 베아트릭스 포터가 쓴 토끼, 생쥐, 다람쥐, 두꺼비, 고양이 이야기를 모아 23권의 피터 래빗 시리즈 〈The World of Peter Rabbit〉이 되었어요. 맨 처음 에 나온 손바닥만 한 작은 형태도 있고, 컬렉션 북으로도 나옵니다. 저 작권이 만료돼 구텐베르크 프로젝트(www.gutenberg.org)에서 무료로 볼 수 있어요.

(Beatrix Potter) ● The Tale of Peter Rabbit ● A Beatrix Potter Treasury
● Beatrix Potter the Complete Tales ● The Tale of Peter Rabbit Board Book

이솝 우화(Aesop's Fables)는 짧은 우화 200여 편을 모은 책입니다. 아 이들을 위한 이솝 우화 그림책은 유아용부터 초등생용까지 다양해요. 다음은 1학년이 볼만한 이솝 우화예요. 이솝 우화는 뒤쪽에서 명작 그 림책과 함께 더 자세하게 다룰게요.

● **Animal Fables from Aesop** (Barbara McClintock) ● **The Classic Treasury of Aesop's Fables** (Don Daily) ● **Aesop's Fables** (Charles Santore)

글밥 많은 그림책

멜라니 와트의 〈Scaredy Squirrel〉 시리즈는 "침대 밖은 위험해"라는 문구가 떠오르는 소심한 다람쥐가 주인공이에요. 겁이 많아 무슨 일을 하려면 철저히 계획을 세우고 조심스럽게 움직입니다. 그림책치고 글밥이 많아요. 1학년 때 보는 게 가장 좋습니다. 그림이 재미있어 킨더 시기에도 볼 수 있지만, 전체 스토리만 파악하고 세부적인 것은 이해하지 못할 수 있어요. 웃긴 상황인데 웃지 못하거나, 왜 웃어야 하는지 설명해야 한다면 아직 아이가 보기에는 빠른 거예요. 리더스북이나 초기 챕터북으로 나오면 좋을 것 같은데 2021년 그래픽 노블이 나왔어요. 72쪽으로 2점대 챕터북 수준이에요.

(Melanie Watt) ● Scaredy Squirrel ● Scaredy Squirrel Makes a Friend ● Scaredy Squirrel at the Beach ● (그래픽 노블) Scaredy Squirrel in a Nutshell (Scaredy's Nutty Adventures)

닥터 수스의 〈The Lorax〉는 '환경의 날'이나 '지구의 날' 학교에서 많이 읽어주는 책이에요. 영화로도 나왔어요. 닥터 수스의 책은 리딩 연습용으로 많이 읽으니 리더스북 장에서 더 자세히 설명할게요.

● **The Lorax** (Dr. Seuss)

그림책 대표 작가 에릭 칼

에릭 칼의 책은 영유아부터 킨더 아이까지 볼 수 있어요. 에릭 칼은 선명하고 예쁜 그림으로 아이와 부모 모두에게 사랑받는 작가예요. 영어책 읽기를 시작할 때 처음 만나는 작가이기도 합니다. 작품이 워낙 많아 어떻게 골라야 할지 잘 모르겠다며 고르는 방법을 묻는 질문을 많이 받아서 연령별로 정리했어요.

이 책들을 다 볼 필요는 없어요. 아이가 에릭 칼의 그림을 좋아하는 경우 각 연령대에서 1~2권 정도 보면 충분해요. 연령대별로 인기 있는 순서로 소개했어요.

생후 18개월 이전에 보기 좋은 에릭 칼 책

- You're My Little Baby ● The Very Hungry Caterpillar Let's Count
- My Very First Book of Food ● 1, 2, 3 to the Zoo

촉감책인 〈You're My Little Baby: A Touch-and-Feel Book〉과 헝겊책 〈The Very Hungry Caterpillar Let's Count〉를 본 후 〈My Very First Book〉 보드북 시리즈를 보면 좋아요. 〈1, 2, 3 to the Zoo〉는 글자는 없고 숫자만 나와요. 1부터 10까지 각 기차 칸마다 다른 동물이 타고 마지막에 동물원에 내려주는 내용이에요. 아이가 손가락으로 '하나, 둘' 세는 것을 좋아하는 시기에 적당해요.

생후 18~36개월에 보기 좋은 에릭 칼의 책

반복 구조로 노래처럼 따라 읽기 좋은 책이에요. 〈Brown Bear, Brown Bear, What Do You See?〉를 시작으로 같은 스토리에 등장하는 동물만 바꿔 여러 권의 책이 나왔어요. 아이가 좋아하면 다 봐도 좋지만 한 권으로도 충분해요. 〈From Head to Toe〉는 각 신체 부위에 대한 그림책이에요.

● Brown Bear, Brown Bear, What Do You See? ● Polar Bear, Polar Bear, What Do You Hear? ● Panda Bear, Panda Bear, What Do You See? ● Baby Bear, Baby Bear, What Do You See? ● From Head to Toe

토들러용 그림책은 내용이 반복적이에요. 〈Does a Kangaroo Have a Mother, Too?〉는 나에게 엄마가 있는 것처럼 다른 동물에게도 엄마가 있는지를 묻는 질문과 답이 반복해서 나와요. 〈Do You Want to Be My Friend?〉는 많은 동물을 찾아다니며 친구가 되어달라고 부탁하던 생쥐가 다른 생쥐를 만나 친구가 되는 과정이에요. 〈"Slowly, Slowly, Slowly," Said the Sloth〉는 나무늘보에게 너는 왜 그렇게 느리고 지루하고 게으르냐고 묻는 동물들이 여러 번 등장해요. 마지막 장에선 "나는 원래 이렇다"는 나무늘보의 답으로 끝나요. 〈Little Cloud〉는 구름이 여러 가지로 변하는 모습을 보여주고 마지막에 큰 구름이 되어 비를 내리는 단순한 스토리로, 토들러 아이에게 구름의 변신은 아주 즐거운 일이에요.

● Does a Kangaroo Have a Mother, Too? ● Do You Want to Be My Friend?
● "Slowly, Slowly, Slowly," Said the Sloth ● Little Cloud

만 3세 이후 보기 좋은 에릭 칼의 책

에릭 칼의 책을 단 한 권만 고르라면 대부분 〈The Very Hungry Caterpillar〉를 고릅니다. 내용이 만 3세 이후에 적당하지만, 책을 이해하지 못해도 이 캐릭터를 사랑하기 때문에 영유아용 헝겊책과 비닐책, 인형 등 다양한 형태가 나와 있어요. 벌레가 온갖 음식을 먹는 과정을 아이들이 좋아해요. 나비로 변신하는 마지막 장도 멋져요.

⟨10 Little Rubber Ducks⟩는 표지만 보면 토들러용 비닐책 같아요. 목욕탕에서 가지고 노는 고무로 만든 오리 열 마리가 표지에 나와 숫자를 가르쳐주는 영유아용 책처럼 보여요. 하지만 예상과 달리 큰 스케일로 사고가 나 바다 동물까지 만나고 마침내 가족을 이루는 신선한 이야기예요.

⟨Dream Snow⟩에선 눈이 오길 바라는 할아버지의 꿈이 이루어집니다. 스토리는 단순하지만, 눈이 담요처럼 덮이는 것을 플랩북으로 표현해 아이들이 좋아해요. 표지가 아름다워서 저절로 손이 가는 책이에요. 크리스마스 시즌에 특히 인기가 많아요.

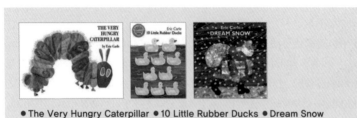

● The Very Hungry Caterpillar ● 10 Little Rubber Ducks ● Dream Snow

⟨Papa, Please Get the Moon for Me⟩는 달을 따달라는 딸아이의 요청에 기꺼이 사다리를 들고 높은 산으로 가서 달을 따다주는 아빠의 모습을 담았어요. 보름달을 따러 갔는데 너무 커서 초승달이 될 때까지 기다리고, 아이와 함께 놀던 초승달이 점점 작아져서 사라진 후에 다시 밤하늘에 나타나는 과정을 그렸어요. 달의 변화 과정을 보여주면서 아빠의 사랑과 아이의 동심을 그린 책이에요. 책을 사방으로 펼치는 장이 많아 보드북으로 권합니다.

⟨Draw Me a Star⟩는 "엄마 별 그려주세요" 하는 아이들의 요청을 듣는 것 같습니다. 별을 그려주니, 별은 해를 그려달라고 해요. 해는 나무를, 나무는 사람을, 사람은 집을 그려달라고 해요. 개, 고양이, 새, 나비, 꽃, 구름, 밤까지 그리고 나니, 밤은 다시 별을 그려달

● Papa, Please Get the Moon for Me ● Draw Me a Star
● The Secret Birthday Message

라고 해요. 단순하지만 아이 자신도 아티스트가 되고 싶게 만드는 책이에요.
〈The Secret Birthday Message〉는 생일 선물을 찾기 위해 비밀 편지의 암호를 따라
가는 책입니다. 책에 동그라미, 세모, 직사각형 같은 도형으로 구멍이 뚫려 있고, 페이지
모양도 다양해요.

만 4세 이후 보기 좋은 에릭 칼의 책

● Today is Monday ● The Mixed-up Chameleon ● Pancakes, Pancakes!

〈Today is Monday〉는 노래를 부르면서 봐야 재미있는 책입니다. 책에 나온 글만으로
는 굉장히 단순하고 반복적이에요. 노래를 부르면서 봐야 단순 반복적인 글에 리듬이 붙
어요. 요일이 나오기 때문에 만 4세 이상 아이에게 권합니다. 〈The Mixed-Up Cha-
meleon〉에서는 동물원에 있는 동물들을 보며 부러워할 때마다 색과 모양이 변하는 카
멜레온을 재미나게 보여줍니다. 다양한 변신을 하면서도 누군가를 계속 부러워하지만,
벌레를 잡아먹기 위해 자기 모습으로 돌아오며 자신에게 만족하게 돼요. 〈Pancakes,
Pancakes!〉는 팬케이크를 먹고 싶어 하는 아들에게 밀가루, 달걀, 우유, 버터까지 만들
게 하는 엄마가 나와요. 음식을 만드는 데 필요한 재료와 만드는 과정을 그리고 있습니
다. 먹기 좋아하는 아이가 특히 좋아해요.

● The Very Busy Spider ● The Very Lonely Firefly ● The Very Quiet Cricket
● The Grouchy Ladybug

제목에 'The Very'가 붙는 벌레 그림책은 주인공이 거미, 귀뚜라미, 반딧불, 딱정벌레 등

으로 달라질 뿐 비슷한 스토리입니다. 외로운 반딧불은 친구를 만나게 되고, 소리를 못 내는 귀뚜라미는 소리를 내게 되고, 재주넘기를 못하는 딱정벌레는 재주를 넘게 됩니다. 수많은 실패 과정이 반복되다가 마지막 장에서 성공하는 패턴이에요. 중간 과정이 너무 길고 반복적이라 한 권 이상 보면 지루해요. 아이가 좋아하는 벌레를 하나 골라서 보면 되는데, 가장 인기 있는 책은 〈The Very Busy Spider〉예요. 온갖 동물들이 와서 '같이 놀자'는 말에 바빠서 대답도 하지 않고 거미줄을 만드는 거미와 점점 완성돼가는 거미줄을 보는 즐거움이 있어요.

〈The Grouchy Ladybug〉는 허세 넘치는 무당벌레가 나와 온갖 동물에게 싸움을 걸고 다니지만 실상은 무서움이 많다는 내용이에요. 이 책에만 제목에 'The Very'가 붙지 않은 이유는 〈The Very 벌레 이름〉 시리즈가 만들어지기 전에 나왔기 때문이에요.

만 5세 이후 보기 좋은 에릭 칼의 책

논픽션 자연 관찰책을 보는 느낌의 그림책입니다. 다른 책에 비해 글밥이 꽤 많아요. 비슷한 문장과 장면이 반복되기는 하나 호흡이 긴 편이라 킨더 이후에 적당합니다. 〈The Tiny Seed〉는 아주 작은 씨앗이 역경을 헤치고 큰 꽃이 되는 과정을 그렸어요. 그림책으로 나왔지만 2015년부터는 리더스북 [Ready-To-Read 레벨 2] 안에도 들어 있어요. 그림책으로는 재미가 부족하지만 리더스북으로 읽기는 좋아요.

〈A House for Hermit Crab〉은 소라게가 바다에 사는 많은 생물의 도움을 받아 자기 집을 예쁘게 꾸미는 내용이에요.

● The Tiny Seed ● A House for Hermit Crab

Q 영어 노래는 어떤 것을 어디서 들어야 할까요?

유튜브나 스포티파이를 추천해요. 유튜브의 코코멜론 널서리 라임과 핑크퐁에서 영어 동요를 쉽게 접할 수 있어요. 노래 가사를 제공하기 때문에 영어 읽기 연습할 때도 유용해요. 처음에만 유튜브 영상을 보고, 나중에는 소리만 듣는 것도 권해요. 스포티파이 같은 음원 스트리밍 서비스를 통해 듣는 것도 좋아요. 흔히 '노부영'이라고 부르는 '노래 부르는 영어'라는 상품이 있어요. 영어 그림책을 노래로 불러줘요. 영어책 읽어주는 게 힘든 엄마가 활용하기 좋아요.

◀
코코멜론 채널
www.youtube.com/user/checkgate

◀
핑크퐁 채널
www.youtube.com/c/pinkfong

Q 영어 영상물은 어떤 것을 어디서 보아야 할까요?

영상물을 가장 쉽게 만날 수 있는 방법은 유튜브, 디즈니플러스, 넷플릭스 시청이에요. 유튜브는 무료로 볼 수 있는 콘텐츠가 많다는 장점이 있지만, 광고를 보지 않기 위해 유료 서비스를 가입하는 엄마들이 많아요. 영상을 처음 접할 때는 유튜브로 많은 영상을 맛보기 시청하는 것을 추천해요. 하지만 어느 정도 영상을 보다 보면 디즈니플러스나 넷플릭스에서 보는 것이 더 편해요. 두 사이트가 제공하는 영상물은 차이가 있어요.

디즈니플러스에는 디즈니와 픽사에서 만든 애니메이션, 영화, 드라마를 포함해 마블, 스타워즈, 내셔널 지오그래픽에서 제공하는 영상물이 있어요. 아이가 있는 가정에서 몇 년 동안 볼 만한 분량의 콘텐츠를 제공해요. 디즈니플러스는 아이 연령에 따라 학령기 이전 아이들이 볼만한 콘텐츠만 접근 가능하게 만들었어요. Kids 계정으로 들어가면 디즈니 주니어, 미키 마우스, 디즈니 프린세스, 슈퍼 히어로, 액션 어드벤처, 애니멀 네이처 등의 카테고리 안에 안심하고 보여줄 만한 콘텐츠를 모아 두어 아이가 고를 때 안심할 수 있어요. 디즈니플러스의 한국 서비스는 2021년 하반기부터 시작할 예정이에요. 넷플릭스에도 어린이 영상이 있어서 번갈아 가며 이용할 수 있어요.

2장

아이표
영어책 지도의
위도와 경도,
리딩 레벨

리딩 레벨 이해하기

리딩 레벨(Reading Level)이란

리딩 레벨은 영어책 수준을 나타내는 지표입니다. 쉬운 책, 조금 쉬운 책, 조금 어려운 책, 어려운 책, 많이 어려운 책, 이렇게 쓰면 사람마다 기준이 달라 객관적으로 평가하기 힘들어요. 그래서 어휘 수, 어휘 난이도, 문장 길이와 복잡한 정도, 책 길이, 주제, 반복 정도나 내용의 예측 가능성, 그림 비중 등을 고려해서 산출합니다. 리딩 레벨은 여러 종류가 있어요. 영문자 A~Z로 표시하기도 하고, 1.0~13.0으로, 혹은 100L~1300L처럼 숫자와 영문 조합으로 표시하기도 해요. 미국 학교와 도서관에서 많이 사용하는 리딩 레벨은 크게 세 가지입니다.

ATOS 북 레벨 (ATOS Book Level)	렉사일 지수 (Lexile Measure)	가이디드 리딩 레벨 (Guided Reading Level)

한국의 영어 유치원이나 학원에서 많이 사용하는 리딩 레벨은 ATOS 북 레벨과 렉사일 지수입니다.

이 책에서는 주로 ATOS 북 레벨을 사용할게요. ATOS 북 레벨은 줄여서 'AR(Accelerated Reader) 레벨'로 부릅니다. 영어책 읽기가 어느 정도 익숙해질 때까지 아이들에게 가장 예민한 부분이 어휘 난이도예요. 초등 고학년 수준의 영어책을 읽을 수 있게 되면 단어 난이도에서 비교적 자유롭지만, 그 전까지는 어휘가 어려우면 책을 읽기 힘들어합니다. 그래서 책에 나온 단어의 난이도를 잘 표시해놓은 리딩 레벨이 책 고를 때 필요해요. AR 레벨은 주로 어휘 난이도에 의해 결정됩니다.

리딩 레벨(AR) 단계별 대표 도서

AR은 1부터 12점대까지 있어요. 곧바로 '1~12학년의 수준을 표시한 건가 보다!' 하는 느낌이 올 거예요. 사실 AR 13점대 이상인 책도 있지만 이런 책을 접하기는 쉽지 않으니 제외할게요. AR 1점대는 1학년 수준의 영어 단어로 쓴 책이고, AR 12점대는 12학년 수준의 영어 단어로 쓴 책이에요.

AR은 보통 소수점을 사용해요. AR 2점이 아니라 AR 2.3이나 AR 2.9 이런 식이에요. AR 2.3은 2학년 아이가 세 번째 달에 읽는 수준의 어휘로 쓴 책이에요. AR 2.9는 2학년 아이가 아홉 번째 달에 읽는 수준으로 쓴 책이고요. 소수점 뒤 숫자를 포함해 숫자가 클수록 단어의 난이도가 높아요. 흔히 AR 2점대 책, AR 6점대 책 같은 표현을 많이 사용해요. 각 점수대의 대표적인 책은 다음과 같습니다.

AR 1점대	〈닥터 수스〉 같은 리더스북 • Green Eggs and Ham	
AR 2점대	〈매직 트리 하우스〉, 〈주니비존스〉 같은 챕터북 • Magic Tree House • Junie B. Jones	
AR 3점대	〈제로니모 스틸턴〉 같은 조금 두꺼운 챕터북 • Geronimo Stilton	
AR 4점대	〈로알드 달〉, 〈샬롯의 거미줄〉 같은 얇은 소설책 • Charlie and the Chocolate Factory • Charlotte's Web	
AR 5점대	※〈퍼시잭슨〉 같은 두꺼운 소설책 • Percy Jackson and the Olympians	
AR 6점대	〈해리포터〉 같은 두꺼운 소설책 • Harry Potter	

※〈퍼시잭슨〉은 실제 4점대 책이지만 흔히 5점대로 생각하는 이들이 많습니다. 〈해리포터〉로 가기 전 단계로 많이 인식되어 있는 책입니다. 5점대를 대표하는 책과 비슷한 수준의 책 중에서 인지도가 가장 높아 선택했습니다.

단계가 올라갈수록 그림의 빈도가 낮아지고, 글자 크기가 작아지고, 단어 수가 많아지고, 볼륨이 두꺼워집니다. 책을 직접 눈으로 보면 단계별 수준 차이를 바로 알 수 있어요. 제 블로그에 단계별 본문 예시를 볼 수 있도록 정리해두었으니 참고하세요.

◀ 리딩 레벨 단계별 본문 예시

리딩 레벨로 원하는 책 고르는 법

리딩 레벨은 www.arbookfinder.com에서 책 제목이나 저자 이름으로 검색할 수 있습니다.

AR 리딩 레벨 검색하기 www.arbookfinder.com	Search
COVER	**Title(책 제목)**
	Author(저자 이름)
	IL: LG - BL: 2.6 - AR Pts: 1.0 ① ② ③

① **IL** Interest Level의 약자로 흥미도를 나타냅니다. LG(Lower Grades)는 킨더~3학년, 즉 초등 저학년 수준이라는 의미입니다. 4~8학년은 MG(Middle Grades, 초등 고학년과 중학생 수준), 9~12학년은

UG(Upper Grades, 고등학교 수준)로 표시해요.

구 분	대 상	수 준
LG (Lower Grades)	킨더~3학년	초등 저학년
MG (Middle Grades)	4~8학년	초등 고학년과 중학교
UG (Upper Grades)	9~12학년	고등학교

② **BL** Book Level의 약자로 ATOS Book Level을 줄인 말입니다. 검색한 책의 리딩 레벨을 보려면 BL 뒤 숫자를 보면 됩니다. 위 예시로 보면 해당 도서의 리딩 레벨은 AR 2.6이에요. 2학년 여섯 번째 달에 읽기 적당한 수준이라는 뜻입니다.

AR은 단어의 난이도만 나타내기 때문에 그 책이 어떤 연령대 아이에게 적합한지는 IL을 봐야 해요. 예를 들어볼게요.

The Little House

AR 4.2
IL: LG

Eloise

AR 4.6
IL: LG

The Tale of
Peter Rabbit

AR 4.2
IL: LG

Percy Jackson
and the
Olympians #3:

AR 4.2
IL: MG

이 책들은 모두 AR 4점대예요. 하지만 왼쪽부터 세 권은 그림책이고 IL이 LG이고, 네 번째 책은 AR 4점대이지만 IL이 MG로 나와요. 'MG'라는 표시를 통해 4학년 이후 많이 읽는 책이라는 것을 알 수 있어요.

The Catcher
in the Rye
AR 4.7
IL: UG

Twilight
AR 4.7
IL: UG

이번에는 〈호밀밭의 파수꾼〉과 〈트와일라잇〉입니다. 〈호밀밭의 파수꾼〉과 〈트와일라잇〉은 고등학생이 많이 읽어요. 두 권 다 AR 4점대지만 IL은 UG로 나와요. 그러니 같은 AR 4점대라고 해서 4학년 아이에게 권하기에는 적당하지 않아요.

③ **AR Pts** AR Points의 줄임말입니다. 두꺼운 책일수록 포인트가 높아요. 학교나 학원에서 숙제를 낼 때 권수가 아닌 포인트를 사용하는 곳이 많아요. 권수를 기준으로 하면 아이들이 얇은 책만 읽는데, 포인트로 하면 두꺼운 책을 읽을 경우 얇은 책 여러 권을 읽은 것과 같게 처리해주니 그런 부작용이 없어요.

서로 다른 종류의 리딩 레벨의 변환

한국에서 가장 많이 사용하는 리딩 레벨은 AR과 렉사일 지수예요. 학교, 도서관, 서점에서 사용하는 리딩 레벨이 종종 다를 때가 있어서 두 레벨을 비교할 필요가 있는 경우가 많아요. 다음은 온라인상에서 쉽게 찾을 수 있는 리딩 레벨 변환표(Conversion Chart)입니다.

리딩 레벨 변환 표

AR	렉사일 지수	AR	렉사일 지수	AR	렉사일 지수
1.0	25	2.6	475	6.4	925
1.1	50	2.7	500	6.7	950
1.2	75	2.9	525	7.0	975
1.2	100	3.0	550	7.4	1000
1.3	125	3.2	575	7.8	1025
1.3	150	3.3	600	8.2	1050
1.4	175	3.5	625	8.6	1075
1.5	200	3.7	650	9.0	1100
1.6	225	3.9	675	9.5	1125
1.6	250	4.1	700	10.0	1150
1.7	275	4.3	725	10.5	1175
1.8	300	4.5	750	11.0	1200
1.9	325	4.7	775	11.6	1225
2.0	350	5.0	800	12.2	1250
2.1	375	5.2	825	12.8	1275
2.2	400	5.5	850	13.5	1300
2.3	425	5.8	875		
2.5	450	6.0	900		

이 표를 사용할 때 주의할 점이 있어요. 두 리딩 레벨 시스템은 산출 방식이 달라요. 그래서 두 레벨을 일대일로 대응할 수 없어요. 위 표는 많은 책의 AR과 렉사일 지수의 상관관계를 회귀분석으로 추정한 결과 치예요. 대략 이런 패턴을 따르지만 막상 검색해보면 많은 경우 의외의 결과가 나오기도 해요. AR이 같은 책의 렉사일 지수가 얼마나 다른지 예를 들어볼게요.

같은 AR 레벨, 다른 렉사일 지수 예시

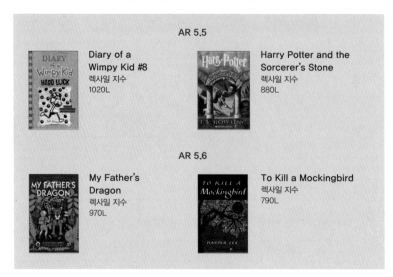

AR 5.5

Diary of a
Wimpy Kid #8
렉사일 지수
1020L

Harry Potter and the
Sorcerer's Stone
렉사일 지수
880L

AR 5.6

My Father's
Dragon
렉사일 지수
970L

To Kill a Mockingbird
렉사일 지수
790L

학년별 리딩 레벨 비교

AR은 숫자로 몇 학년 수준인지 파악할 수 있지만, 다른 리딩 레벨은 그렇지 않아요. 학교와 도서관, 학원에서 사용하는 리딩 레벨이 서로 달라 여러 개의 리딩 레벨을 비교해야 하는 경우가 있어요. AR이 아닌 다른 레벨을 사용하는데 몇 학년 수준인지 궁금한 경우도 있어요. 각 기관에서 발표한 표를 취합하고 보정해 '학년별 리딩 레벨 비교 표'를 만들었으니 참고하세요. 근거와 산출 과정은 제 블로그에 더 자세하게 설명해놓았습니다.

◀
학년별 리딩 레벨 비교에 관한 더 자세한 이야기

학년별 리딩 레벨 비교

대상	학년	리딩 레벨 (AR)	렉사일 지수	Guided 리딩 레벨
초등	킨더	0.0~0.4		A
		0.5		B
		0.6~0.7		C
		0.8~0.9		D
	1	1.0~1.1	25L~50L	E
		1.2~1.4	75L~175L	F
		1.5~1.6	200L~250L	G
		1.7~1.8	275L~300L	H
		1.9~2.1	325L~375L	I
		2.2~2.4	400L~440L	J
	2	2.5~2.7	450L~500L	K
		2.8~3.1	515L~565L	L
		3.2~3.5	575L~625L	M
	3	3.6~3.7	640L~650L	N
		3.8~3.9	655L~675L	O
		4.1~4.2	700L~720L	P
	4	4.3~4.4	725L~740L	Q
		4.5~4.7	750L~775L	R
		4.8~4.9	780L~795L	S
	5	5.0~5.1	800L~815L	T
		5.2~5.4	825L~845L	U
		5.5	850L	V
중등	6	5.6~5.7	860L~870L	W
		5.8~6.0	875L~900L	X
		6.1~6.3	905L~920L	Y
		6.4~6.9	925L~965L	Z
	7	7.0~7.9	975L~1030L	Z+
	8	8.0~8.9	1040L~1090L	Z+
고등	9	9.0~9.9	1100L~1145L	Z+
	10	10.0~10.9	1150L~1195L	Z+
	11	11.0~11.9	1200L~1235L	Z+
	12	12.0~13.5	1240L~1300L	Z+

리딩 레벨 활용하기

그림책 리딩 레벨

그림책은 엄마나 선생님이 읽어주는 책이에요. 그래서 일상에서 잘 사용하지 않는 의성어나 의태어가 많고, 낯선 사물의 이름이 나와 리딩 레벨이 높은 경우가 많아요.

이 시기의 아이들이 좋아하는 에릭 칼의 그림책은 AR 1.0~3.7이에요. 〈피터 래빗〉그림책 시리즈는 AR 4.0~4.7이에요. 아이들은 그림책을 그림을 보면서 귀로 들어요. 들리는 소리를 다 이해하지 못해도 그림을 보면서 상상해가며 이해해요. 그림책에서 접할 수 있는 어휘는 다양해서 어휘 습득에 좋지만, 귀로 듣는 것과 리딩 연습을 하면서 읽는 것은 별개예요. 이런 이유로 읽기 연습을 할 때는 그림책보다 오히려 리더스북이 쉬워요. 그림책 중에서 AR이 낮은 책을 찾아 읽어도 되고요.

리더스북 리딩 레벨

리더스북은 읽기 연습을 목적으로 만든 책이에요. 비룡소의 〈난 책 읽기가 좋아〉나 시공사의 〈시공 주니어 문고〉처럼 초등 저학년 대상의 시리즈물이 출판사마다 다른 브랜드로 나오듯 리더스북도 〈I Can Read〉, 〈Step-Into-Reading〉, 〈Scholastic Readers〉, 〈DK Readers〉, 〈ORT〉 등 출판사마다 다른 이름으로 나옵니다.

〈난 책 읽기가 좋아〉와 〈시공 주니어 문고〉가 각각 1~3단계가 있는 것처럼 리더스북도 레벨 1~3(또는 4)이 있어요. 출판사마다 레벨을 분류하는 기준이 다르니 레벨보다는 AR을 활용해 책의 난이도를 비교하세요.

어떤 시리즈는 리딩 레벨이 비슷한 데 반해 어떤 시리즈는 리딩 레벨의 차이가 커요. 〈Elephant and Piggie〉 시리즈는 AR 0.5~1.4로 난이도가 고른 편이고, 닥터 수스 책은 AR 0.6~4.1로 책마다 편차가 있어요. 이렇게 시리즈 전체를 비교하기 힘든 경우에는 각 책의 AR을 비교해야 합니다.

리더스북은 킨더~1학년 아이들이 많이 읽기 때문에 AR 0~2점대 책이 많아요. 1학년 후반부에 가면 AR 2점대 리더스북이나 AR 2점대의 쉬운 초기 챕터북을 읽어요.

챕터북 리딩 레벨

챕터북은 빠르면 1학년 후반부에 읽기 시작하지만 보통 2~3학년 때 읽어요. 1학년부터 2학년 초까지 읽는 좀 더 쉬운 초기 챕터북의 리딩 레벨은 AR 2점대가 많고, 2학년 때 읽는 챕터북은 AR 2~3점대가 많아요.

챕터북은 대부분 시리즈로 나와요. 20~30권이 넘고 이야기가 연결되기도 하지만 각 권마다 새로운 사건이 일어나기도 합니다. 앞 권에 나오는 이야기를 알아야 이해되는 내용도 있기 때문에 순서대로 읽는 게 좋습니다. 대부분 시리즈 앞쪽이 어휘 수준이 낮고 단어 수도 적어요. 뒤로 갈수록 주인공이 자라면서 어휘 난도가 높아지고 분량이 늘고 호흡이 길어지고요. 예를 들어 〈매직트리하우스〉 시리즈는 AR 2점대 초반으로 시작하는데, 뒷편으로 가면 3점대 후반에서 4점대 초반이에요. 분량도 70쪽으로 시작해 뒤에선 2배가 넘고요. 순서대로 읽다 보면 자연스럽게 읽기 호흡이 길어지는 효과가 있어요.

리딩 레벨에 가장 신경을 많이 쓰는 시기는 주로 리더스북과 챕터북을 읽을 때예요. 그런데 이 시기의 아이는 자기 리딩 레벨 수준을 벗어나는 어려운 단어를 만나면 책 읽기를 부담스러워해요. 그래서 아이의 리딩 레벨을 잘 파악하고, 그 범위에 맞는 책을 골라주는 게 중요해요.

리딩 레벨 올라가는 데 걸리는 시간

리더스북에서 초기 챕터북으로 넘어가는 시기, 초기 챕터북에서 챕터북으로 넘어가는 시기, AR 2점대 챕터북에서 AR 3점대 챕터북으로 넘어가는 시기 때문에 고민하는 엄마가 많아요. 읽을 만큼 읽었는데 왜 다음 단계로 못 올라가는지 걱정합니다.

다음 단계로 올라가지 못하는 가장 큰 이유는 책을 충분히 읽지 않았기 때문이에요. 엄마 눈에는 충분히 읽은 듯 보여도 대부분 그 단계를 벗어날 만큼 많이 읽지 않았어요.

몇 권을 읽으면 다음 레벨로 넘어간다는 기준은 없어요. 아이의 언어 능력, 모국어 실력, 학습 능력, 영어 학습에 대한 동기부여, 집중력 등에 따라 달라요.

한글 독서가 잘되어 있어 영어책 단계를 수월하게 넘어가는 아이도 있어요. 그런 아이와 비교해서 우리 아이도 그만큼 읽으면 넘어갈 수 있다고 예측해선 안 돼요. 저마다의 적정량을 채운 뒤 자연스럽게 다음 단계로 넘어가야 해요.

리딩 레벨은 성적표가 아니라 '책의 지표'일 뿐

리딩 레벨은 책의 지표입니다. 특정한 책이 AR 몇 점이라고 정확히 말할 수 있지만, 우리 아이의 리딩 레벨은 AR 1.5~2.5 또는 AR 3.3~4.8처럼 구간으로 표시하는 경우가 많아요.

성적표에는 AR 2.0이라고 적혔지만, 아이가 읽는 책은 AR 0.5~3.5 일 수 있어요. 아이들은 AR 숫자대로 책을 골라 읽지 않아요. 리더스북 레벨 2를 충분히 읽으면 어느 날 레벨 3으로 넘어가고, 그 뒤 어느 날부터 초기 챕터북만 읽는 게 아닙니다. 물론 그런 아이도 있지만 대부분 리더스북 레벨 2와 3을 섞어서 읽다가 초기 챕터북을 조금 읽어보기도 하고, 다시 리더스북으로 돌아갔다가 초기 챕터북으로 돌아오기도 하면서 지그재그로 올라가요. 그런 시간이 쌓여서 어느 순간 리더스북보다 초기 챕터북을 붙잡고 있는 시간이 많아지는 때가 옵니다.

AR 3점대를 주로 읽는 시기에 AR 2점대 책을 꺼내 보기도 하고, 마음에 드는 책이 생기면 자신의 리딩 레벨보다 높은 책을 붙잡고 보기도 해요. 리딩 레벨은 대략적인 가이드라인일 뿐이에요.

리딩 레벨이 높게 나오는 아이들이 조심해야 할 게 있어요. 리딩 레벨이 6~7점대를 넘어가면 리딩 레벨에 신경 쓰지 않고 책을 선택할 수 있어요. 아이들이 일반적으로 읽는 책은 6~7점대를 넘는 책이 많지 않기 때문이에요. 리딩 레벨이 그보다 높은 책들은 주로 고전, 논픽션, 어른 책이에요. 아이의 성적표에 리딩 레벨이 10점대로 나왔다고 우리 아이가 10점대 책을 읽을 수 있다고 생각하면 안 돼요. 아이의 리딩 레벨 성적표는 주로 짧은 지문을 읽고 치는 시험의 결과예요. 그래서 레벨이 올라갈수록 실제로 읽을 수 있는 책은 성적표에 찍힌 숫자보다 낮은 경우가 많아요. 스티븐 호킹(Stephen Hawking)의 〈A Brief History of Time〉시간의 역사은 렉사일 지수가 1290L이에요. AR 13.5 정도에 해당하니 대학교 1학년 수준의 리딩 레벨이라는 의미예요. 이 책은 워낙 어려워서 끝까지 읽는 독자가 적은 책으로 유명해요. 책의 처음부터 끝까지 읽는 비율을 호킹 지수라고 표현할 정도예요. 미국 7~8학년 영어 시험 성적의 상위 1%는 렉사일 지수 1300L 이상 나와요. 그 아이들 중에 〈시간의 역사〉를 읽을 수 있는 아이는 거의 없을 거예요. 아이의 리딩 레벨이 높게 나오면 책을 선택할 때 리딩 레벨 외에 고려할 요소가 많아져요. 높은 리딩 레벨의 책을 읽으려면 전반적인 지식, 문해력, 높은 수준의 정신적·정서적 연령이 필요해요.

리딩 레벨에 지나치게 연연하지 마세요

리딩 레벨은 아이에게 맞는 책을 선택하는 한 가지 기준일 뿐이에요. 아이는 자기가 좋아하는 책이 생기면 어려워도 붙잡고 읽어요. 〈해리포터〉시리즈가 대표적이에요. 이미 한글책을 읽었거나 영화를 봐서 내용을 알고 있는 경우, 원서에 모르는 단어가 나와도 재미있게 읽는 아이가 꽤 있어요. AR 3~4점대 책을 읽는 아이가 〈해리포터〉를 읽었다고 해서 AR 5~6점대 수준의 리딩 실력이 되는 게 아니에요. AR 5~6점대의 다른 책도 읽을 수 있어야 그 정도 수준이라고 할 수 있어요. 〈해리포터〉를 읽은 후에 다시 AR 3~4점대 책을 읽는 아이도 있어요.

〈나무집〉이나 〈윔피키드〉 같은 삽화가 많은 책은 단어가 어려워도 대강 추측하면서 읽기도 해요. 한 단어도 빠뜨리지 않고 다 읽는 아이일수록 리딩 레벨에 민감해요. 그런 성향의 아이는 자신의 리딩 레벨에서 많이 벗어난 책은 부담스러워해요. 반면 삽화를 보고 내용을 유추하며 모르는 단어가 몇 개 있어도 대강 넘어가는 아이도 있어요. 이런 성향의 아이는 지금 읽는 책이 AR 4점대라고 해도, 삽화가 없는 경우는 AR 4점대 책을 어렵게 느끼기도 해요.

픽션은 AR 5점대 책을 읽는 아이가 논픽션은 AR 3점대 책을 어려워하기도 해요. 같은 논픽션이라도 아이가 익숙한 분야와 그렇지 않은 분야의 리딩 실력은 차이가 나기도 해요. 한글책 독서로 이미 내용을 많이 알고 있는 분야는 어려운 단어가 나와도 잘 읽을 수 있어요.

책을 리딩 레벨 순서대로 읽을 필요는 없어요. 하지만 한글책보다 영어책은 단어의 난이도에 영향을 받는 아이가 많기 때문에 리딩 레벨을 참고하면 좋아요.

권당 단어 수와 지면 수의 상관관계

리딩 레벨만큼 엄마가 신경 써야 할 것이 책의 분량입니다. '영어책이 어렵다'는 아이의 말은 단어가 어렵다는 의미일 수도 있고 분량이 많다는 의미일 수도 있어요. 단어의 난이도에 예민한 아이는 AR을 신경 써서 책을 고르면 돼요. 분량이 많은 책을 읽기 힘들어하는 아이라면 권당 단어 수를 봐야 해요. 같은 70쪽이라도 삽화 유무, 글자 크기, 행간 넓이 등에 따라 책에 담긴 단어 수가 달라요. 글자가 크거나 그림이 많으면 지면 수가 많아도 분량이 많다는 느낌이 덜해요. 글자가 작거나 그림이 적으면 지면 수에 비해 책이 훨씬 길게 느껴져요.

특히 리더스북과 챕터북을 보는 시기에는 책 분량에 질려 힘들어하는 아이가 많아요. 이럴 때 아이가 힘든 이유를 잘 설명하지 못할 수 있어요. 엄마의 세심한 관찰이 필요해요.

이 책에서 그림책을 소개할 때는 리딩 레벨이나 단어 수를 언급하지 않았어요. 리더스북 이후에는 리딩 레벨과 권당 단어 수, 지면 수를 적을게요. 리딩 레벨과 권당 단어 수는 www.arbookfinder.com의 검색 결과를 사용합니다.

지면 수는 다양한 검색 결과가 나와요. 하드커버와 페이퍼백의 지면 수가 다르기도 하고, 개정판이 나올 때 지면 수가 달라지기도 하고, 다양한 출판사에서 나오는 책은 출판사마다 지면 수가 다르기도 해요. 현재 가장 많이 팔리는 형태의 책을 기준으로 아마존에 표시된 지면 수를 적었어요. 일반적으로 리딩 레벨 사이트에서 검색되는 지면 수보다 커요.

시리즈의 경우 가능한 한 전권의 리딩 레벨, 단어 수, 지면 수를 담으려고 했어요. 'Special Edition'이라는 이름으로 나오는 특별판은 제외했어요. 오리지널 시리즈에 비해 지면 수와 단어 수가 2~3배인 경우가 많아요. 오리지널 시리즈를 다 읽고 나면 스페셜 에디션의 분량은 문제가 되지 않아요. 책을 처음 읽을 때는 오리지널 시리즈의 분량이 기준이 되어야 해서 스페셜 에디션은 포함하지 않았어요. 리더스북과 챕터북이 같이 나오는 시리즈는 리더스북에서 소개할 때는 리더스북에 대한 정보만, 챕터북에서 소개할 때는 챕터북에 대한 정보만 담았어요. 30권짜리 시리즈인데 검색 사이트에서 27권만 제공하는 책은 27권에 대한 정보를 적었어요. 엄마들이 일일이 찾아보는 수고와 시간을 덜어주고자 찾아서 적었는데, 혹시 누락되거나 오타가 있을지도 모르겠어요.

3장

아이표 영어
리더스북 지도

리더스북의 정의와 종류

리더스북은 읽기 연습이 목적

리더스북은 읽기 연습을 돕기 위한 책입니다. 영어로는 'Early Readers' 또는 'Beginner Readers'라고 해요. 처음 읽기를 시작한 사람을 위한 책이라는 뜻이에요.

보통 킨더와 1학년 아이가 대상이고, 읽기를 일찍 시작한 프리스쿨러나 좀 늦게 시작한 2학년 아이도 포함할 수 있어요. 특정 나이보다 리딩 실력이 더 중요한 기준이에요.

보통 32쪽으로 페이지당 글밥이 1~2줄에서 5~6줄 수준이에요. 거의 모든 페이지에 삽화가 있어 그림만으로 대강의 줄거리를 유추할 수 있어요. 책 읽기가 목적이 아니라 '책 읽기 연습'이 목적인 책으로 그림책보다 스토리가 단순하고 그림도 단순해요. 그래서 리더스북은 그림책이나 챕터북보다 재미없는 책이라고 생각하는 아이도 많아요.

32쪽 형식을 따르지 않는 책도 점점 많아지는 추세예요. 48~60쪽짜리 리더스북은 분량이 늘어난 만큼 이야기가 다채롭고 재미있어요. 분량은 늘었지만 단어 수는 크게 늘지 않은 책도 있어요. 이런 경우 그림의 비중이 높아 분량이 늘었다는 부담이 없어요. 하지만 분량도 늘고 단어 수도 늘어 훨씬 길게 느껴지는 책도 많아요. 실제로 아이들은 이런 변화에 민감해요. 아이가 책을 쉽거나 어렵게 느끼는 변수가 되지요.

리더스북은 알파벳과 파닉스 기초를 배운 후에 읽어요. 빈출 어휘(Sight Words)를 외우면서 짧고 쉬운 리더스북으로 읽기 연습을 시작해요. 원어민의 경우 주로 킨더부터 1학년 때까지는 리더스북을 읽어요. 2학년 초까지 읽는 경우도 있어요.

리더스북 구성 단계 이해하기

리더스북은 어휘와 문장 수준에 따라 레벨을 나눕니다. 보통 레벨 1~3이 있지만, 출판사에 따라 레벨 0~4(또는 5)로 나누기도 해요. 레벨이 올라가면서 어휘가 어려워지고, 글밥은 많아지며, 글자 크기는 작아지고 권당 단어 수가 많아집니다.

레벨이 높은 리더스북은 리더스북이라 하기에는 어렵게 느껴집니다. 이런 리더스북을 초기 챕터북이라 부르거나 초기 챕터북 수준의 리더스북이라 불러요.

대표 리더스북 브랜드

대형 출판사에서 나온 리더스북 브랜드입니다.

[**I Can Read**] Harper Collins Children's Books

[**Step-into-Reading**] Penguin Random House

[**Ready-to-Read**] Simon & Schuster

[**Scholastic Reader**] Scholastic

[**Penguin Young Readers**] Penguin

다음 표는 각 브랜드별 리딩 레벨을 AR로 나타낸 것이에요. 출판사마다 레벨을 분류하는 기준이 달라요. 여러 브랜드의 리더스북을 읽을 때, 레벨이 같다고 같은 수준이라고 생각하면 안 됩니다. 엄마들 사이에 [I Can Read 레벨 1]은 다른 브랜드의 레벨 2와 비슷하다는 말이 있어요. 하지만 이 표를 보면 다른 브랜드의 레벨 2와 일치하지 않아요. 만약 리더스북을 한 브랜드로만 읽는다면 레벨을 확인하는 게 책을 읽는 데 도움이 될 수 있지만, 다른 브랜드와 섞어서 읽으면 레벨만으로는 수준을 분간하기 힘들어요. 그러면 한 브랜드로만 책을 사면 되겠다고 생각할 수도 있어요. 하지만 다음 표에 나오는 한 브랜드 내 단계별 리딩 레벨을 확인해 보세요. 같은 브랜드 안에서도 레벨 1과 레벨 2가 겹치기도 해요. 이런 이유로 아이가 현재 읽고 있는 책의 AR을 알아야 합니다.

리더스북 브랜드별 레벨 비교

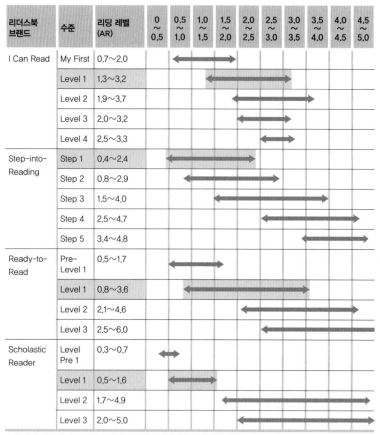

리더스북 브랜드	수준	리딩 레벨 (AR)	0~0.5	0.5~1.0	1.0~1.5	1.5~2.0	2.0~2.5	2.5~3.0	3.0~3.5	3.5~4.0	4.0~4.5	4.5~5.0
I Can Read	My First	0.7~2.0										
	Level 1	1.3~3.2										
	Level 2	1.9~3.7										
	Level 3	2.0~3.2										
	Level 4	2.5~3.3										
Step-into-Reading	Step 1	0.4~2.4										
	Step 2	0.8~2.9										
	Step 3	1.5~4.0										
	Step 4	2.5~4.7										
	Step 5	3.4~4.8										
Ready-to-Read	Pre-Level 1	0.5~1.7										
	Level 1	0.8~3.6										
	Level 2	2.1~4.6										
	Level 3	2.5~6.0										
Scholastic Reader	Level Pre 1	0.3~0.7										
	Level 1	0.5~1.6										
	Level 2	1.7~4.9										
	Level 3	2.0~5.0										

※새 책이 나올 때마다 리딩 레벨이 조금씩 달라집니다. 전체적인 범위만 확인하세요.

브랜드별 인기 시리즈

리더스북은 한 가지 브랜드를 전집처럼 사는 것을 권하지 않습니다. 재미있는 책도 있지만 재미없는 책도 섞여 있으니까요. 또한 다른 아이가 좋아하는 책이라고 해서 우리 아이가 좋아한다는 보장도 없으니 수십 권에 이르는 책 전체를 구매하는 것은 권하지 않아요. 그렇다고 한 권씩 고르는 것도 힘든 일이죠. 인기 시리즈 중 한두 권을 보고 나서, 아이가 좋아하면 시리즈의 나머지 책을 사서 보는 방식을 추천합니다. 아이가 좋아하는 책을 골라 읽으며 영어책 읽기가 즐겁다는 경험이 쌓일 수 있도록 도와주세요.

브랜드마다 인기 있는 시리즈를 소개할게요.

I Can Read 인기 시리즈

My First	●Biscuit ●Pete the Cat ●Fancy Nancy JoJo ●Little Critter ●Pinkalicious ●The Berenstain Bears
Level 1	●New Amelia Bedelia ●Fancy Nancy ●Danny and the Dinosaur ●Pete the Cat ●Splat the Cat ●Pinkalicious
Level 2	●Amelia Bedelia ●Flat Stanley ●Frog and Toad ●Splat the Cat

Step-into-Reading 인기 시리즈

Step 1	● Barbie ● Berenstain Bears ● Cinderella ● Dora the Explorer ● Elmo ● Frozen ● Disney Cars ● Thomas & Friends ● Wild Kratts ● Baby Shark ● John Cena
Step 2	● Batman ● Berenstain Bears ● Cinderella ● Elmo ● Frozen ● Disney Cars ● Richard Scarry ● Paw Patrol ● The Cat in the Hat ● Thomas & Friends ● Moana
Step 3	● Arthur ● The Cat in the Hat ● Truth or Lie ● Ironman
Step 4	● Teenage Mutant Ninja Turtles ● Disney Fairies

Scholastic Reader 인기 시리즈

Level 1	● Peppa Pig ● Clifford ● I Spy ● Lego City ● Moby Shinobi ● Noodles ● Hippo and Rabbit
Level 2	● The Magic School Bus ● Fly Guy ● Fly Guy Presents ● Rainbow Magic ● Katie Fry Private Eye ● Pokemon
Level 3	● Batman ● Poppleton

Ready-to-Read 인기 시리즈

Ready-to-Go	● Daniel Tiger's Neighborhood ● Eric Carle ● Miffy ● Dinosaur Train ● Otto
Pre-Level 1	● Otto ● Puppy Mudge ● Daniel Tiger's Neighborhood ● Miffy ● Eric Carle
Level 1	● Eloise ● Robin Hill School ● PJ Masks ● Dino School ● Angelina Ballerina ● Katy Duck ● Max & Mo ● Trucktown ● Boss Baby ● School of Fish ● Eric Carle
Level 2	● Henry & Mudge ● Annie and Snowball ● Hamster Holmes ● Peanuts(Snoopy) ● Voltron ● Alvinnn!!! And the Chipmunks ● Hotel Transylvania ● Click, Clack, Moo ● Living In... ● Eric Carle ● Game Day!
Level 3	● Pinky and Rex ● You Should Meet ● Super Facts for Super Kids ● History of Fun Stuff ● Science of Fun Stuff ● Secrets of American History

Penguin Young Readers 인기 시리즈

Level 1	● Dick and Jane
Level 2	● Dick and Jane ● Eric Carle ● Strawberry Shortcake ● Max & Ruby
Level 3	● Young Cam Jansen ● Amber Brown ● Amanda Pig ● Pearl and Wagner

리더스북 하면 떠오르는 닥터 수스상

수상 작가와 책

닥터 수스상은 읽기 초보자용 책에 주는 상

닥터 수스상은 읽기 초보자용 책의 글 작가와 그림 작가에게 주는 상입니다. 상을 만든 취지에 맞게 리더스북 하면 떠오르는 대표 작가인 닥터 수스(Dr. Seuss)를 상 이름으로 지었어요. 닥터 수스의 본명이 시어도어 수스 가이젤(Theodor Seuss Geisel)이니 닥터 수스상의 정식 명칭은 '시어도어 수스 가이젤 어워드'예요. 줄여서 '가이젤 어워드'라고도 부릅니다.

2006년부터 시작했고, 칼데콧상이나 뉴베리상처럼 전년도 출간 도서 중에서 닥터 수스 메달 1권, 닥터 수스 아너 3~4권을 시상합니다. 주로 리더스북이 받지만 종종 읽기에 도움이 되는 그림책이 수상할 때도 있어요. 현재까지 60여 권이 이 상을 받았어요. 연도별 수상작 나열은

별 의미 없고, 여러 번 상을 받은 작가와 인기 시리즈를 소개할게요. 닥터 수스상을 두 번 이상 받은 작가는 모 윌렘스, 테드 아널드, 케이트 디카밀로, 신시아 라일런트, 케빈 행크스, 데이비드 밀그림, 시시 벨, 그렉 피졸리, 로라 바카로 시거입니다.

모 윌렘스(Mo Willems)

모 윌렘스는 닥터 수스상을 가장 많이 받은 작가예요. 닥터 수스상은 2006년부터 2021년까지 총 16년간 시상했는데, 이 중 모 윌렘스의 〈엘리펀트 앤 피기〉 시리즈가 일곱 번을 받았어요. 이 시리즈는 전체 25권이고 2007년부터 2016년까지 10년에 걸쳐 나왔어요. 그러니 책이 나온 10년 동안 7년을 수상한 셈입니다. 매년 1~4권씩 나왔는데, 만약 다른 시리즈처럼 매해 한 권씩 냈다면 더 많이 상을 받았을지도 몰라요. 어른 아이 할 것 없이 모두 좋아하는 책이에요.

저도 〈엘리펀트 앤 피기〉를 많이 권했어요. 한 줄짜리 리더스북을 찾는 사람에게도, AR 0점대 리더스북을 찾는 사람에게도, 대화체가 많고 쉬운 영어책을 찾는 사람에게도, 아이에게 영어 그림책을 처음 읽어주고 싶은 사람에게도 추천했어요. 개인적으로 모 윌렘스가 닥터 수스를 잇는 리더스북의 대표 작가라고 생각합니다.

〈엘리펀트 앤 피기〉가 닥터 수스 책과 다른 점이라면 소리 내어 읽는 것만으로도 말하기 연습이 된다는 거예요. 다 외우면 실제로도 사용할 수 있는 문장입니다. 비관적인 코끼리와 낙천적인 돼지의 우정 이야기예요. 서로 성격이 달라 재미있는 상황이 자주 발생해요. 페이지당 한 줄 정도 되는 간단한 문장이지만 모두 대화체라 말하기 연습에 좋아요.

회색 코끼리가 하는 말은 회색 말풍선에, 분홍색 돼지가 하는 말은 분홍색 말풍선에 들어 있어 누가 하는 말인지 헷갈리지도 않아요. 엄마와 아이, 혹은 아이들끼리 역할 놀이를 할 때 활용하기에도 좋습니다.

애초 리딩 연습용으로 만든 책이지만, 아이가 그림책 보는 시기에 읽어주는 것도 좋아요. 주인공이 프리스쿨과 킨더 정도의 아이들이라 그맘때 아이들이 하는 대화가 많아요. 유아기에 아이에게 읽어주다가 리딩 연습을 시작할 때 다시 꺼내 사용하면 좋아요. 엄마가 영어 공부를 할 때도 아이에게 이 시리즈를 읽어주면서 외우면 일반 어른용 회화책보다 더 재미있고 동기부여도 잘됩니다.

리딩 레벨은 AR 0.5~1.4로 아주 낮아요. 앞쪽이 더 쉬우니 순서대로 읽으세요. 리딩 레벨의 숫자상으로는 큰 차이 없지만 뒤로 갈수록 사용하는 동사 시제, 문장 길이, 구성이 조금씩 복잡해져요.

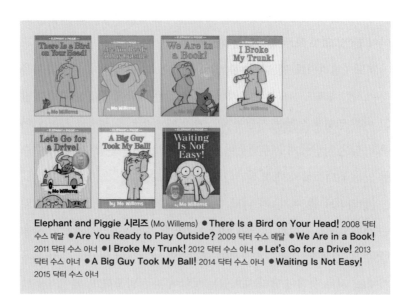

Elephant and Piggie 시리즈 (Mo Willems) ●There Is a Bird on Your Head! 2008 닥터 수스 메달 ●Are You Ready to Play Outside? 2009 닥터 수스 메달 ●We Are in a Book! 2011 닥터 수스 아너 ●I Broke My Trunk! 2012 닥터 수스 아너 ●Let's Go for a Drive! 2013 닥터 수스 아너 ●A Big Guy Took My Ball! 2014 닥터 수스 아너 ●Waiting Is Not Easy! 2015 닥터 수스 아너

아이가 〈엘리펀트 앤 피기〉를 좋아한다면 모 윌렘스의 〈Pigeon〉 시리즈도 권해요. 만 4세 이후 그림책으로 읽어줘도 좋고, 리딩 연습 때 활용해도 좋습니다. 프리스쿨러를 연상케 하는 당돌한 비둘기를 만날 수 있어요. 첫 번째 책이 칼데콧상을 받았어요.

Pigeon 시리즈 (Mo Willems) ●Don't Let the Pigeon Drive the Bus! 2004 칼데콧 아너
●Don't Let the Pigeon Stay Up Late! ●The Pigeon Needs a Bath!
●The Pigeon Has to Go to School!

〈Cat the Cat〉 시리즈는 토들러용 그림책입니다. AR 0.5~0.7인데 권당 단어 수가 100개 이하예요. 리더스북으로 사용하기에는 분량이 적고 내용도 토들러 수준이에요. 그림이 마음에 들고 일부러 쉬운 책을 고르는 경우에만 추천해요.

Cat the Cat 시리즈 (Mo Willems) ●Cat the Cat Who is That?
●What's Your Sound Hound the Hound? ●Let's Say Hi to Friends Who FLY!
●Time to Sleep Sheep the Sheep!

도서명	Cat the Cat	Knuffle Bunny	Pigeon	Elephant and Piggie	Unlimited Squirrels
리딩 레벨	AR 0.5~0.7	AR 1.6~2.7	AR 0.7~1.5	AR 0.5~1.4	AR 2.1~2.5
권당 단어 수	100개 이하	211~628개	149~272개	156~338개	977~1,047개
지면 수	32쪽	32~48쪽	40쪽	64쪽	85~86쪽
권수	7권	3권	10권~	25권	2권~

※책이 앞으로 계속 나올 경우 권수 뒤에 '~'로 표시했습니다.

테드 아널드(Tedd Arnold)

테드 아널드는 닥터 수스상을 〈Fly Guy〉 시리즈로 두 번, 〈Noodleheads〉 시리즈로 한 번, 총 세 번 받았습니다. 〈Fly Guy〉 시리즈는 파리와 소년의 우정을 그렸어요. 더러운 걸 재밌어하는 아이들이 좋아합니다. 한 페이지에 글이 두 줄 정도로 [Scholastic Reader 레벨 2]에 들어 있어요. 〈Fly Guy〉 시리즈가 나왔을 때 마침 닥터 수스상이 생겨서 첫 번째 책인 〈Hi! Fly Guy〉로 2006년 아너를, 일곱 번째 책인 〈I Spy Fly Guy!〉로 2010년 아너를 받았습니다.

시리즈의 인기로 논픽션 리더스북인 〈Fly Guy Presents〉도 14권 나왔어요. 이 책은 [Scholastic Reader 레벨 2]지만 논픽션 특성상 리딩 레벨은 더 높은 편이에요. [Noodleheads] 시리즈는 마카로니 형제가 주인공인 그래픽 노블이에요. 글밥이 〈Fly Guy〉보다 3배 정도 많아요. 시리즈의 두 번째 책 〈Noodleheads See the Future〉로 2018년 닥터 수스 아너를 받았어요. 테드 아널드는 그림책도 많이 그렸는데 그중 〈Huggly〉 시리즈는 리딩 연습할 때 봐도 좋습니다. 괴물이라기에는 너무 귀여운 공룡과 개구리를 닮은 몬스터 '허글리(Huggly)'가 주인공이에요. AR 2점대 리더스북을 읽는 시기에 적당하고, 그림책으로 읽어준다면 만 4세 전후부터 좋아합니다.

(Tedd Arnold) ● Fly Guy ● Fly Guy Presents ● Noodleheads ● Huggly

도서명	Fly Guy	Fly Guy Presents	Noodleheads	Huggly
리딩 레벨	AR 1.3~2.1 (1권만 2.7)	AR 2.~4.4 (1권만 4.9)	AR 1.7~2.0	AR 1.7~3.3
권당 단어 수	211~431개	548~1,267개	793~1,220개	269~1,118개
지면 수	32쪽	32쪽	48쪽	24~32쪽
권수	20권~	14권~	5권~	15권

그렉 피졸리(Greg Pizzoli)

그렉 피졸리는 닥터 수스상을 세 번 받았어요. 수상작 각각 그림 스타일이 달라요. 스토리가 단순해 글밥 적은 그림책을 찾는 시기에 적당합니다. 〈The Watermelon Seed〉수박씨를 삼켰어!는 수박 좋아하는 악어가 씨를 삼키고 놀라는 모습을 그린 그림책이에요. 〈Good Night Owl〉잘자, 올빼미야!은 작은 소리에 놀라 잠을 이루지 못하는 올빼미가 한밤중에 벌이는 소동에 관한 이야기예요. 구석에 숨어 있는 작은 생쥐 찾기를 아이들은 즐거워해요. 두 권 모두 만 3세 이상 아이가 읽을 만한 수준입니다. 〈The Book Hog〉는 책을 사랑하지만 책 읽는 법을 알지 못하는 돼지가 책을 읽게 되는 이야기예요. 프리스쿨과 킨더 아이들이 동병상련을 느낄 만한 내용입니다. 아이가 '나도 읽기 연습을 열심히 해서 빨리 책을 읽고 싶다'는 생각을 하도록 유도해요.

(Greg Pizzoli) ●The Watermelon Seed 2004 닥터 수스 메달
●Good Night Owl 2007 닥터 수스 아너 ●The Book Hog 2020 닥터 수스 아너

도서명	The Watermelon Seed	Good Night Owl	The Book Hog
리딩 레벨	AR 1.0	AR 1.7	AR 1.9
단어 수	141개	287개	276개
지면 수	32쪽	40쪽	44쪽

신시아 라일런트(Cynthia Rylant)

신시아 라일런트는 아이가 리더스북 읽는 시기에 읽으면 좋을 모범적인 글을 쓰는 작가로 주로 AR 2점대 리더스북을 많이 썼어요. 아이들도 좋아하지만 엄마와 선생님들이 특히 좋아해요. 잔잔하면서 적당히 유머도 있어 지루하지 않아요. 단어와 문장이 반복해서 나와 읽기 연습하는 유치원부터 초등 저학년 아이들에게 적당해요. 개나 고양이 같은 애완동물이 주요 캐릭터로 등장하고 가족이나 친구, 이웃과 얽혀 일어나는 에피소드들을 그려 미국인의 일상을 자연스럽게 접하게 돼요.

닥터 수스상은 〈Henry and Mudge〉와 〈Mr. Putter and Tabby〉 시

리즈의 책으로 두 차례 수상했는데, 이 두 권이 시리즈 중에서 가장 우수해서 준 상이라기보다는 그동안 좋은 시리즈를 써온 것에 대한 공로상 같은 느낌이 들어요. 2006년 닥터 수스 메달을 받은 〈Henry and Mudge and the Great Grandpas〉는 〈헨리 앤 머지〉 시리즈 중 26번째 책이에요. 2015년 닥터 수스 아너를 받은 〈Mr. Putter and Tabby Turn the Page〉는 〈Mr. Putter and Tabby〉 시리즈의 23번째 책입니다. 수상작만 읽지 말고 앞 권부터 순서대로 읽으면 더 재미있어요.

〈Mr. Putter and Tabby〉는 고양이를 키우는 할아버지 이야기로 소소한 사건·사고가 끊이지 않아요. 〈Poppleton〉 시리즈는 도시를 벗어나 시골로 이사한 돼지의 일상을 그립니다.

(Cynthia Rylant) ●Puppy Mudge ●Henry and Mudge ●Annie and Snowball
●Mr. Putter and Tabby ●Poppleton

도서명	Puppy Mudge	Henry and Mudge	Annie and Snowball	Mr. Putter and Tabby	Poppleton
리딩 레벨	0.6~0.8	2.1~2.9	2.1~3.0	1.9~3.5	2.0~2.7
권당 단어 수	76~108개	470~1,293개	473~689개	520~964개	665~846개
지면 수	32쪽	40~48쪽	40쪽	40~44쪽	48쪽
권수	5권	28권	13권	25권	8권
출판 연도	2002~2005년	1987~2007년	2007~2014년	1994~2016년	1997~2001년

케빈 헹크스(Kevin Henkes)

케빈 헹크스는 칼데콧상, 뉴베리상, 닥터 수스상을 모두 받은 작가입니다. 〈Penny and Her Marble〉은 [I Can Read 레벨 1]의 〈Penny〉 시리즈 중 세 번째 책이에요. 〈Penny〉 시리즈는 귀여운 여자아이의 일상을 그린 책이에요. 첫 번째와 두 번째 책은 32쪽인데, 세 번째와 네 번째 책은 48~56쪽이고 단어 수도 2~3배 늘어나 순서대로 읽는 게 좋습니다.

〈Waiting〉조금만 기다려 봐은 2016년 칼데콧 아너와 닥터 수스 아너를 동시에 받았어요. 서정적이고 아기자기한 그림을 좋아하는 아이와 엄마들에게 추천합니다. 잔잔해서 재미없다고 생각하는 아이도 있어요

(Kevin Henkes) ●**Penny and Her Marble** 2014 닥터 수스 아너 ●**Waiting** 2016 닥터 수스 아너

도서명	Penny and Her Marble	Waiting
리딩 레벨	AR 1.9~2.6	AR 1.9
단어 수	483~1,128개	270개
지면 수	32~56쪽	32쪽
권수	4권	1권

케이트 디카밀로(Kate DiCamillo)

케이트 디카밀로는 닥터 수스상뿐 아니라 뉴베리상도 여러 번 받은 작가예요. 엄마, 선생님, 사서 모두 좋아해요. 〈Mercy Watson〉 시리즈 두 번째 책과 〈Bink and Gollie〉 첫 번째 책으로 닥터 수스상을 받았어요.

〈Bink and Gollie〉는 성격이 다른 두 소녀의 우정을 그린 책이에요. 글이 적어서 리더스북으로 분류해도 되지만 내용상 초기 챕터북으로 분류했습니다. 장난꾸러기 돼지가 주인공인 〈Mercy Watson〉 시리즈는 농장이 아닌 현대 가정이 배경이고 소소한 소동이 끊이지 않고 일어나요. 이 시리즈를 재미있게 읽은 아이들은 챕터북으로 나온 후속 편 〈Tales from Deckawoo Drive〉 시리즈를 이어서 읽기도 해요.

(Kate DiCamillo) ●Bink and Gollie 2011 닥터 수스 메달 ●Mercy Watson 2007 닥터 수스 아너
●Tales from Deckawoo Drive

도서명	Bink and Gollie	Mercy Watson	Tales from Deckawoo Drive
리딩 레벨	AR 2.2~2.7	AR 2.6~3.2	AR 3.7~3.9
권당 단어 수	711~935개	1,842~2,234개	5,741~6,236개
지면 수	88~96쪽	80~96쪽	90~99쪽
권수	3권	6권	6권~

시시 벨(Cece Bell)

시시 벨은 두 차례 닥터 수스상을 받았어요. 〈Rabbit & Robot: The Sleepover〉는 토끼와 로봇과 개구리의 우정을 그린 책인데, 리더스북 치고 글이 많고 어려운 단어도 종종 나와요. 〈Smell My Foot!〉은 더러운 것, 말장난 좋아하는 아이들이 낄낄거리며 읽을 수 있는 책이에요. 69쪽 분량으로 리더스북 중에선 내용이 긴 편이지만 만화 형식으로 되어 있어 부담을 덜 느껴요. 상을 받은 이후 두 책 모두 후속 편이 나왔지만 작가의 대표작이라고 하면 단연 〈El Deafo〉엘 데포입니다.

〈엘 데포〉는 그래픽 노블로는 첫 번째로 뉴베리상을 받은 책이에요. 작가 자신의 경험을 바탕으로 한 청각장애인 아이의 학교생활 이야기가 인상적이에요. 리딩 레벨이 AR 2점대로 쉬운 편이고, 초등 저학년 아이부터 중고생까지 읽을 수 있어요.

(Cece Bell) ● Rabbit & Robot: The Sleepover 2013 닥터 수스 아너
● Chick and Brain: Smell My Foot! 2020 닥터 수스 아너 ● El Deafo 2015 뉴베리 아너

도서명	Rabbit & Robot: The Sleepover	Chick and Brain: Smell My Foot!	El Deafo
리딩 레벨	AR 2.8	AR 1.7	AR 2.7
단어 수	1,670개	924개	17,071개
지면 수	50쪽	69쪽	248쪽

데이비드 밀그림(David Milgrim)

데이비드 밀그림은 〈The Adventures of Otto〉 시리즈로 닥터 수스상을 두 번 받았어요. 〈Otto〉는 [Ready-To-Read 프리레벨 1]으로 읽기 쉬운 리더스북이에요. 이 정도 쉬운 책은 스토리가 없는 경우가 많아 재미있는 책 찾기가 쉽지 않은데, 〈Otto〉 시리즈는 그림도 재미있고 로봇이 주인공인 글의 설정도 재밌어요. AR 0.5~0.9, 권당 단어 수 65~126개, 32쪽, 9권~

Otto 시리즈 (David Milgrim) ● **The Adventures of Otto: Go, Otto, Go!** 2017 닥터 수스 아너
● **The Adventures of Otto: See Pip Flap** 2019 닥터 수스 아너

로라 바카로 시거(Laura Vaccaro Seeger)

로라 바카로 시거는 칼데콧상과 닥터 수스상을 각각 두 번씩 받았어요. 〈First the Egg〉무엇이 먼저일까?는 닥터 수스상과 칼데콧상을 동시에 받았어요. 그리고 〈One Boy〉로 닥터 수스상을, 〈Green〉으로 칼데콧상을 받았어요. 상복이 많은 데 비해 책은 그리 인기 있는 편은 아닙니다. 엄마들이 보면 "와!" 하고 감탄할 정도로 아이디어가 돋보이지만 아이들은 그리 열광하지 않아요.

AR 리딩 레벨이 검색되지 않아 단어 수를 세어보니 〈First the Egg〉

는 42개, 〈One Boy〉는 54개예요. 두 페이지에 2∼3개 단어가 나오는
책이 필요한 경우 권해요. 유아기에 그림책으로 보면 좋습니다. 〈One
Boy〉는 파닉스 연습이나 사이트 워드 공부할 때 보는 단순한 리더스북
과 비슷한 그림책이에요.

(Laura Vaccaro Seeger) ●**First the Egg** 2008 닥터 수스 아너, 칼데콧 아너 ●**One Boy** 2009
닥터 수스 아너 ●**Green** 2013 칼데콧 아너

도서명	First the Egg	One Boy	Green
단어 수	42개	54개	32개
지면 수	32쪽	48쪽	40쪽

존 클라센(Jon Klassen)

존 클라센은 그림책 읽는 시기에도, 리더스북 읽는 시기에도 기억하
면 좋은 작가예요. 킨더 그림책에서도 언급했지만 이 장에서는 읽기 연
습하기에 좋은 책으로 살펴볼게요. 애니메이션 작업을 했던 작가라 그
런지 그림책인데도 영상을 보는 것 같아요. 특히 '모자' 시리즈를 추
천해요. 〈I Want My Hat Back〉은 닥터 수스상을, 〈This is Not My
Hat〉은 칼데콧상을 받았어요. 같은 스타일인데 한 권은 리더스북에 주
는 상을 받고, 또 한 권은 그림책에 주는 상을 받았어요. 리딩 레벨 AR
1점대 리더스북으로 좋습니다.

(Jon Klassen) ●I Want My Hat Back 2012 닥터 수스 아너 ●This is Not My Hat 2013 칼데콧 메달 ●We Found a Hat

도서명	I Want My Hat Back	This is Not My Hat	We Found a Hat
리딩 레벨	AR 1.0	AR 1.6	AR 1.3
단어 수	253개	205개	214개
지면 수	36쪽	36쪽	48쪽

　맥 바넷이 쓰고 존 클라센이 그린 도형 3부작 〈Shape Trilogy〉예요. 표지만 보면 영유아용 보드북 같지만, 내용은 프리스쿨부터 킨더 아이들에게 더 어울리는 시리즈예요. 문장이 짧고 반복되는 표현이 많아 그림책으로도, 리더스북으로도 손색이 없어요. 그림은 단순하지만 철학적 사유가 가능해 원서 읽기를 늦게 시작한 아이에게도 권합니다.

(Mac Barnett, Jon Klassen) ●Triangle ●Square ●Circle

도서명	Triangle	Square	Circle
리딩 레벨	AR 2.1	AR 2.0	AR 2.2
단어 수	314개	366개	464개
지면 수	46쪽	40쪽	48쪽

다음 책도 맥 바넷이 글을 쓰고 존 클라센이 그림을 그렸어요. 〈Extra Yarn〉은 존 클라센의 그림책 중에서 가장 사랑스러운 책이에요. 〈Sam and Dave Dig a Hole〉은 발상이 신선해서 아이들이 좋아하는 그림책이에요. 〈The Wolf, The Duck, & The Mouse〉는 2018년 E. B. White Read Aloud Award 메달을 받았어요. AR 2점대 책을 읽는 시기에 적당합니다.

(Mac Barnett, Jon Klassen) ● **Extra Yarn** 2013 칼데콧 아너 ● **Sam and Dave Dig a Hole** 2015 칼데콧 아너 ● **The Wolf, The Duck, & The Mouse**

도서명	Extra Yarn	Sam and Dave Dig a Hole	The Wolf, The Duck, & The Mouse
리딩 레벨	AR 3.2	AR 1.9	AR 2.2
단어 수	566개	275개	492개
지면 수	40쪽	40쪽	40쪽

애나 강(Anna Kang, 강소연)

한국계 미국인 애나 강은 그림책 〈You Are (Not) Small〉로 2015년 닥터 수스 메달을 받았어요. 닥터 수스상은 주로 리더스북에 주지만, 이 책은 읽기 연습을 하는 아이들이 소리 내서 읽기에도 좋아 수상작이 된 것 같아요. 사이트 워드 수준의 단어와 짧은 문장으로 킨더 정도의 읽기 연습을 하는 아이가 읽을 수 있어요. 만 3~4세 이후 엄마가 읽어주기에도 좋아요.

애나 강이 글을 쓰고 남편 크리스토퍼 와이엔트가 그림을 그렸어요. 첫 번째 책으로 닥터 수스상을 받은 이후 시리즈로 나오고 있어요. 한글판도 있지만, 이 시리즈는 영어책으로 읽기를 권해요. 외워두면 사용하기 좋은 간단한 문장들이 많이 나오고, 문법을 익히기에도 좋아요. 쉬운 영어로 스토리까지 재미있는 책을 찾는 게 쉽지 않은 일이라 더 많이 나왔으면 하는 책이에요. 영어책 읽기를 늦게 시작한 초등 이상의 아이들에게도 권하고 싶어요.

AR 리딩 레벨이 검색되지 않아 렉사일 지수로 적었는데, AR로 환산하면 1점대 수준이에요.

(Anna Kang, Christopher Weyant) ● You Are (Not) Small 넌 (안)작아 렉사일 지수 60L, 32쪽 ● That's (Not) Mine 내 거 (아니)야 렉사일 지수 20L, 32쪽 ● I Am (Not) Scared 난 (안)무서워 렉사일 지수 310L, 32쪽 ● We Are (Not) Friends 우린 친구 (아니)야 렉사일 지수 200L, 40쪽

Pete the Cat 시리즈

〈Pet the Cat〉 시리즈는 선명한 색감과 노래 부르듯 읽히는 글로 인기가 많아요. 만 4세 그림책에서 소개했는데, 하드커버 형태 외에도 영유아용 보드북, 페이퍼백 그림책 등 60권 이상 나왔어요. 리딩 연습할 때는 하드커버로 나온 그림책이 좋아요. 2013년 닥터 수스 아너를 받은 〈Pete the Cat and His Groovy Buttons〉는 그림책이에요. 리더스북은 [I Can Read My First 레벨]과 [I Can Read 레벨 1]에 들어 있어요.

Pete the Cat ●하드커버 그림책 ●리더스북 [I Can Read My First Level] ●리더스북 [I Can Read 레벨 1] ●페이퍼백 그림책 ●보드북 그림책

형태	하드커버 그림책	리더스북 I Can Read My First Level	리더스북 I Can Read Level 1	페이퍼백 그림책	보드북 그림책
리딩 레벨	AR 1.5~2.7	AR 1.2~2.0	AR 1.7~2.3	AR 1.6~3.2	AR 2.2~3.2
권당 단어 수	275~486개	215~393개	289~424개	211~621개	157~608개
지면 수	32~48쪽	32쪽	32쪽	24~32쪽	16~32쪽
권수	13권~	15권~	3권~	20권+~	10권+~

※책이 앞으로 계속 나올 경우 권수 뒤에 '~'로 표시했습니다.
※절판되었거나 구하기 힘든 책을 포함해 더 많은 책이 있을 경우 권수 뒤에 '+'로 표시했습니다.

앙트아네트 포티스(Antoinette Portis)

앙트아네트 포티스는 〈Not a Box〉로 2007년 닥터 수스 아너를 받았어요. 〈Not a Box〉는 한 페이지에 문장 한 줄인 단순한 그림책입니다. 유아용 그림책으로 더 적합하지만 리딩 연습을 시작할 때 활용하기에도 좋아요. 후속편 〈Not a Stick〉과 함께 보세요. 앙트아네트 포티스의 다른 그림책도 문장이 짧아 읽기 연습에 좋아요.

(Antoinette Portis) ● Not a Box ● Not a Stick

도서명	Not a Box	Not a Stick
단어 수	71개	78개
지면 수	32쪽	32쪽

리더스북 대표 작가 닥터 수스

리더스북의 아버지

미국 서점에는 닥터 수스(Dr. Seuss) 책만 모아놓은 코너가 있어요. 직접 쓴 책이 50권이 넘고, 작가 사후 닥터 수스 스타일로 나온 책도 50권이 넘어요. 그림이 독특해 표지만 봐도 닥터 수스 책인지 바로 알 수 있어요. 하지만 그의 책이 인정받은 데는 라임을 잘 살린 글에 이유가 있어요. 아이들이 소리 내서 읽기에 딱 좋아요.

미국 어른들은 닥터 수스 책을 읽고 자라 작가에 대한 호감도가 높아요. 영유아기부터 보드북으로 나온 닥터 수스 책을 읽어주기도 해요.

원어민 아이들이 닥터 수스를 읽는 시기는 킨더부터 2학년 정도예요. 파닉스 기초와 사이트 워드를 어느 정도 접하면 읽기 시작해요. 한국에서 영어 공부를 위해 닥터 수스 책을 읽을 때도 리더스북을 읽는 시기에 접하는 게 적당해요. 눈으로만 보게 하지 말고, 꼭 큰 소리로 리듬감 있게 읽게 하세요. 책이 너무 많아서 다 읽기도 힘들지만 그럴 필요는 없습니다.

닥터 수스 인기 도서

닥터 수스 책 중 가장 인기 있는 책은 〈The Cat in the Hat〉과 〈Green Eggs and Ham〉이에요. 〈The Cat in the Hat〉으로 논픽션 리더스북 시리즈가 따로 나오고 애니메이션도 나왔어요. 〈Hop on Pop〉, 〈Fox in Socks〉, 〈One Fish Two Fish Red Fish Blue Fish〉는 프리스쿨과 킨더 교실에서 선생님들이 자주 읽어주는 책이에요.

라임을 잘 살려 리딩 연습할 때 좋아요. AR 2점대 리더스북을 읽을 때 적당해요. 아이 취향과 잘 맞는다면 작가의 다른 책을 더 봐도 좋아요. 그렇지 않다면 닥터 수스 책은 과감히 건너뛰어도 됩니다. 닥터 수스 책은 호불호가 많이 갈려요. 원어민은 좋으나 싫으나 접할 수밖에 없지만, 한국에 사는 아이라면 인기 도서 몇 권만 접하는 것으로도 충분해요.

●The Cat in the Hat ●Green Eggs and Ham ●Hop on Pop ●Fox in Socks
●One Fish Two Fish Red Fish Blue Fish

연령별 닥터 수스 책 읽기

닥터 수스 책은 워낙 많아서 책 표지 오른쪽 상단에 여러 종류의 타이틀이 붙어 있어요. 이 표시로 연령대를 가늠할 수 있어요.

●**만 3세 이후** 엄마가 읽어주거나 오디오북을 들을 때라면 표지에 'Bright and Early Books for Beginning Beginners' 타이틀이 붙은 책이면 돼요. AR 1점대 전후로 다른 리더스북 레벨 0∼1 정도에 해당하는데 책마다 편차가 있어요.

[Bright and Early Books for Beginning Beginners] ● The Foot Book
● There's a Wocket in My Pocket! ● Mr. Brown Can Moo! Can You?

다음은 닥터 수스가 직접 쓴 책은 아닌데 닥터 수스 리더스북 브랜드에 속하는 책들입니다. 엄마가 읽어줄 때는 앞의 두 권은 만 3세 전후, 뒤의 세 권은 만 4세 전후에 적당해요.

● Hand, Hand, Fingers, Thumb ● Are You My Mother? ● Go, Dog. Go!
● The Best Nest ● Put Me in the Zoo

●**만 5세 이후** 이 시기에 읽을 책은 'Beginner Books'라는 타이틀이 붙어 있어요. 특히 인기 있는 책을 모았어요. 닥터 수스 하면 바로 떠오르는 대표작이에요. 리딩 레벨 1~2점대지만 60쪽이 넘고 권당 단어 수가 400~1,600개예요. 리더스북 읽는 시기에 같이 읽으면 좋은 책들이고, 라임을 잘 살려 소리 내어 읽으면 더 좋아요.

[Beginner Books] ● The Cat in the Hat ● Green Eggs and Ham ● Hop on Pop ● Fox in Socks ● One Fish Two Fish Red Fish Blue Fish ● Ten Apples Up On Top! ● Dr. Seuss's ABC

●**만 6세 이후** 이 시기에 읽기 좋은 닥터 수스 책은 글밥이 많고 내용도 초등 저학년 수준이에요. 앞서 나온 책처럼 라임을 살려 읽기 연습을 돕는 책이 아니라, 읽기가 되는 아이들이 읽는 이야기책이에요. AR

● The Lorax ● How The Grinch Stole Christmas! ● Oh, the Places You'll Go! ● Horton Hears a Who! ● Horton Hatches the Egg

3점대 수준의 그림책으로 AR 2점대 리더스북을 충분히 읽고 초기 챕터북을 읽는 시기에 적당해요. 가장 유명한 책은 환경오염 문제를 다룬 〈The Lorax〉와 〈How The Grinch Stole Christmas〉, 졸업 선물용으로 많이 사는 〈Oh, The Places You'll Go!〉, 코끼리 호튼(Horton)이 나오는 〈Horton Hears a Who!〉와 〈Horton Hatches the Egg〉예요.

논픽션

닥터 수스 논픽션 과학책 시리즈 〈The Cat in the Hat's Learning Library〉는 닥터 수스가 직접 쓰고 그린 책이 아닙니다. 닥터 수스의 〈The Cat in the Hat〉에 나온 캐릭터를 차용해 킨더부터 2학년 수준에 맞춰 제작한 리더스북이에요. 이 시리즈는 논픽션이라 리딩 레벨이 높아요. 애니메이션이 재미있고 노래도 좋아 먼저 영상을 본 뒤 책을 읽어도 좋아요. 40여 권 나와 있는데 이 중 관심 있는 주제로 몇 권만 읽어도 돼요.

[The Cat in the Hat's Learning Library] ●There's No Place Like Space!
●Oh Say Can You Say Di-no-saur? ●Oh Say Can You Say What's the
Weather Today? ●Happy Pi Day to You! ●Safari, So Good!

영화로 나온 닥터 수스 책

이 책들은 극장용 영화로 나왔어요. 두 번씩 제작한 영화도 있어요. 〈Horton〉은 2008년과 2019년, 〈Grinch〉는 2000년과 2018년에 제작했어요. 대부분 킨더부터 저학년 아이를 대상으로 한 영화예요.

● The Lorax ● Horton Hears a Who! (2008) ● The Grinch (2018) ● The Cat in the Hat

책을 애니메이션으로 제작한 DVD도 꽤 많아요. 에미상(Emmy Award)을 받을 정도로 노래가 좋고, 만 4세 이후부터 재미있게 볼만한 것이 많이 있어요. 특히 〈The Sneetches〉 애니메이션에 수록된 노래는 10년이 지난 지금도 멜로디가 생생하게 떠오를 정도예요. DVD에는 책 3~4권의 영상이 들어 있고, 영어책 스트리밍 사이트에서 각 책의 개별 영상을 제공하기도 해요.

(DVD) ● Green Eggs and Ham ● The Grinch Grinches The Cat in the Hat
● The Lorax ● The Sneetches (책)

● **참고** 2021년 3월, 6권의 닥터 수스 책이 절판되었어요. 흑인과 동양인에 대한 인종 비하 여지가 있다는 이유에서예요. 오래전에 나온 책이라 당시 관념으로는 문제가 없다고 반발하는 사람들도 있었어요. 닥터 수스 책 중 비교적 인지도가 낮은 책들인데, 이 조치에 반발한 미국인들의 사재기로 잠시 베스트셀러가 되기도 했어요. 〈And to Think That I Saw It on Mulberry Street〉(1937), 〈If I Ran the Zoo〉(1950), 〈McElligot's Pool〉(1947), 〈On Beyond Zebra!〉(1955), 〈Scrambled Eggs Super!〉(1953), 〈The Cat's Quizzer〉(1976)

리딩 연습하기 좋은 그림책

페이퍼백 스토리북과 페이퍼백 그림책은 같은 말

보통 그림책은 하드커버로 먼저 나오고 그 뒤로 빠르면 1년, 늦으면 몇 년 안에 페이퍼백이 나온다고 앞서도 말했어요. 처음부터 페이퍼백으로 나온 그림책도 있어요. 전에는 하드커버로 나왔지만 지금은 페이퍼백만 나오는 경우도 있고요. 이렇게 하드커버 책이 페이퍼백 책으로 나오는 경우 표지만 바뀔 뿐 모양은 바뀌지 않아요. 하드커버 책이 직사각형이면 페이퍼백도 직사각형입니다.

그런데 프리스쿨부터 킨더 아이들이 보는 그림책 중 8인치 정사각형 모양으로 된 책이 있어요. 하드커버 없이 처음부터 페이퍼백으로 나와 페이퍼백 그림책이라고 불러도 되는데, 종종 이런 책에 페이퍼백 스토리북(Storybooks)이라는 이름이 붙습니다. 특별한 이유는 없어요. 그저 하드커버 그림책의 페이퍼백 에디션과 구분하기 위해서예요. 문제는 두 이름이 혼용된다는 점이에요. 한 사이트에서 두 가지 명칭을 같이 사용하기도 합니다.

리더스북 수준의 그림책

페이퍼백 스토리북, 페이퍼백 그림책으로 불리는 이런 책은 엄밀히 말하면 '그림책'이에요. 한국에선 종종 리더스북으로 분류해요. 글밥이 적고 리딩 레벨도 높지 않아 그림책인데도 리딩 연습할 때 많이 읽기 때문이라고 생각해요. 하지만 이런 책을 미국에서는 만 3~5세 정도까지 엄마가 읽어줘요. 이 중에는 만 3~5세용 그림책에서 언급한 시리즈도 많아요. 영어책 읽기를 일찍 시작했다면 그림책으로 먼저 접하면 좋은 책들이에요. 리더스북이라고 생각해서 리딩 연습하는 시기까지 미루지 마세요.

인기 시리즈의 여러 에디션

그림책 한 권이 인기를 얻으면 같은 형태의 그림책이 계속해서 나와 수십 권의 시리즈가 돼요. 오래도록 그 인기를 유지하기 위해 연령대를 넓혀가며 다양한 에디션으로 나와요. 애니메이션으로 나오는 경우도 꽤 있어요. 이때는 책에 있는 내용만으로는 부족해 새 내용을 추가해요. 애니메이션 출시 후에는 애니메이션을 캡처하거나 애니메이션 스타일의 그림을 넣어 다시 페이퍼백 스토리북이 나와요. 오리지널 그림책의 리더스북이나 보드북이 나오기도 하고, 애니메이션의 리더스북과 보드북이 나오기도 해요. 보통 하드커버가 있는 책이 오리지널 그림책이에요.

애니메이션을 그림책이나 리더스북으로 만든 경우, 그림과 내용이 원래 그림책보다 부실하다고 느낄 때가 종종 있어요. 아이가 애니메이션을 그림책보다 먼저 접해서 애니메이션의 그림을 선호한다면 애니메이션 그림책과 리더스북으로 봐도 괜찮아요. 하지만 일반적으로는 오리지널 그림책이 더 재미있어요.

Curious George ● 하드커버 그림책 ● 페이퍼백 스토리북 ● 리더스북

〈큐리어스 조지〉는 애니메이션이 나온 후 리더스북이 나왔어요. 이 시리즈는 150권이 넘어요. 리딩 연습을 할 때는 페이퍼백 스토리북으로 나온 책을 권해요. 리더스북은 애니메이션을 토대로 해 그림과 내용이 달라요. 모두 리딩 레벨은 비슷하니 아이가 선호하는 그림으로 골라도 돼요.

리더스북보다 그림책을 권하는 시리즈

리딩 연습을 할 때 리더스북보다 그림책이 더 나은 시리즈가 있어요. 그림책의 인기에 힘입어 리더스북이 나온 경우 대부분 리더스북이 그림책보다 재미가 없어요. 리더스북은 리딩 연습을 위해 만든 책이라 단어 사용이 제한적이에요. 낮은 레벨의 리더스북을 만들기 위해 그림과 줄거리까지 평이해지는 경우가 많아요.

〈리틀 크리터〉, 〈베렌스타인 베어즈〉, 〈아서〉, 〈클리포드〉, 〈큐리어스 조지〉, 〈맥스 앤 루비〉 등이 그림책보다 리더스북의 재미가 덜해요.

엄마가 읽어줄 경우 그림책부터 읽어주세요. 보통 만 4세 전후부터 유치원 다닐 때까지 읽어주면 좋아요. 아이가 읽기 연습을 한다면 리더스북이 더 쉬워요. 하지만 그림책을 우선 권해요. 리딩 연습을 하는 시기에도 아이들은 책 자체가 재미있어야 즐겁게 읽어요. 대부분 시리즈는 새로운 책이 나오면서 주인공도 자라니 순서대로 읽는 게 좋아요.

'리틀 크리터'는 말을 엄청나게 안 듣는 장난꾸러기 아이예요. 만 3~4세 아이들이 쉽게 감정이입하게 되는 주인공이에요. 엄마 시선으론 아름다운 그림이 아니지만, 아이 시선으론 그림에서 재미를 느껴요. 구석구석 볼거리도 많고, 텍스트와 그림이 상반되는 상황도 많아 그 차이를 발견한 아이는 더 좋아해요. 남자아이가 주인공이지만 여자아이 중에서도 좋아하는 아이가 많으니 한 권 정도는 접해보면 좋아요. 인기 있는 시리즈라 200권이 넘습니다.

●**Little Critter** (Mercer Mayer)

첫 번째와 두 번째 표지가 그림책이에요. 〈The New Adventures of Little Critter〉는 책 표지 오른쪽 상단에 빨간색 삼각형 로고가 있어요.

그림이 더 세밀하고 색감이 선명해졌어요. 주인공들도 자랐어요. 초기 그림책은 만 4세 전후, 뉴 어드벤처 시리즈는 만 5세 전후에 읽어주면 좋아요. 읽기 연습을 한다면 초기 그림책부터 읽기를 권해요.

리더스북은 세 군데 출판사에서 나왔는데 그중 [I Can Read] 브랜드를 권해요. 'My First Level'로 가장 쉬운 수준이에요.

책 형태	초기 그림책	New Adventures	I Can Read
리딩 레벨	AR 1.3~2.5	AR 1.3~3.3	AR 0.9~1.8
단어 수	157~457개	181~637개	193~376개
지면 수	24~28쪽	24~28쪽	32쪽
권수	45권+	50권+	19권~

〈맥스 앤 루비〉는 세 살짜리 개구쟁이 맥스와 엄마 같은 일곱 살 누나 루비의 이야기예요. 그림책이 인기를 얻자 애니메이션도 나왔어요. 첫 번째 표지가 오리지널 그림책이고, 두 번째가 애니메이션이 나온 후 출간한 페이퍼백 스토리북이에요. 오리지널 그림책은 잔잔한 느낌인데 애니메이션에선 장난꾸러기 느낌이 추가되었어요. 리더스북은 [Penguin Young Readers 레벨 2]로 6권 나왔어요. 대부분 원작 책이 영상물보다 재미있지만 〈맥스 앤 루비〉는 애니메이션이 더 재미있어요. 시즌도 많이 나와 있어서 영상물을 본 후 책을 읽으면 훨씬 수월하게 읽기 연습을 할 수 있어요.

● **Max and Ruby** (Rosemary Wells)

● **Clifford** (Norman Bridwell) (그림책) AR 1.2~2.7, 권당 단어 수 180~510개, 32쪽, 46권+,
(리더스북) AR 0.4~2.4(주로 0.9~1.4), 권당 단어 수 67~417(주로 150~280)개, 32쪽, 11권+

〈클리포드〉는 커다랗고 빨간 개의 평범하지 않은 일상 이야기예요. 1963년에 나오기 시작해 70권 넘게 출간되었어요. 클리포드의 강아지 시절을 그린 책도 있어요. 애니메이션으로는 〈Clifford the Big Red Dog〉과 〈Clifford's Puppy Days〉가 있어요. 그림책과 리더스북에 〈Clifford〉로 표시됐으면 원작 그림책이고, 〈Clifford the Big Red Dog〉라고 되어 있으면 애니메이션을 토대로 한 그림책이에요. 2021년 9월에 실사 영화가 나올 예정이에요. 〈클리포드〉 시리즈는 원작 그림책과 애니메이션 그림책의 그림이 거의 비슷해요. 리더스북은 [Scholastic Reader 레벨 1]에 들어 있고 재미가 덜합니다.

● **Berenstain Bears** (Stan & Jan Berenstain) (그림책) AR 1.7~4.5(주로 3점대), 권당 단어 수 400~1,600개 전후, 32쪽, 60권+~, (리더스북) [I Can Read 레벨 1] AR 1.5 ~2.6, 권당 단어 수 285~614개, 32쪽, 40권~

〈베렌스타인 베어즈〉는 엄마 곰, 아빠 곰, 오빠 곰, 동생 곰이 함께 사는 이야기입니다. 곰의 탈을 썼지만 남매가 있는 화목한 가정을 그리고 있어요. 킨더 아이 수준에 적당한 그림책으로 글이 많은 편이에요. 오빠와 여동생의 관계를 사실적으로 그리는데, 양육자가 모범적이라 사건·사고를 아름답게 조율하는 모습이 보기 좋아요. 교훈적인 이야기를 재미있게 풀어냈어요. 작가 사후에 아들(Mike Berenstain)이 이어서 계속 책을 내고 있어요. 작가들이 그린 정사각형 페이퍼백 그림책 60여 권을 보통 오리지널 시리즈로 생각해요. 그림책과 리더스북의 리딩 레벨은 차이가 많이 나요.

● **Froggy** (Jonathan London) AR 1.7~3.0, 권당 단어 수 428~680개, 32쪽, 29권~

〈프로기〉는 개구리가 주인공인 그림책 시리즈예요. 개구리 모습을 했지만 어린 남자아이의 일상을 그렸어요. 그림이 귀여워 여자아이들도 좋아해요. 앞서 만 4세용 그림책에서도 소개했듯 프리스쿨부터 킨더까지의 아이들이 좋아해요. 하드커버로 먼저 나온 후 페이퍼백이 나왔는데 페이퍼백만 봐도 충분해요. AR 2점대 전후를 읽는 아이에게 적당해요.

마크 브라운의 〈아서〉 시리즈는 방대해요. 그림책과 리더스북이 다양한 형태, 여러 수준으로 나와 있어요. 오리지널 시리즈를 〈Arthur Adventures〉라고 부르고, 페이퍼백 스토리북 형태로 나온 책을 작가는 '8×8'로 분류해요. 한국에서는 이 정사각형 페이퍼백에 〈Arthur Starter〉라는 타이틀을 붙여 출간했어요. 읽기 시작하기에 좋은 책이라는 의미에서 붙인 이름 같아요. 아서의 여동생 'D. W.'가 주인공인 그림책도 〈아서 스타터〉와 같은 수준이에요. 〈아서 스타터〉는 유아용 그림책 수준이고, 〈아서 어드벤처〉는 킨더와 1학년 수준입니다. 리딩 연습을 늦게 시작했다면 〈아서 어드벤처〉는 3~4학년 때 읽어도 좋아요. 리더스북은 [Step-into-Reading] 안에 들어 있고 그림책보다 재미가 덜해요. 〈아서〉는 애니메이션도 여러 종류예요. 함께 봐도 좋고, 애니메이션을 본 후 챕터북으로 이어서 읽어도 좋습니다.

● Arthur (Marc Brown)

시리즈명	Arthur Starter+ D.W.	Arthur Adventures	Step-into-Reading Step 3
리딩 레벨	AR 1.4~2.9	AR 1.6~3.2	AR 1.5~2.5
단어 수	218~718개	281~1,095개	311~559개
지면 수	24쪽	32쪽	24쪽
권수	22권+	29권	19권

리딩 연습에 좋은 그림책들

● Titch (Pat Hutchins) AR 1.1~2.3, 권당 단어 수 121~234개, 32쪽, 4권+

팻 허친스의 〈티치〉 시리즈는 만 3~4세 유아용 그림책이에요. 첫 번째 책은 쉬워서 빠르면 생후 30개월에도 읽어줄 수 있어요. 팻 허친스는 케이트 그린어웨이상을 받은 영국 작가로 한글판으로도 여러 책이 나왔어요. 〈티치〉 시리즈는 한글판으로 한 권 나왔는데, 먼저 한글 그림책을 읽었다면 나머지 책은 원서로 읽어보세요. 유아용 그림책으로도 좋지만 아이가 리딩 연습을 할 때 아주 좋아요. 쉬운 문장이 반복적으로 나와 읽기 쉽고, 그림을 통해 재미를 느낄 수 있는 부분이 많아요.

● **They All Saw a Cat** (Brendan Wenzel)
AR 1.9, 단어 수 196개, 44쪽

〈They All Saw a Cat〉은 읽다 보면 독특하고 신선한 전개에 손뼉을 치게 되는 책입니다. 2017년 칼데콧 아너를 받았어요. 고양이를 바라보는 시선에 따라 달리 보인다는 내용으로 전혀 지루하지 않아요. 영어 그림책을 늦게 접한 초등 저학년까지도 볼만해요.

● **Little Blue Truck** (Alice Schertle, Jill McElmurry) AR 1.1~1.9, 권당 단어 수 166~379개,
16~40쪽, 8권~

〈리틀 블루 트럭〉은 그림책 시리즈로 8권 나왔고 앞으로도 계속 나

올 예정이에요. 엄마가 읽어주는 거라면 만 3세부터 적당하고, 리딩 연
습용이라면 킨더부터 초등 저학년까지 좋아요.

● **What Do You Do With a** (Kobi Yamada, Mae Besom) AR 2.2~2.7,
권당 단어 수 348~487개, 36~44쪽, 3권

〈What Do You Do With a〉는 아이디어로 무엇을 할 수 있을까?
문제로 무엇을 할 수 있을까? 기회로 무엇을 할 수 있을까? 이처럼 철
학적인 주제를 아이들 눈높이에 맞게 풀어낸 책이에요. 애니메이션 같
은 매력적이고 생동감 넘치는 그림으로 주제의 무거움을 덜어냈어요.
아이들보다 부모와 교사들이 더 열광해서 엄청난 인기를 얻었어요. 그
림만 본다면 유아도 즐길 수 있지만, 나이가 많을수록 생각하며 즐길 수
있는 책이에요. 리딩 연습하기에도 딱 좋은 어휘와 문장이에요.

다음은 〈EQ의 천재들〉의 원서예요. 한글판 제목은 '행복 씨', '간지
럼 씨', '겁쟁이 씨', '밝아 양', '장난 양', '웃음 양' 등인데, 이름으로 캐
릭터의 성격을 짐작할 수 있어요. 캐릭터 성격이나 배경과 관련한 어

● **Mr. Men Little Miss** (Roger Hargreaves) AR 2.3~4.4, 권당 단어 수 400~1,000개, 지면 수
32쪽, 84권+

휘를 많이 접할 수 있어서 단어 공부에 좋아요. 글이 꽤 많아 너무 어리면 이해하기 힘든 유머나 상황이 등장하니 그림책으로 읽어준다면 만 5세 이후가 적당해요. 리딩 연습용이라면 초등 고학년이나 중학생 아이도 볼만해요. 작가 사후 그의 아들이 계속 그리고 있어요. 리딩 레벨을 제공한 책만 세어보니 AR 2점대가 25권, AR 3점대가 33권으로 AR 2~3점대라고 보면 돼요.

● **Scaredy Squirrel** (Melanie Watt) AR 3.0~3.6, 권당 단어 수 516~1,052개, 32~36쪽, 6권+

〈Scaredy Squirrel〉은 1학년 그림책에서도 소개한 시리즈예요. 그림책치고 글밥이 많고 스토리도 1학년 이후에 읽는 게 적당해 리딩 연습용으로 권해요. 리더스북으로 나와도 좋은 그림책이에요. 후속작으로 72쪽 분량의 그래픽 노블이 나왔어요. 아이가 이 시리즈를 좋아한다면 추천해요.

리더스북 선택 가이드

① 연령별 고르기_ 킨더(만 5세)

킨더에서 리더스북 읽기

킨더에 들어가면 첫달에는 알파벳과 파닉스 기초를 배웁니다. 그런 후 파닉스를 계속 배워나가면서 사이트 워드를 암기해요. 이때부터 아주 쉬운 그림책이나 리더스북을 읽어요. 리딩 레벨 AR 0~1 초반대 책이에요. 선생님이 책을 읽어주고, 아이는 선생님과 함께 혹은 혼자 읽기 연습을 해요. 매일 집에서 10~20분씩 해야 할 리딩 숙제가 있습니다. 숙제를 꾸준히 한 아이는 킨더를 마칠 즈음 1학년 수준의 책을 읽기도 해요.

미국 킨더 교실에는 [I Can Read]나 [Step-into-Reading] 같은 리더스북도 있지만, 학교마다 지정한 출판사의 리더스북 전집이 많이 있어요. 그래서 학교(또는 선생님)에 따라 선택 교재가 달라요. 대부분 리딩 레벨이 낮고 12~24쪽으로 분량이 적어요.

킨더 시기에 만나는 리더스북 인기 작가

킨더 때 가장 많이 접하는 작가는 닥터 수스예요. 아이들이 좋아하는 작가는 모 윌렘스와 테드 아널드이고요. [I Can Read]에 들어 있는 아놀드 로벨과 시드 호프의 리더스북은 50년 넘도록 꾸준히 읽히고 있어요. 아놀드 로벨의 〈Frog and Toad〉 시리즈는 리딩 레벨이 높고 글밥이 많은 편이라 1~2학년 때 읽는 아이도 많아요.

킨더 수준에 읽기 좋은 리더스북 인기 시리즈

파닉스를 이용한 읽기 연습용 책 〈Bob Books〉와 한 줄짜리 문장에 8쪽 분량의 얇은 책 〈Brand New Readers〉가 가장 쉬운 단계예요. 간단한 파닉스 규칙과 사이트 워드를 익힌 후에는 유명 출판사에서 나온 [I Can Read], [Step-into-Reading], [Ready-to-Read], [Scholastic Reader], [Penguin Young Readers], [DK Readers] 같은 리더스북 브랜드에서 골라 쉬운 단계부터 읽으면 돼요. 각각 수십~수백 권이 있는데 그 안에서 인기 시리즈나 아이 취향에 맞는 책을 골라 읽어요. 논픽션 리더스북인 [The Cat in the Hat Knows a Lot about That] 시리즈나 [Let's-Read-and-Find-Out Science 레벨 1]에서도 관심 가는 주제를 찾아 읽으세요.

인기 리더스북 시리즈(킨더)

Elephant and Piggie
닥터 수스상을 가장 많이 받은 리더스북 시리즈입니다. 낙천적인 돼지와 비관적인 코끼리의 우정 이야기예요. 페이지당 한 줄 정도의 짧은 문장에 모두 대화체로 되어 있어 책을 전부 외우면 말하기가 저절로 해결되는 책이에요. 아이가 좋아한다면 모두 읽기를 추천해요.
AR 0.5~1.4, 권당 단어 수 156~279개(1권만 338개), 64쪽, 25권

Fly Guy
닥터 수스상을 2회 받은 시리즈로 파리와 소년의 우정 이야기예요. 더러운 것도 재미있어하는 아이에게 추천해요. [Scholastic Reader 레벨 2]지만 글은 페이지당 2~3줄로, 그림이 재미있어 아이들이 쉽게 느끼는 책이에요.
AR 1.3~2.1(1권만 2.7), 권당 단어 수 211~431개, 32쪽, 20권~

Biscuit
[I Can Read My First Level]로 아주 쉬운 리더스북을 찾을 때 빠지지 않아요. '비스킷'이라는 이름의 강아지와 강아지를 엄마처럼 돌보는 소녀가 주인공이에요. 비스킷의 귀여움과 사랑스러움이 돋보이는 책입니다. 강아지를 좋아하는 아이가 특히 좋아해요.
AR 0.7~1.4, 권당 단어 수 117~162개, 24~30쪽, 20권+~

Puppy Mudge
유명 리더스북 〈Henry and Mudge〉 주인공 '머지'의 강아지 시절을 다룬 시리즈예요. 퍼피 머지는 [Ready-To-Read 프리레벨 1]으로 가장 쉬운 수준의 리더스북이에요. 글밥은 페이지당 1~2줄. 〈헨리 앤 머지〉 시리즈를 어렵게 느낄 때 읽어보면 좋아요.
AR 0.6~0.8, 권당 단어 수 76~108개, 32쪽, 5권

Curious George

장난꾸러기 원숭이 조지가 주인공인데, 아이들이 하고 싶은 장난을 대신 해주기 때문에 인기 있어요. 리더스북도 있지만 그림책이 더 재밌어요.

그림책은 AR 1.3~4.1, 권당 단어 수 300~2,000개, 24~48쪽, 56권~. 리더스북은 [Green Light Reader 레벨 1~2] AR 1.6~2.7, 권당 단어 수 200~450개, 24쪽, 40권~

Little Critter

말 안 듣는 장난꾸러기 아이가 주인공이에요. 엄마, 아빠, 여동생과의 일상을 그리며, 시리즈가 진행될수록 아이가 자라 킨더 생활과 친구 관계도 그립니다. 그림책과 리더스북으로 수십 권 나와 있는데 그림책이 더 재미있고 리딩 연습 때 좋아요.

AR 1.3~3.3, 권당 단어 수 157~637개, 24~28쪽, 95권+

Froggy

개구리가 주인공인 그림책이고 남자아이의 일상을 그립니다. 그림이 귀여워서 여자아이들도 좋아해요. 프리스쿨부터 킨더 아이들까지 추천합니다.

AR 1.7~3.0, 권당 단어 수 428~680개, 32쪽, 29권~

Dr. Seuss 책

연령별로 골라 읽을 수 있을 만큼 종류가 다양해요. 파닉스와 리딩 연습을 본격적으로 시작하는 킨더 시기에는 소리 내서 읽으면 더 재미있는 닥터 수스의 책을 특히 많이 읽어요. 〈Green Eggs and Ham〉, 〈The Cat in the Hat〉, 〈Hop on Pop〉, 〈Fox in Socks〉를 추천합니다.

〈Green Eggs and Ham〉 AR 1.5, 단어 수 769개, 65쪽
〈The Cat in the Hat〉 AR 2.1, 단어 수 1,621개, 61쪽
〈Hop on Pop〉 AR 1.5, 단어 수 384개, 72쪽
〈Fox in Socks〉 AR 2.1, 단어 수 834개, 62쪽

리더스북 선택 가이드
② 연령별 고르기_ 1학년과 2학년 이후

미국 1학년의 리더스북 읽기

미국 초등 1학년이 되면 본격적으로 읽기 연습을 해요. 수업 시간에 선생님이 책을 읽어주기도 하고, 아이 수준에 맞는 책을 스스로 읽는 연습도 합니다. 매일 해야 하는 읽기 숙제도 있어요. 보통 매일 10~30분씩 연습하라고 해요. 조금씩 꾸준히 읽은 아이는 이 시기에 읽기 실력이 빠르게 상승해요. 학년 초 비슷한 수준으로 시작해도 학년말이 되면 연습량에 따라 실력 차이가 커져요.

1학년은 그림책, 리더스북, 챕터북을 동시에 또는 순차적으로 읽는 시기예요. 학교에서는 선생님이 그림책, 리더스북, 챕터북을 골고루 읽어주고, 집에서도 여전히 엄마가 책을 읽어주는 경우가 많아요. 1학년 초에는 리더스북을 단계별로 읽다가 1학년 말이 되면 초기 챕터북이나 챕터북으로 넘어가 읽는 아이가 생겨요. 1학년 마칠 때까지 리더스북만 읽는 아이도 있고요.

1학년 때 만나는 리더스북 인기 작가와 시리즈

1학년 아이가 많이 읽는 그림책 작가와 리더스북 작가는 달라요. 유명 리더스북 작가는 닥터 수스, 신시아 라일런트, 케빈 헹크스 등이에요. 1학년이 되면 좋아하는 시리즈가 다양해져요. [I Can Read], [Step-into-Reading], [Ready-to-Read], [Scholastic Reader], [Penguin Young Readers], [DK Readers], [The Cat in the Hat knows a lot about That], [Let's-Read-and-Find-Out Science 레벨 2]는 인기 있는 리더스북 브랜드예요. 한국처럼 이 브랜드의 리더스북을 전집으로 구해 읽는 아이는 없어요. 각 브랜드 안에 있는 인기 시리즈를 찾아 읽어요.

다음에 소개한 책은 1학년 아이들이 많이 읽는 인기 시리즈예요. 미국 아이들은 리더스북을 학교나 도서관에서 빌려 읽는 경우가 많아요. 그러다 보니 시리즈 전체를 다 읽는 아이는 많지 않아요. 하지만 영어 공부를 위해 리더스북을 읽는 한국 아이에게는 시리즈를 다 읽는 게 다독으로 가는 가장 쉬운 길이에요. 모든 시리즈를 다 읽을 필요는 없어요. 아이에게 각 시리즈의 한두 권씩 보여 주세요. 아이가 좋아하는 시리즈가 생기면 그 후에 전부 보면 돼요. 엄마 혼자 고민한 후에 책을 고르지 말고 아이와 함께 고르세요. 미리 보기만 보고 고르더라도 아이가 직접 고른 책을 더 잘 봐요.

인기 리더스북 시리즈(1학년 이후)

Benny and Penny (Geoffrey Hayes)
만화 형식의 툰북(Toon Book) 시리즈예요. 그래픽 노블 〈Benny and Penny in the Big No-No!〉로 2010년 닥터 수스 메달을 수상했어요. 남매의 일상을 그린 사랑스럽고 모범적인 이야기예요. 킨더 때도 읽을 수 있는 수준이지만, 그래픽 노블이라는 형식은 천천히 접하는 게 좋을 것 같아 1학년으로 분류했어요. AR 1.1~1.6, 권당 단어 수 333~597개, 32~36쪽, 6권

Pearl and Wagner (Kate McMullan & R. W. Alley)
〈패딩턴 베어〉를 그린 R. W. Alley의 삽화 덕분에 더 재미있는 책이에요. 초등 1학년 교실이 주 무대라 실제 학교에서 있을 법한 상황이 많이 나오고, 아이들의 언어가 잘 살아 있어요. 〈Pearl and Wagner One Funny Day〉로 2010년 닥터 수스 아너를 받았어요. 그림이 많아 글밥에 비해 페이지 수가 많아요. [Penguin Young Readers 레벨 3], AR 2.1~2.5, 권당 단어 수 846~1,206개, 40~48쪽, 5권

Henry and Mudge (Cynthia Rylant)
〈헨리 앤 머지〉는 2점대 리더스북의 대표예요. 글은 페이지당 4~6줄 정도이고, '헨리'라는 예닐곱 살 남자아이와 체중 90kg에 육박하는 커다란 개 '머지'가 주인공이에요. 엄마 아빠가 자주 등장하고, 행복하고 단란한 미국 가정의 모습을 볼 수 있어요. 〈Henry and Mudge and the Great Grandpas〉로 2006년 닥터 수스 메달을 받았어요. [Ready-To-Read 레벨 2], AR 2.1~2.9, 권당 단어 수 470~1,293개, 40~48쪽, 28권

Annie and Snowball (Cynthia Rylant)
〈헨리 앤 머지〉에 등장하는 사촌 친구 애니가 주인공인 시리즈로 '스노우볼(Snowball)'은 하얀 토끼예요. 〈헨리 앤 머지〉의 여자아이 버전으로 사랑스러운 책이에요. [Ready-To-Read 레벨 2], AR 2.1~3.0, 권당 단어 수 473~689, 40쪽, 13권

Amelia Bedelia (Peggy Parish)
페기 패리쉬의 〈Amelia Bedelia〉는 영어 표현을 엉뚱하게 해석해 사건·사고가 끊이지 않는 부잣집 하녀 '아멜리아 베델리아' 이야기예요. 1963년부터 나와 지금 시대상과 맞지 않는 부분도 있어요. 말장난이나 언어유희를 좋아하는 경우가 아니라면 이해하기 어렵거나 지루해할 수 있어요. [I Can Read 레벨 2], AR 1.8~3.2, 권당 단어 수 867~2,782개, 48~64쪽, 26권+

Amelia Bedelia (Herman Parish)

허먼 패리쉬의 책은 '아멜리아 베델리아'의 어린 시절을 그린 시리즈예요. 단어나 표현을 엉뚱하게 알아듣는 아멜리아의 특성이 잘 살아 있어요. 초등 저학년 아이의 일상적인 이야기로 오리지널 〈아멜리아 베델리아〉 시리즈보다 이해하기 쉬워요. [I Can Read 레벨 1], AR 2.0~3.2, 권당 단어 수 507~757개, 32쪽, 12권~

Amanda Pig and Oliver Pig (Jean Van Leeuwen)

오빠 돼지 올리버와 여동생 아만다의 일상과 학교생활을 그린 책이에요. 남매 간 실랑이가 현실적이고 재미있어요. 1979년에 나오기 시작했고 최근 나온 책은 그림이 더 화사해요. 〈Amanda Pig and the Very Hot Day〉로 2006년 닥터 수스 아너를 받았어요. 리딩 레벨은 높지 않은데, 40~64쪽으로 두께 편차가 커 얇은 초기 챕터북 수준이에요. 쉬운데 호흡이 길어요. [Penguin Young Readers 레벨 3], AR 2.1~2.6, 권당 단어 수 1,200~2,000개, 40~64쪽, 20권

Young Cam Jansen (David A. Adler)

미스터리 챕터북으로 유명한 〈캠 잰슨〉 시리즈의 동생 버전이에요. 챕터북으로 인기 있는 책을 리더스북으로 만드느라 캠 잰슨이 초등 저학년이 되었어요. 학교와 일상에서 일어나는 소소한 미스터리를 푸는 추리물이에요. 여자아이가 주인공이지만 미스터리를 좋아하는 남자아이도 잘 읽어요. [Penguin Young Readers 레벨 3], AR 2.3~2.9, 권당 단어 수 1,076~1,853개, 32쪽, 20권~

Dragon (Dav Pilkey)

〈캡틴 언더팬츠〉, 〈도그맨〉으로 유명한 데브 필키의 리더스북이에요. 성격 좋은 드래곤 스토리로 재미와 감동을 선사하며 5권만 있는 게 아쉬울 정도예요. 색감이 선명하고 드래곤 표정이 재미있어요. 다른 리더스북에 비해 분량이 많은 편이라 읽기 호흡이 다소 길어요. 〈Dragon Tales〉라는 리더스북으로 나왔다가 몇 년 전 출판사가 바뀌면서 〈Dragon〉으로 제목이 바뀌어 초기 챕터북 [Scholastic Acorn]에 포함되었어요. AR 2.6~3.2, 권당 단어 수 610~940개, 48쪽, 5권

미국의 2학년 이후 리더스북 읽기

초기 챕터북이나 챕터북으로 넘어가지 못하고 아직 리더스북을 읽는 2학년 아이들은 보통 1학년 아이들이 읽는 리더스북을 읽어요. 책 읽는 시기가 연령으로 구분된 게 아니라, 리딩 실력에 따라 달라지기 때문이에요. AR 2점대 리더스북이 수월해지면 AR 3점대 리더스북을 찾기보다 초기 챕터북으로 넘어갑니다. 만약 아이가 초기 챕터북을 부담스러워한다면 리더스북 중 레벨이 높은 책을 더 읽는 게 좋아요.

논픽션 리더스북은 같은 리더스북이라도 리딩 레벨이 더 높아요. 논픽션을 좋아하는 아이라면 분량이 부담스러운 초기 챕터북보다 논픽션 리더스북을 선호하기도 해요. 아이가 논픽션 장르를 꺼린다면 픽션으로 초기 챕터북을 읽은 후에 논픽션 리더스북을 읽는 방법도 있어요. 초기 챕터북의 어휘와 분량에 익숙해진 후에는 논픽션 리더스북이 훨씬 쉬워 보여요.

1학년 리더스북에서 소개한 책 중 〈아멜리아 베델리아〉 시리즈처럼 말장난이 나오는 책은 2학년 이후에 더 재미있게 읽을 수 있어요. 〈Mr. Putter and Tabby〉 같은 책도 1학년 땐 할아버지가 나온다고 싫어했다가 학년이 올라가면서 관심을 갖기도 해요.

또래보다 리딩 레벨이 높은 아이를 위한 조언

영어책 읽기를 일찍 시작한 아이라면 리딩 레벨을 높이는 데 목적을 두기보다 해당 연령대 책을 더 많이 읽게 하는 게 길게 보면 좋아요. 너무 일찍 독서 연령대를 높여놓으면 자기 연령대의 책은 시시하게 생각하고, 그러다 정서 나이와 맞지 않으면 어느 순간 제자리에 멈추게 되는 경우도 많아요.

〈피터 래빗〉그림책 시리즈의 리딩 레벨은 AR 3~4점대예요. 100년 전 영어라서 생소한 단어가 나오기도 하지만, AR 2점대 리더스북을 편하게 읽고 초기 챕터북을 읽을 수 있는 시기에 읽을 만해요. 〈피터 래빗〉처럼 그림책 고전에서 리딩 레벨이 높은 책이 꽤 있어요. 리딩 레벨 AR 2~3점대를 읽는데 아이가 초등학교 입학 전이라면, 챕터북으로 넘어가기 전 이런 종류의 그림책을 많이 읽는 것도 좋은 방법이에요. 챕터북은 주인공이 1~3학년인 경우가 많아 재미있게 읽기 힘든 책도 많아요.

원서 읽기를 늦게 시작한 아이를 위한 조언

3학년 이후에 영어책 읽기를 시작하는 아이도 많아요. 이런 경우 한 글책은 두꺼운 것을 읽고 있어 얇은 리더스북이 유치하다고 거부하기도 해요. 이런 아이에게 추천하는 3학년 이후에 읽어도 괜찮은 리더스북을 소개할게요.

● **Bink and Gollie** (Kate DiCamillo & Alison McGhee) AR 2.2~2.7, 권당 단어 수 711~935개, 88~96쪽, 3권 ● **Mr. Putter and Tabby** (Cynthia Rylant) AR 1.9~3.5, 권당 단어 수 520~964개, 40~44쪽, 25권 ● **Pinky and Rex** (James Howe, Melissa Sweet) AR 2.9~3.6, 권당 단어 수 1,548~2,696개, 40쪽, 12권

〈Bink and Gollie〉는 성격이 다른 두 소녀의 우정을 그렸어요. 글밥

이 적어도 그림과 내용은 유치하지 않아요. 내용 때문에 초기 챕터북으로 분류했지만 리더스북을 읽는 시기에도 적당해요. 2011년 닥터 수스 메달을 받았어요.

〈Mr. Putter and Tabby〉는 할아버지와 고양이가 주인공이고, 강아지와 사는 옆집 할머니도 주연급 조연이에요. 할아버지, 할머니, 고양이와 개가 나오는 스토리라 사건·사고가 있어도 잔잔해요. 호기심과 사랑이 넘치는 옆집 할머니 때문에 지루하지 않아요. 2015년 닥터 수스 아너를 받았어요.

〈Pinky and Rex〉는 핑크색을 좋아하는 남자아이 핑키와 공룡을 좋아하는 여자아이 렉스의 우정과 일상을 그렸어요. 두 아이의 우정이 스토리를 이끌어가는 힘이지만, 핑키의 여동생 아만다와의 소소한 갈등도 꽤 비중 있게 다뤘어요. 동생 때문에 성가시고 짜증 나는 첫째들이 공감할 만한 글밥 많은 리더스북이에요.

● **Poppleton** (Cynthia Rylant) AR 2.0~2.7, 권당 단어 수 665~846개, 48쪽, 8권
● **Frog and Toad** AR 2.5~2.9, 권당 단어 수 1,727~2,281개, 64쪽, 4권
(Arnold Lobel의 다른 책들) AR 2.4~3.0, 권당 단어 수 1,350~1,527개, 64쪽

〈Poppleton〉은 원래 [Scholastic Reader Level 3]에 들어 있다가 [Scholastic Acorn]으로 포함된 리더스북 시리즈예요. 대도시의 번잡함이 싫어서 작은 마을로 이사한 돼지 아저씨 파플톤의 소소한 일상을 그렸어요.

아놀드 로벨의 책은 동물이 등장하는 우화가 많아요. [I Can Read 레벨 2]에 들어 있어요. 〈Frog and Toad〉 시리즈가 가장 유명하고 인기 있어요. 64쪽 분량으로 다른 리더스북에 비해 글밥이 많은 편이에요. 아놀드 로벨의 글과 그림이 마음에 들면 〈Mouse Soup〉, 〈Mouse Tales〉, 〈Owl at Home〉도 권해요.

리더스북 선택 가이드

③ 장르별로 고르기

아이는 자기가 좋아하는 분야의 책을 더 잘 읽는 경향이 있습니다. 리더스북을 장르별로 분류했어요. 각 구분 안에서 뒤로 갈수록 리딩 레벨이 높아져요.

일상

집과 학교를 배경으로 한 일상 이야기로는 〈Berenstain Bears〉와 〈Arthur〉 시리즈가 있어요. 〈베렌스타인 베어즈〉는 모범적이고 교훈적인 내용을 원할 때 적당하고, 〈아서〉는 일상 이야기를 찾을 때 좋아요. 〈베렌스타인 베어즈〉 그림책이 리딩 레벨 AR 3점대라서 좀 더 쉬운 책을 원한다면 [I Can Read 레벨 1]에 들어 있는 리더스북을 보면 돼요. 〈아서〉 시리즈는 유아 수준에 맞춘 〈Arthur Starter〉를 먼저 읽고, 킨더와 1학년 아이 수준의 〈Arthur Adventures〉를 읽으면 돼요.

● Berenstain Bears ● Arthur Starter ● Arthur Adventures

　코믹한 일상을 원한다면 〈Froggy〉, 〈Little Critter〉, 그리고 로버트 먼치의 책을 권해요. 〈프로기〉는 코믹한 일상을 다룬 AR 2점대 그림책이에요. 〈리틀 크리터〉도 구석구석 볼거리가 많아요. 재미난 그림 때문에 아이들이 좋아해요.

● Froggy (Jonathan London) ● Little Critter (Mercer Mayer) ● Stephanie's Ponytail (Robert Munch)

　좀 더 현실적인 학교생활을 그린 책으로는 〈Pearl and Wagner〉, 〈Amanda Pig and Oliver Pig〉, 〈Pinky and Rex〉가 있어요. 〈펄 앤 왜그너〉는 1학년 교실을 배경으로 하고 아이들의 대화가 많아요. 1학년 교실을 들여다보는 듯 현실감이 느껴져요. 〈아만다 피그 앤 올리버 피그〉는 남매가 주인공이라 가정생활의 비중이 높아요. 하지만 점점 아이들이 자라면서 학교생활을 하는 과정도 잘 그리고 있어요. 리딩 레벨이 AR 2점대 초반으로 낮고, 글밥은 많은 편이라 읽기 호흡을 늘리는 데 좋아요. 〈핑키 앤 렉스〉는 2학년 아이들의 우정을 그려요. 남매 간 갈등이나 입양 같은 가정사, 학교생활 이벤트도 현실감 있게 다루고 있어요. 〈Robin Hill School〉은 미국 초등학교 1학년 교실의 다양한 모습을 보여주는 시리즈예요. 미국 교실에서 실제로 일어나는 소소한 행사를 그려요.

- Pearl and Wagner　● Amanda Pig and Oliver Pig　● Pinky and Rex
- Robin Hill School

판타지

〈Uni the Unicorn〉은 유니콘이 나오는 시리즈예요. 소녀의 존재를 믿는 유니콘이 주인공인 시리즈예요. 다른 책에서는 보통 유니콘의 존재를 믿는 소녀가 주인공인 것과 대비돼요. AR 3점대의 48쪽 리더스북이 먼저 나와 인기를 끈 후 [Step-Into-Reading 스텝 2]로 32쪽 리더

- Uni the Unicorn (Amy Krouse Rosenthal)　● Rainbow Magic (Daisy Meadows)

스북이 몇 권 더 나왔어요. 스토리 전개상 48쪽짜리 리더스북을 먼저 읽어야겠지만, 리딩 레벨은 32쪽짜리 리더스북이 AR 1점대로 더 낮아요. 글밥은 두 종 모두 300단어 수준으로 짧습니다.

〈레인보우 매직〉은 200권이 넘는 챕터북 시리즈예요. 요정들이 주인공이에요. 리더스북은 9권 정도 나왔고 [Scholastic Reader 레벨 2]에 들어 있어요.

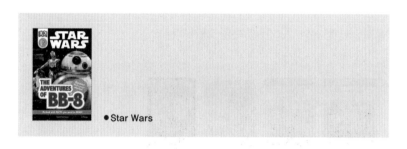
● Star Wars

〈Star Wars〉는 판타지에 SF를 더했어요. 우주를 배경으로 한 대하 드라마예요. [DK Readers]에서 여러 레벨로 30권 넘게 나왔어요. 이미지가 그림이 아닌 〈스타워즈〉 영화 장면을 캡처한 사진으로 되어 있어요. [World of Reading] 브랜드로도 리더스북이 나와요.

미스터리

미스터리 리더스북은 〈영 캠 잰슨〉 시리즈를 많이 읽어요. 미스터리 챕터북으로 유명한 〈캠 잰슨〉 시리즈의 동생 버전이에요. 챕터북으로 인기 있는 책을 리더스북으로 만드느라 주인공 캠 잰슨이 초등 저학년생으로 나와요. 일상에서 일어나는 소소한 미스터리를 푸는 추리물이에요. 여자아이가 주인공이지만 미스터리 장르 특성상 남자아이도 잘 읽어요. 작가가 남자아이들을 위해 〈본즈〉 시리즈를 냈는데도 〈영 캠 잰슨〉 시리즈를 좋아하는 남자아이가 많아요. 두 시리즈 모두 [펭귄 영리더스 레벨 3]에 들어 있어요. 동물이 탐정으로 나오는 책도 있어요. [Ready-To-Read 레벨 2]인 〈Hamster Holmes〉는 햄스터가 탐정이에요. 〈햄스터 홈즈〉라는 이름은 셜록 홈스에서 왔어요. 셜록 홈스의 옷에 모자까지 똑같이 썼는데 표정은 명랑 쾌활해요. [I Can Read 레벨 1~2]인 〈Detective Dinosaur〉는 공룡이 탐정이에요. 무섭기는커녕 허술한 탐정의 소소한 활약을 그립니다.

● **Young Cam Jansen** (David A. Adler) ● **Bones** (David A. Adler)
● **Hamster Holmes** (Albin Sadar) ● **Detective Dinosaur** (James Skofield)

동물

개가 주인공인 책은 〈비스킷〉, 〈헨리 앤 머지〉, 〈클리포드〉 시리즈가 인기 있고 〈Noodles〉처럼 사람은 많이 등장하지 않는 책도 있어요.

● **Biscuit** (Alyssa Satin Capucilli) ● **Henry and Mudge** (Cynthia Rylant)
● **Clifford** (Norman Bridwell) ● **Noodles** (Hans Wilhelm)

할아버지와 할머니가 개와 고양이를 키우는 〈Mr. Putter and Tabby〉, 토끼를 기르는 소녀가 나오는 〈Annie and Snowball〉, 공룡과 소년이 나오는 〈Danny and the Dinosaur〉도 있어요.

● **Mr. Putter and Tabby** (Cynthia Rylant) ● **Annie and Snowball** (Cynthia Rylant)
● **Danny and the Dinosaur** (Syd Hoff)

동물이 나오는 우화로는 〈Frog and Toad〉, 〈Mouse and Mole〉이 있어요. 밝고 재미있는 느낌의 책을 찾는다면 데브 필키의 〈Dragon〉 시리즈를 권해요. 〈Curious George〉는 원숭이가 주인공이에요.

● **Frog and Toad** (Arnold Lobel) ● **Dragon** (Dav Pilkey)

동물 좋아하는 아이 중에는 논픽션 리더스북을 좋아하는 경우도 많아요. 그럴 경우 [DK Readers]나 [National Geographic Kids Readers]의 책 중 좋아하는 동물에 대한 책을 골라 읽으세요.

● DK Readers ● National Geographic Kids Readers

숨은그림찾기

〈I Spy〉는 숨은그림찾기를 하는 그림책 시리즈예요. 리더스북은 그림책과 비교해 사진과 숨어 있는 물건의 숫자가 적어요. 물건 이름을 읽어야 찾을 수 있어서 리딩 연습할 때 어휘를 익히는 데 효과적이에요. [Scholastic Reader 레벨 1]에 10권 넘게 들어 있는데, 이 책을 좋아한다면 그림책도 권해요.

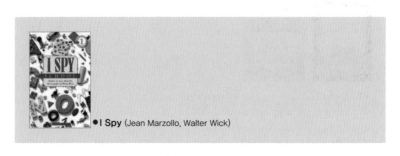

● I Spy (Jean Marzollo, Walter Wick)

리더스북 선택 가이드

④ 성별에 따라 고르기

리더스북을 읽는 나이가 되면 아이의 취향이 확고해지기도 합니다. 특정 소재나 주제의 책을 좋아하기도 하고 싫어하기도 해요. 공주나 요정이 나오는 책만 좋아하는 아이도 있고, 공룡이나 자동차가 나오는 책만 좋아하는 아이도 있지요. 공주나 요정이 여자아이의 전유물이거나, 공룡이나 자동차가 남자아이의 전유물은 아니에요. 남자아이들이 좋아하는 책을 선호하는 여자아이도 있고, 그 반대의 경우도 있어요. 여자아이는 이런 책을 좋아하고 남자아이는 이런 책을 좋아한다는 정답 같은 것은 없습니다. 하지만 일반적으로 여자아이와 남자아이가 좋아하는 책을 궁금해하는 엄마들을 위해 성별에 따라 좋아하는 리더스북을 분류했어요.

유아기보다 초등학교 입학 전후로 성별에 민감하게 반응하는 아이도 있어요. 주인공이 여자아이인 책은 읽지 않겠다는 남자아이도 있어요. 별 상관 없이 잘 읽는 아이도 있고요. 동물이 주인공인 책은 성별과 상관없이 대부분 다 잘 읽어요.

남녀 공통으로 좋아하는 책

Daniel Tiger's Neighborhood
AR 0.7~1.4

Elephant and Piggie
AR 0.5~1.4

Pigeon
AR 0.7~1.5

Pete the Cat
AR 1.2~2.0

Curious George
AR 1.3~4.1

Clifford
AR 1.2~2.7

Robin Hill School
AR 1.2~2.2

Arthur Starter
AR 1.4~2.9

Little Critter
AR 1.3~3.3

Pearl and Wagner
AR 2.1~2.5

Poppleton
AR 2.0~2.7

Dragon
AR 2.6~3.2

Frog and Toad
AR 2.5~2.9

Mr. Putter and Tabby
AR 1.9~3.5

Magic School Bus
AR 1.7~2.7

Berenstain Bears
AR 1.7~4.5

여자아이가 좋아하는 책

Biscuit
AR 0.7~1.4

Eloise
AR 1.0~1.5

Mia
AR 1.2~1.8

Olivia
AR 1.4~2.2

Pinkalicious
AR 1.6~2.9

Fancy Nancy
AR 1.8~2.8

Annie and Snowball
AR 2.1~3.0

Young Cam Jansen
AR 2.3~2.9

남자아이가 좋아하는 책

Otto
AR 0.5~0.9

Puppy Mudge
AR 0.6~0.8

Fly Guy
AR 1.3~2.7

PJ Masks
AR 1.4~2.2

Froggy
AR 1.7~3.0

Danny and the Dinosaur
AR 1.8~2.3

Henry and Mudge
AR 2.1~2.9

Black Lagoon
AR 2.2~3.5

여자아이가 좋아하는 리더스북

[Step-Into-Reading]에는 디즈니 애니메이션에 나오는 공주가 주인공인 책이 많아요. 〈Cinderella〉, 〈The Little Mermaid〉, 〈Beauty and the Beast〉, 〈Moana〉 등이 있고 바비 인형이 주인공인 〈Barbie〉 시리즈도 있어요. '팬시 낸시'는 프랑스 공주 스타일을 사랑하는 소녀예요. 원래 그림책으로 나왔는데 그림이 화려해서 여자아이들이 정말 좋아해요.

〈Pinkalicious〉는 'Pink'와 'Delicious'의 합성어예요. 핑크색이면 다 맛있다는 아이가 주인공이에요. 한글판 제목이 〈핑크공주〉인 것처럼 핑크색을 사랑하는 여자아이들이 좋아할 책이에요.

● Disney Princess ● Fancy Nancy (Jane O'Connor, Robin Preiss Glasser) [I Can Read 레벨 1], AR 1.8~2.8, 권당 단어 수 425~720개, 32쪽 26권~ ● Pinkalicious (Victoria Kann) [I Can Read 레벨 1], AR 1.6~2.9, 권당 단어 수 340~609개, 32쪽, 27권~

〈Mia〉는 발레를 좋아하는 까만 고양이가 주인공인 리더스북 시리즈입니다. 발레를 배우거나 공연을 하고 핑크색을 비롯한 다양한 스타일의 발레복을 입어서 예뻐요. 〈Strawberry Shortcake〉에는 주인공인 '스트로베리 숏케이크'를 비롯해 등장인물 이름이 블루베리 머핀, 오렌지 블라섬, 플럼 푸딩, 허클베리 파이 등 먹음직스러워요. 애니메이션 시리즈를 그림책과 리더스북으로 만들었어요.

● **Mia** (Robin Farley) [I Can Read My First Level], AR 1.2~1.8, 권당 단어 수 178~320개, 32쪽, 8권 ● **Strawberry Shortcake** [Penguin Young Readers 레벨 2], AR 1.1~2.2, 권당 단어 수 155~317개, 32쪽, 9권+

〈Eloise〉는 뉴욕의 고급 호텔에서 유모와 함께 사는 엘로이즈가 주인공인 시리즈입니다. 좋게 말하면 자유로운 영혼이고 솔직하게 말하면 천방지축이지만, 읽다 보면 정이 가는 캐릭터예요. 그림책은 글밥이 많아 리딩할 때는 너무 어려워요. 그림책은 한글로 읽어주고, 읽기 연습 때 리더스북을 추천해요. 올리비아는 톡톡 튀는 개성 만점의 소녀예요. 기발하고 엉뚱하고 매력적인 캐릭터로 돼지에 관심 없어도 사랑하게 되는 아이입니다. 그림책이 먼저 나왔고 애니메이션이 나온 후 TV Tie-in 리더스북이 [Ready-To-Read 레벨 1]로 나왔어요.

● **Eloise** (Kay Thompson) [Ready-To-Read 레벨 1], AR 1.0~1.5, 권당 단어 수 183~350개, 32쪽, 16권 ● **Olivia** (Ian Falconer) AR 1.4~2.2, 권당 단어 수 258~417개, 24쪽, 16권

●**Amelia Bedelia** (Peggy Parish) [I Can Read 레벨 2], AR 1.8~3.2, 권당 단어 수 867~2,782개, 48~64쪽, 26권+ ● **Amelia Bedelia** (Herman Parish) [I Can Read 레벨 1], AR 2.0~3.2, 권당 단어 수 507~757개, 32쪽, 12권~

〈Amelia Bedelia〉는 영어 표현을 엉뚱하게 해석해 사건·사고가 끊이지 않는 부잣집 하녀 아멜리아 베델리아가 주인공이에요. 말장난이나 언어유희를 좋아하는 아이가 아니면 이해하기 어렵거나 지루해하는 경우가 많은데, 그럴 때는 뒤에 나오는 허먼 패리쉬의 책을 시도해보세요. 작가 사후 조카가 그리고 있는 새로운 〈아멜리아 베델리아〉 시리즈예요. 단어나 표현을 엉뚱하게 알아듣는 아멜리아의 특성을 고스란히 이어갔고, 초등 저학년생의 일상을 그리고 있어요. 페기 패리쉬의 책보다 내용이 좀 더 짧고 쉬워요.

●**Benny and Penny** (Geoffrey Hayes) [Toon Book 레벨 2], AR 1.1~1.6, 권당 단어 수 333~597개, 32~36쪽, 6권 ●**Max and Ruby** (Rosemary Wells) [Penguin Young Readers 레벨 2], AR 1.5~2.1, 권당 단어 수 256~371개, 32쪽, 4권+ ●**Biscuit** (Alyssa Satin Capucilli) [I Can Read My First Level], AR 0.7~1.4, 권당 단어 수 117~162개, 24~30쪽, 20권+~
●**Clifford** (Norman Bridwell) AR 1.2~2.7, 권당 단어 수 180~510개, 32쪽, 46권+
●**Annie and Snowball** (Cynthia Rylant) [Ready-To-Read 레벨 2], AR 2.1~3.0, 권당 단어 수 473~689개, 40쪽, 13권

앞의 책들은 일상 이야기인데 주인공이 동물인 책은 훨씬 귀엽고 사랑스럽게 느껴져요. 특히 ⟨Benny and Penny⟩와 ⟨Max and Ruby⟩ 시리즈를 권해요. 그래픽 노블 ⟨베니 앤 페니⟩ 시리즈는 형식은 만화지만 이야기가 사랑스럽고 모범적이라 마음 놓고 권할 수 있어요. 두 시리즈 모두 남매의 일상을 그려요. ⟨베니 앤 페니⟩는 오빠와 여동생이고, ⟨맥스 앤 루비⟩는 누나와 남동생이라는 점이 달라요. 사랑스러운 동물과 함께 사는 여자아이가 주인공인 책으로는 ⟨Biscuit⟩, ⟨Clifford⟩, ⟨Annie and Snowball⟩ 시리즈가 있어요.

남자아이가 좋아하는 리더스북

⟨Blaze and the Monster Machines⟩는 인기 애니메이션 시리즈의 리더스북이에요. 주인공이 몬스터 트럭이고 친구들이 등장하기 때문에 몬스터 트럭 마니아에게 권해요. ⟨Hot Wheels⟩는 미니카를 만드는 Hot Wheels사의 자동차들이 주인공인 시리즈예요. 책마다 다른 종류의 미니카가 등장하고 지리적인 배경도 달라요. 미니카 장난감을 수집하는 아이들은 이 책도 수집하고 싶어 해요.

●**Blaze and the Monster Machines** [Step-Into-Reading 스텝 1~2(대부분 스텝 2)], AR 1.4~1.9, 권당 단어 수 167~230개, 24쪽, 9권 ●**Hot wheels** (Ace Landers) [Scholastic Reader 레벨 1], AR 1.1~2.2, 권당 단어 수 143~314개, 32쪽, 20권+ ●**[DK Readers 레벨 1] 탈것 책**

[DK Readers]는 그림이 아닌 사진을 이용한 논픽션 리더스북이 많아요. 이 중에는 트럭이나 중장비 같은 탈것이 나오는 책이 있어요. 〈Big Trucks〉, 〈Big Machines〉, 〈Mega Machines〉 등이에요.

● **Jon Scieszka's Trucktown** (Jon Scieszka) [Ready-To-Read 레벨 1], AR 0.6~1.2, 권당 단어 수 91~124개, 24쪽, 11권 ● **Thomas and Friends** [Step-Into-Reading 스텝 1~2], AR 0.8~1.8, 권당 단어 수 89~334개, 24~32쪽, 19권+~ ● **Disney Cars** [Step-Into-Reading 스텝 1~3], AR 0.7~2.3, 권당 단어 수 89~450개, 16권+

〈Jon Scieszka's Trucktown〉은 온갖 종류의 트럭이 등장하는 그림책 리더스북이에요. 제설 트럭, 몬스터 트럭, 구급차, 청소차 등 다양한 차가 나옵니다. 자동차들의 우정과 일상이 재미있고 사랑스러워요. 분홍색 아이스크림 차가 등장해서 여자아이도 좋아해요. 다음은 애니메이션과 장난감 기차로 유명한 〈토마스와 친구들〉이에요. 등장인물들이 싸우는 상황이 잦아 싫어하는 부모도 많아요. 토마스 기차를 좋아하는 아이에게 권합니다. 〈Disney Cars〉는 디즈니 애니메이션으로 3편까지 나오고 책도 다양해요. 영화를 보고 좋아한 아이들은 그림책과 리더스북에도 관심을 갖기 쉬워요. 리더스북은 [Step-Into-Reading 스텝 1~3]에 들어 있어요.

〈Danny and the Dinosaur〉는 1958년에 시작한 시리즈로 공룡에 관심 있는 아이들이 많이 읽는 책이에요. 그림이 사실적이면 무서워서 잘못 보는 아이라도 이 책은 그림이 귀여워서 편하게 볼 수 있어요. 친근한 공룡과 소년의 이야기입니다. 〈Detective Dinosaur〉는 다양한 공룡이 등장하는 미스터리 추리물이에요. 킨더부터 1학년까지의 아이들이 보기 적당한 수준의 단순한 사건이 발생해요. 48쪽으로 분량이 많은 편이에요.

● **Danny and the Dinosaur** (Syd Hoff) [I Can Read 레벨 1], AR 1.8〜2.3, 권당 단어 수 259〜836개, 32〜64쪽(1권만 64쪽), 6권 ● **Detective Dinosaur** (James Skofield, R. W. Alley) [I Can Read 레벨 2], AR 2.6〜3.1, 권당 단어 수 831〜976개, 48쪽, 3권

〈The Adventures of Otto〉는 'Otto'라는 이름의 로봇이 주인공으로 [Ready-To-Read 프리레벨 1]에 들어 있는 가장 쉬운 단계의 리더스북이에요. 이 정도로 쉬운 책은 스토리가 없는 경우가 많아 재미까지 기대할 순 없는데, 그림과 글 모두 매력적이에요.

● **The Adventures of Otto** (David Milgrim) [Ready-To-Read 프리레벨 1], AR 0.5〜0.9, 권당 단어 수 65〜126개, 32쪽, 9권〜 ● **Star Wars** [DK Readers 레벨 1〜4], [World of Reading 레벨 1〜2] ● **LEGO** [DK Readers 레벨 1〜2], [Scholastic Reader 레벨 1]

〈스타워즈〉는 로봇과 탈것, 외계인이 우주를 배경으로 벌이는 스케일 큰 싸움에 관한 내용이라서 미국 남자 어른과 아이들이 사랑하는 시리즈예요. 실사 영화와 애니메이션이 나와 있고, 미국 문화의 중요한 키워드입니다. 리더스북은 [DK Readers]의 모든 레벨에 있고 30권이 넘어요. [World of Reading] 브랜드로도 나오고 있어요. [DK Readers]의 〈스타워즈〉 책 중에는 레고로 만든 〈스타워즈〉도 나와요. 〈스타워즈〉를 보다가 레고로 관심이 이동하기도 하고, 레고를 좋아하다가 〈스타워즈〉를 발견하는 아이도 많아요.

레고 관련 책도 다양해요. 리더스북은 [DK Readers 레벨 1～2]에 레고 시리즈가 있는데 주로 AR 2점대예요. 'Lego City', 'Lego Ninjago', 'Lego Super Heroes' 등으로 검색하세요. [Scholastic Reader 레벨 1]에도 〈Lego City〉가 있어요.

● Biscuit (Alyssa Satin Capucilli) [I Can Read My First Level], AR 0.7～1.4, 권당 단어 수 117～162개, 24～30쪽, 20권+～ ● Noodles (Hans Wilhelm) [Scholastic Reader 레벨 1], AR 0.5～0.8, 32쪽, 13권+ ● Spot (Eric Hill) AR 2점대 중반, 권당 단어 수 400～1,200개 전후, 14～24쪽 전후, 40권+ ● Paw Patrol [Step-Into-Reading 스텝 1～2], AR 1.2～1.7, 권당 단어 수 128～221개, 24쪽, 9권

'비스킷'은 아이들이 좋아하는 강아지예요. 함께 나오는 아이가 여자아이라서 그림도 귀엽고 사랑스러워요. 사랑스러운 강아지보다 장난스러운 강아지를 원한다면 이어서 소개한 〈Noodles〉를 권해요. 〈Noodles〉는 장난꾸러기 하얀 강아지가 주인공인 시리즈로 〈비스킷〉보다 쉬운 책을 찾을 때 좋습니다.

〈Spot〉은 그림책이지만 내용이 쉬워 리딩 연습에도 좋아요. 페이퍼백 그림책은 AR 2점대이고, 보드북은 영유아용이라 더 쉽고 단어 수도 적어요.

〈Paw Patrol〉은 인기 애니메이션 〈Paw Patrol〉의 리더스북이에요. 강아지 좋아하는 아이도 재밌어하지만, 히어로물 좋아하는 아이도 선호해요.

● **PJ Masks** [Ready-To-Read 레벨 1], AR 1.4~2.2, 권당 단어 수 197~340개, 32쪽, 12권~
● **Flat Stanley** (Jeff Brown) [I Can Read 레벨 2], AR 2.2~2.7, 권당 단어 수 563~761개, 32쪽, 10권~

〈PJ Masks〉는 인기 애니메이션 〈출동! 파자마 삼총사〉 시리즈의 리더스북이에요. 낮에는 평범한 소년인데 밤에는 슈퍼히어로가 되어 도시의 평화를 지킨다는 스토리예요. 유아기에 많이 보는 애니메이션이니 아이가 좋아했다면 리딩 연습 때 반길 확률이 높아요.

〈Flat Stanley〉는 생김새가 납작해진 스탠리의 모험담을 그린 챕터북 시리즈의 리더스북 버전이에요. 더 어린 아이들을 위한 책이라 스탠리가 경험하는 모험이 소소해졌지만, 납작함이 무기가 되는 스탠리가 어떤 식으로 문제를 해결하는지를 그려요.

〈Black Lagoon〉은 겁이 많은데 상상력이 넘쳐서 무서운 것을 상상해내는 재주가 있는 남자아이가 주인공이에요. 주로 학교 선생님들에 대한 두려움으로 무서운 상황을 상상하고 해피 엔딩으로 끝내는 스토리 구조입니다.

〈Creepy Carrots!〉은 즐겨 먹던 당근이 갑자기 무서워진 토끼가 주인공이에요. 'creepy'는 '오싹하고 소름 끼치는'을 뜻하는 단어예요. 이 시리즈는 아이들이 재미있게 읽기 적당한 '으스스함'으로 잘 풀어냈어요. 그림책인데 아직 두 권밖에 나오지 않아 아쉬울 정도예요. 리딩 연습 때 추천해요.

● **Black Lagoon** (Mike Thaler) AR 2.2~3.5, 권당 단어 수 249~589개, 32쪽, 20권 ● **Creepy Carrots** (Aaron Reynolds, Peter Brown) AR 2.3~2.8, 권당 단어 수 435~627개, 36~44쪽, 2권

〈Young Cam Jansen〉, 〈Cam Jansen〉으로 유명한 작가의 리더스 북 시리즈예요. 주인공이 축구, 야구, 풋볼, 농구, 수영을 하는 내용이에요. 첫 번째 책 〈Don't Throw It to Mo!〉로 2016년 닥터 수스 메달을 받았습니다.

● **Mo Jackson** (David A. Adler) [Penguin Young Readers 레벨 2], AR 1.8~2.0, 권당 단어 수 404~566개, 32쪽, 6권~

리더스북 선택 가이드

⑤ 리딩 레벨로 고르기

    지금까지 소개한 리더스북을 리딩 레벨순으로 정리했어요. 하지만 이 순서대로 읽는 것은 좋은 방법이 아니에요. 아이 취향에 맞는 책을 고른 뒤, 그 책이 아이의 읽기 실력에 적당한지 체크하고 싶을 때 활용하세요.

    특정 시리즈가 그림책과 리더스북으로 나온 경우, 그림책과 리더스북의 리딩 레벨에 차이가 나는 경우가 많아서 다른 줄로 표시했어요. 리더스북의 레벨이 두 가지 이상인 경우, 차이가 많이 나면 다른 줄로 표시했어요. 대략적인 난이도순으로 배치해 얼핏 보면 리딩 레벨 숫자 순서가 아닌 경우도 있어요. 리딩 레벨의 범위가 넓은 책은 좁은 책에 비해 어렵게 느껴져요. 예를 들어 AR 1.9~3.5인 책은 AR 2.1~2.9인 책에 비해 어렵게 느껴질 수 있어서 뒤에 배치했어요. 권당 단어 수가 많아서 더 어렵게 느껴지는 책도 AR이 같은 다른 책보다 뒤에 있어요. 큰 아이에게 적합한 내용일 경우 리딩 레벨보다 뒤쪽에 배치했어요.

리딩 레벨(AR)에 따른 리더스북

도서명	리딩 레벨 (AR)	지면 수 (쪽)	단어 수	권수	브랜드 (또는 형태)
Daniel Tiger's Neighborhood	0.7	32	70~100	6~	Ready-To-Read Ready-To-Go
Puppy Mudge	0.6~0.8	32	76~108	5	Ready-To-Read Pre-Level 1
Otto	0.5~0.9	32	65~126	9~	Ready-To-Read Pre-Level 1
Fox	0.6~1.1	32	96~221	2~	I Can Read My First Level
Trucktown	0.6~1.2	24	91~124	11	Ready-To-Read Level 1
Biscuit	0.7~1.4	24~30	117~162	20+~	I Can Read My First Level
Elephant and Piggie	0.5~1.4	64	156~279 (338)*	25	리더스북
Pigeon	0.7~1.5	40	149~272	10~	그림책
Little Critter	0.9~1.8	32	196~376	19~	I Can Read My First Level
Clifford	0.4~2.4	32	67~417	11+	Scholastic Reader Level 1
Daniel Tiger's Neighborhood	1.1~1.4	24~32	175~218	10~	Ready-To-Read Pre-Level 1
Eloise	1.0~1.5	32	183~350	16	Ready-To-Read Level 1
Benny and Penny	1.1~1.6	32~36	333~597	6	Toon Book Level 2
Strawberry Shortcake	1.1~2.2	32	155~317	9+	Penguin Young Readers Level 2
Mia	1.2~1.8	32	178~320	8	I Can Read My First Level
Robin Hill School	1.2~2.2	32	208~342	28~	Ready-To-Read Level 1
Clifford	1.2~2.7	32	180~510	46+	그림책
Pete the Cat	1.2~2.0	32	215~393	15~	I Can Read My First Level

도서명	리딩 레벨 (AR)	지면 수 (쪽)	단어 수	권수	브랜드 (또는 형태)
Fly Guy	1.3~2.1(2.7)	32	211~431	20~	Scholastic Reader Level 2
Little Critter	1.3~2.5 1.3~3.3	24~28	157~457 181~637	45+ 50+	초기 그림책 New Adventures
Curious George	1.3~4.1	24~48	300~2,000	56~	그림책
Olivia	1.4~2.2	24	258~417	16	Ready-To-Read Level 1
Arthur Starter	1.4~2.9	24	218~718	22+	그림책
Arthur 리더스북	1.5~2.5	24	311~559	19	Step-Into-Reading Step 3
Berenstain Bears	1.5~2.6	32	285~614	40~	I Can Read Level 1
Pete the Cat	1.7~2.3	32	289~424	3~	I Can Read Level 1
Pete the Cat	1.5~2.7	32~48	275~486	13~	하드커버 그림책
Pinkalicious	1.6~2.9	32	340~609	27~	I Can Read Level 1
Curious George	1.6~2.7	24	200~450	40~	Green Light Reader Level 1~2
Pete the Cat	1.6~3.2	24~32	211~621	20+~	페이퍼백 그림책
Arthur Adventure	1.6~3.2	32	281~1,095	29	그림책
Froggy	1.7~3.0	32	428~680	29~	그림책
Danny and the Dinosaur	1.8~2.3	32~64	259~836	6	I Can Read Level 1
Splat the Cat	1.8~2.6	32	382~688	14~	I Can Read Level 1~2
Penny	1.9~2.6	32~56	483~1,128	4~	I Can Read Level 1
Charlie & Mouse	2.0~2.3	48	961~1,023	4~	리더스북
Fancy Nancy	1.8~2.8	32	425~720	26~	I Can Read Level 1
Poppleton	2.0~2.7	48	665~846	8	Scholastic Reader Level 3 Scholastic Acorn
Pearl and Wagner	2.1~2.5	40~48	846~1,206	5	Penguin Young Readers Level 3

도서명	리딩 레벨 (AR)	지면 수 (쪽)	단어 수 (개)	권수	브랜드 (또는 형태)
Henry and Mudge	2.1~2.9	40~48	470~1,293	28	Ready-To-Read Level 2
Annie and Snowball	2.1~3.0	40	473~689	13	Ready-To-Read Level 2
Flat Stanley	2.2~2.7	32	563~761	10~	I Can Read Level 2
Mr. Putter & Tabby	1.9~3.5	40~44	520~964	25	리더스북
Black Lagoon	2.2~3.5	32	249~589	20	그림책
Amelia Bedelia	1.8~3.2	48~64	867~2,782	26+	I Can Read Level 2
New Amelia Bedelia	2.0~3.2	32	507~757	12~	I Can Read Level 1
Bink and Gollie	2.2~2.7	88~96	711~935	3	리더스북
Amanda Pig and Oliver Pig	2.1~2.6	40~64	1,200~2,000	20	Penguin Young Readers Level 3
Robert Munsch	2.2~4.0 (주로 2.2~3.5)	20~32	374~1,125 (1,604)*	42+~	그림책
Young Cam Jansen	2.3~2.9	32	1,076~1,853	20~	Penguin Young Readers Level 3
Frog and Toad	2.5~2.9	64	1,727~2,281	4	I Can Read Level 2
Mouse and Mole	2.5~3.0	48	1,805~1,935	7~	Green Light Reader Level 3
Dragon/ Dragon Tales	2.6~3.2	48	610~940	5	Scholastic Acorn
Frances	2.7~3.6	28~62	1,276~1,912	6	I Can Read Level 2
Mr. Men Little Miss	2.3~4.4	32	400~1,000	84+	그림책
Pinky and Rex	2.9~3.6	40	1,548~2,696	12	Ready-To-Read Level 3
Berenstain Bears	1.7~4.5 (주로 3점대)	32	400~1,600	60+~	그림책

※책이 앞으로 계속 나올 경우 권수 뒤에 '~'로 표시했습니다.
※시리즈 안에서 평균 단어 수 범위 밖에 있는 책은 (단어 수)*로 표시했습니다.
※절판되었거나 구하기 힘든 책을 포함해 더 많은 책이 있을 경우 권수 뒤에 '+'로 표시했습니다.

Q 사이트 워드는 꼭 외워야 하나요?

사이트 워드(Sight Words)는 너무 자주 나와서 이를 모르면 읽기가 불가능한 수준의 단어예요. 그래서 미국 학교에서는 킨더부터 2학년까지 각 학년에 맞는 수준의 사이트 워드를 외우게 해요. 킨더는 50~100단어, 1학년은 100단어, 2학년은 100단어 정도예요. 'Sight words for Kindergarten'이나 'Sight Words for 1st grade'로 검색하면 쉽게 찾을 수 있어요.

그림책을 읽었다면 이미 수없이 만났던 단어라 익숙할 거예요. 이미 들으면 뜻까지 알고 있는 단어지만, 막상 소리 내어 읽으려면 쉽게 입에서 나오지 않을 수 있어요. 사이트 워드를 외우고 읽기를 시작하면 읽는 속도가 훨씬 빨라져요. 리딩 레벨이 낮을수록 문장의 반이 사이트 워드일 수도 있어요. 쉽게 읽어지니 리딩에 대한 부담도 줄고, 더 재미있게 즐길 수 있어요.

Q 영어 단어를 외워야 하나요?

위에서 사이트 워드는 외우기를 권했지만, 그 외의 단어들은 따로 외우는 것을 권하지 않아요. 단어는 상황마다 다른 뜻을 가져요. 그래서 단어의 첫 번째 뜻만 외우는 것은 큰 의미가 없어요. 상황과 맥락 속에서 단어를 파악할 수 있는 능력을 길러야 하는데, 단순한 암기는 도움이 안 돼요. 많이 듣고 많이 읽게 하세요. 좋아하는 것은 반복하게 하세요. 단어를 일곱 번 이상 만나면 그 단어와 친해진다고 해요. 아이가 단어와 친해질 시간, 단어가 만나는 장소마다 변신하는 것을 깨달을 시간을 허락해 주세요. 단어 암기와 문법은 5~6점대 책을 읽을 때 하는 게 가장 효과적이에요. 하지만 아이의 성향상 모르는 단어를 꼭 확인하고 넘어가고 싶어 한다면, 아이가 원하는 대로 하게 해 주세요.

4장

아이표 영어
챕터북 지도

리더스북에서 챕터북으로

챕터북의 역할: 글자 책으로 넘어가는 징검다리

챕터북은 말 그대로 챕터(Chapter, 장)가 있는 책이에요. 그런데 리더스북, 소설 등 대부분 책에 다 챕터가 있으니 챕터북이라는 명칭이 이상하다고 생각할 수 있어요. 아이들 영어책에서 말하는 챕터북이란 이런 원칙적 의미가 아니라, 실질적 의미로 초등 1~3학년 수준의 책을 말해요. 한글판 초등 저학년용 문고와 같은 개념이라고 생각하면 이해하기가 좀 더 쉬울 것 같아요.

챕터북도 리더스북과 마찬가지로 읽기 연습용 책이에요. 둘 다 아이가 책을 잘 읽을 수 있도록 돕는 게 목적이에요. 리더스북은 가장 기초 단계의 읽기 연습에 필요하고, 챕터북은 읽는 수준과 속도를 높여나가는 단계에 필요해요. 챕터북으로 넘어가면 삽화만으로는 책을 읽을 수 없어요. 그림의 도움으로 스토리 전개와 큰 얼개는 유추할 수 있지만, 세세한 내용은 글을 읽어야 제대로 알게 돼요. 그래서 챕터북은 글자만 있는 책으로 넘어가는 징검다리 역할을 해요. 글을 읽으면서 머릿속에 스토리를 이미지화하는 능력을 기를 수 있어요.

리더스북 vs. 챕터북

리더스북은 킨더~2학년, 챕터북은 1~3학년을 대상으로 한 책이에요. 책마다 담고 있는 내용과 단어 수준에도 차이가 있어요.

● **챕터 수** 리더스북은 3~4개, 챕터북은 10개 전후예요. 챕터가 많다는 것은 그만큼 책의 호흡이 길다는 뜻이에요.
● **글자 크기와 지면 수** 리더스북은 30~40쪽이고 글자가 커요. 챕터북은 70~100쪽이고 상대적으로 글자가 작아요.
● **삽화** 리더스북은 거의 매 페이지에 그림이 있고, 챕터북은 그림 비중이 작아요. 글자 크기에 따라 단어 수도 차이가 많이 나요.

챕터북을 고르는 세 가지 방법

챕터북은 아이의 학년, 리딩 레벨, 장르에 따라 골라 볼 수 있어요.

● **학년에 따라 고르기** 주로 1~3학년 아이들이 읽는다고 하지만, 이 시기에는 같은 학년이라도 아이마다 실력 차이가 커요. 1학년 수준, 2학년 수준, 3학년 수준의 챕터북이 아이에겐 각각 넘기 힘든 산처럼 느껴

질 수 있어요. 주인공이 1학년인 책은 1학년 교실을 보여주고, 3학년인 책은 3학년 교실이 배경이에요. 학교에서 배우는 것, 친구들 사이에 벌어지는 사건·사고, 등장하는 아이들의 정신 연령이 학년에 따라 달라요. 그런 차이를 챕터북에서 고스란히 반영하고 있어요.

●**리딩 레벨에 따라 고르기** 리딩 레벨에 따라 AR 1점대 챕터북, AR 2점대 챕터북, AR 3점대 챕터북, AR 4점대 챕터북이 있어요. 이런 구분은 원어민보다 한국 엄마들이 아이에게 적당한 책을 찾을 때 유용해요. 아이가 지금 AR 2점대 챕터북을 수월하게 읽는데, 다음 단계인 AR 3점대 챕터북에는 어떤 게 있는지 찾을 때 활용하세요.

●**장르에 따라 고르기** 다른 책과 마찬가지로 챕터북도 일상, 어드벤처 (모험), 미스터리(추리), 판타지 등으로 나눌 수 있어요. 미스터리와 판타지를 결합하거나 어드벤처와 판타지가 만나는 등 장르 구분이 어려운 경우도 있어요. 아이의 취향이 확고하면 특정 장르만 원하거나 기피하기도 하니, 아이가 좋아하는 장르의 책을 고를 때 활용하세요.

책을 읽는 당사자인 아이에게 책 선택의 주도권을 넘겨 주세요. 아이가 끌려서 직접 고른 책은 리딩 레벨이나 장르와 상관 없이 더 잘 읽는 경향이 있어요. 엄마 혼자 열심히 공부하고 고민해서 고르지 말고, 아이에게 고르게 하세요. 효과와 효율 면에서 훨씬 월등해요.

초기 챕터북

초기 챕터북(Early Chapters)이란

챕터북 중에서 가장 쉬운 단계의 책을 말해요. 리더스북보다는 읽기 어렵고 챕터북보다는 읽기 쉬운 책이에요. 겉으로는 챕터북처럼 보이지만, 펼치면 좀 어려운 리더스북 같기도 해요. 챕터북 코너에 꽂혀 있는 책 중에서 좀 만만해 보인다 하면 초기 챕터북이에요. 리딩 레벨이 낮고, 한 페이지에 들어간 문장과 단어 수가 적어요.

리더스북보다 두꺼운 책을 읽고 싶지만 그렇다고 챕터북을 읽기에는 부담스러울 때 적당해요. 초기 챕터북을 읽음으로써 아이에게 본격적으로 챕터북을 읽겠다는 용기와 챕터북을 읽어냈다는 자부심을 심어줘요.

초기 챕터북의 글밥과 리딩 레벨

과거의 리더스북은 32쪽, 챕터북은 70쪽 전후가 많았어요. 요즘은 지면 수로 리더스북과 챕터북을 구분하기 힘들어요. 그래도 요약한다면 리더스북은 30~40쪽, 챕터북은 70~100쪽, 초기 챕터북은 40~70쪽이라고 할 수 있어요. 챕터 수는 리더스북은 3~4개, 챕터북은 10개, 초기 챕터북은 4~10개예요.

초기 챕터북의 리딩 레벨은 리더스북과 챕터북의 중간이에요. 리더스북 레벨 2~4인 책과 비슷해요. AR 2점대가 가장 많고, 간혹 AR 1점대와 3점대도 있어요. 내용이 단순하고 읽기 호흡이 짧으며, 같은 레벨이라도 챕터북보다 훨씬 쉽게 느껴져요. 챕터북보다 글자가 크고, 행간이 넓고, 삽화와 여백도 더 많아요.

미국 아이들은 킨더 때 주로 리더스북을 읽고, 1학년 때 리더스북으로 시작해 초기 챕터북까지 읽어요. 2학년 때는 초기 챕터북과 챕터북을 읽습니다. 물론 그보다 빨리 읽거나 늦게 읽는 아이도 있어요.

주로 1학년과 2학년 초반에 일어나는 일을 다루어 3~4학년 아이라면 시시해할 수도 있어요. 그래서 영어를 늦게 시작한 아이라면 책 고를 때 아이의 취향에 맞는지를 먼저 확인해야 해요.

리더스북 vs. 초기 챕터북 vs. 챕터북

형태	리더스북	초기 챕터북	챕터북
대상	킨더~2학년	1~2학년	1~3학년
챕터 수	3~4개	4~10개	10개 전후
지면 수	30~40쪽	40~70쪽	70~100쪽
리딩 레벨(AR)	1~3점대	2~3점대	2~4점대
단어 수	100~1,000개	1,000~3,000개	4,000~10,000개

초기 챕터북과 챕터북의 차이

리더스북과 챕터북은 두께로 바로 구분할 수 있어요. 게다가 리더스북은 표지에 '리더스북'이라고 쓰여 있기도 하고, 대부분 리더스북 브랜드가 표시되어 있어요. 초기 챕터북은 'Early Chapters'라고 쓰여 있기도 하지만, 이 표시가 없을 때도 많아 구분하기 어려워요. 이럴 때 초기 챕터북과 챕터북을 구분하는 기준은 '리딩 레벨'과 '권당 단어 수'예요.

초기 챕터북은 주로 1학년과 2학년 초반 수준이고, 챕터북은 주로 2~3학년 수준이에요. 똑같은 70쪽짜리 책이라도 초기 챕터북에는 2,000~4,000단어가 들어 있고, 챕터북에는 4,000~7,000단어가 들어 있어요.

다음은 초기 챕터북과 챕터북의 리딩 레벨과 권당 단어 수입니다. 단순하게 정리하면 초기 챕터북은 리딩 레벨이 AR 2점대에 권당 단어 수가 2,000개 정도이고, 챕터북은 AR 2.5~3.5에 권당 단어 수가 5,000~7,000개 정도라고 말할 수 있어요.

대표 초기 챕터북 리딩 레벨과 단어 수

시리즈명	리딩 레벨(AR)	권당 단어 수(개)
네이트 더 그레이트	2.0~3.1	1,500~2,600
머시 왓슨	2.6~3.2	1,800~2,200
마이티 로봇	2.9~4.1	1,100~2,300
토드 선장	3.1~3.8	1,400~1,800
블랙 라군	2.4~3.8	1,200~2,900
아울 다이어리	2.7~3.2	2,300~3,000

대표 챕터북 리딩 레벨과 단어 수

시리즈명	리딩 레벨(AR)	권당 단어 수(개)
매직트리하우스 (1부)	2.6~3.7	4,500~9,100
주니비존스	2.6~3.1	5,400~8,200
캘린더 미스터리즈	2.9~3.3	6,200~7,300
마이 위어드 스쿨	3.5~4.4	6,400~8,000
마빈 레드포스트	2.7~3.6	4,600~8,100
아서	2.9~3.8	4,700~5,300

초기 챕터북이 1학년을 주 대상으로 하는 데 비해 챕터북은 2~3학년이 주 대상이기 때문에 책의 분량 또한 편차가 커요. 초기 챕터북은 평균 2,000단어 정도라는 표현이 1,000~3,000단어인 책을 의미해요. 하지만 챕터북은 5,000~8,000단어 정도라고 해도 10,000단어 이상의 책들도 있어요. 초기 챕터북은 시리즈 안에서 권당 단어 수의 차이가 크지 않지만, 챕터북은 시리즈 뒤로 가면서 분량이 2~3배까지 늘어나는 경우도 많아요.

초기 챕터북 선택 가이드

① 장르별로 고르기

아이는 자기가 좋아하는 장르의 책을 더 잘 읽는 경향이 있어요. 초기 챕터북을 모험, 추리, 판타지, 일상, 동물, 우화 등의 장르로 분류했어요. 각 구분 안에서 뒤로 갈수록 리딩 레벨이 높아져요.

장르별 대표 초기 챕터북 구분

구 분	도서명 (리딩 레벨 AR)
모험 · 추리 · 판타지	Nate the Great (2.0~3.1) Press Start (2.3~2.9) Unicorn Diaries (2.9~3.1) Kung Pow Chicken (2.9~3.2) Mighty Robot (2.9~4.1) Princess in Black (3.0~3.5) Commander Toad (3.1~3.8) Catwings (3.7~4.3)

일상	Boris (2.0~2.4)
	Binky and Gollie (2.2~2.7)
	Missy's (2.2~3.0)
	Judy Blume (2.5~3.1)
	Judy Moody and Friends (2.5~3.3)
	Black Lagoon (2.4~3.8)
	Owl Diaries (2.7~3.2)
동물 · 우화	Mercy Watson (2.6~3.2)
	Houndsley and Catina (2.8~3.3)
	Rotten Ralph (3.0~3.2)
	Bad Kitty (2.8~4.5)

모험·추리·판타지

〈Nate the Great〉는 자신을 사립 탐정이라고 생각하는 남자아이가 주인공이에요. 단순 사건을 해결하는 스토리로 탐정물이나 추리물을 좋아하는 아이에게 권해요. 원서 읽기를 늦게 시작한 남자아이에게도 권합니다. 1학년부터 4학년까지 재미있게 읽을 수 있어요. 여자아이가 나오는 추리물인 〈Olivia Sharp〉도 같은 작가의 책이에요.

〈Press Start!〉는 게임을 배경으로 한 판타지입니다. 게임기를 든 아이가 게임을 하고 있고, 게임 속에서 일어나는 일이 눈앞에 펼쳐집니다.

● **Nate the Great** (Marjorie Weinman Sharmat) AR 2.0~3.1, 권당 단어 수 1,524~2,588개 (1권만 4,626개), 64~80쪽, 29권 ● **Press Start!** (Thomas Flintham) AR 2.3~2.9, 권당 단어 수 1,970~2,337개, 80쪽, 9권~

223

아이와 게임 속 이야기를 번갈아 오가는 액자 구성으로 유튜브 게임 스트리밍 서비스를 보는 듯한 기분이 듭니다. 책을 읽으면서 게임을 하는 착각에 빠질 정도입니다. 게임은 좋아하나 독서는 관심 없는 아이에게 효과적이라는 엄마들의 후기가 많아요. 2016년 출간 후 현재까지 9권이 나왔고, 인기가 많아 수십 권 시리즈가 될 것 같은 책입니다.

● **Kung Pow Chicken** (Cyndi Marko) AR 2.9~3.2, 권당 단어 수 2,362~2,676개, 80쪽, 5권~
● **Ricky Ricotta's Mighty Robot** (Dav Pilkey) AR 2.9~4.1, 권당 단어 수 1,109~2,331개, 111~143쪽, 9권

〈Kung Pow Chicken〉은 슈퍼히어로가 등장하는 판타지입니다. 우연한 사고로 초능력을 갖게 된 주인공이 악당을 물리치는데, 제목에서 느껴지듯 사람이 아닌 닭이라 코믹해요. 등장인물의 대화를 말풍선 안에 담아 더 쉽게 느껴집니다. 주로 남자아이들이 좋아하지만, 닭의 귀여운 느낌도 있어 여자아이도 재미있게 읽을 수 있어요. 이 시리즈를 좋아한다면 그래픽 노블 〈도그 맨〉이나 챕터북 〈The Captain Awesome〉, 〈The Captain Underpants〉도 좋아합니다.

〈Ricky Ricotta's Mighty Robot〉은 〈또봇〉 시리즈가 연상되는 로봇 모험 판타지입니다. 〈도그 맨〉, 〈캡틴 언더팬츠〉로 유명한 데브 필키의 초기 챕터북입니다. 로봇이 출동해 악당을 물리치는 내용이라서 〈네이트 더 그레이트〉를 읽는 연령보다 어린 남자아이도 재미있어해요. 두꺼워 보이지만 단어 수는 적은 편이에요. 여백이 많고 글이 적어

만만하게 느껴집니다.

- **Unicorn Diaries** (Rebecca Elliott) AR 2.9~3.1, 권당 단어 수 2,466~2,704개, 72쪽, 5권~
- **Princess in Black** (Shannon Hale) AR 3.0~3.5, 권당 단어 수 2,061~2,507개, 85~96쪽, 7권~

〈Unicorn Diaries〉는 동물이 주인공인 판타지입니다. 알록달록하고 귀여운 유니콘 캐릭터들이 나와요. 일기 형식이지만 주인공이 유니콘이라 판타지 느낌이 강합니다. 사랑스러운 부엉이 일기 〈Owl Diaries〉로 인기를 끈 레베카 엘리엇의 후속 시리즈예요.

〈프린세스 인 블랙〉은 공주와 슈퍼히어로가 등장하는 판타지 시리즈입니다. 하지만 공주가 위험에 처하면 어디선가 영웅이 나타나 구해주는 이야기가 아닙니다. 무슨 일이 생기면 공주가 핑크 드레스를 벗어던지고, 블랙 망토를 걸친 히어로가 되어 등장해요. 핑크가 아닌 블랙을 입은 슈퍼히어로 공주의 모험담이에요. 종이 질도 좋고 그림책처럼 그림도 많습니다.

〈Commander Toad〉는 우주여행을 하며 일어나는 모험을 그린 판타지입니다. 개구리와 두꺼비들이 주인공으로 〈스타워즈〉의 초등 버전이에요. 킨더와 저학년 아이가 좋아하고, 〈스타워즈〉나 〈스타트랙〉 같은 영화를 좋아하는 아이라면 고학년까지도 권합니다. 저자(제인 욜런)가 시를 쓰고 노랫말도 쓰는 작가라 그런지 라임이 잘 살아있어요. 한글판 번역도 괜찮지만 원서로 보면 읽는 재미를 더 많이 느낄 수 있어요.

●**Commander Toad** (Jane Yolen, Bruce Degen) AR 3.1~3.8, 권당 단어 수 1,409~1,863개,
64쪽, 7권 ●**Catwings** (Ursula K, Le Guin, S, D, Schindler) AR 3.7~4.3, 권당 단어 수
2,906~4,975개, 42~56쪽, 4권

〈Catwings〉는 날개 달린 어린 고양이들이 생존과 안전을 위해 분
투하는 모습을 그린 판타지입니다. 3대 판타지 소설로 불리는 〈The
Earthsea Cycle〉어스시의 마법사 시리즈를 쓴 작가 어슐라 르귄의 초기 챕
터북입니다. 장편소설 작가가 어린 독자들을 위해 쓴 선물 같은 책이라
서 그런지 다른 챕터북과 분위기가 다릅니다. 문장이 길어서 다소 어렵
게 느껴질 수도 있어요. 그림까지 클래식해 이 시리즈를 다 읽으면 자연
스럽게 소설로 넘어가도록 돕는 징검다리 같은 책입니다. 어린아이들이
나오는 챕터북이 시시하다는 아이에게 권합니다.

일상(가정·학교·우정·동물)

〈Boris〉는 귀여운 멧돼지 소년이 주인공인 시리즈로 집과 학교를 배
경으로 한 일상 이야기예요. 80쪽 분량에 글밥이 리더스북 수준이에요.
아이가 두꺼운 책에 부담을 느낄 때 챕터북으로 수월하게 넘어갈 수 있
게 해줘요.

주디 블룸은 챕터북 시리즈인 〈Fudge〉로 유명하기 때문에 작가가
쓴 초기 챕터북은 모르고 지나가는 경우가 많아요. 다음 두 권의 책은

2학년 아이의 고민을 그리고 있어요. 〈The One in the Middle is the Green Kangaroo〉는 형과 여동생 사이에 존재감 없는 둘째인 게 너무 싫은 남자아이의 성장담이에요. 〈Freckle Juice〉주근깨 주스는 친구의 주근깨가 부러워 자기도 갖고 싶어 하는 남자아이의 허당 스토리예요.

● **Boris** (Andrew Joyner) AR 2.0~2.4, 권당 단어 수 704~775개, 80쪽, 4권 ● **The One in the Middle is the Green Kangaroo** (Judy Blume) AR 2.5, 단어 수 1,482개, 48쪽
● **Freckle Juice** (Judy Blume) AR 3.1, 단어 수 3,318개, 64쪽

〈Owl Diaries〉는 알록달록하고 이기지기하고 사랑스러운 책입니다. 부엉이들이 주인공으로 일상을 일기 형식으로 그리고 있어요. 부엉이가 주인공이다 보니 입이 아니라 부리가, 손이 아니라 날개가 나오는 등 동물에 관련된 단어가 많이 나와요. 여자아이가 주인공인 챕터북과 비슷한 소재의 일상 이야기지만, 사람의 일상보다 비현실적인 동화 같은 느낌이에요.

● **Owl Diaries** (Rebecca Elliott) AR 2.7~3.2, 권당 단어 수 2,289~2,973개, 72~74쪽, 14권~
● **Missy's Super Duper Royal Deluxe** (Susan Nees) AR 2.2~3.0, 권당 단어 수 1,413~1,803개, 80쪽, 4권

⟨Missy's Super Duper Royal Deluxe⟩는 ⟨엘로이즈⟩, ⟨올리비아⟩, ⟨팬시 낸시⟩를 섞은 듯한 여자아이 미시(Missy)가 주인공이에요. 수다스럽고 행동이 거침없어요. 친한 친구 오스카(Oscar)는 생각이 많고 말수가 적은 아이라서 미시의 수다스러움이 더 극명하게 느껴져요. 책을 읽으면서도 조잘조잘 시끄러운 소리가 들리는 듯 명랑해요.

● **Bink & Gollie** (Kate DiCamillo & Alison McGhee) AR 2.2~2.7, 권당 단어 수 711~935개, 88~96쪽, 3권 ● **Houndsley and Catina** (James Howe, Marie-Louise Gay) AR 2.8~3.3, 권당 단어 수 1,068~1,256개, 36~42쪽, 6권~

⟨Bink & Gollie⟩는 외모, 취향, 성격이 모두 다른 두 여자아이의 우정을 그린 시리즈예요. 2011년 닥터 수스 메달을 받았어요. 글밥이 적어서 리더스북으로 분류하기도 하지만, 90쪽 전후의 적당한 두께에 3~4학년 이상 아이들의 우정을 그린 내용과 감성 때문에 초기 챕터북을 읽는 시기에도 적당해요. 원서 읽기를 늦게 시작한 초등 고학년 아이도 괜찮고, 중고생도 수필집을 읽듯 가볍게 읽을 수 있어요.

⟨Houndsley and Catina⟩는 강아지와 고양이, 두 친구의 우정을 그린 동화 같은 일상이 펼쳐지는 책입니다. 수채화 느낌의 그림이 예쁘고 스토리도 아기자기해 여자아이들이 좋아할 만한 시리즈예요. 권당 단어 수가 1,000개 내외로 글밥이 적은 편이지만, 리더스북보다 덜 유치한 감성이라 영어 원서 읽기를 늦게 시작한 3~4학년 이상 아이에게도 권해요.

⟨Judy Moody and Friends⟩는 3학년 주디 무디와 2학년 스팅크가 주

인공이고, 주디의 친구도 여러 명 나와요. 주디와 스팅크는 친구이자 동지이고 적이기도 한 다이내믹한 남매예요. 집과 학교를 배경으로 초등학교 아이들의 일상을 그리고 있어요. 아이가 이 책을 좋아하면 다른 초기 챕터북을 좀 더 읽은 후 〈주디 무디〉나 〈스팅크〉 챕터북으로 넘어가세요. 아이가 2~3학년 이후라면 바로 넘어가도 돼요. 주디는 여자아이지만, 남동생 스팅크와 친구들도 나와서 남자아이 중에도 잘 읽는 아이가 많아요. 여자아이가 주인공인 책을 싫어하는 아이라면 표지에 남동생 스팅크나 다른 남자아이들이 나오는 책을 골라 먼저 권해보세요. 컬러풀하며 삽화가 많고 종이 질도 좋아, 갱지 느낌의 챕터북을 싫어하는 아이들이 선호해요.

● **Judy Moody and Friends** (Megan McDonald) AR 2.5~3.3, 권당 단어 수 2,034~2,739개, 64쪽, 13권~ ● **Black Lagoon Adventures** (Mike Thaler, Jared Lee) (그림책) AR 1.2~3.5, 권당 단어 수 246~601개, 32쪽, 20권+, (챕터북) AR 2.4~3.8, 권당 단어 수 1,248~2,935개, 64쪽, 28권

〈Black Lagoon Adventures〉는 걱정을 사서 하는 소심한 남자아이가 주인공이에요. 학교 가는 첫날 무서운 선생님을 만날까 봐 바들바들 떨면서 상상의 나래를 펼쳐요. 하지만 상상과는 달리 상냥한 선생님을 만나 해피 엔딩으로 끝나죠. 초등생 수준의 학교 괴담이 펼쳐지는데, 아이가 'silly', 'weird', 'creepy' 같은 단어를 좋아한다면 재밌어할 만한 시리즈예요. 담임 선생님을 비롯해 교장 선생님, 체육 선생님, 양호 선생님, 사서, 식당 아주머니, 학교 버스 운전기사, 보조 선생님 등 학교에서

만날 수 있는 인물과 교실에서 키우는 애완동물까지 총출동해요. 그림책과 챕터북 시리즈가 있어요. 그림책에는 여러 선생님이 나오고, 챕터북에는 미국 초등학교에서 일어나는 여러 행사가 배경이에요. 다른 챕터북에 비해 글자가 크고, 글밥이 적고, 만화 스타일의 삽화가 꽤 많아요. 그림책은 킨더~2학년에 적당하고, 챕터북은 1학년 이후부터 고학년까지 읽을 수 있어요. 아이가 리더스북에서 초기 챕터북으로 넘어가기 힘들어할 때 그림책부터 읽고 챕터북을 권하면 효과적이에요.

● **Mercy Watson** (Kate DiCamillo, Chris Van Dusen) AR 2.6~2.8(1권만 3.2), 권당 단어 수 1,842~2,234개, 80~96쪽, 6권 ● **Rotten Ralph** (Jack Gantos, Nicole Rubel) AR 3.0~3.2, 권당 단어 수 1,012~1,105개, 46~48쪽, 5권(그림책은 AR 2.4~3.3, 권당 단어 수 423~802개, 32쪽, 14권+) ● **Bad Kitty** (Nick Bruel) AR 2.8~4.5, 권당 단어 수 2,986~6,606개, 125~160쪽, 14권~

〈Mercy Watson〉은 동물과 함께하는 일상이 모험 그 자체임을 보여주는 시리즈예요. '머시 왓슨'은 왓슨 부부와 사는 해맑고 호기심 많은 돼지예요. 그림책 작가 크리스 반 듀센의 생동감 넘치는 그림 덕분에 애니메이션을 보는 듯한 기분이에요. 다른 초기 챕터북보다 그림이 화려해 그림책 느낌이 나기도 해요. 챕터북의 종이 질감이 맘에 안 든다는 아이에게 좋은 대안이에요. 킨더~2학년 아이들이 좋아하고, 동물을 좋아하는 아이라면 3~4학년까지도 좋아요. 시리즈 중 두 번째 책은 2007년 닥터 수스 아너를 받았어요. 전체 6권 중 한 권만 AR 3.2이고 나머지는 AR 2.6~2.8로 고른 편인데, 종종 다른 책에서 보지 못한 생소한 단어가 나오고 등장인물 이름도 어려워요. 모르는 단어가 나오면 읽기 싫어하는 아이는 힘들어할 수 있어요. 책이 진행되면서 등장인물이 추가되는 구조라 순서대로 읽는 게 좋고요. 머시의 이야기는 초기 챕터북 6권으로 끝나고, 주변 인물의 이야기가 챕터북 〈Tales from Deckawoo Drive〉 시리즈로 이어져요. 머시는 거의 얼굴만 비치는 수준이고, 대부분 어른들 에피소드라서 재미없다는 평도 많아요. 실생활에서 접하기 힘든 생소한 표현이 많이 나오는 것도 단점이에요.

〈Rotten Ralph〉는 엄청난 말썽꾸러기 고양이 랠프가 주인공인 시리즈예요. 이름 앞에 '로튼(Rotten)'이라는 표현이 붙을 정도로 악동 고양이의 장난에 아이들은 대리 만족을 느끼고, 마치 엄마처럼 무한한 사랑을 베푸는 소녀 사라를 보면서 안정감을 느껴요. 대부분 집에서 일어나는 일상 이야기이고, 종종 사라의 학교생활도 나와요. 그림책 시리즈가 나온 후 초기 챕터북 시리즈가 나왔어요. 다른 초기 챕터북 시리즈와 비교해 단어 수가 적은 편이지만, 반복이 적고 낯선 표현이 많아 만만하진 않아요. 캐릭터와 그림은 마음에 드는데 초기 챕터북 시리즈가 어렵게 느껴진다면 먼저 그림책을 읽은 후에 읽기를 권해요.

〈Bad Kitty〉는 까칠한 고양이가 주인공인 시리즈입니다. 표지만 봐도 고양이의 표정과 자세가 우스꽝스러워 관심이 가요. 고양이의 특성을 잘 그려내 고양이를 키우는 아이나 키우고 싶어 하는 아이라면 더 재미있게 읽을 수 있어요. 다음 권으로 넘어갈수록 단어 수가 많아져 4권까지는 초기 챕터북 수준이고, 5권부터는 챕터북 수준이에요. 아이가 자연스럽게 글밥 많은 챕터북을 읽을 수 있도록 도와줘요. 그림이 많아서 두께에 비해 한결 쉽게 느껴지고 페이지가 잘 넘어갑니다.

초기 챕터북 선택 가이드
② 성별에 따라 고르기

남자아이와 여자아이가 좋아하는 책이 달라요. 아이 성별에 따라 호불호가 갈리는 책이 있어요. 성별과 무관하게 잘 읽을 수 있는 책도 있고요. 물론 남자아이들이 좋아하는 책을 더 선호하는 여자아이도 있고, 여자아이들이 좋아하는 책을 선호하는 남자아이도 있어요. 아이의 성별과 함께 아이의 성향도 세심히 파악하면 좋아요.

남녀 공통으로 좋아하는 책

Judy Blume
AR 2.5

Judy Blume
AR 3.1

Mercy Watson
AR 2.6~3.2

Catwings
AR 3.7~4.3

남자아이가 좋아하는 책

Boris
AR 2.0~2.4

Nate the Great
AR 2.0~3.1

Press Start
AR 2.3~2.9

Black Lagoon
AR 2.4~3.8

Kung Pow Chicken
AR 2.9~3.2

Mighty Robot
AR 2.9~4.1

Commander Toad
AR 3.1~3.8

Bad Kitty
AR 2.8~4.5

여자아이가 좋아하는 책

Binky and Gollie
AR 2.2~2.7

Missy's
AR 2.2~3.0

Judy Moody and Friends
AR 2.5~3.3

Owl Diaries
AR 2.7~3.2

Houndsley and Catina
AR 2.8~3.3

Unicorn Diaries
AR 2.9~3.1

Rotten Ralph
AR 3.0~3.2

Princess in Black
AR 3.0~3.5

초기 챕터북 선택 가이드
③ 리딩 레벨로 고르기

지금까지 소개한 초기 챕터북을 리딩 레벨순으로 정리했어요. 하지만 이 순서대로 읽는 것을 권하기 위해 정리한 표가 아니에요. 아이의 취향에 맞는 책을 고른 뒤, 그 책이 아이의 리딩 실력에 적당한 책인지 비교할 때 활용하세요.

아이들의 영어책 읽는 시간과 양이 쌓이면서 리딩 레벨이나 권당 단어 수에 덜 예민해지는 아이들이 많아요. 그렇다면 리딩 레벨이나 분량에 신경을 덜 쓰고, 아이가 재미있게 읽을 수 있는 장르의 책을 고르게 놔두면 돼요. 하지만 아직 모르는 단어가 나오거나 두꺼운 책을 부담스러워한다면 리딩 레벨과 권당 단어 수도 신경 써 주세요. 초기 챕터북을 읽는 시기는 챕터북으로 넘어가는 징검다리예요. 아직 2,000∼4,000단어 분량의 책은 부담스러워할 수 있어요.

리딩 레벨(AR)에 따른 초기 챕터북

도서명	리딩 레벨 (AR)	지면 수 (쪽)	권당 단어 수 (개)	권수	분야(내용)
Boris	2.0~2.4	80	704~775	4	일상(동물)
Nate the Great	2.0~3.1	64~80	1,524~2,588 (4,626)*	29	추리
Binky and Gollie	2.2~2.7	88~96	711~935	3	일상(우정)
Missy's	2.2~3.0	80	1,413~1,803	4	일상(학교)
Press Start	2.3~2.9	80	1,970~2,337	9~	판타지(게임)
Black Lagoon	2.4~3.8	64	1,248~2,935	28	일상(학교)
Judy Blume	2.5~3.1	48~64	1,482~3,318	2	일상(학교)
Judy Moody and Friends	2.5~3.3	64	2,034~2,739	13~	일상(가정, 학교)
Mercy Watson	2.6~2.8 (3.2)*	80~96	1,842~2,234	6	일상(동물)
Owl Diaries	2.7~3.2	72~74	2,289~2,973	14~	일상(동물)
Houndsley and Catina	2.8~3.3	36~42	1,068~1,256	6~	일상(동물, 우정)
Unicorn Diaries	2.9~3.1	72	2,466~2,704	5~	판타지(동물)
Kung Pow Chicken	2.9~3.2	80	2,362~2,676	5~	판타지(동물, 히어로)
Mighty Robot	2.9~4.1	111~143	1,109~2,331	9	판타지(로봇, 히어로)
Bad Kitty	2.8~4.5	125~160	2,986~6,606	14~	일상(동물)
Rotten Ralph	3.0~3.2	46~48	1,012~1,105	5	일상(동물)
Commander Toad	3.1~3.8	64	1,409~1,863	7	모험 판타지(동물)
Catwings	3.7~4.3	42~56	2,906~4,975	4	판타지(동물)

※책이 앞으로 계속 나올 경우 권수 뒤에 '~'로 표시했습니다.
※시리즈 안에서 평균 리딩 레벨과 단어 수 밖에 있는 책은 (리딩 레벨)* 또는 (단어 수)*로 표시했습니다.

235

챕터북

챕터북의 특성

챕터북도 읽기 연습을 위한 책이에요. 차이점이라면 리더스북에 비해 여백이 줄고, 글이 많아지고, 글자 크기가 작아졌다는 점입니다. 주로 1~3학년이 읽어요. 1학년 때 리더스북을 읽다가 초기 챕터북으로 넘어가고, 2학년 때 초기 챕터북을 읽다가 챕터북으로 넘어갑니다. 3학년 때는 좀 더 두껍고 어려운 챕터북을 읽어요. 1학년 때 읽는 초기 챕터북은 70쪽 이내, 권당 단어 수는 4,000개 이하입니다. 2학년 때 읽는 챕터북은 70~100쪽에 권당 단어 수가 4,000~7,000개입니다. 지면 수는 비슷한데 단어 수가 늘었다는 것은 그만큼 글자가 작아지고 그림이 줄었다는 것을 의미합니다.

3학년 때 읽는 챕터북은 120~160쪽 전후로 두께가 다양해요. 삽화의 양도 책마다 편차가 커요. 전체적으로 리딩 레벨이 높아지고 내용도 어려워져요. 삽화 비중이 적고 글이 거의 대부분인 책은 챕터북이 아닌 소설책 서가에 꽂혀 있는 경우도 많아요. 리딩 레벨이 비슷한데도 어떤 책은 챕터북으로, 어떤 책은 소설책으로 분류해요. 3학년 수준의 챕터 북은 삽화의 도움이 줄어 글로만 스토리를 이해해야 해요.

주요 챕터북

미국 저학년 교실에는 챕터북이 많이 구비되어 있어요. 교실마다 꽂혀 있는 챕터북이 다르지만 공통으로 있는 책이 있어요. 대표적인 것이 〈매직트리하우스〉와 〈주니비존스〉 시리즈예요. 그 외에 아이들이 사랑하는 챕터북으로는 〈제로니모 스틸턴〉과 〈캡틴 언더팬츠〉 시리즈가 있어요.

● Magic Tree House ● Junie B. Jones ● Geronimo Stilton ● Captain Underpants

그래픽 노블과 삽화가 많은 〈윔피키드〉 스타일의 책도 많아요. 챕터 북을 조금 보다가 〈도그맨〉, 〈나무집 이야기〉, 〈윔피키드〉 시리즈로 바로 넘어가기도 해요.

●Dog Man ●Treehouse Books ●Diary of a Wimpy Kid

챕터북 하면 〈매직트리하우스〉를 떠올리는 이유

2학년 전후 영어 수업 시간의 목표는 읽기 실력 향상이에요. 읽기 연습의 관건은 많이 읽는 것이죠. 이럴 때 〈매직트리하우스〉는 읽기에 능숙하지 않은 아이들의 다독을 실현해주는 책이에요. 많은 챕터북 시리즈가 있지만 그중 유독 〈매직트리하우스〉 시리즈를 교과서처럼 사용하는 이유가 있어요.

●**읽기 연습에 필요한 요소가 골고루** 우선 문장이 쉽고 모범적이에요. 아이에게 좋지 않은 단어나 표현이 나올까 걱정할 필요가 없어요. 스토리 전개가 빠르고, 모험이라는 장르의 특성상 긴장감과 흥미도도 높아요. 각 권 마지막 장은 절묘한 드라마 엔딩처럼 다음 책에 대한 궁금증을 남기며 끝나서 계속 읽게 하는 힘이 있어요.

주인공과 구성이 반복되어 주요 단어를 확실히 알고 넘어가게 되고, 책마다 배경이 달라 새로운 단어를 접할 수 있어요. 뒤로 갈수록 권당 단어 수가 많아지고 단어도 어려워지기 때문에 점진적 학습 효과도 기대할 수 있어요. 무려 60권이 넘게 나와 다 읽으면 엄청난 양의 텍스트를 읽게 돼요.

● **다양한 정보로 학습 효과** 역사, 지리, 과학, 음악 같은 논픽션 분야를 배경으로 스토리가 전개되어 지식 습득도 가능해요. 시간 여행을 하는 플롯 때문에 여러 시대와 장소, 인물을 만날 수 있어요.

1992년 이 시리즈가 처음 나올 당시의 챕터북은 〈Frog and Toad〉, 〈Amelia Bedelia〉, 〈Nate the Great〉, 〈Horrible Harry〉, 〈Cam Jansen〉, 〈Boxcar Children〉, 〈Encyclopedia Brown〉 등 동화나 탐정물, 일상물이 많았어요. 그럴 때 나온 어드벤처 판타지 장르인 〈매직트리하우스〉는 단연 인기가 많았지요. 여러 교과로 연계할 수 있어 교사들도 좋아했어요. 나온 지 30년이 넘었지만 관심과 사랑은 여전해요.

● **아이 수준과 취향 파악에 유용** 아이의 리딩 레벨이나 분량에 대한 현재 상태와 다른 장르나 주제에 대한 반응을 파악하는 데 유용한 책이에요. 〈매직트리하우스〉는 원어민 아이라면 거의 다 읽는 책이니 한국에 있는 아이도 상식 차원에서 읽어두면 좋아요. 적어도 1~4권은 꼭 읽기를 권해요.

아이가 〈매직트리하우스〉를 싫어한다면

아무리 좋은 책이라도 아이가 싫어하면 어쩔 수 없어요. 아이가 싫어하는 이유를 파악한 후 대응하세요.

● **이해가 잘 안되기 때문** 어려워서 재미가 없을 때 어렵다고 말하는 아이도 있지만, 대부분은 그냥 재미없다고만 말해요. 〈매직트리하우스〉는 2학년 수준의 책이에요. 영어책 읽기를 일찍 시작해 리딩 레벨이 해당

연령보다 높은 아이 중에는 아직 정신 연령이 2학년 수준이 안 돼 버거울 수 있어요. 이런 경우라면 초기 챕터북을 좀 더 읽는 게 좋아요. 1학년 학교생활을 한 뒤에 읽으면 재밌게 읽을 수 있어요.

●**이전과 달라진 책 느낌 때문** 알록달록한 책만 보다가 갑자기 종이 질이 얇고 안 좋아 보이는 챕터북을 접하면, 그 자체로 싫다는 아이가 의외로 많아요. 이런 경우라면 최근에 나온 챕터북 중 종이 질이 좋고 표지 그림과 삽화가 매력적인 책을 아이와 함께 골라 읽게 하세요.

●**지루하기 때문** 시간 여행을 간 곳의 시대 변화와 인물 변화, 사건 변화로 책 속에서 다양한 변주가 이루어지지만, 전체 스토리는 반복 패턴이에요. 이런 반복과 변주를 좋아하는 아이도 있지만, 지루하다고 느끼는 아이도 있어요. 아이의 독서 연령이 높을 때 자주 그래요. 이런 이유라면 그만 읽게 하는 게 옳아요. 다른 책으로 넘어가거나 〈매직트리하우스〉 2부인 〈멀린 미션〉 시리즈를 권해보세요.

●**쏟아지는 정보가 부담스럽기 때문** 〈매직트리하우스〉는 픽션과 논픽션의 장점을 두루 갖춘 책이에요. 판타지이면서 역사, 과학 분야의 지식 정보도 잘 버무렸어요. 책을 읽을 때마다 쏟아지는 정보를 재미있어하는 아이도 있고 부담스러워하는 아이도 있어요. 아이는 모르는 어휘가 나오면 책 읽기가 더 어렵게 느껴지기도 해요. 이런 경우 지식책은 한글책으로 읽게 하고, 영어책은 아이가 재미있게 읽을 수 있는 책을 읽게 하세요. 아이가 좋아하는 분야나 코믹 요소가 많은 책이 좋아요. 남자아이라면 〈My Weird School〉, 〈Wayside School〉, 〈Dog man〉, 〈Geronimo Stilton〉 시리즈를, 여자아이라면 〈Junie B. Jones〉, 〈Katie Kazoo〉, 〈Rainbow Magic〉, 〈Thea Stilton〉 시리즈를 추천해요. 아이가 어렵지 않게 생각하는 리딩 레벨 수준에서 책을 선택하세요.

챕터북 선택 가이드
① 장르별로 고르기

챕터북의 장르는 어른 책과 비슷해요. 일상을 그린 잔잔한 책, 일상을 그리면서 코믹한 책, 일상에 판타지 요소를 가미한 책, 본격 판타지, 판타지에 모험을 가미한 책, 미스터리 추리물, 무서운 공포물 등이 있어요. 골고루 잘 읽는 것도 좋지만, 읽기 연습 단계인 만큼 많이 읽는 게 중요해요. 즐겁게 읽을 수 있는 책을 권해주세요.

챕터북을 장르별로 분류했어요. 일상에 관한 책이 많아서 따로 구분했어요. 주인공의 성별에 따라 다루는 내용도 달라 이 또한 구분했어요. 판타지는 모험, SF 등 다른 장르와 결합한 책도 많아요.

일상

구분	남녀 공통	여자아이	남자아이
초기 챕터북	Judy Blume Bad Kitty	Bink & Gollie Missy's Judy Moody and Friends Owl Diaries Houndsley and Catina Rotten Ralph	Boris Black Lagoon
챕터북	Arthur Wayside School My Weird School	Junie B. Jones Katie Kazoo Judy Moody Ivy & Bean Nancy Clancy Amelia Bedelia Clementine Amber Brown Gooney Bird	Monkey Me Marvin Redpost Horrible Harry Ready, Freddy! Stink Horrid Henry George Brown

※같은 장르 안에서 뒤로 갈수록 리딩 레벨이 높아집니다. 분량이 많거나 내용이 어려운 책은 뒤에 배치했습니다.

추리 · 모험 · 판타지

구분	추리(미스터리)	모험(+판타지)	판타지/SF
초기 챕터북	Nate the Great Olivia Sharp	Mercy Watson Princess in Black Catwings	Press Start Unicorn Diaries Kung Pow Chicken Mighty Robot Commander Toad
챕터북	Jigsaw Jones Mysteries Calendar Mysteries Nancy Drew and the- Clue Crew Cam Jansen Hilde Cracks the Case The Zack Files A to Z Mysteries Capital Mysteries Boxcar Children Encyclopedia Brown	Magic Tree House Flat Stanley Isadora Moon Captain Awesome Kitty Rescue Princess Geronimo Stilton Thea Stilton Captain Underpants Goosebumps	Little Goddess Girls Dragon Masters Secrets of Droon Notebook of Doom Rainbow Magic Eerie Elementary Andrew Lost Alien Next Door Tiara Club The Never Girls Heroes in Training Franny K. Stein

※같은 장르 안에서 뒤로 갈수록 리딩 레벨이 높아집니다. 분량이 많거나 내용이 어려운 책은 뒤에 배치했습니다.

일상

코믹한 학교생활

● **My Weird School** (Dan Gutman) AR 3.5~4.4, 권당 단어 수 6,420~8,034개, 86~116쪽, 21권+~ ● **Wayside School** (Louis Sachar) AR 3.3~3.9, 권당 단어 수 20,395~28,627개, 124~182쪽, 4권

〈My Weird School〉은 학교도 싫고 공부도 싫은 2학년 남자아이가 주인공입니다. 괴짜 선생님들이 가득한 학교에 다니는데, 아이들은 정말로 이런 학교가 있으면 좋겠다며 열광해요. 부모 입장에서도 선생님들의 연기력이 뛰어나 만족스러워요. 남자아이가 주인공이지만, 유머러스한 책을 좋아하는 여자아이도 좋아합니다. 한글판이 〈괴짜 초딩스쿨〉로 8권까지 나왔어요. 아이가 한글판 책을 좋아한다면 나머지는 원서로 읽어보자고 해보세요. 오리지널 시리즈 21권 외에도 〈My Weird School Daze〉, 〈My Weirder School〉, 〈My Weirdest School〉, 〈My Weirder-est School〉로 속편이 계속 나오고 있어요. 책 제목이 〈Miss Daisy is Crazy!〉, 〈Ms. Todd is Odd!〉처럼 선생님 이름과 라임이 잘 맞는 형용사로 되어 있어 내용을 짐작할 수 있어요.

〈Wayside School〉은 잘못된 공사로 한 층에 한 반만 있는 30층짜리 학교가 배경이에요. 외관만 이상한 게 아니라 선생님과 아이들도 유별납니다. 권당 단어 수가 20,000개 이상으로 엄청난 분량인데, 낄낄거

리며 읽다가 다음 책을 찾게 되는 시리즈예요. 각 권 30개 챕터이고, 챕터마다 개별 스토리라 읽고 싶은 만큼 나누어 읽을 수 있어요. 총 4권이에요. 4권은 3권 이후 무려 25년 만에 나왔어요. 애니메이션이 있는데 유튜브 'Keep It Weird' 채널에 영상이 83개 올라와 있어요. 작가는 〈Marvin Redpost〉와 뉴베리 수상작 〈Holes〉도 썼어요. 〈Wayside School〉 시리즈가 더 없어 아이가 아쉬워한다면 같은 작가가 쓴 3~4학년 수준의 다른 책들을 권해요.

코믹한 장난꾸러기의 대결

● **Horrible Harry** (Suzy Kline) AR 2.8~3.9, 권당 단어 수 3,228~6,363개, 60쪽 전후, 37권
● **Horrid Henry** (Francesca Simon) AR 3.1~3.9, 권당 단어 수 5,135~8,032개, 112쪽 전후, 24권+
● **Junie B. Jones** (Barbara Park) AR 2.6~3.1, 권당 단어 수 5,434~12,573개, 66~144쪽, 28권

〈Horrible Harry〉는 장난꾸러기 남자아이 해리의 2~3학년 학교생활을 그려요. 초등 교사였던 작가가 쓴 책이어서 그런지 실제 미국 초등학교를 들여다보는 것 같아요. 게다가 해리가 좋아하는 여자아이는 한국아이라서 더 친근하게 읽을 수 있어요. 〈Horrible Harry〉에 악동의 사악함을 살짝 더하면 〈Horrid Henry〉가 돼요. 말썽꾸러기나 장난꾸러기라는 단어가 헨리에게는 너무 약해요. 장난이 상상 초월이에요. 작가가 영국인이라서 그런지 로알드 달의 사악한 유머가 생각나요. 헨리에 비하면 해리는 미국 시골 동네의 순진한 장난꾸러기로 느껴질 정도예요.

〈Junie B. Jones〉는 대표적인 코믹 챕터북이에요. 엉뚱 발랄한 여자아이 주니비가 주인공입니다. 주인공이 1~17권에서 킨더이고 18권부터는 1학년이에요. 미국 초등학교 교실에서 일어나는 일을 재미있게 그렸어요. 아이 취향에 맞다면 깔깔거리며 볼 수 있는 책이지만, 연령에 따라 유치하다고 느끼는 아이도 있어요. 가끔 주인공이 문법적으로 틀린 말을 하기도 해요. 원어민에게는 그냥 재미있는 수준이지만, 한국 엄마 중에는 아이가 잘못된 말을 배울까 봐 꺼리기도 해요.

코믹한 일상에 판타지 한 스푼

- ●**Monkey Me** (Timothy Roland) AR 2.2~2.5, 권당 단어 수 4,092~4,423개, 96쪽, 4권
- ●**George Brown, Class Clown** (Nancy Krulik) AR 3.2~3.9, 권당 단어 수 8,486~11,640개, 128쪽 전후, 19권+2권(스페셜) ●**Katie Kazoo, Switcheroo** (Nancy Krulik) AR 2.9~3.7, 권당 단어 수 7,009~9,126개, 75~80쪽 전후, 35권+8권(스페셜)

〈Monkey Me〉는 쌍둥이 남매가 주인공으로 남자아이는 에너지가 넘치고 여자아이는 머리가 좋아요. 박물관에 갔다가 우연히 특별한 힘을 가진 바나나를 먹게 된 남자아이가 신이 나면 원숭이로 변해 벌어지는 사건을 그린 시리즈예요. 에너지 넘치는 남자아이들은 바나나를 안 먹어도 원숭이처럼 통제 불능일 때가 많은데, 거기에 한술 더 뜨는 일이 일어나요. 문장이 쉬운 편이라 술술 읽히고 그림도 만화 스타일이라 재밌다고 느껴요. 아이가 이 책을 좋아한다면 남자아이라면 〈George Brown, Class Clown〉 시리즈를, 여자아이라면 〈Katie Kazoo〉 시리

즈를 더 권해요.

〈George Brown, Class Clown〉은 장난꾸러기 조지가 별똥별을 보며 소원을 빕니다. 친구들을 웃기고 싶은데 야단맞을 일은 생기지 않게 해달라고요. 그런데 별똥별이 빨리 떨어지는 바람에 소원의 앞부분만 이뤄져요. 갑자기 엄청난 트림이 나오면서 황당무계한 상황이 벌어져요. 4학년 남자아이가 주인공이고 미국 초등학교에서 벌어지는 여러 행사가 나옵니다. 코믹하고 엽기적인 것을 좋아하는 아이들이 재밌어해요. 아이가 더러운 것을 재밌어한다면 〈Dirty Birtie〉도 추천해요.

〈Katie Kazoo, Switcheroo〉는 학교에서 장난꾸러기에게 괴롭힘을 당하던 케이티가 별똥별을 보며 다른 게 되고 싶다는 소원을 빌어요. 그 소원이 이루어져 신비한 바람이 불면 다른 사람이나 동물로 변신해요. 문제는 변화를 스스로 통제할 수 없다는 것이에요. 케이티의 변신으로 많은 일이 일어납니다. 학교와 집을 배경으로 한 3~4학년 여자아이의 일상 이야기예요.

까칠한 고양이 일상

● **Bad Kitty** (Nick Bruel) AR 2.8~4.5, 권당 단어 수 2,986~6,606개, 125~160쪽, 14권~

까칠한 고양이의 일상을 그린 시리즈입니다. 고양이의 특성을 섬세하게 잘 그려 집에서 고양이를 키우는 아이나 키우고 싶어 하는 아이 모두 재미있게 읽을 수 있어요. 그림이 굉장히 많아서 쉽게 느껴지고 페이지가 술술 넘어가요. 4권까지는 초기 챕터북 수준이에요. 초기 챕터북으로 시작해 점점 단어 수가 많아지고 어려워져 아이들이 자연스럽게 글밥 많은 챕터북으로 넘어갈 수 있게 돼요.

평범한 남자아이의 일상

● **Ready, Freddy** (Abby Klein) AR 2.9~3.4, 권당 단어 수 5,719~8,485개, 96쪽, 27권
● **Marvin Redpost** (Louis Sachar) AR 2.7~3.6, 권당 단어 수 4,645~8,107개, 67~96쪽, 8권

〈Ready, Freddy〉는 1학년 남자아이의 일상을 그린 시리즈입니다. 주인공 프레디는 상어를 좋아해서 상어 이빨을 모으고 상어가 그려진 옷을 입는 평범한 아이예요. 하지만 내성적이고 소심해서 덩치 큰 아이에게 괴롭힘을 자주 당해요. 1학년 학교생활을 간접 체험할 수 있고, 주인공을 응원하게 되는 책이에요. 프레디의 2학년 학교생활을 그린 〈Ready Freddy Second Grade〉도 8권까지 나왔어요.

〈Marvin Redpost〉는 '엉뚱하게 생각하기'가 특기인 3학년 남자아이 마빈이 주인공입니다. '혹시 내가 태어났을 때 유괴를 당한 것은 아닐까', '내 진짜 부모가 왕족이면 어떡하지'와 같은 생각을 끊임없이 해요. 학교에서 친구들과의 문제나 이성 교제 등 지극히 평범한 일상을 현실적인데 아주 색다르게 풀어내요.

- ●Stink (Megan McDonald) AR 3.0~3.7, 권당 단어 수 5,502~10,180개, 102~158쪽, 11권+
- ●Arthur Chapter Book (Marc Brown) AR 2.9~3.8, 권당 단어 수 4,727~5,268개, 60쪽 전후, 39권+

〈스팅크〉 시리즈는 〈주디 무디〉에 나오는 2학년 남동생 스팅크가 주 인공입니다. 과학을 좋아하고 백과사전 읽는 게 취미라서 과학 용어가 많이 나와요. 글자가 크고 중간중간 만화 컷도 있어 아이들이 만만하게 느끼는 편인데, 생소한 용어와 많은 분량 때문에 버거워할 수도 있어요.

〈아서〉는 그림책 〈Arthur Starter〉와 〈Arthur Adventures〉로 이 미 접한 경우가 많아 자연스럽게 챕터북까지 읽는 아이가 많아요. 주로 아서의 2~3학년 생활을 그립니다. 애니메이션으로도 나와 있으니 함 께 보면 더 좋아요. 아서보다 세 살 어린 여동생 D. W.도 매력적인 캐 릭터인 만큼 여자아이들도 좋아해요.

평범한 여자아이의 일상

- ●Judy Moody (Megan McDonald) AR 3.0~3.8, 권당 단어 수 9,214~15,920개, 126~188쪽, 15권+ ●Ivy+Bean (Annie Barrows) AR 3.1~3.9, 권당 단어 수 7,828~9,807개, 120~136쪽, 11권~

〈주디 무디〉 시리즈는 가정과 학교를 배경으로 한 일상 이야기예요. 주인공이 3학년인데 약간 시니컬한 성격이라 5학년쯤 돼 보이기도 해요. 〈주니비존스〉 시리즈가 주인공이 어려서 싫다는 아이에게 권해요. 리딩 레벨은 AR 3점대이지만 분량이 많은 편이라 호흡이 길게 느껴져요. 이런 이유로, 2학년 챕터북 수준이지만 3학년 이후 아이들이 더 좋아해요. 리딩 레벨이 더 낮고 글밥이 적은 초기 챕터북으로는 〈Judy Moody and Friends〉가 있어요.

〈Ivy+Bean〉은 아이비(Ivy)와 빈(Bean)이라는 여자아이들의 우정을 그린 책이에요. 서로 다른 아이들이 친구가 되는 과정과 이후의 이야기를 절절하게 풀어냈어요. 아이들의 우정을 현실적으로 그린 책을 찾을 때 가장 많이 보는 책이에요. 2010~2013년 10권까지 나온 후 2020년 11권이 나왔어요.

● **Clementine** (Sara Pennypacker) AR 3.9~4.6, 권당 단어 수 12,659~17,325개, 160~208쪽, 7권 ● **Nancy Clancy** (Jane O'Connor, Robin Preiss Glasser) AR 3.2~4.3, 권당 단어 수 7,698~10,472개, 144~160쪽, 8권

〈Clementine〉은 귤을 뜻하는 '클레멘타인'이 이름인 3학년 여자아이가 주인공이에요. 남동생을 채소 이름으로 바꿔 부르는 게 취미예요. 클라멘타인은 기발한 생각이 샘솟아 수업 시간에도 딴생각을 많이 해요. 이 때문에 야단도 많이 맞지만 재미있는 사건·사고가 끊이지 않아요. 엄마, 아빠의 양육 태도가 좋아 행복하게 잘 자라는 아이예요. 칼데콧 수상 작

가인 말라 프레지(Marla Frazee)의 삽화가 책을 더 매력적으로 만들어요.

〈Nancy Clancy〉는 〈팬시 낸시〉 챕터북 버전입니다. 〈팬시 낸시〉 그림책과 리더스북을 재밌게 읽은 아이에게 권해요. 1권은 주인공 여자 아이가 유명한 미스터리 소설의 주인공인 낸시 드루(Nancy Drew)가 되고 싶어 하는 이야기이고, 마지막 8권에선 뉴스 리포터가 되고 싶어 해요. 되고 싶은 것도 많고 하고 싶은 것도 많고, 호기심과 에너지가 넘치는 사랑스러운 아이의 이야기입니다.

● **Amber Brown** (Paula Danziger) AR 3.4~4.1, 권당 단어 수 7,873~23,299개, 80~160쪽, 12권
● **Gooney Bird Greene** (Lois Lowry) AR 3.7~4.1, 권당 단어 수 11,973~17,640개, 96~160쪽, 6권

〈Amber Brown〉은 주인공 앰버 브라운의 4학년 생활입니다. 부모의 이혼과 친한 친구와 이별로 경험하게 되는 일들이 이야기를 이끕니다. 주인공의 심리적·정서적 상황을 다루되 무겁고 부담스럽지 않도록 재미있는 장면도 많아요. 학교와 가정 생활을 중심으로 한 일상 이야기지만, 비슷한 수준의 다른 챕터북과 비교하면 꽤 현실적이고 진지합니다. 3학년 이상 아이에게 권하고, 그림이 마음에 든다면 같은 작가가 그린 [펭귄 영 리더스 레벨 3]의 리더스북도 권해요. 리더스북에 나온 앰버는 1~2학년생이고 부모의 이혼 전 이야기입니다. 리더스북을 먼저 읽고 아이가 좀 크면 챕터북을 읽어도 됩니다. 리더스북의 리딩 레벨은 AR 2.6~3.0, 권당 단어 수는 1,488~2,007개, 48쪽입니다.

〈Gooney Bird Greene〉에서는 새 학년이 시작된 지 한 달 뒤에 전학 온 아이가 일주일 만에 스토리텔링으로 반 친구들을 사로잡습니다. 주인공 구니 버드는 2학년 여자아이예요. 수업 시간에 배우는 내용을 주로 그려 마치 미국 초등학교 수업을 참관하는 느낌이에요. 2학년 아이가 주인공인 다른 책보다 분량이 많고 호흡도 긴 편이에요. 〈The Giver〉와 〈Number the Starts〉로 뉴베리 메달을 두 번이나 받은 로이스 로리 책답게 어휘, 문장, 스토리 전개 방식까지 아주 모범적이에요. 자칫 지루할 수 있는 내용인데 구니 버드가 말괄량이 삐삐처럼 독특한 캐릭터라 재미있어요.

추리 · 미스터리

다음은 〈Nate the Great〉나 〈Young Cam Jansen〉 시리즈를 재밌게 읽은 아이들이 추리 챕터북을 찾을 때 추천하는 책이에요.

- **Calendar Mysteries** (Ron Roy) AR 2.9~3.3, 권당 단어 수 6,236~7,261개, 64~77쪽, 13권
- **A to Z Mysteries** (Ron Roy) AR 3.2~4.0, 권당 단어 수 6,566~9,943개, 71~96쪽, 26권+
- **Capital Mysteries** (Ron Roy) AR 3.5~4.1, 권당 단어 수 6,901~10,677개, 80~96쪽, 14권

미스터리 챕터북 작가로 가장 유명한 사람은 론 로이예요. 〈A to Z Mysteries〉가 가장 유명해서 〈Nate the Great〉 다음으로 많이 읽어요. 하지만 〈Nate the Great〉와 〈A to Z Mysteries〉는 제법 수

준 차이가 나서 바로 넘어가면 어려워하는 아이가 많아요. 그럴 때 좋은 대안이 〈Calendar Mysteries〉예요. 〈A to Z Mysteries〉의 동생들이 주인공인 시리즈로 1학년 아이들이 풀어야 하는 사건의 수준도 한결 낮아요. 달력처럼 1~12월이 들어가기 때문에 제목이 〈Calendar Mysteries〉예요.

〈A to Z Mysteries〉는 책이 A부터 Z까지 알파벳 순서대로 진행되는 시리즈예요. The Absent Author, The Bald Bandit처럼 단어의 첫 번째 자음을 맞추는 두운법(Alliteration/Head Rhyme)을 사용했어요. 3학년생 주인공들이 미스터리한 사건들을 풀어내요. 시리즈 앞쪽에 등장한 인물이 뒤쪽 다른 책에 다시 등장하기도 하니 순서대로 읽는 게 좋아요.

세 번째 책 〈Capital Mysteries〉는 미국의 수도 워싱턴 D.C.를 배경으로 해요. 워싱턴 D. C.의 주요 건물인 백악관, 링컨 기념관, 스미소니언 박물관, 워싱턴 모뉴멘트 등에서 사건이 일어나요. 주인공 나이는 아이들 책에서 꽤 중요한 요소예요. 론 로이도 시리즈마다 주인공의 나이를 달리하고, 사건을 푸는 수준도 차이를 둬요. 〈Capital Mysteries〉의 주인공은 4학년생이라 〈Calendar Mysteries〉나 〈A to Z Mysteries〉보다 풀어야 할 미스터리가 어려워졌어요. 앵커우먼이 되고 싶은 여자아이가 대통령을 구하고, 엄마가 대통령과 결혼해 백악관에 살게 됩니다. 덕분에 대통령이 등장하는 어린이 정치 미스터리물이라고 할 수 있어요.

●**Jigsaw Jones Mysteries** (James Preller) AR 2.8~3.5, 권당 단어 수 5,335~8,886개, 96~112 쪽, 33권+7권 (스페셜 에디션) ● **The Zack Files** (Dan Greenburg) AR 2.7~3.9, 권당 단어 수 4,932~7,052개, 64쪽, 30권

〈Jigsaw Jones Mysteries〉는 탐정을 꿈꾸는 2학년 남자아이가 주인공이에요. 주인공은 직소 퍼즐 맞추는 게 취미예요. 퍼즐 풀 듯이 단서를 모아 미스터리를 풀기 때문에 책 제목이 〈직소 존스 미스터리〉예요. 여자아이가 친구이자 탐정 파트너로 나와서 여자아이도 읽을 만해요. 하지만 남자아이들이 단연 더 선호하는 책이에요.

〈The Zack Files〉는 SF 성격이 강한 추리물 시리즈예요. 미국 드라마 중 초자연적 현상, 괴물, 유령 등 과학적으로 설명할 수 없는 미해결 사건을 수사하는 〈X-Files〉가 있는데, 〈The Zack Files〉는 〈X-Flies〉의 어린이 버전이에요. 론 로이의 〈Calendar Mysteries〉, 〈A to Z Mysteries〉는 보편적으로 인기가 있는 데 비해 〈잭 파일즈〉는 호불호가 많이 갈려요. 외계인, 유령, 환생, 빙의, 시간 여행, 유체이탈, 독심술, 복제 인간 같은 요소를 재미있어하는 아이도 있고 무서워하는 아이도 있어요. 요즘은 인기가 덜하지만 코드가 맞는 아이들은 여전히 좋아하는 책이에요. 한글판이 〈잭의 미스터리 파일〉로 10권 나와 있으니 한두 권 읽어보고 재미있어하면 나머지는 원서로 읽어도 됩니다.

〈Cam Jansen〉은 포토그래픽 메모리를 가진 여자아이가 주인공이에요. 사진기의 '찰칵' 소리와 함께 보이는 장면을 모두 기억하기 때문에 카메라(Camera)의 'Cam'을 붙여 '캠 잰슨'이라는 별명을 얻었어요. 여자아이가 주인공인 추리물 중 가장 유명하고 인기 있는 책이에요. 좀 더 쉬운 버전으로는 리더스북 〈Young Cam Jansen〉 시리즈가 있어요.

〈낸시 드루〉는 1930년부터 나와 꾸준히 사랑받는 추리 소설 분야의 고전이에요. 많은 콘텐츠에서 '여자아이 탐정'을 지칭하는 단어로 사용되기도 해요. 청소년 소설이기 때문에 더 어린 독자를 위한 챕터북이 나

● **Cam Jansen** (David A. Adler) AR 3.2~3.9, 권당 단어 수 4,271~6,546개, 58~74쪽, 34권+2권(스페셜 에디션) ● **Nancy Drew and the Clue Crew** (Carolyn Keene) AR 3.1~4.6, 권당 단어 수 8,554~13,131개, 96~112쪽, 40권 ● **Hilde Cracks the Case** (Hilde Lysiak) AR 3.2~3.6, 권당 단어 수 6,071~6,591개, 96~112쪽, 6권~

왔어요. 〈Nancy Drew and the Clue Crew〉 시리즈로 이 책에서 낸시 드루는 8세예요. 2007년부터 40권 나왔어요.

〈Hilde Cracks the Case〉는 아홉 살 신문기자인 여자아이가 미스터리를 해결하는 줄거리입니다. 실제 어린이 기자로 활동했던 작가가 자신의 기사를 바탕으로 쓴 책이에요. 2006년생인 작가는 12세인 2017년부터 이 시리즈를 냈어요. 기자라는 직업에 관심 있는 아이에게 권해요.

● **Encyclopedia Brown** (Donald J. Sobol) AR 3.9~5.3, 권당 단어 수 8,436~16,689개, 84~138쪽, 29권 ● **Boxcar Children** (Gertrude Chandler Warner) AR 3.2~4.3, 권당 단어 수 12,000~19,500개 전후, 128~192쪽 전후, 180권+~

〈Encyclopedia Brown〉은 한번 읽은 것은 모조리 기억해 '백과사전 (Encyclopedia)'이라 불리는 남자아이 브라운이 주인공입니다. 1963년부터 나온 오래된 시리즈로 한글판은 〈과학탐정 브라운〉이에요. 론 로이의 미스터리를 좋아한 아이들은 이 책도 좋아해요. 리딩 레벨이 주로

AR 4점대이고 글밥도 많아요. 미스터리 챕터북 중 가장 어려운 편이에요. 주인공 나이가 열 살이고, 내용도 앞에 소개했던 책들에 비해 어려운 4학년 수준이에요.

미스터리 형식의 어려운 챕터북을 찾는다면 〈Boxcar Children〉을 권해요. 〈Boxcar Children〉은 지금까지 출간된 책만 해도 100권이 넘어요. 네 남매가 기차에서 살아 'Boxcar'라는 이름이 붙었어요. 리딩 레벨은 AR 3~4점대인데 분량이 많아서 호흡이 긴 편이에요.

모험·판타지·호러

모험 판타지

● **Magic Tree House** (Mary Pope Osborne)
매직트리하우스 AR 2.6~3.7, 권당 단어 수 4,517~9,126개, 67~144쪽, 35권~
멀린 미션 AR 3.5~4.2, 권당 단어 수 11,122~15,446개, 144쪽 전후, 27권

〈매직트리하우스〉 시리즈는 마술의 힘으로 다양한 시대와 장소로 시간 여행하는 모험 판타지예요. 역사와 과학에 관한 지식 정보가 많이 들어 있고 픽션과 논픽션의 장점을 적절히 잘 버무렸어요. 곧 3학년이 되는 소심한 모범생 오빠와 2학년 명랑 쾌활 사교적인 여동생이 주인공이에요. 연년생이라 서로 친구처럼 사건을 해결해나갑니다. 남자아이, 여자아이 모두 즐길 수 있어요. 1부는 1~28권, 2부는 29~55권으로 나왔어요. 이후 작가가 1부 책을 더 쓰기 시작해서 1부는 〈매직트리

하우스〉로, 2부는 〈멀린 미션〉 시리즈로 나옵니다. 멀린은 아서왕 시대의 마법사예요. 카멜롯으로 가서 아서왕을 만나 마술과 마법 능력이 더 드러나요. 〈매직트리하우스〉는 어드벤처 느낌, 〈멀린 미션〉은 판타지 느낌이 강해요. 시공간 여행을 하는 비슷한 다른 챕터북으로 〈The Time Warp Trio〉가 있어요.

● **Geronimo Stilton** (Elisabetta Dami) AR 3.1~5.1, 권당 단어 수 5,000~10,500개, 128쪽, 77권~
● **Thea Stilton** (Elisabetta Dami) AR 4.0~5.3, 권당 단어 수 11,378~14,507개, 176쪽, 34권~

〈제로니모 스틸턴〉 시리즈는 컬러풀한 챕터북의 원조예요. 생동감 넘치는 그림으로 영화를 보는 듯한 느낌이 듭니다. 글자도 마치 단어가 소리를 지르는 것 같아요. 나오자마자 아이들이 열광해 인기 시리즈가 되었어요. 제로니모는 뉴욕시를 연상케 하는 도시의 유명 신문사 편집장이에요. 기자답게 다양한 사건과 사고를 쫓아다녀요. 판타지 세상을 배경으로 한 모험물로 미스터리 요소도 많아요. 〈인디애나 존스〉와 〈틴틴의 모험〉의 생쥐 버전이에요. AR 3점대, 128쪽 분량으로 2학년 챕터북보다 어려워요. 하지만 매력적인 캐릭터와 흥미진진한 스토리텔링으로 아이들의 관심을 사로잡습니다. AR 3점대로 넘어가는 데 효자 역할을 했다는 후기가 많아요. 〈제로니모 스틸턴〉은 파생 시리즈도 300권이 넘어요. 128쪽 챕터북으로 제로니모가 우주선 선장으로 나오는 〈Spacemice〉, 바이킹으로 나오는 〈Micekings〉, 슈퍼히어로로 나오는 〈Heromice〉, 제로니모의 조상이 원시인으로 나오는 〈Cavemice〉, 미스터리 형식의 〈Geronimo Stilton: Mini Mystery〉와 고전을 그린 〈Geronimo Stilton Classic Tales〉가 있어요.

320쪽 분량의 시간 여행 판타지 〈Geronimo Stilton: The Kingdom of Fantasy〉가 13권까지, 역사 속으로 시간 여행하는 〈Geronimo Stilton: Journey Through Time〉이 8권까지 나왔어요. 〈제로니모 스틸턴〉의 여동생 티아는 제로니모 못지않게 인기 있는 캐릭터예요. 그래서 티아가 주인공인 책이 나오길 기다린 여자아이가 많아요. 〈Thea Stilton〉 시리즈는 티아의 제자 다섯 명이 'Thea Sisters'라는 클럽을 만들어 모험을 펼쳐요. 126쪽 분량인 〈Thea Stilton Mouseford Academy〉는 그들의 학창 시절을 그려요. 320쪽 분량의 〈Thea Stilton Special Edition〉은 판타지에요.

● **Flat Stanley** (Jeff Brown) AR 3.2~5.1, 권당 단어 수 4,247~10,459개, 96~144쪽, 21권
● **Franny K. Stein, Mad Scientist** (Jim Benton) AR 4.1~5.3, 권당 단어 수 3,609~5,991개, 112~128쪽, 9권~

〈Flat Stanley〉는 사고로 몸이 납작해진 스탠리의 모험을 그린 책이에요. 납작한 몸을 활용해 남들이 해결 못 하는 일을 합니다. 〈Flat Stanley〉 시리즈로 6권 나온 후 〈Flat Stanley's Worldwide Adventures〉로 15권이 나왔어요. [I Can Read 레벨 2]에 들어 있는 리더스북도 있습니다.

〈Franny K. Stein, Mad Scientist〉는 한글판 〈엽기 과학자 프래니〉에서 알 수 있듯 과학을 좋아하는 여자아이가 주인공이에요. 과학 관련한 사건·사고가 일어나기 때문에 어렵고 생소한 단어가 많이 나와요. 하지만 그림이 많고 스토리가 흥미로워 AR 3점대 책을 읽는 아이들도 재미있게 잘 읽는 편이에요.

슈퍼히어로 모험 판타지

● The Captain Awesome (Stan Kirby) AR 3.7~4.4, 권당 단어 수 4,150~5,814개, 128~160쪽, 22권~ ● The Captain Underpants (Dav Pilkey) AR 4.3~5.3, 권당 단어 수 4,668~17,957개, 144~304쪽, 12권+

사람들을 위기에서 구하는 영웅, 슈퍼히어로를 꿈꾸는 아이들을 위한 책이에요. 〈Ricky Ricotta's Mighty Robot〉에서는 로봇과 함께 악당을 물리쳤지만, 아이들이 직접 슈퍼히어로가 된 책도 있어요.

〈The Captain Awesome〉은 슈퍼히어로가 되고 싶은 남자아이가 주인공이에요. 어른 눈에는 너무 소소한 사건을 해결하지만, 초등 저학년 눈높이에 맞는 일상 히어로물이에요. 주인공 학교 교실의 애완동물 햄스터가 슈퍼히어로가 되는 〈Super Turbo〉 시리즈도 있어요. 〈The Captain Awesome〉은 〈The Captain Underpants〉의 저학년 버전 같아요. 아이가 이 시리즈를 좋아한다면 〈캡틴 언더팬츠〉도 추천합니다.

〈캡틴 언더팬츠〉의 슈퍼히어로는 아이가 아닌 교장 선생님이에요.

정의감 넘치는 교장 선생님이 아니라, 장난꾸러기 주인공들을 너무 싫어하는 나쁜 선생님이에요. 그런데 주인공들의 최면에 걸려 언더팬츠(속옷)만 입은 슈퍼히어로로 변신해 악당을 물리치는 이야기예요. 삽화가 만화 스타일이고 많아서 리딩 레벨이 높은 편인데도 아이들이 잘 읽어요. 데브 필키는 저학년 아이들이 좋아하는 그래픽 노블 〈도그맨〉 시리즈를 쓴 작가이기도 해요.

판타지

● **Dragon Masters** (Tracey West) AR 3.1~3.9, 권당 단어 수 5,789~6,068개, 96쪽, 18권~
● **The Secrets of Droon** (Tony Abbott) AR 2.9~4.4, 권당 단어 수 7,439~14,513개, 88~148쪽, 36권+8권(스페셜 에디션)

〈Dragon Masters〉는 포켓몬, 레고 닌자고처럼 남자아이들이 좋아하는 캐릭터의 챕터북을 쓴 작가가 드래곤이 나오는 판타지 요소를 섞어서 만든 시리즈예요. 애니메이션 〈드래곤 길들이기〉의 저학년용 버전입니다. 아이들이 각자의 드래곤을 만나고 가까워지면서 드래곤 마스터로 성장하는 모습을 그려요. 드래곤 좋아하는 남자아이들이 푹 빠져서 볼 만한 판타지 모험서예요. 삽화가 많고 여러 드래곤이 나오기 때문에 그림만 봐도 좋아하는 아이가 많아요.

아이들이 특별한 통로로 판타지 세상으로 들어가 모험을 펼치는 책이 많아요. 보통 3학년 이후에 읽는 소설에 이런 스토리가 많은데, 챕터북 중에는 〈The Secrets of Droon〉 시리즈가 가장 짜임새 있어요. 이야기가 계속 이어지기 때문에 순서대로 읽어야 하는데 갈수록 책이 점점 두꺼워져요. 다 읽으면 삽화 없는 소설도 쉽게 넘어갈 수 있게 돼요.

● **Heroes in Training** (Joan Holub) AR 3.6~4.5, 권당 단어 수 10,045~13,340개, 96~144쪽, 17권~
● **The Alien Next Door** (A. I. Newton) AR 3.5~4.2, 권당 단어 수 4,773~5,236개, 112쪽, 8권~

〈Heroes in Training〉은 그리스 신화 속 남자 신들이 소년으로 나오는 판타지 시리즈입니다. 제우스, 포세이돈, 하데스는 이름만 들어도 벌벌 떨리는 무서운 신들이지만, 그들 역시 열 살 무렵의 소년 시절에는 임무를 수행하며 신이 되기 위한 훈련을 받는 모험을 한다는 설정의 챕터북이에요.

〈The Alien Next Door〉는 진짜 외계인이 지구에 와서 사는 내용이에요. 지구인처럼 변신한 가족 중 아들이 주인공이에요. 학교에 다니며 지구 문화에 적응하는데 한 아이가 눈치를 챕니다. 3권에서 둘은 친구가 되고, 외계인이라는 비밀을 지켜주기로 해요. 2018년부터 출간되어 현재 8권까지 나왔어요.

〈Rainbow Magic〉은 요정이 나오는 판타지 시리즈입니다. 동장군인 잭 프로스트와 그의 부하 고블린이 끊임없이 사건을 만들어요. 요정들을 도와 문제를 해결하는 여자아이 두 명이 주인공이에요. 요정들이 일곱 명씩 그룹 지어 30그룹 넘게 나와요. 여러 명의 작가가 하나의 필명

- ●**Rainbow Magic** (Daisy Meadows) AR 3.3~5.4, 권당 단어 수 4,000~5,000개 전후, 80쪽 전후, 270권+~ ●**The Tiara Club** (Vivian French) AR 3.6~4.5, 권당 단어 수 3,000~4,000개 전후, 80쪽 전후, 30권

으로 집필해 책 나오는 속도가 빨라요. 아이가 좋아한다면 저절로 다독이 가능해지는 책입니다. 종종 생소한 단어가 나와 리딩 레벨이 높은 편이지만, 반복되는 플롯에 단어 수가 적어 AR 2~3점대 챕터북을 읽는 시기에도 충분히 읽을 수 있어요.

〈티아라 클럽〉은 공주학교에 들어가 교육받는 공주들이 주인공이에요. 표지부터 공주 좋아하는 아이 취향에 딱 맞아 보여요. 진정한 공주는 겉모습보다 내적 아름다움을 채워야 한다며 꾸준히 성장해가는 이야기예요. 티아라 포인트를 얻어 다음 단계로 올라가는 스토리 전개 방식이 마치 게임 같기도 해요.

〈The Never Girls〉는 팅커벨과 요정들이 사는 'Never Land'를 배경으로 하는 시리즈예요. 네버랜드로 모험을 떠난 네 명의 여자아이가

- ●**The Never Girls** (Kiki Thorpe) AR 3.4~3.9, 권당 단어 수 10,023~11,532개, 128쪽 전후, 13권
- ●**Rescue Princess** (Paula Harrison) AR 4.1~4.7, 권당 단어 수 12,006~13,144개, 128쪽, 12권

주인공이에요. 디즈니에서 펴낸 책입니다.

〈Rescue Princess〉는 평범한 생활을 지루해하는 모험심 강한 공주들이 주인공이에요. 여러 나라의 각기 다른 환경에서 사는 공주들이 어려움에 처한 동물들을 구합니다.

● **Kitty** (Paula Harrison) AR 4.0~4.3, 권당 단어 수 6,000~6,500개 전후, 128쪽, 5권~
● **Isadora Moon** (Harriet Muncaster) AR 3.5~3.9, 권당 단어 수 6,000개 전후, 128쪽, 12권+~

〈Kitty〉는 낮에는 사람, 밤에는 고양이로 변신해 사건을 해결하는 소녀가 주인공입니다. 주인공의 엄마는 고양이 파워를 가진 슈퍼히어로예요. 엄마의 능력을 이어받았지만 어둠이 무서운 소녀는 슈퍼히어로가 되기 위해 성장해야 해요. 진짜 고양이가 친구처럼 동행하며 도둑을 잡거나 도둑맞은 박물관 조각상을 찾아주는 등 문제를 해결해요. 삽화가는 다르지만 앞에 나온 〈Rescue Princess〉 작가의 책이에요. 두 시리즈 중에서는 〈Kitty〉 시리즈가 더 인기 있어요.

〈Isadora Moon〉은 엄마는 요정이고 아빠는 뱀파이어라서 반은 요정, 반은 뱀파이어인 여자아이가 주인공이에요. 책 속에 남과 좀 달라도 괜찮다고, 사람은 모두 다르고 제각각 특별한 존재이니 자신을 있는 그대로 사랑하라는 메시지가 녹아 있어요. 분홍색과 검은색으로만 그린 삽화가 매력적이에요. 애니메이션 〈Vampirina〉 시리즈나 〈Princess in Black〉을 좋아한 아이들이 특히 좋아해요.

호러 · 판타지

● **Black Lagoon Adventures** (Mike Thaler, Jared Lee) AR 2.4~3.8, 권당 단어 수 1,248~2,935개, 64쪽, 28권 ● **The Bailey School Kids Jr.** (Marcia Thornton Jones & Debbie Dadey) AR 2.5~2.9, 권당 단어 수 2,007~2,779개, 64쪽, 9권 ● **The Bailey School Kids** (Debbie Dadey & Marcia Thornton Jones) AR 3.4~4.3, 권당 단어 수 4,764~9,827개, 80~96쪽, 51권+

아이들 책에서 학교는 종종 무서운 곳으로 등장합니다. 무서운 존재를 믿는 아이들이 상상력을 발휘해 과장된 상황이 벌어지곤 합니다. 살짝 으스스하지만 알고 보면 별거 아닌 걸로 끝나는 스토리가 많아요. 초기 챕터북인 〈Black Lagoon〉과 〈The Bailey School Kids Jr.〉, 챕터북인 〈The Bailey School Kids〉가 대표적입니다.

학교를 배경으로 진짜 무서운 존재들이 등장하는 〈The Notebook of Doom〉과 〈Eerie Elementary〉가 있어요. 비교적 최근에 나온 시리즈입니다. 표지에 'DOOM'이라고 적힌 노트를 주인공이 발견하면서

● **The Notebook of Doom** (Troy Cummings) AR 3.2~3.6, 권당 단어 수 5,749~6,672개, 96쪽, 13권+1권(스페셜) ● **The Binder of Doom** (Troy Cummings) AR 3.5~4.0 권당 단어 수 6,029~6,666개, 96쪽, 4권~ ● **The Spiderwick Chronicles** (Holly Black, Tony DiTerlizzi) AR 3.9~4.4, 권당 단어 수 9,347~13,043개, 114~176쪽, 5권

이야기가 시작해요. 노트에는 몬스터에 관한 비밀이 적혀 있어요. 친구들과 함께 몬스터를 물리치는 이야기지만, 무시무시한 몬스터들이 아니라 무서운 걸 안 좋아하는 아이도 읽을 수 있어요. 13권으로 완결되고 후속 시리즈로 〈The Binder of Doom〉이 나오고 있어요.

아이가 이 시리즈를 좋아한다면 다음으로 리딩 레벨 AR 3.9~4.4인 〈The Spiderwick Chronicles〉 시리즈를 추천해요. 한글판 제목은 〈스파이더위크가의 비밀〉로 판타지 영화에 나올 것 같은 몬스터들이 등장해요.

● **Eerie Elementary** (Jack Chabert) AR 3.3~3.6, 권당 단어 수 5,703~6,164개, 96쪽, 10권
● **Goosebumps** (R. L. Stine) AR 2.7~4.1, 권당 단어 수 16,246~24,821개, 144~160쪽 전후, 235권~

〈Eerie Elementary〉는 한글판 〈학교가 살아있다〉의 원서예요. 학교를 배경으로 한 무서운 판타지입니다. 주인공은 학교의 비밀을 알고 위험에 처한 친구들을 구하려고 애쓰는 소년이고요. 〈블랙 라군〉 시리즈는 주인공이 무서울까 봐 걱정했지만, 사실은 안 무서웠다는 결말로 끝이 나요. 반면에 이 시리즈는 진짜 무서운 게 존재하고 그 존재와 싸우는 이야기입니다. 삽화에도 무서운 장면이 많으니 으스스한 것 좋아하는 아이들에게 추천해요.

〈Goosebumps〉는 어린이 공포물 분야 대표 시리즈입니다. 구스범스는 '소름'이라는 뜻이에요. 1992년부터 나오기 시작해 200권이 넘고, 〈해리포터〉 다음으로 많이 팔린 책이에요. 무서운 것 좋아하는 아이들이 벌벌 떨면서 붙잡고 읽는 책입니다. 리딩 레벨은 AR 3점대이고 분량이 많은 편이며, 삽화가 없어 호흡도 긴 편입니다. 책 뒤에 4학년 수준이라고 적혀 있어요. 2~3학년 수준의 챕터북을 충분히 읽은 후 삽화 없는 책으로 넘어가는 시기에 권합니다. 한글판도 40권이나 있으니 한글판으로 몇 권 읽어본 후 원서를 읽어도 좋아요.

챕터북 선택 가이드
② 학년별·성별에 따라 고르기

학년별 챕터북 읽기 요령

보통 챕터북에 나오는 주인공 나이는 그 책을 읽는 독자 나이와 비슷하다고 생각하면 돼요. 챕터북은 주로 2~3학년 아이가 많이 읽기 때문에 주인공도 2~3학년인 경우가 많아요. 종종 주인공이 킨더나 1학년 아이인 경우도 있는데, 이렇게 주인공이 어리면 비슷한 리딩 레벨이라도 내용이 어려져요. 그래서 킨더부터 1학년까지의 일상을 그린 〈주니 비존스〉 시리즈(AR 2.6~3.1)는 3학년 이상 아이에겐 유치해보일 수 있어요. 이럴 때는 리딩 레벨이 조금 높지만 주인공이 3학년 이상인 〈케이티 카주〉(AR 2.9~3.7)나 〈주디 무디〉(AR 3.0~3.8)를 권해요.

반대로 주인공이 3~4학년인 경우 저학년 아이는 재미없다고 할 수 있어요. 아이가 리딩 레벨이 높아 AR 3점대를 읽을 수 있다 해도 저학

년 아이에게 〈주디 무디〉(AR 3.0~3.8)〉나 〈앰버 브라운〉(AR 3.4~4.1)
은 공감하기 힘든 부분이 많아요. 앞에서 책을 소개할 때 주인공의 학년
을 명시한 이유예요.

　1학년 때는 주로 리더스북과 초기 챕터북을 읽어요. 2학년 때는 아이
마다 리딩 레벨의 차이가 꽤 많이 나요. 레벨이 높은 리더스북을 읽는
아이부터 초기 챕터북을 읽는 아이, 챕터북을 읽는 아이 등 다양해요.
또 같은 학년이라도 학기 초와 학기 말의 레벨 차이가 커요. 보통 2학년
1년 동안 AR 1점대로 시작해 2~3점대까지 읽지만, 4~5점대를 읽는
아이도 있어요. 이럴 때는 성급하게 고학년 소설책으로 넘어가기보다
챕터북 중에서 리딩 레벨이 높은 책을 더 많이 읽는 게 좋아요.

　챕터북은 대부분 20~30권 시리즈로 나오기 때문에 챕터북 시리즈
를 읽으면 자연스럽게 다독할 수 있게 돼요. 아이마다 싱향이 달라 반복
을 좋아하는 아이도 있고, 그렇지 않은 아이도 있어요. 반복을 싫어하는
아이는 다양한 책을 읽겠지만, 반복을 좋아하는 아이라면 굳이 이것저
것 찾지 않고 좋아하는 책을 여러 번 반복해서 읽어도 돼요.

　각 시리즈에서 한두 권씩 읽어보고 아이가 좋아하면 그 시리즈 전체
를 읽게 하는 게 가장 효과적인 방법이에요. 인기 있는 책이라도 아이가
좋아하지 않는다면 과감히 건너뛰세요.

　3학년은 챕터북에서 짧은 소설로 넘어가는 시기예요. 2학년 아이가
주로 읽는 챕터북은 70~100쪽 전후이고, 3학년은 100~160쪽인 경
우가 많아요. 쪽수보다 더 큰 변화는 권당 단어 수가 늘어나 읽기 호흡
이 길어진다는 점이에요. 3학년 수준의 챕터북을 읽다 보면 긴 호흡에
익숙해져 저절로 소설로 넘어가는 연습을 하게 돼요. 3학년이 많이 읽
는 소설책은 대부분 챕터북과 소설의 경계에 있어요. 로알드 달이나 주

디 블룸의 책을 챕터북이라고 생각하는 아이도 많아요. 뉴베리 수상작 중 얇고 쉬운 책은 3학년 아이도 읽을 만합니다.

중요한 건 아이가 좋아하는 책 고르기

챕터북을 읽는 시기에는 주인공이 남자인지 여자인지에 민감한 아이가 꽤 많아요. 알록달록한 드레스를 입은 요정이나 공주가 나오는 표지를 보고 읽고 싶어 하는 남자아이는 많지 않아요. 반대로 아기자기하고 사랑스러운 것을 좋아하는 아이에게는 로봇이나 슈퍼히어로 혹은 무서운 괴물이 나오는 책은 매력적이지 않아요. 그러니 엄마 혼자 고르지 말고 아이와 함께 골라야 해요.

"우리 딸은 공주나 요정은 질색해요", "우리 아들은 아기자기하고 사랑스러운 이야기를 좋아해요"에 해당하는 아이도 분명히 있어요. 여자아이라고 분홍색 위주의 책만 찾을 필요는 없어요. 또 남자아이라고 로봇과 슈퍼히어로로만 대령하지 않아도 됩니다. 아이가 좋아하는 것을 고르면 돼요. 간단한데 많은 분이 경험을 한 후에야 알게 되었다고 하죠.

학년별 성별 주요 챕터북

다음은 주인공의 나이와 책 내용, 리딩 레벨을 고려한 학년별·성별 챕터북 리스트입니다. 책의 전반적인 난이도를 보고 적당한 학년으로 분류했어요. 비슷한 리딩 레벨이라도 분량이나 내용의 난이도에 따라 학년을 다르게 구분한 책도 있어요. 대부분 뒤로 갈수록 레벨이 높아지고 분량도 많아져요. 아이들이 캐릭터와 스토리 전개 방식에 익숙해지

므로 한 시리즈 안에서 리딩 레벨의 변화는 크게 신경 쓰지 않아도 돼
요. 어떤 책은 AR 2점대에서 시작해 4점대까지 있기도 합니다. 그렇다
고 해서 그 책이 AR 4점대라고 생각하기는 힘들어요.

연령	남자아이	여자아이
1학년 (초기 챕터북)	Boris (2.0~2.4) Nate the Great (2.0~3.1) Press Start (2.3~2.9) Black Lagoon (2.4~3.8) Kung Pow Chicken (2.9~3.2) Mighty Robot (2.9~4.1) Bad Kitty (2.8~4.5)	Bink & Gollie (2.2~2.7) Missy's (2.2~3.0) Judy Moody and Friends (2.5~3.3) Mercy Watson (2.6~3.2) Owl Diaries (2.7~3.2) Unicorn Diaries (2.9~3.1) Princess in Black (3.0~3.5)
2학년 초반 (챕터북)	Monkey Me (2.2~2.5) Magic Tree House 1부 (2.6~3.7) Marvin Redpost (2.7~3.6) Jigsaw Jones (2.8~3.5) Horrible Harry (2.8~3.9) Calendar Mysteries (2.9~3.3) Ready, Freddy (2.9~3.4) Arthur (2.9~3.8) Stink (3.0~3.7) Horrid Henry (3.1~3.9) Dragon Masters (3.1~3.9) Notebook of Doom (3.2~3.6) Eerie Elementary (3.3~3.6) George Brown (3.2~3.9) My Weird School (3.5~4.4)	Junie B Jones (2.6~3.1) Katie Kazoo (2.9~3.7) Little Goddess Girls (3.1~3.3) Ivy + Bean (3.1~3.9) Nancy Drew and the Clue Crew (3.1~4.6) Hilde Cracks the Case (3.2~3.6) Cam Jansen (3.2~3.9) Nancy Clancy (3.2~4.3) Rainbow Magic (3.3~5.4) Isadora Moon (3.5~3.9) Lotus Lane (3.5~4.2) Tiara Club (3.6~4.5) Amelia Bedelia (3.7~4.7)
2학년 후반 (챕터북)	The Zack Files (2.7~3.9) A to Z Mysteries (3.2~4.0) Flat Stanley (3.2~5.1) Wayside School (3.3~3.9) Capital Mysteries (3.5~4.1) Alien Next Door (3.5~4.2) Magic Tree House 2부 (3.5~4.2) Heroes in Training (3.6~4.5) Captain Awesome (3.7~4.4)	Judy Moody (3.0~3.8) Winnie the Witch (3.0~4.1) The Never Girls (3.4~3.9) Gooney Bird (3.7~4.1) Clementine (3.9~4.6) Kitty (4.0~4.3) Rescue Princess (4.1~4.7)
3학년 (챕터북)	Goosebumps (2.7~4.1) Secrets of Droon (2.9~4.4) Geronimo Stilton (3.1~5.1) Captain Underpants (4.3~5.3) Boxcar Children (3.2~4.3) Encyclopedia Brown (3.9~5.3)	Thea Stilton (4.0~5.3) Amber Brown (3.4~4.1) Franny K. Stein (4.1~5.3)

※각 연령대 안에서 뒤로 갈수록 리딩 레벨이 높아집니다.

챕터북 선택 가이드
③ 리딩 레벨로 고르기

지금까지 소개한 챕터북을 리딩 레벨순으로 정리했습니다. 하지만 이 표에 나온 순서대로 읽는 것은 좋은 방법이 아닙니다. 아이 취향에 맞는 책을 고른 후 그 책이 아이의 읽기 실력에 적당한지 검토해보라는 취지입니다.

시리즈명	리딩 레벨 (AR)	2.0~	2.5~	3.0~	3.5~	4.0~	4.5~	5.0~
Monkey Me	2.2~2.5	←→						
Junie B. Jones	2.6~3.1		←——→					
Magic Tree House 1부	2.6~3.7		←————————→					
Roscoe Riley Rules	2.7~3.2		←—→					
Marvin Redpost	2.7~3.6		←———————→					
Zack Files	2.7~3.9		←——————————→					
Goosebumps	2.7~4.1		←————————————→					
Jigsaw Jones Mysteries	2.8~3.5		←——→					
Horrible Harry	2.8~3.9		←——————————→					
Bad Kitty	2.8~4.5		←———————————————→					

시리즈명	리딩 레벨 (AR)	2.0~	2.5~	3.0~	3.5~	4.0~	4.5~	5.0~
Calendar Mysteries	2.9~3.3		←→					
Ready, Freddy!	2.9~3.4		←→					
Katie Kazoo	2.9~3.7		←——→					
Arthur	2.9~3.8		←——→					
Secrets of Droon	2.9~4.4		←————————→					
Stink	3.0~3.7			←→				
Judy Moody	3.0~3.8			←→				
Little Goddess Girls	3.1~3.3			←→				
Horrid Henry	3.1~3.9			←→				
Dragon Masters	3.1~3.9			←→				
Ivy + Bean	3.1~3.9			←→				
Nancy Drew and the Clue Crew	3.1~4.6			←————————→				
Geronimo Stilton	3.1~5.1			←————————————————→				
Notebook of Doom	3.2~3.6			←→				
Hilde Cracks the Case	3.2~3.6			←→				
Eerie Elementary	3.3~3.6			←→				
Cam Jansen	3.2~3.9			←→				
George Brown	3.2~3.9			←→				
A to Z Mysteries	3.2~4.0			←——→				
Nancy Clancy	3.2~4.3			←————→				
Boxcar Children	3.2~4.3			←————→				
Flat Stanley	3.2~5.1			←————————————→				
Wayside School	3.3~3.9			←→				
Rainbow Magic	3.3~5.4			←——————————————→				
The Never Girls	3.4~3.9			←→				
Amber Brown	3.4~4.1			←——→				
Isadora Moon	3.5~3.9				←→			
Capital Mysteries	3.5~4.1				←→			
Alien Next Door	3.5~4.2				←→			
My Weird School	3.5~4.4				←——→			
Magic Tree House 2부	3.5~4.2				←→			
Tiara Club	3.6~4.5				←——→			
Heroes in Training	3.6~4.5				←——→			
Gooney Bird	3.7~4.1				←→			
Captain Awesome	3.7~4.4				←——→			
Clementine	3.9~4.6					←——→		
Encyclopedia Brown	3.9~5.3					←————————→		
Kitty	4.0~4.3					←→		
Thea Stilton	4.0~5.3					←————————→		
Rescue Princess	4.1~4.7					←——→		
Franny K. Stein	4.1~5.3					←————————→		
Captain Underpants	4.3~5.3					←————————→		

5장

아이표 영어
그래픽 노블 지도

그래픽 노블의 유용성

그래픽 노블과 만화의 차이

그래픽 노블은 우리가 흔히 아는 만화책과 조금 다릅니다. 만화를 미국에서는 '코믹(Comics 또는 Comic Book)' 또는 '카툰(Cartoon)'이라고 불러요. 그래픽 노블은 코믹이나 카툰보다 글이 많습니다.

기존 소설에 삽화를 만화처럼 만들어 그래픽 노블로 나온 책도 있고, 처음부터 그래픽 노블로 나온 책도 있어요. 만화책은 보통 대사 위주인데, 그래픽 노블은 대사가 아닌 지문도 많습니다. 하지만 그림으로 많은 정보를 제공하기 때문에 소설보다는 글이 적어요.

그래픽 노블은 초등 저학년부터 성인용까지 다양해요. 각 연령대에 맞는 그래픽 노블을 골라 읽을 수 있을 만큼 많은 책이 나왔고, 점점 더 쏟아져 나오는 추세입니다. 그래픽 노블 시장이 커지면서 수준도 많이 올라가고 있어요. 우수 청소년 문학에 주는 뉴베리상을 받은 그래픽 노블도 나오기 시작했습니다. 〈El Deafo〉, 〈Roller Girl〉, 〈New Kid〉가 뉴베리상을 받았어요.

● **El Deafo** 2015 뉴베리 아너 ● **Roller Girl** 2016 뉴베리 아너 ● **New Kid** 2020 뉴베리 메달

브라이언 셀즈닉의 〈The Invention of Hugo Cabret〉는 2008년에 칼데콧 아너를 받은 책이에요. 533쪽인데 절반이 삽화라서 실제 글밥은 200쪽 소설책 수준이에요. 작가는 이어서 〈Wonderstruck〉과 〈The Marvels〉를 썼고 이것도 각각 640쪽, 670쪽에 삽화 반, 글 반인 소설책 형식이에요. 세 권 다 아이와 어른 모두 인정하는 멋진 책입니다. 삽화가 많은 책은 〈윔피키드〉나 〈나무집 이야기〉 같은 책만 있다는 편견을 멋지게 깹니다.

(Brian Selznick) ● **The Invention of Hugo Cabret** ● **Wonderstruck** ● **The Marvels**

아이에게 그래픽 노블이 필요한 시기

- 원서 읽기의 시작이 어려운 때
- 챕터북에서 다음 수준으로 넘어가기 힘들어할 때
- 원서 읽기의 흥미를 잃은 때

그래픽 노블을 일부러 찾아 읽을 필요는 없어요. 인간에게는 이미지 도움 없이 책을 읽을 수 있는 능력이 있고, 그 능력을 키우는 게 중요하니까요. 평소 이미지 없이도 영어책을 잘 읽는 아이라면 그래픽 노블은 모르고 지나가도 돼요. 다만 언어 장벽 때문에 소설을 읽기 힘든 아이라면 단기간 활용할 수 있어요. 리딩 레벨 향상에는 큰 도움이 되진 않지만, 다독을 이끌고 영어책에 대한 두려움이나 거부감을 줄여주는 효과가 있어요. 영어 콘텐츠가 재미있다는 경험을 하면 원서 읽기를 대하는 아이의 마음이 한결 가벼워지고 적극적으로 변할 수 있어요. 재미있어서 다독하게 되면 장기적으로 리딩 레벨 향상에 도움이 됩니다.

초등 고학년이나 중학생 때 영어책 읽기를 시작하는 경우 아이의 리딩 실력으로 읽을 수 있는 책은 챕터북 수준인 경우가 많아요. 하지만 챕터북에 나오는 주인공은 초등 1~3학년생인 경우가 많아서 고학년 이상 아이에게는 유치해 보이기도 해요. 이럴 때 챕터북 수준의 리딩 레벨인 그래픽 노블이 유용해요. 초등 고학년이나 중학생을 대상으로 한 그래픽 노블 중 리딩 레벨이 높지 않은 책이 많이 있어요.

그래픽 노블

그래픽 노블을 연령별로 분류했어요. 원어민 아이들이 읽는 연령을 기준으로 나눴어요. 아이가 영어책 읽기를 시작한 시기나 현재 아이의 리딩 실력에 맞는 수준에서 시작하면 돼요.

킨더와 저학년 리더스북 수준의 그래픽 노블

- ●Elephant and Piggie (Mo Willems) AR 0.5~1.4, 권당 단어 수 156~338개, 64쪽, 25권
- ●Fly Guy (Tedd Arnold) AR 1.3~2.1(1권만 2.7), 권당 단어 수 211~431개, 32쪽, 20권~
- ●Benny and Penny (Geoffrey Hayes) AR 1.1~1.6, 권당 단어 수 333~597개, 32~36쪽, 6권
- ●Stinky (Eleanor Davis) AR 1.5, 단어 수 826개, 32쪽

이 책들은 이미 4장 리더스북에서 자세하게 소개했어요. 미국에선 킨더와 저학년 아이들의 리딩 연습을 위한 책이지만, 원서 읽기를 늦게 시작한 아이에게 유용해요. 쉽고 재미있어서 부담 없이 읽을 수 있습니다. 단순한 대화체 문장이지만 소리 내서 읽다 보면 문장 구조도 익숙해지고, 말하기와 쓰기 연습에도 도움 돼요. 어려운 책을 붙잡고 읽기 힘들어한다면 초등 고학년이나 중학생에게도 낭독을 권해요.

⟨Elephant and Piggie⟩와 ⟨Fly Guy⟩는 각각 20권이 훌쩍 넘는 시리즈예요. 아이가 재미있어한다면 모두 읽기를 권합니다. ⟨Benny and Penny⟩와 ⟨Stinky⟩는 닥터 수스상을 받은 툰북이에요. [Toon Book]은 카툰으로 된 리더스북 브랜드이기도 해요. 아이가 이런 형식을 좋아한다면 다른 툰북도 권해요. 대부분 내용이 모범적이고 순합니다.

저학년 챕터북 수준의 그래픽 노블

● **Narwhal and Jelly** (Ben Clanton) AR 2.4~2.8, 권당 단어 수 848~1,654개, 64~76쪽, 5권~
● **Binky Adventure** (Ashley Spires) AR 2.5~3.3, 권당 단어 수 1,203~1,518개, 64쪽, 5권

벤 클랜튼의 ⟨Narwhal and Jelly⟩ 시리즈는 일각고래(외뿔고래)와 해파리가 주인공입니다. 일각고래는 유니콘처럼 뿔이 하나 있어서 바다의 유니콘으로 불려요. 실제 모습보다 너무 귀엽고 사랑스럽게 나오는 그림 때문에 바로 사랑에 빠지게 되는 책이에요. 고래를 비롯한 바다 생물

에 대한 지식도 얻을 수 있어요. 2017년 그래픽 노블에 주는 윌 아이스너(Will Eisner)상을 받았어요. AR 2점대 초기 챕터북 수준입니다.

〈Binky Adventure〉는 자신을 우주 고양이라고 생각하는 상상력 풍부하고 모험심 넘치는 고양이가 주인공이에요. 고양이 좋아하는 아이, 〈Bad Kitty〉를 재밌게 읽은 아이에게 권합니다. 색감은 흑백에 가까운 모노톤이라 알록달록한 책을 싫어하는 아이에게도 추천해요.

- **Bad Guys** (Aaron Blabey) AR 2.3~2.7, 권당 단어 수 2,023~3,682개, 144~192쪽, 12권~
- **InvestiGators** (John Patrick Green) AR 3.3~3.6, 권당 단어 수 8,472~9,961개, 208쪽, 3권~

〈Bad Guys〉는 늑대, 상어, 뱀, 피라냐 등 생긴 게 딱 봐도 나쁜 놈처럼 보이는 동물들이 주인공이에요. 그들에겐 히어로가 되고 싶은 꿈이 있어서 위험에 처한 이들을 구하려고 해요. 하지만 외모 때문에 착한 놈 되는 일이 너무 어렵답니다. 참 독특한 설정이에요. 아이들이 깔깔거리며 읽는 책이고요. 표지도 색달라 여러 챕터북 중에서 단연 시선을 사로잡아요. 인기 그림책 시리즈 〈Pig the Pug〉 작가의 책이기도 해요. 〈InvestiGators〉는 2020년에 나오기 시작해 아직 종류가 많지 않지만, 인기에 힘입어 계속 쏟아져 나올 것 같은 추리 장르 그래픽 노블입니다. 악어 두 마리가 미스터리를 푸는 주인공이에요. 〈Nate the Great〉나 〈Cam Jansen〉을 좋아한 아이, 〈도그맨〉을 좋아하는 아이도 재미있게 읽을 수 있어요. 분량이 많은 편이지만 그래픽의 힘으로 AR 2점대 챕터북처럼 느껴져요. 이 책을 계기로 글밥 많은 그래픽 노블로 넘어갈 수 있어요.

● **Dog Man** (Dav Pilkey) AR 2.3~2.6, 권당 단어 수 3,880~5,477개, 224~256쪽, 10권~
● **Cat Kid Comic Club** (Dav Pilkey) AR 2.9, 단어수 4,830개, 176쪽, 1권~

〈Dog Man〉은 2016년부터 나오는 시리즈로 최근 2~3학년 아이들이 가장 많이 읽는 책입니다. 부모들은 돈 주고 사기 아까운데 아이들이 너무 좋아하니 어쩔 수 없이 사는 책이기도 해요. 〈캡틴 언더팬츠〉, 〈윔피 키드〉의 뒤를 이어 아이들의 열광적인 사랑을 받고 있어요. 주인공은 경찰의 몸에 개의 머리가 달린 슈퍼히어로예요. 〈캡틴 언더팬츠〉에서 주인공 아이들은 만화책을 많이 만들어요. 주인공들이 만든 만화 중 〈도그맨〉이 잠깐 등장하는데, 작가가 별도의 시리즈로 만들었어요.

〈Cat Kid Comic Club〉은 만화 그리는 걸 배우는 내용의 책이에요. 〈마이티 로봇〉이나 〈드래곤 테일즈〉와 비슷한 초기 챕터북 수준입니다. 2020년 12월, 나오자마자 베스트셀러가 되었고, 2021년 11월에 2권이 나올 예정이에요

〈제로니모 스틸턴〉 시리즈의 그래픽 노블은 여러 유형에 대상 연령도 다양해요. 〈Geronimo Stilton The Graphic Novel〉은 2020년부터 나오기 시작한 저학년 대상의 책이에요. 〈Geronimo Stilton Reporter〉는 주인공이 신문기자로 나오는 그래픽 노블로 초기 챕터북

(Elisabetta Dami) ● **Geronimo Stilton The Graphic Novel** AR 2.8~2.9, 권당 단어 수 5,680~5,693개, 208쪽, 2권~ ● **Geronimo Stilton Reporter** AR 2.5~2.6 전후, 권당 단어 수 1,500~2,500개 전후, 56~64쪽, 7권~ ● **Geronimo Stilton Graphic Novel** AR 2.6~3.7, 권당 단어 수 2,954~5,648개, 56쪽, 19권 ● **Thea Stilton Graphic Novel** AR 2.8~3.5, 권당 단어 수 3,406~5,336개, 56쪽, 8권

수준입니다. 아직 〈제로니모 스틸턴〉 챕터북을 읽지 않은 아이라면 이 책들이 적당해요. 다 읽었다면 논픽션 챕터북 느낌이 나는 〈Geronimo Stilton Graphic Novel〉을 권합니다. 역사적 사건 속으로 시간 여행을 하는 설정이라 비슷한 내용을 다루는 다른 역사 챕터북보다 더 재밌게 읽을 수 있어요.

제로니모의 여동생인 'Thea'의 이름이 붙은 〈Thea Stilton Graphic Novel〉은 대학생 느낌이 나는 틴에이저들이 나오기 때문에 초등 고학년 이상 혹은 중학생에게 권합니다.

3~4학년 수준의 그래픽 노블

〈베이비마우스〉 시리즈는 뉴베리상 수상 작가인 제니퍼 홀름의 책으로 글도 내용도 모범적이고 재밌어요. 저학년에도 좋아하는 아이들이 있지만 3학년 이후에 보면 더 공감하며 읽을 수 있어요. 그래픽 노블이 20권까지 나온 후 챕터북이 나오고 있어 이어서 읽기에도 좋아요. 챕터북은 〈Babymouse Tales from the Locker〉로 중학생 생활을 그렸어

● **Babymouse** (Jennifer L. Holm, Matthew Holm) AR 1.8~2.6, 권당 단어 수 1,192~2,190개,
96쪽, 20권 ● **Lunch Lady** (Jarrett J. Krosoczka) AR 2.2~3.0, 권당 단어 수 1,601~2,612개, 96쪽,
10권 ● **Phoebe and Her Unicorn** (Dana Simpson) AR 3.0~3.9,
권당 단어 수 3,875~8,483개, 152~224쪽, 13권~

요. 〈윔피키드〉처럼 삽화가 많은 소설책 형식으로 AR 3.3~4.1, 권당
단어 수 11,747~15,021개, 208쪽입니다.

〈런치 레이디〉 시리즈는 초등학교 아이들이 주인공인 슈퍼히어로물
입니다. 이 책에 나오는 슈퍼히어로는 학교 식당에서 일하는 아줌마라
서 주방용품을 무기로 사용해요. 이런 점이 다른 히어로물과 차별되어
아이들이 흥미로워합니다. 학교에서 일어나는 사건이고 악당도 학교 주
변 인물이에요. 초등 3~4학년 수준의 현실에 있을 법한 나쁜 놈들이
등장해요. 초기 챕터북인 〈마이티 로봇〉 시리즈를 좋아한 아이에게 권
합니다.

〈Phoebe and Her Unicorn〉에서는 친구가 없어서 외로운 아홉 살
피비가 어느 날 유니콘을 만나 친구가 됩니다. 신비로운 존재와의 우정
을 다룬 책이라 여자아이들이 좋아합니다. AR 3점대 그래픽 노블이지
만 유니콘이 사용하는 고급스러운 문어체 때문에 읽기에 만만하지 않습
니다. 그림 스타일만 보면 저학년 아이도 좋아할 것 같지만 책 속의 아
이들이 겪는 일상과 학교생활 이야기는 4학년 이상 아이들이 더 좋아할
만합니다.

5~6학년 수준의 그래픽 노블

인기있는 책들은 저학년 아이도 많이 보지만, 보통 독자와 주인공의 나이가 비슷할 때 더 재미있게 읽을 수 있어요. 다음은 5~6학년 정도 아이들에게 권하는 책이에요.

(Raina Telgemeier) ● **Smile** AR 2.6, 단어 수 8,270개, 224쪽 ● **Sisters** AR 2.4, 단어 수 5,068개, 208쪽 ● **Ghosts** AR 2.6, 단어 수 5,487개, 256쪽 ● **Guts** AR 2.6, 단어 수 7,509개, 224쪽

레이나 텔게마이어는 여자아이들의 일상을 그린 그래픽 노블의 포문을 연 작가입니다. 작가 자신의 어린 시절을 담은 〈Smile〉의 성공 이후 자전적 그래픽 노블이 많이 쏟아져 나오고 있어요. 단순한 흥미 위주가 아닌 주인공의 성장 이야기를 담고 있어요. 엄청 재미있다기보다 소소하게 재미있고, 만화보다 소설에 가깝다는 느낌도 들어요. 부모와 교사가 마음 놓고 권할 수 있어요. 〈Smile〉, 〈Sisters〉, 〈Ghosts〉, 〈Guts〉가 연이어 윌 아이스너상을 받았고, 책이 나왔다 하면 모두 베스트셀러가 돼요. 빠르면 3~4학년 때부터 봐도 되지만 〈Drama〉는 동성애를 다루니 7학년 이후에 읽기를 권합니다.

〈The Baby-Sitters Club〉은 소설책에 가까운 챕터북 시리즈입니다. 150쪽 이상에 삽화가 없고 단어 수가 30,000개 전후이며 주로 3~4학년 아이들이 읽는 책이었어요. 이 시리즈의 내용을 그래픽 노블로 만든

● **The Baby-Sitters Club Graphic Novel** (Ann M. Martin, Raina Telgemeier) AR 2.2~3.2, 권당 단어 수 6,629~9,437개, 144~192쪽, 9권~ ● **Baby-Sitters Little Sister Graphic Novel** (Ann M. Martin, Katy Farina) AR 2.3~2.4, 권당 단어 수 4,232~4,871개, 128~144쪽, 3권~

〈The Baby-Sitters Club Graphic Novel〉이 나왔어요. 처음에는 레이나 텔게마이어가 흑백으로 그렸고, 이후 컬러로 다시 나와서 인기를 끌게 됐죠. 챕터북은 나온 지 오래되어 잊히고 있었는데, 그래픽 노블의 인기로 챕터북 시리즈도 다시 주목을 받자 표지가 달라졌어요. 넷플릭스에서 드라마도 나왔고요. 그래픽 노블은 192쪽에 8,000단어로 챕터북 수준이에요. 주인공들이 7학년생이기 때문에 원서 읽기를 늦게 시작한 고학년 아이에게도 좋아요. 〈Baby-Sitters Little Sister Graphic Novel〉는 동생 버전의 그래픽 노블이에요. 여섯 살 여자아이가 주인공이라 저학년 아이에게는 이 시리즈를 먼저 권해요.

시시 벨의 〈El Deafo〉와 〈Roller Girl〉은 뉴베리 아너를 받은 그래픽 노블이에요. 작가의 어린 시절을 그린 책들로 잔잔한 감동과 소소한

● **El Deafo** (Cece Bell) AR 2.7, 단어 수 17,071개, 248쪽
● **Roller Girl** (Victoria Jamieson) AR 3.2, 단어 수 17,705개, 256쪽
● **All's Faire in Middle School** (Victoria Jamieson) AR 3.4, 단어 수 21,487개, 248쪽
● **When Stars Are Scattered** (Victoria Jamieson) AR 3.7, 단어 수 27,175개, 264쪽

유머를 보여줍니다. 〈El Deafo〉는 청각 장애가 있는 초등생 여자아이 이야기예요. 시시 벨은 4장 리더스북에서 자세히 소개했어요.

〈Roller Girl〉은 열두 살 여자아이가 '롤러 더비'라는 운동을 통해 성장하는 이야기예요. 작가 빅토리아 제이미슨은 중학생 여자아이의 일상을 그린 〈All's Faire in Middle School〉을 낸 후 난민 캠프의 아이들을 그린 〈When Stars Are Scattered〉로도 호평을 받았어요.

● **Click** (Kayla Miller) AR 2.8~3.8, 권당 단어 수 5,152~8,046개, 192~224쪽, 3권~
● **Berrybrook Middle School** (Svetlana Chmakova) AR 2.4~2.8, 권당 단어 수 10,933~12,658개, 224~248쪽, 3권 ● **New Kid** (Jerry Craft) AR 2.9, 단어 수 13,779개, 256쪽

〈Click〉은 〈Camp〉, 〈Act〉, 〈Clash〉로 이어지는 시리즈로 5학년 여자아이가 주인공입니다. 학교생활에서 비치는 자신의 모습과 친구와의 관계 등 현실적인 문제를 다룹니다. 글자가 크고 글밥이 적어요. 등장인물을 5등신으로 그려 조금 만만해 보입니다. 200쪽이지만 복잡하지 않고 호흡도 길게 느껴지지 않아요. 3학년 때부터 읽을 만합니다. 1~2권은 초등학생 느낌인데, 3권부터는 6학년이라 학생회 선거나 이성 교제 등 다루는 이야기도 중학생다워집니다. 3~6학년 아이가 재미있게 읽을 수 있어요.

〈Berrybrook Middle School〉 시리즈의 책 제목은 〈Awkward〉, 〈Brave〉, 〈Crush〉라서 처음에는 〈Awkward〉 시리즈로 불렸어요. 중학생 주인공들의 우정, 클럽 활동, 왕따, 일진, 이성 교제 등을 현장감

있게 그립니다. 나쁜 아이들이 몹시 나쁘지 않고 적당히 나빠 편하게 즐길 수 있어요. 책마다 주인공들이 한 학년씩 올라갑니다. 주인공들이 6~8학년이지만 초등 고학년 아이부터 볼만해요. 2020년 뉴베리 메달을 받은 〈New Kid〉는 아프리카계 미국인(흑인) 아이가 주인공이에요. 기존의 흑인이 주인공이었던 책들과 많이 다른 새로운 시각을 보여 주었어요. 백인 위주 사립학교에서 흑인이기 때문에 경험하는 선입견과의 충돌을 잘 그리고 있어요. 7학년인 주인공을 유머러스하게 풀어서 5학년 아이부터 읽을 수 있습니다.

● **Friends** (Shannon Hale) AR 2.6~2.9, 권당 단어 수 6,502~11,464개, 224~256쪽, 2권~
● **Emmie and Friends** (Terri Libenson) AR 3.0~3.8, 권당 단어 수 11,939~16,744개, 192~384쪽, 5권~ ● **Sunny** (Jennifer L Holm) AR 2.4~2.5, 권당 단어 수 3,369~3,607개, 224쪽, 3권~

섀넌 헤일은 〈Princess Academy〉로 뉴베리상을 받고, 초기 챕터북 〈The Princess in Black〉과 4학년 이후 아이들이 좋아하는 소설 〈Ever After High〉를 쓴 작가입니다. 판타지 세상 속 여자아이들의 드라마를 잘 그려온 작가답게 그래픽 노블 〈Friends〉 시리즈 역시 여자아이의 학교생활을 재미나게 그리고 있어요. 첫 번째 책 〈Real Friends〉는 3~5학년 여자아이의 학교생활 속 우정 이야기예요. 두 번째 책 〈Best Friends〉는 6학년 여자아이가 인기를 고민하며 성장하는 내용입니다. 여자아이들의 성장 이야기를 그린 그래픽 노블로 인기 있는 시리즈로는 〈Emmie and Friends〉와 〈Sunny〉 시리즈가 있어요.

● **Amulet** (Kazu Kibuishi) AR 2.0~3.1, 권당 단어 수 4,398~10,223개,
192~224쪽, 8권~

〈Amulet〉은 미야자키 하야오 감독의 애니메이션을 보는 것 같은 판
타지 그래픽 노블입니다. 스토리가 탄탄하고 그림도 훌륭해서 나오자마
자 큰 인기를 얻었어요. 일본계 미국인 작가가 아이들 읽기 연습에 도움
이 되길 바라는 마음으로 썼기 때문에 문장이 반듯해요. 3~6학년 아이
를 대상으로 나왔지만 리딩 레벨이 AR 1.8~3.1로 AR 2점대 챕터북
수준입니다. 중학생까지 재미있게 볼 수 있어요. 완결편인 9권이 출간
예정이에요.

7학년 수준 이상의 그래픽 노블

● **The Adventures of Tintin** (Herge) AR 2~3점대 전후, 권당 단어 수 6,000~13,000개 전후,
62~144쪽, 23권+ ● **Bone** (Jeff Smith) AR 2.2~2.9, 권당 단어 수 7,268~11,150개, 128~224쪽, 9권+

〈The Adventures of Tintin〉은 〈땡땡의 모험〉의 원서입니다. 모험
심 강한 소년 기자 틴틴이 주인공인 탐정 만화의 고전이에요. 영화를 보
는 듯 생동감 넘치는 전개 방식이 1929년에 나온 책이라고 믿기지 않을

정도예요. 어린이 만화로 나왔지만 전 세계 어른들까지 다 사로잡았습니다. 1929년부터 2차 세계대전 후까지 나온 책들이라 당시 냉전 체제가 내용에 녹아 있어요. 틴틴이 세계를 다니며 악당들과 싸우는데, 사전 지식이 많을수록 재미있게 읽을 수 있으니 초등 고학년 이후에 읽기를 권해요. 23권의 원작 만화를 잘 담아낸 1991년 작 애니메이션을 추천해요. 그리고 2011년 스티븐 스필버그가 만든 영화는 흥행에 실패했지만 아이들이 보기에는 괜찮은 수준이에요. 〈Bone〉은 판타지 그래픽 노블 중 가장 인기 있는 책이에요. 초등 고학년생부터 어른까지 읽을 수 있어요. 주인공이 악과 싸우는 모습을 그립니다. 윌 아이스너상을 비롯해 여러 상을 받았고 추천 목록에도 늘 빠지지 않아요. 그림이 무서운 편이라 호불호가 명확하니 최소 몇 페이지는 미리 보기를 하고 선택하세요. 9권으로 완결 후 1,344쪽 분량의 합본도 나왔어요

● **Hey, Kiddo** (Jarrett J. Krosoczka) AR 3.5, 단어 수 16,162개, 320쪽
● **MAUS** (Art Spiegelman) AR 3.2, 단어 수 20,737개, 295쪽

〈Hey, Kiddo〉는 〈런치 레이디〉를 쓴 작가의 자전적 그래픽 노블입니다. 엄마의 부재로 조부모 밑에서 자라며 힘들었던 작가의 십 대 시절을 그리고 있어요. 어려운 환경에서 성장하는 이야기로 2018년에 출간된 이후 여러 상을 받았어요. 사춘기 이전 아이에게는 부담스러울 수 있는 주제와 그림이에요. 7학년 수준 이상의 아이에게 권합니다.

〈MAUS〉는 퓰리처상을 받은 그래픽 노블이에요. 나치 수용소에서 기적적으로 생존한 유대인이 만화가 아들에게 이야기를 들려주는 형식입니다. 작가 자신과 아버지의 자전적 그래픽 소설이에요. 나치는 고양이로, 유대인은 쥐로 표현했어요. 9학년 이상의 아이에게 권합니다.

여자아이가 주인공인 모험 판타지 그래픽 노블

●**Hildafolk** (Luke Pearson) 3학년 이상, AR 2.2~3.3, 권당 단어 수 1,137~4,256개, 40~80쪽, 6권+~ ●**Zita the Spacegirl** (Ben Hatke) 3학년 이상, AR 2.1~2.5, 권당 단어 수 3,488~4,126개, 192~240쪽, 3권 ●**The Chronicles of Claudette** (Jorge Aguirre) 2학년 이상, AR 2.3~3.0, 권당 단어 수 6,928~7,756개, 160~208쪽, 3권 ●**5 Worlds** (Mark Siegel) 3학년 이상, AR 3.0~3.4, 권당 단어 수 7,696~9,538개, 240~256쪽, 4권~ ●**Nimona** (Noelle Stevenson) 7학년 이상, AR 3.1, 단어 수 13,063개, 272쪽

만화를 모은 책들

만화를 미국에서는 '코믹' 또는 '카툰'이라고 부르는데, 카툰은 한 컷짜리 이미지이고 코믹은 여러 컷을 모은 이미지예요. 하지만 만화 영화를 상영하는 채널 중 카툰 네트워크가 있어서 두 단어가 혼용되고 있어요. 코믹은 신문에 주로 연재되는데, 인기 있는 작품은 모아서 단행본으로도 많이 나와요.

다음은 네 컷 만화를 모은 책들이에요. 인기 시리즈로 〈캘빈과 홉스〉, 〈가필드〉, 〈피넛〉 등 제목만 들어도 알 만하거나 표지만 봐도 눈

- **Calvin and Hobbes** (Bill Watterson) ● **Garfield** (Jim Davis)
- **Peanuts** (Chrles M. Schulz)

에 익은 책들이에요. 수십 년 동안 사랑받아 표지를 바꾸거나 편집만 바꿔서 다시 나오기도 합니다.

〈Calvin and Hobbes〉는 장난꾸러기 남자아이 캘빈과 호랑이 인형 홉스의 황당한 모험담을 그린 판타지입니다. 캘빈이 상상 속에서 펼치는 황당무계한 사건·사고에서 어린 독자들은 대리 만족을 느낄 수 있어요. 유치원 아이부터 어른까지 즐길 수 있지만, 너무 어린 아이들에게는 어려운 단어가 꽤 많이 나와요. 리딩 레벨이 높은 아이부터 원서 읽기를 늦게 시작한 아이까지 즐길 수 있어요.

〈Garfield〉는 심술궂은 고양이가 주인공인 만화예요. 1976년부터 100쪽짜리 단행본이 70권 넘게 나왔어요. 그래픽 노블은 단행본을 3권씩 묶은 〈Garfield Fat Cat 3-Pack〉으로 많이 보는데 현재 23권까지 나왔어요. 3~4학년 이후에 많이 봐요. 영화와 애니메이션도 있어서 더 어린 아이들이 보기도 해요. 스누피(Snoopy)로 더 유명한 〈피넛〉 시리즈 역시 1952년부터 책이 나오기 시작해 다양한 형태가 있어요. 만화를 모은 컬렉션 북부터 그림책이나 리더스북으로도 나왔어요. 원작은 리딩 레벨이 AR 2~3점대 이상이라 초기 챕터북보다 어렵게 느껴질 수 있어요. 그림의 도움을 받아 저학년부터 읽어도 되고, 리더스북이나 그림책을 먼저 읽어도 좋아요.

원작 소설이 있는 그래픽 노블

인기 있는 소설책들이 그래픽 노블로 많이 나오는 추세예요. 이런 책은 그래픽 노블이라도 글밥이 꽤 많아요. 엄마 생각에는 차라리 소설을 읽는 게 낫겠다 싶을 정도예요. 하지만 아이는 그래픽 노블이라는 형식 때문에 편하게 느껴요. 소설책이라면 읽지 않을 책도 시도하게 돼요. 원작 소설을 읽는 게 가장 바람직하지만, 아이가 어려워하면 그래픽 노블을 먼저 읽는 방법도 대안이에요. 300~400쪽 넘는 소설책이 그래픽 노블로 나오면 200~300쪽 분량이 돼요. 시리즈의 경우 전권 다 그래픽 노블이 나오는 경우는 많지 않아요. 보통 앞의 몇 권만 그래픽 노블로 나와요. 아이가 그래픽 노블로 적응한 후 그 시리즈가 마음에 들면 나머지는 소설책으로 읽게 돼요.

고전 소설이 그래픽 노블로 나오는 경우도 있어요. 고전은 옛날 책이라 단어나 표현이 생소한 경우가 많아요. 내용이 어렵다기보다 단어나 표현이 어려워 리딩 레벨이 높은 책도 많아요. 이런 책을 현대어로 바꾼 그래픽 노블로 읽으면 이해가 훨씬 빨라요. 특히 배경 설명이나 시대 상황을 설명한 지문은 사전 지식이 없으면 상상하기 힘든 부분이 많은데, 이런 부분을 그래픽 노블에서는 그림으로 보여줘 읽기 편해요.

다음에 소개할 그래픽 노블의 원작은 대부분 5학년 이상이 읽는 소설 책이에요. 5학년 이상 아이 중 학년 대비 리딩 레벨이 낮은 경우 그래픽 노블을 권해요. 그래픽 노블을 읽고 원작 소설로 넘어가면 훨씬 쉽게 읽을 수 있고, 반복으로 인한 학습 효과도 있어요. 하지만 저학년 아이에게는 이런 방법을 추천하지 않아요. 3~4학년 아이가 5학년 수준의 책을 읽을 실력이 안 되면 실력이 될 때까지 기다리는 게 나아요. 그래픽 노블로 읽고 나면 정작 원작 책을 읽을 수 있는 시기에 이미 읽은 책이라며 시부할 수 있어요.

유명한 소설의 그래픽 노블을 모았어요. 책에 관한 설명은 소설 부분에서 자세히 하고 여기서는 책 제목과 리딩 레벨 정도만 소개할게요. 원작 소설의 학년별 수준으로 분류했습니다.

3~5학년 수준의 소설로 만든 그래픽 노블

원작 소설은 책 잘 읽는 원어민 아이들이 3~5학년에 많이 읽는 책들이에요. 원어민 중에도 7~8학년에 읽는 아이도 있어요. 내용이 유치하지 않아 한국의 중고생이 읽어도 좋아요.

● **Wings of Fire** (Tui T. Sutherland) 4학년 이상, AR 2.7, 단어 수 11,627개, 224쪽 ● **Percy Jackson** (Rick Riordan) 4학년 이상, AR 3.1, 단어 수 10,290개, 128쪽 ● **Artemis Fowl** (Eoin Colfer) 3학년 이상, AR 3.6, 단어 수 12,085개, 128쪽 ● **A Wrinkle in Time** (Madeleine L'Engle) 5학년 이상, AR 2.7, 단어 수 17,580개, 416쪽 ● **The City of Ember** (Jeanne DuPrau) 4학년 이상, AR 2.4, 단어 수 5,222개, 144쪽 ● **The Graveyard Book** (Neil Gaiman) 5학년 이상, AR 3.9, 단어 수 35,273개, 368쪽

6~8학년 수준의 소설로 만든 그래픽 노블

시리즈의 양이 방대하거나 다루는 내용이 가볍지 않은 책들이에요. 책을 많이 읽는 원어민 아이들이 6~8학년에 읽기 적당한 책이라 9~10학년 원어민 아이가 읽어도 좋아요. 〈The Giver〉나 〈The Golden Compass〉 시리즈는 한국의 성인 독자에게도 인기 있는 책이에요.

● **Alex Rider** (Anthony Horowitz) 6학년 이상, AR 2.4, 단어 수 5,909개, 144쪽 ● **The Giver** (Lois Lowry) 기억전달자 7학년 이상, AR 4.2, 단어 수 18,938개, 192쪽 ● **Redwall** (Brian Jacques) 4학년 이상, AR 2.8, 단어 수 8,889개, 148쪽 ● **The Golden Compass** (Philip Pullman) 황금나침반 5학년 이상, AR 3.4, 단어 수 15,435개, 224쪽 ● **Anne Frank's Diary** (Anne Frank) 안네의 일기 7학년 이상, AR 5.5, 단어 수 19,361개, 160쪽

9~12학년 수준의 소설로 만든 그래픽 노블

9학년 이상에 적당하다고 분류되는 책들은 단어의 난이도보다는 내용의 난이도가 높아요. 마약, 살인, 인종차별 같은 무거운 주제를 담고 있고 자극적인 장면들도 나와요. 아이의 리딩 레벨이 높아도 너무 어린 아이들에게는 추천하지 않아요.

● **To Kill a Mockingbird** (Harper Lee) 앵무새 죽이기 8학년 이상, AR 4.3, 단어 수 25,920개, 288쪽 ● **Speak** (Laurie Halse Anderson) 7학년 이상, AR 4.0, 단어 수 14,444개, 384쪽 ● **Long Way Down** (Jason Reynolds) 9학년 이상, AR 3.3, 단어 수 5,365개, 208쪽 ● **Maximum Ride** (James Patterson) 9학년 이상, AR 2.2, 단어 수 5,894개, 256쪽 ● **The Great Gatsby** (F. Scott Fitzgerald) 위대한 개츠비 11학년 이상, 렉사일 지수 710L, 208쪽

고전으로 만든 그래픽 노블

5~8학년 아이들이 많이 읽는 고전 중에 그래픽 노블로 나온 책들이에요. 고전의 원작 소설을 읽기 적정한 연령에 대해서는 7장의 고전 부분에서 자세히 설명할게요.

● **Black Beauty** (Anna Sewell) 블랙 뷰티 4학년 이상, AR 4.7, 단어 수 12,800개, 176쪽
● **Treasure Island** (Robert Louis Stevenson) 보물섬 5학년 이상, AR 3.7, 단어 수 7,094개, 176쪽
● **The Wizard of Oz** (L. Frank Baum) 오즈의 마법사 3학년 이상, AR 3.6, 단어 수 9,015개, 176쪽

●**Anne of Green Gables** (L. M. Montgomery) 빨간 머리 앤 3학년 이상, AR 3.2, 단어 수 6,497개, 232쪽 ●**Meg, Jo, Beth, and Amy** (Louisa May Alcott) 작은 아씨들 현대판 3학년 이상, AR 3.1, 단어 수 23,181개, 256쪽 ●**Hobbit** (J. R. R. Tolkien) 호빗 7학년 이상, 1000L, 133쪽 ●**The Call of the Wild** (Jack London) 야성의 부름 7학년 이상, AR 4.8, 단어 수 9,651개, 72쪽

가레스 하인즈가 그린 고전 그래픽 노블이 인기가 많아요. 호머의 〈오딧세이〉와 〈일리어드〉를 비롯해 세익스피어의 〈로미오와 줄리엣〉, 〈맥베드〉, 〈리어왕〉 등이 있어요.

●**Gareth Hinds가 그린 고전**

고전 그래픽 노블 브랜드로는 [Graphic Revolve]가 유명해요. 각 권 72쪽으로 미국 수업 시간에 많이 읽는 책 20여 권이 나왔어요.

●**Graphic Revolve**

+ *INFO.*

그래픽 노블은 아니지만 삽화가 많은 책

그래픽 노블은 아니지만 삽화가 많은 책이 있어요. 보통 챕터북이나 소설로 분류하는 책입니다. 이런 책 중 삽화가 만화책 수준으로 많아서 아이들이 특히 관심을 갖는 책들이 있어요. 가장 선구적인 책이 〈캡틴 언더팬츠〉이고 대표 인기 도서는 〈윔피키드〉예요. 〈윔피키드〉가 성공한 후로 비슷한 책이 쏟아져 나오고 있어요.

삽화만 봐도 스토리를 파악할 수 있고 재미있어서 영어 실력과 상관없이 보게 되는 책이에요. 200쪽 분량이지만 글 수준은 100쪽 분량인 책과 비슷해요. 그래서 책 두께에 대한 부담을 갖는 시기에 활용하면 좋아요. 리더스북에서 챕터북으로 넘어가기 힘들어하거나 챕터북에서 소설책으로 넘어가기 힘들어하는 아이, AR 3점대에서 4점대로 넘어가기 힘든 아이에게 유용합니다. 재미있어서 어려운데도 붙잡고 읽는 경우가 많아요. 처음에는 그림만 볼 수도 있지만, 여러 번 반복해 보면서 저절로 글도 읽게 됩니다.

2~5학년 수준의 삽화가 많은 책

Bad Kitty (Nick Bruel)

〈Bad Kitty〉 시리즈는 까칠한 고양이의 일상을 그린 책입니다. AR 2~4점대에 자연스럽게 리딩 레벨과 글밥이 늘어납니다. 챕터북을 부담스러워하는 아이에게 딱 좋아요. 초등 저학년생을 대상으로 쓴 책이지만 독특한 유머 때문에 중학생까지 읽을 만합니다.

AR 2.8~4.5, 권당 단어 수 2,986~6,606개, 125~160쪽, 14권~

The Captain Underpants (Dav Pilkey)

〈캡틴 언더팬츠〉는 속옷만 입은 슈퍼 히어로가 등장하는 재미있는 책입니다. 리딩 레벨이 AR 4.3~5.3인데도 AR 2~3점대 챕터북을 읽는 아이들이 기꺼이 읽습니다. 이 책을 읽으면서 두꺼운 챕터북에 대한 부담도 덜 수 있어요.

AR 4.3~5.3, 권당 단어 수 4,668~17,957개, 144~304쪽, 12권+

Diary of a Wimpy Kid (Jeff Kinney)

일기장 형식으로 주인공이 6학년 중학생 남자아이입니다. 4~6학년 아이가 읽기 적당한 책으로 나왔지만 인기가 높아 2~3학년 아이부터 읽는 책이 되었어요. 나왔다 하면 곧바로 베스트셀러가 되고 있어요. 〈윔피키드〉에 나온 주인공의 친구가 주인공인 〈Rowley Jefferson's Awesome Friendly Adventure〉 시리즈도 함께 출간 중이에요. 남자아이가 주인공이지만 여자아이들도 좋아합니다.

AR 5.2~5.8, 권당 단어 수 15,244~21,084개, 224쪽, 15권~

Dork Diaries (Rachel Renee Russell)

〈윔피키드〉의 여자아이 버전입니다. 8학년 중학생 여자아이의 일기장 형식이에요. 저자가 변호사이자 두 딸의 엄마로, 사춘기 여자아이들이 공감할 만한 이야기예요. 특히 〈윔피키드〉 삽화가 유치해서 싫다는 여자아이들이 좋아합니다. 분량은 300쪽 전후로 〈윔피키드〉보다 두꺼워요. 주인공의 학년도 높아서 4~5학년 이상 여자아이들이 많이 읽어요. 여자아이들은 〈윔피키드〉를 읽은 후 〈도크 다이어리〉를 읽지만 남자아이들은 〈도크 다이어리〉는 거의 읽지 않아요. 그림 스타일을 보면 바로 그 이유를 알 수 있어요. 15권까지 나왔어요. 작가는 남자아이가 주인공인 〈The Misadventures of Max Cumbly〉도 내고 있어요.

AR 4.2~5.4, 권당 단어 수 20,886~29,745개, 272~368쪽, 14권~

Amelia's Notebook (Marissa Moss)

4~5학년 초등생 일기장과 6~8학년 중학생 일기장 형식이 있어요. 리딩 레벨은 비슷한데 글밥이 늘어나요. 〈도크 다이어리〉에 이성 교제 이야기가 많아서 싫어하는 아이들도 있는데, 〈아멜리아의 노트북〉은 좀 더 현실적인 아이의 학교생활을 그리고 있어요.

초등 시절 책은 AR 3.6~5.1, 권당 단어 수 2,044~8,139개, 32~64쪽, 16권
중등 시절 책은 AR 3.6~4.6, 권당 단어 수 6,465~13,209개, 40~160쪽, 18권

The Treehouse Books (Andy Griffiths, Terry Denton)

한글판 〈나무집〉 시리즈의 원작 〈트리하우스〉는 13층 나무집, 26층 나무집, 39층 나무집, 이렇게 13층씩 높아지는 나무집에서 벌어지는 모험 이야기예요. 원고 독촉을 받는 글 작가와 그림 작가가 주인공으로 작가의 실제 이름이 나와요. 온갖 장치가 넘치는 나무집 설정과 재미있는 그림으로 아이들의 마음을 사로잡아요. 지금까지 10권이 나와 130층까지 올라갔는데 앞으로 얼마나 더 올라갈지 작가들의 상상력이 궁금해지는 책이에요. 1권은 240쪽이고 나머지 책은 350쪽이 넘지만 삽화가 워낙 많아서 부담스럽지 않아요.

AR 3.2~4.3, 권당 단어 수 9,219~14,458개, 272~400쪽, 10권~

Star Wars: Jedi Acedemy (Jeffrey Brown)

〈제다이 아카데미〉 시리즈는 〈윔피키드〉의 〈스타워즈〉 버전입니다. 〈스타워즈〉는 미국인이라면 모르는 사람이 없고, 아이와 어른 모두 열광하는 시리즈예요. 〈윔피키드〉 이후 다양한 일기 형식의 책이 나오는 가운데 〈스타워즈〉 버전이 나온 것은 당연해요. 스타워즈 세계의 기사인 제다이들의 학교생활을 그렸어요. 만화 컷으로 그린 내용도 많아 쉽게 느껴집니다. 3학년 이상 아이에게 적당해요.

AR 3.7~4.5, 권당 단어 수 8,787~15,401개, 160~176쪽, 9권~

Dragonbreath (Ursula Vernon)

학교와 집을 배경으로 한 일상물입니다. 주인공들이 파충류로 드래곤, 이구아나, 도마뱀이 나와요. 삽화의 양이 적고 글이 꽤 많은 편이에요. 삽화 분위기 때문에 아이들이 쉬운 책으로 느끼는 장점이 있어요. 3학년부터 중학생까지 적당합니다.

AR 4.2~4.8, 권당 단어 수 9,817~15,983개, 146~208쪽, 11권

Hamster Princess (Ursula Vernon)

〈드래곤브레스〉의 작가가 여자아이들을 위해 펴낸 책으로 주인공이 햄스터예요. 명작 동화의 스토리를 패러디한 판타지 소설입니다. 3학년부터 중학생까지 적당해요.

AR 4.1~5.1, 권당 단어 수 16,098~18,990개, 224~256쪽, 6권

The Last Kids on Earth (Max Brallier)

'지구에 남은 마지막 아이들'이라는 제목에서 내용을 짐작할 수 있어요. 아이들과 싸우는 적이 인간이 아닌 좀비, 몬스터들입니다. 책이 나오자마자 인기를 얻어 넷플릭스에서 애니메이션으로 나왔어요. 넷플릭스에서 먼저 보고 책을 찾아 읽는 아이도 많아요. 주인공이 13세이고, 이야기가 전개되면서 아이들이 성장하는 모습을 그리고 있습니다. 4~7학년 수준으로 나온 책이지만, 3~4학년 때부터 많이 읽고 중학생까지 읽을 만해요.

AR 3.9~4.4, 권당 단어 수 21,916~31,617개, 240~320쪽, 6권+~

5~8학년 수준의 삽화가 많은 책

Big Nate (Lincoln Peirce)

〈윔피키드〉를 읽은 남자아이들이 가장 많이 읽는 책은 〈Big Nate〉와 〈Middle School〉 시리즈예요. 학교를 배경으로 한 남자아이의 일상이라는 점은 비슷해요. 〈빅 네이트〉는 5~6학년 아이가 재미있게 읽을 만한 책이고, 단어 수가 15,000개 이내로 챕터북 두 권 분량이에요. 원서 읽기를 늦게 시작한 남자아이들이 중학생 때까지 읽을 만해요. 20권이 넘는데 8권만 삽화가 많은 소설책 형식이고 나머지는 만화책입니다. 표지로 봐서는 소설책과 만화책을 구분하기 힘드니 구매할 때 확인하세요.

AR 2.3~3.3, 권당 단어 수 7,729~22,792개, 176~376쪽, 24권+~

(James Patterson) ●**Middle School** AR 3.7~5.3, 권당 단어 수 25,790~38,220개, 256~352쪽, 13권~ ●**I Funny** AR 3.9~4.5, 권당 단어 수 27,357~37,657개, 320~368쪽, 6권 ●**House of Robots** AR 4.5~4.7, 권당 단어 수 26,387~35,874개, 336쪽, 3권~ ●**Treasure Hunters** AR 4.6~5.3, 권당 단어 수 34,946~43,435개, 336~480쪽, 7권~

제임스 패터슨은 그 이름만으로 베스트셀러가 될 정도로 유명한 작가예요. 그가 중학생을 위한 책을 쓴다고 했을 때 사실 저는 반갑지 않았어요. 다른 작가들이 설 자리가 없어지지 않을까 해서요. 다행히 아이들 책은 여러 작가와 함께 작업했고, 같이 한 작가들이 인기를 얻은 뒤에 자신들의 책을 썼어요. 제임스 패터슨의 책은 작가의 탁월한 스토리텔링 능력 때문에 지루하지 않아요. 글밥이 적은 것도 아닌데 아이들이 잘 붙잡고 읽어요. 그림 작가가 매번 달라져서 시리즈끼리 겹친다는 느낌도 없어요. 글이 마음에 든다면 그가 쓴 모든 책을 다 읽으라고 권하고 싶을 정도예요. 아이들 책은 5~6학년 수준이 많아요. 중학생 남자아이가 주인공인 책은 〈Middle School〉과 〈I Funny〉 시리즈로 내용이 웃겨요. 〈House of Robots〉는 엄마가 발명한 로봇과 함께 사는 5학년 남자아이의 이야기예요. 〈Treasure Hunters〉는 보물 찾는 게 직업인 가족이 등장해요. 해적에게 붙잡힌 엄마와 사라진 아빠를 구하기 위해 전 세계를 누비며 미스터리를 푸는 남매가 주인공이에요.

(James Patterson) ● **Jacky Ha-Ha** AR 4.3~4.7, 권당 단어 수 39,108~41,183개, 352~384쪽, 2권+ ● **Max Einstein** AR 5.0~5.3, 권당 단어 수 41,380~46,442개, 320~368쪽, 3권~

제임스 패터슨의 책 중 여자아이가 주인공인 책으로는 〈Jacky Ha-Ha〉가 있어요. 그리 인기 있는 편은 아니에요. 작가가 남자아이가 주인공인 책을 더 잘 쓰는 것 같아요. 하지만 여자 과학 천재가 주인공인 〈Max Einstein〉은 논픽션 과학 지식을 잘 버무린 SF 소설로 남녀 아이들 모두 재미있게 읽습니다.

제임스 패터슨의 책을 읽다 보면 스토리를 재미있게 풀어가는 솜씨에 반해 팬이 되는 아이가 많아요. 지금까지는 삽화가 많은 책을 읽었으니 이제 제임스 패터슨의 삽화 없는 책도 한번 읽어볼까 하는 생각이 들기도 하죠. 그렇다면 그의 소설책 중 〈Ali Cross〉, 〈Daniel X〉, 〈Maximum Ride〉를 추천해요. 〈앨리 크로스〉는 5~9학년 수준의 추리 소설이고, 〈다니엘 X〉는 5~9학년 수준의 공상과학소설, 〈맥시멈 라이드〉는 9학년 이상 아이에게 적당한 SF를 가미한 디스토피아 소설이에요.

6장

아이표 영어
소설책 지도

01

연령별 소설

소설은 종류도 많고 수준도 다양해요. 3학년 아이 수준의 책부터 어른 수준의 책까지 있어요. 3~4학년 수준의 챕터북 같은 소설부터 500쪽 넘는 고전도 있어요.

이 책에서는 소설을 연령별로 구분할게요. 미국에서는 흔히 초등학생·중학생·틴에이저 소설로 구분해요. 초등 소설은 챕터북 읽기가 거의 끝나가는 3~5학년 시기에 읽는 소설을 말해요. 중등 소설은 6~8학년 때 읽는 소설이에요.

한국 엄마들이 흔히 챕터북과 〈해리포터〉의 중간이라고 생각하는 뉴베리 수상작들은 5학년 수준의 책이에요. 주인공이 겪는 역경과 극복을 그린 성장소설인 경우가 많아서 최소한 5학년은 되어야 제대로 읽을 수 있어요. 그래서 초등학생 소설과 중학생 소설과 별도로 뉴베리 수상작에 관해 설명할게요.

틴에이저 소설은 영 어덜트 소설이라고도 부르는데, 고등학생과 대학생이 대상이에요. 리딩 레벨이 크게 높지 않아도 초등학생이나 중학생이 읽기에는 정신적으로나 정서적으로 버거운 소재와 주제가 많아요. 그래서 리딩 레벨만 보고 고르면 곤란한 상황이 생기기도 합니다.

고전은 오래전에 쓴 책이라 단어나 표현이 어려워요. 대부분 고등학생 이후에 읽기 적당하지만 초등학생이나 중학생 때 읽을 만한 책도 있어요. 이건 따로 설명할게요.

영어책 읽기를 늦게 시작한 아이에게 권하는 책

영어책 읽기를 늦게 시작한 초등 고학년이나 중고등학생은 이미 학교나 학원에서 영어 읽기를 시작한 아이들이 많아요. 리더스북 수준의 책들은 그럭저럭 읽어내지만, 아직 자기 연령의 원어민 아이들이 읽는 책은 읽기 힘든 경우예요.

이럴 경우 챕터북부터 순차적으로 읽는 게 장기적으로 가장 효율적이고 효과적인 방법이라고 생각해요. 하지만 아이의 연령과 영어 실력과 성향에 따라 챕터북부터 읽기 힘들거나 싫어할 수 있어요.

챕터북도 2점대부터 4점대까지의 책이 있듯이 리딩 레벨의 편차가 책마다 커요. 소설도 쉬운 책은 챕터북 수준의 리딩 레벨인 책들이 있어요. 책 옆에 제공한 리딩 레벨과 권당 단어수를 잘 살펴서 아이에게 부담스럽지 않은 수준의 책을 골라주세요.

로알드 달의 책처럼 쉬운 책부터 어려운 책까지 단계적으로 읽을 수 있는 작가나 시리즈도 있어요. 시리즈를 읽으면 등장인물과 내용이 반복되는 부분이 많아서 훨씬 쉽게 느껴져요. 첫 번째 책을 읽어내면 두 번째 책부터는 훨씬 수월하게 읽을 수 있는 장점이 있어요.

뉴베리 수상작은 보통 5학년 이후에 읽는 책들이 많아요. 그래서 내용이 유치하지 않아 리딩 레벨이 높지 않은 중고생이 읽기 적당해요. 뉴베리 수상작 중에는 3학년 읽기 수준의 책부터 있어요. 각 학년에 맞는 뉴베리 수상작들도 소개했으니 학년별로 올라가면서 읽으면 좋아요.

로알드 달이나 3~4학년 수준의 뉴베리 수상작도 부담스러운 아이는 앞 장에서 소개한 그래픽 노블을 참고하세요. 챕터북과 소설의 징검다리 역할을 해 줄 거예요.

초등학생 소설

3학년 소설

미국 아이들은 2학년 때 100쪽 전후의 삽화가 많은 챕터북을 읽다가 3학년이 되면 200쪽 전후의 챕터북이나 소설을 읽어요. 몇 년 전부터는 〈윔피키드〉나 〈나무집〉 시리즈 같은 삽화가 많은 책이 인기가 많아요. 따로 책을 전혀 안 읽는 아이는 학교에서 수업 시간에만 읽거나 숙제로 낸 책만 읽어요. 책을 좀 읽는 아이들은 시중의 인기 있는 책을 읽고요. 책을 많이 읽는 아이는 여기에 더해 소설책을 읽고 뉴베리 수상작을 찾아 읽어요.

초등학교에서는 교과서를 사용하지 않고, 교사마다 읽는 책도 아주 다릅니다. 그런데도 많이 읽는 교과서 같은 책이 있어요. 〈Charlotte's Web〉 샬롯의 거미줄, 〈Ramona〉 라모나, 〈Ralph Mouse〉 랠프 마우스,

⟨Fudge⟩퍼지, ⟨Charlie and the Chocolate Factory⟩찰리와 초콜릿 공장, ⟨Frindle⟩프린들 주세요 등이에요.

- **Charlotte's Web** (E. B. White) AR 4.4, 단어 수 31,938개, 184쪽
- **Charlie and the Chocolate Factory** (Roald Dahl) AR 4.8, 단어 수 30,644개, 176쪽

학교를 배경으로 한 일상

- **According to Humphrey** (Betty G. Birney) AR 4.0~4.4, 권당 단어 수 26, 296~36, 364개, 144~192쪽, 12권+ ● **Frindle** (Andrew Clements) AR 5.4, 단어 수 16,232개, 112쪽 (그밖의 앤드루 클레먼츠 책들) AR 4.7~6.0, 권당 단어 수 16,232~42,195개, 112~208쪽, 18권+~

⟨According to Humphrey⟩는 2학년 교실의 애완동물 햄스터가 주인공이에요. 워낙 똑똑해서 3~4학년 수준의 스토리텔링이 가능한 햄스터예요. 화자가 동물이다 보니 사람에게서 찾을 수 없는 유머러스한 부분이 있어요. 챕터북을 충분히 읽은 후 삽화가 없는 책으로 넘어갈 때 시작하기에 좋습니다.

앤드루 클레먼츠는 학교를 배경으로 한 책을 많이 썼어요. 초등 고학년생이 주인공인 책으로 시리즈가 아닌데도 'School Stories'로 불려요.

저자가 교사 출신이라 현실적이면서 좋은 선생님들이 등장해 부모와 교사들의 신뢰를 받고 있어요. 〈Frindle〉이 가장 유명하고 필독서처럼 많이 읽혀요. 그 외에도 〈No Talking〉, 〈Lunch Money〉, 〈The Report Card〉, 〈The Last Holiday Concert〉가 인기 있어요. 표지에 주인공 아이들의 얼굴이 큼직하게 나오니 성별에 따라 맘에 드는 책을 골라 읽어도 됩니다. 리딩 레벨은 대부분 AR 5점대 초·중반이에요. 3학년 때부터 많이 읽는 책이라서 3학년 소설에 넣었지만 4~5학년 아이들이 더 공감하며 읽을 수 있는 책이에요. 원서 읽기를 늦게 시작한 경우라면 중학생 이상도 권할 만해요.

신나는 모험

● **Pippi Longstocking** (Astrid Lindgren) AR 5.2~5.4, 권당 단어 수 21,656~26,522개, 128~160쪽, 3권 ● **The Wild Robot** (Peter Brown) AR 5.1, 권당 단어 수 35,019개, 279쪽, 2권 ● **My Father's Dragon** (Ruth Stiles Gannett) AR 4.6~5.6, 권당 단어 수 7,019~7,682개, 87~96쪽, 3권

'말괄량이 삐삐'로 잘 알려진 아스트리드 린드그렌의 〈삐삐롱 스타킹〉은 1940년대에 쓴 책이에요. 1970년에 드라마로, 1997년에 애니메이션으로 제작했어요. 그 밖에도 다양한 형태가 있어요. 애초 작가의 아픈 아이에게 들려주기 위해 만든 이야기라고 해요. 교훈보다 재미를 강조한 책인 만큼 독자를 행복하게 해요. AR 5점대로 리딩 레벨이 조금 높아 보이지만, AR 4점대 책을 읽는 아이도 충분히 읽을 수 있어요. 여

자아이가 주인공이지만 워낙 재미있는 캐릭터라서 남자아이들도 좋아합니다.

〈The Wild Robot〉은 〈로빈슨 크루소〉의 로봇 버전이에요. 무인도에 난파된 로봇의 생존 드라마로 자연과 더불어 사랑하고 성장하는 모습을 재미있고 아름답게 그렸어요. 표지만 보면 남자아이들이 좋아할 것 같지만, 동물과의 관계를 아름답게 그려 여자아이들도 좋아해요.

〈My Father's Dragon〉은 한글판 〈엘머의 모험〉의 원서예요. 제목에서도 느껴지듯 '엘머'라는 소년이 아기 용을 구해 오는 판타지 모험담이에요. 1948~1951년 3권의 책이 나왔고, 1권으로 1949년 뉴베리 아너를 받았어요. 리딩 레벨이 AR 4~5점대라서 겁내는 아이들이 있지만 챕터북과 비슷한 분량의 얇은 소설이에요. 3학년 수준의 아이가 읽기에 적당해요. 듣기가 잘된 아이는 1~2학년 때 엄마가 읽어주거나 오디오북으로 접해도 좋을 만큼 내용이 쉬워요.

판타지

● **The Spiderwick Chronicles** (Holly Black, Tony DiTerlizzi)
AR 3.9~4.4, 권당 단어 수 9,347~13,043개, 114~176쪽, 5권

온갖 종류의 요정과 괴물이 등장하는 판타지로 〈The Secrets of Droon〉 같은 판타지 챕터북을 즐긴 아이들이 좋아해요. '스파이더위크'라는 이름의 저택에 살게 된 삼 남매가 판타지 세계의 비밀을 담아

놓은 책을 발견하며 겪는 모험담이에요. 중학생 누나와 초등학생 쌍둥이 남자아이들이 주인공입니다. 적들과 싸우면서 소원했던 가족 관계가 회복되는 모습을 보여줘요. 권당 단어 수가 10,000개 정도로 적고 얇은 책이지만, 리딩 레벨이 높아 챕터북 읽는 시기에는 버거워하는 아이가 많아요. 〈The Spider and the Fly〉로 칼데콧상을 받은 유명 그림 작가 토니 디터리지가 삽화를 그려 더욱 사랑받는 책입니다. 2008년에 영화가 나왔는데 책도 영화도 오거, 고블린, 보거트 같은 괴물을 실감 나게 묘사해 무서운 거 싫어하는 아이는 거부감을 느낄 수도 있어요.

●**Whatever After** (Sarah Mlynowski) AR 2.8~3.5, 권당 단어 수 25,164~28,721개, 155~171쪽, 14권~ ●**Upside-Down Magic** (Sarah Mlynowski & Lauren Myracle, et al.) AR 3.7~4.2, 권당 단어 수 23,575~27,708개, 181~198쪽, 8권 ● **Emily Windsnap** (Liz Kessler) AR 3.7~4.3, 권당 단어 수 42,714~58,659개, 204~305쪽 전후, 9권 ●**Goddess Girls** (Joan Holub & Suzanne Williams) AR 4.3~5.8, 권당 단어 수 18,337~37,220개, 156~278쪽 내외, 26권~ ●**Grimmtastic Girls** (Joan Holub & Suzanne Williams) AR 4.8~5.5, 권당 단어 수 36,716~40,624개, 175~183쪽, 8권

3학년 여자아이들이 좋아하는 판타지 책에는 신화, 고전, 상상 속 인물이 등장해요. 표지가 아이들의 눈길을 사로잡지만 본문에는 삽화가 없는 책이 많아요. 〈Whatever After〉는 주인공들이 마술 거울을 통해 안데르센이나 그림 형제 이야기 속으로 들어가 펼쳐지는 내용이에요. 2학년 챕터북과 비슷한 수준으로 삽화가 없고 글밥이 많아졌어요. 〈Upside-Down Magic〉은 여자아이가 주인공인 마법 학교 이야기예요. 〈해리포터〉 같은 책을 찾는 아이가 먼저 읽기 좋은 책이에요. 2020

년 디즈니에서 영화가 나왔어요. 영화를 먼저 보고 책을 읽어도 좋아요. 〈Emily Windsnap〉는 반은 인간, 반은 인어인 주인공의 바닷속 모험 담을 그립니다. 〈Goddess Girls〉 시리즈는 그리스 신화에 나오는 신들의 청소년 시절을 그리고, 〈Grimmtastic Girls〉는 그림 형제의 동화를 각색한 것이에요.

3학년 아이가 읽기 좋은 뉴베리 수상작

- Charlotte's Web (E. B. White) AR 4.4, 단어 수 31,938개, 184쪽
- The One and Only Ivan (Katherine Applegate) AR 3.6, 단어 수 26,263개, 320쪽
- Mr. Popper's Penguins (Richard Atwater & Florence Atwater) AR 5.6, 단어 수 16,160개, 160쪽
- The Cricket in Times Square (George Selden) AR 4.9, 단어 수 25,278개, 144쪽
- Mrs. Frisby and the Rats of NIMH (Robert C. O'Brien) AR 5.1, 단어 수 53,752개, 240쪽

뉴베리 수상작은 역경을 통한 주인공의 성장을 그리기 위한 심리 묘사 때문에 3학년 아이가 공감하기에는 힘든 책이 많아요. 이럴 때 3학년 아이에게 적당한 뉴베리 수상작을 고르는 방법은 동물이 주인공인 책을 찾는 것이에요. E. B. 화이트의 〈Charlotte's Web〉샬롯의 거미줄은 가장 많이 읽히는 뉴베리 수상작이에요. 여자아이가 등장하지만 돼지와 거미의 비중이 높은 책이에요. 〈샬롯의 거미줄〉을 비롯해 책과 영화를 함께 즐길 수 있는 3학년 수준의 뉴베리 수상작에는 철장 속 고릴라가 주인공인 〈The One and Only Ivan〉과 사람들과 살게 된 펭귄들이 주인공인 〈Mr. Popper's Penguins〉가 있어요. 뉴욕 한복판에 사는 귀뚜라미가 주인공인 〈The Cricket in Times Square〉와 생쥐 엄마와 문명사회를 경험한 쥐들이 나오는 〈Mrs. Frisby and the Rats of NIMH〉도 동물의 모험담을 그립니다.

- Sarah, Plain and Tall (Patricia MacLachlan) AR 3.4, 단어 수 8,377개, 112쪽
- Because of Winn-Dixie (Kate DiCamillo) AR 3.9, 단어 수 22,123개, 192쪽
- Flora & Ulysses (Kate DiCamillo) AR 4.3, 단어 수 32,790개, 231쪽

패트리샤 매클라클랜의 〈Sarah, Plain and Tall〉키가 크고 수수한 새라 아줌마은 챕터북 느낌이에요. 리딩 레벨 AR 3점대에 얇은 챕터북 분량으로 뉴베리 수상작 중 가장 쉬운 편에 속해요. 그래서 제일 먼저 읽는 뉴베리 수상작이기도 해요. 하지만 20세기 초가 배경인 시대물이라 지루해하는 아이들도 있어요. 뉴베리상을 여러 번 수상한 작가 케이트 디카밀로의 〈Because of Winn-Dixie〉내 친구 윈딕시와 〈Flora & Ulysses〉초능력 다람쥐 율리시스도 추천해요. 아이의 성장 이야기를 어렵지 않게 그려냈어요.

4학년 소설

미국의 초등 4학년부터는 리딩 연습을 위해 책을 읽는 것에서 벗어나 책 읽기에 익숙해지고 즐기는 시기예요. 〈윔피키드〉 수준의 책도 재미 삼아 계속 보지만, 본격적인 책 읽기로 넘어가 좋아하는 시리즈나 선호하는 작가의 책을 찾아 읽게 돼요. 뉴베리 수상작 같은 성장소설도 읽습니다.

보통 200쪽이 넘고, 시리즈물의 경우 뒤로 갈수록 분량이 늘어 300~400쪽에 이르기도 해요. 읽기를 충분히 한 아이는 주말이나 방학에 하루 한 권씩 읽을 수도 있지만 그렇지 않은 아이는 2~3일에 한 권씩 읽기도 해요. 학기 중에는 자신이 좋아하는 두꺼운 책을 들고 학교에 가서 짬짬이 읽는 아이도 많습니다.

● **Percy Jackson and the Olympians** (Rick Riordan) AR 4.1~4.7, 권당 단어 수 63,976~89,002개, 279~381쪽, 5권 ● **D'Aulaires' Book of Greek Myths** (Ingri d'Aulaire & Edgar Parin d'Aulaire) AR 6.6, 단어 수 37,436개, 208쪽 ● **The Chronicles of Narnia** (C. S. Lewis) AR 5.4~5.9, 권당 단어 수 36,363~53,758개, 206~271쪽, 7권

4학년의 대표 책으로 가장 많이 언급하는 것은 〈Percy Jackson and the Olympians〉퍼시잭슨 시리즈입니다. 신과 인간 사이에서 태어난 주인공 퍼시잭슨이 그리스 신들과 싸우는 내용을 그려요. 〈퍼시잭슨〉 시리즈의 인기로 그리스 신화 관련한 책이 쏟아져 나왔는데, 그중 〈D'Aulaires' Book of Greek Myths〉를 권해요.

〈퍼시잭슨〉과 〈해리포터〉 시리즈가 나오기 전까지는 〈나니아 연대기〉가 가장 인기 있는 초등 판타지 소설이었어요. 〈The Chronicles of Narnia〉는 1949년부터 나왔고, 문장이 쉽지 않아 리딩 레벨이 높습니다. 요즘 나온 책들에 비해 덜 자극적이고, 작가의 명성 때문에 교사와 부모들이 좋아하는 책입니다. 앞쪽의 이미지는 〈나니아 연대기〉의 특징을 잘 보여주는 컬렉션북 표지예요. 7권을 모은 책이라 두꺼우니 단행본으로 읽기를 권해요. 흑백 삽화를 컬러로 바꾼 책이 종이 질도 더 좋아요.

● **The Land of Stories** (Chris Colfer) AR 5.0~6.1, 권당 단어 수 80,232~123,485개, 419~517쪽, 6권 ● **The Sisters Grimm** (Michael Buckley) AR 4.8~5.4, 권당 단어 수 53,611~67,761개, 240~304쪽, 9권

〈퍼시잭슨〉 다음으로 많이 읽는 책은 〈The Land of Stories〉 시리즈입니다. 그림 형제 동화에 나오는 주인공들이 한꺼번에 나오는 판타지 소설이에요. 이 책이 나오기 전까지는 그림 형제를 패러디한 소설로 〈The Sisters Grimm〉이 가장 인기 있었어요. 〈시스터즈 그림〉이 더 쉽고 얇습니다.

● **The 39 Clues** (Rick Riordan) AR 4.0~5.3, 권당 단어 수 30,127~62,541개, 156~327쪽, 11권+
● **Mr. Lemoncello's Library** (Chris Grabenstein) AR 4.2~5.3, 권당 단어 수 41,921~48,113개, 274~291쪽, 5권

〈The 39 Clues〉는 역사적 인물과 사건을 배경으로 스토리를 풀어나가는 미스터리 모험담이에요. 전 세계를 돌아다니며 급박하게 전개되어 흡인력이 있어요. 〈매직트리하우스〉처럼 논픽션 정보를 많이 접할 수 있습니다. 〈퍼시잭슨〉의 작가 릭 라이어던이 전체를 기획하고 첫 번째 책을 썼는데 나오자마자 아이들의 환호를 받았어요. 인기 작가들이 몇 권씩 나눠서 썼기 때문에 책마다 다른 문체와 각각의 사건 해결 방식을 찾는 재미도 있어요.

〈Mr. Lemoncello's Library〉 시리즈는 〈찰리와 초콜릿 공장〉의 도서관 버전이에요. 책과 연관된 퀴즈가 나오고, 도서관 안에서 시합이 이루어져 부모와 교사들에게 환영받는 책이에요.

동물 판타지 시리즈로는 드래곤이 주인공인 〈Wings of Fire〉와 고

● **Wings of Fire** (Tui T. Sutherland) AR 5.0~5.6, 권당 단어 수 59,016~91,015개, 320~432쪽, 14권~ ● **Warriors** (Erin Hunter) AR 4.0~6.3, 권당 단어 수 65,000~82,000개 전후, 300~420쪽 전후, 60권+~

양이가 주인공인 〈Warriors〉가 인기 있어요. 특히 〈Warriors〉 시리즈는 6권이 한 세트로 7세트까지 나왔고, 한번 읽으면 헤어나오지 못하는 중독성 때문에 다독으로 이끄는 책입니다.

사회 약자에 대한 친절을 일깨우는 책

● **Wonder** (R. J. Palacio) AR 4.8, 단어 수 73,053개, 320쪽 ● **Out of My Mind** (Sharon M. Draper) AR 4.3, 단어 수 56,872개, 320쪽 ● **El Deafo** (Cece Bell) AR 2.7, 단어 수 17,071개, 248쪽 ● **Wonderstruck** (Brian Selznick) AR 5.4, 단어 수 26,125개, 608쪽

〈Wonder〉는 2012년에 나온 이후 베스트셀러, 스테디셀러, 추천 도서 목록에서 빠지지 않고 등장하는 현대판 고전입니다. 안면 기형으로 홈스쿨을 했던 주인공이 5학년 때 처음 학교생활을 시작하면서 일 년간 겪는 일들이 내용이에요. 장애, 편견, 왕따 같은 무거운 주제를 다루지만 유머, 감동, 교훈이 있어요. 친절한 눈길이나 말 한마디의 중요성, 작은 친절을 베풀기 위한 용기, 희생이 사람과 세상을 어떻게 바꾸는지를 담고 있어요. 〈Wonder〉를 좋아하는 아이에게는 〈Out of My Mind〉를 권합니다. 몸이 불편하지만 똘똘한 여자아이의 심리와 내면, 특별함을 통쾌하게 그려낸 책으로 감동과 재미를 보장해요.

청각 장애를 가진 여자아이가 주인공인 책 중 그래픽 노블로 뉴베리상을 수상한 〈El Deafo〉와 칼데콧 수상 작가인 브라이언 셀즈닉의 〈Wonderstruck〉도 좋아요.

학교와 가정을 배경으로 한 일상

- **Mr. Terupt** (Rob Buyea) AR 3.7~5.1, 권당 단어 수 37,164~69,837개, 269~371쪽, 4권
- **Willow Falls** (Wendy Mass) AR 4.1~4.7, 권당 단어 수 45,733~89,334개, 246~341쪽, 5권

학교를 배경으로 한 일상 이야기로 〈Mr. Terupt〉 시리즈를 권합니다. 선생님이 주인공이고 초등학교 교실의 아이들 모습을 그리고 있어요. 1권에서는 아이들이 5학년, 4권에서는 8학년이에요. 삽화가 없고 글밥이 많지만 재미있고 잔잔한 감동을 주는 책입니다. 앤드루 클레먼츠의 〈School〉 시리즈를 좋아했던 아이에게 특히 추천해요.

웬디 매스는 여자아이들의 감성을 잘 그려낸 작가예요. 4~8학년 아이들이 읽을 만한 책을 많이 썼어요. 그중 〈Willow Falls〉는 한 동네에 사는 중학생 소녀들의 성장 이야기에 작은 판타지 요소를 가미해 더 재미있고 신비롭게 그렸어요.

쉘 실버스타인은 미국 초등학생들이 가장 많이 읽는 시인이에요. 검

(Shel Silverstein) ●Where the Sidewalk Ends ●A Light in the Attic

은 잉크로만 그린 독특한 삽화와 솔직한 내용으로 인기 있어요. 대표작인 〈Where the Sidewalk Ends〉와 〈A Light in the Attic〉은 AR 4점대로 챕터북을 수월하게 읽을 수 있는 시기에 읽기 좋아요. 시의 특성상 언어유희가 많기 때문에 해석하는 능력 이상을 요구해요. 단어를 알아도 즐기기 힘들 수도 있고, 단어를 몰라도 리듬감을 즐기며 읽을 수 있어요. 원서 읽기를 늦게 시작한 아이 중 챕터북은 유치해서 싫다는 경우에도 권해요. 시니컬한 장난이 코드에 맞는다면 낄낄거리며 읽을 수 있는 책이에요.

4학년 아이가 읽기 좋은 뉴베리 수상작

- **From the Mixed-Up Files of Mrs. Basil E. Frankweiler** (E. L. Konigsburg)
  AR 4.7, 단어 수 30,906개, 176쪽
- **Holes** (Louis Sachar) AR 4.6, 단어 수 47,079개, 240쪽
- **Rules** (Cynthia Lord) AR 3.9, 단어 수 31,368개, 200쪽

아이들의 일상과 일상 밖 모험을 그리면서 주인공이 성장하는 책으로 E. L. 코닉스버그의 〈From the Mixed-Up Files of Mrs. Basil E. Frankweiler〉클로디아의 비밀와 루이스 새커의 〈Holes〉구덩이, 자폐를 앓는 동생 때문에 힘들어하는 누나가 주인공인 신시아 로드의 〈Rules〉우리들만의 규칙가 있습니다.

- **The Tale of Despereaux** (Kate DiCamillo) AR 4.7, 단어 수 32,375개, 272쪽
- **The Girl Who Drank the Moon** (Kelly Barnhill) AR 4.8, 단어 수 83,254개, 400쪽
- **Where the Mountain Meets the Moon** (Grace Lin) AR 5.5, 단어 수 42,634개, 278쪽

판타지 소설로 주인공의 역경과 성장을 잘 그려내 뉴베리상을 받은 책으로는 케이트 디카밀로의 〈The Tale of Despereaux〉생쥐 기사 데스페로, 켈리 반힐의 〈The Girl Who Drank the Moon〉달빛 마신 소녀, 그레이스 린의 〈Where the Mountain Meets the Moon〉산과 달이 만나는 곳을 추천합니다.

- **Number the Stars** (Lois Lowry) AR 4.5, 단어 수 27,197개, 160쪽
- **Little House on the Prairie** (Laura Ingalls Wilder) AR 4.6~5.8, 권당 단어 수 24,016~67,928개, 160~384쪽, 9권

역사소설로 분류되는 책으로는 2차 세계대전 당시를 배경으로 한 로이스 로우리의 〈Number the Stars〉별을 헤아리며와 19세기 후반 미국 시골을 배경으로 한 로라 잉걸스 와일더의 〈Little House on the Prairie〉초원의 집 시리즈가 있어요. 〈초원의 집〉은 모두 9권인데, 4권부터 8권까지 다섯 권이 뉴베리 아너를 받았어요. 3권 〈Little House on the Prairie〉가 전체 시리즈의 제목이에요.

5학년 소설

미국 5학년은 초등학교에서 가장 높은 학년입니다. 리딩 레벨도 오르고 책 읽는 속도도 빨라지는 시기예요. 이때부터는 분량이 책을 고르는 중요한 변수가 아니에요. 각자 관심 분야의 책을 골라 읽을 때입니다. 부모나 선생님의 조언보다 아이 스스로 원하는 책을 고르되, 또래 친구들이 어떤 책을 읽느냐에 따라 그 영향을 많이 받아요.

취향이 확고해지는 시기라서 특정 장르의 책만 읽기도 합니다. 판타지, 미스터리, 로맨스만 읽는다고 아이의 독서 편식을 걱정하는 엄마들이 나와요. 소설은 싫어하고 논픽션만 선호하는 아이도 나와요. 학교에

서 배우는 것으로 충분하다며 논픽션은 어렵고 재미없는 것으로 생각하는 아이도 많아집니다.

뉴베리 수상작을 본격적으로 읽을 수 있는 시기예요. 뉴베리 수상작에는 가족이나 친구 관계를 통해 주인공이 성장하는 이야기를 그린 책이 많아요. 소중한 이를 잃는다거나 따돌림이나 외로움을 경험하거나, 인종차별을 겪는 아이들이 등장합니다. 역사적 사실을 배경으로 아이의 모험과 성장을 그린 책이 많아지는 시기입니다.

(J. K. Rowling) ● **Harry Potter** AR 5.5~7.2, 권당 단어 수 77,508~257,154개, 309~896쪽, 7권+
(Rick Riordan) ● **The Heroes of Olympus** AR 4.5~5.2, 권당 단어 수 111,748~132,818개,
560~720쪽, 5권 ● **The Kane Chronicles** AR 4.5~4.8, 권당 단어 수 98,599~124,305개,
416~528쪽, 3권 ● **Magnus Chase and the Gods of Asgard** AR 4.1~4.7, 권당 단어 수
63,976~89,002개, 432~512쪽, 3권

5학년 아이들의 책을 대표하는 것은 〈해리포터〉예요. 영화의 영향으로 더 어릴 때 〈해리포터〉를 읽기도 하지만, 책 내용을 제대로 이해하면서 재미있게 읽을 수 있는 나이는 5학년 이후예요. 저학년 때 〈해리포터〉를 펼쳤다가 어렵거나 무서워서 책을 덮었던 아이들이 다시 펼쳐 드는 시기이기도 해요.

4학년 때 〈퍼시잭슨〉 시리즈를 읽은 아이는 릭 라이어던의 책을 계속 읽어나갑니다. 릭 라이어던은 신화를 공부한 교사 출신이라 4~8학년 아이의 눈높이에 맞는 신화 관련 도서를 계속 써내고 있어요. 그리스 신화를 각색한 〈퍼시잭슨〉 시리즈의 후속편 〈The Heroes of

Olympus〉에는 로마 신화를, 〈The Kane Chronicles〉에는 이집트 신화를, 〈Magnus Chase and the Gods of Asgard〉에는 북유럽 신화를 바탕으로 한 이야기를 그렸습니다.

● **Artemis Fowl** (Eoin Colfer) AR 5.0~6.6, 권당 단어 수 56,684~83,441개, 277~480쪽, 8권+ ● **A Series of Unfortunate Events** (Lemony Snicket) AR 6.2~7.4, 권당 단어 수 24,130~53,274개, 142~368쪽, 13권 ● **The City of Ember** (Jeanne DuPrau) AR 4.9~5.2, 권당 단어 수 59,937~71,675개, 270~352쪽, 4권

〈해리포터〉가 마법을 다루는 판타지 세상을 그린 데 비해 이오인 콜퍼의 〈Artemis Fowl〉아르테미스 파울 시리즈는 요정 세계를 그려요. 천재적인 국제 범죄자의 아들인 아르테미스는 아버지의 실종 이후 가족을 지키기 위한 싸움을 하게 되는데, 그가 싸우는 존재는 최첨단 무기를 사용하는 요정들이에요. 판타지와 미스터리와 첩보물이 적절하게 섞인 책입니다. 2020년 디즈니에서 나온 영화는 〈해리포터〉의 어둡고 무서운 분위기와는 사뭇 다른 신비로운 세계를 보여주고 있어요.

〈A Series of Unfortunate Events〉는 한글판 〈위험한 대결〉의 원서로 졸지에 고아가 된 삼 남매의 고군분투를 다뤄요. 나쁜 어른들과의 싸움이지만 아이들이 문제를 해결하면서 성장하는 모습을 그리고 있어요. 꽤 어둡고 무거운 분위기라서 싫어하는 아이도 있어요. 영화로도 나왔습니다.

잔 뒤프라우의 〈The City of Ember〉 시리즈는 재앙에서 살아남은 마지막 인류를 그린 디스토피아 소설이에요. 어둠이 지배하는 땅속 세상에 빛을 가져오기 위해 애쓰는 아이들이 주인공입니다. 디스토피아 세계관에서 볼 수 있는 요소들을 초등학생 수준으로 잘 버무렸어요.

(Pam Munoz Ryan) ● **Esperanza Rising** AR 5.3, 단어 수 41,905개, 262쪽 ● **Echo** AR 4.9, 단어 수 87,970개, 592쪽

팜 뮤뇨스 라이언의 〈Esperanza Rising〉에스페란사의 골짜기은 부잣집 외동딸이었던 주인공이 아빠를 잃은 후 엄마와 미국으로 건너가 농장에서 일을 하며 적응하는 모습을 그렸어요. 1930년 미국 경제 대공황 시기, 열악한 환경에서도 희망을 잃지 않고 성장하는 이야기입니다. 작가의 할머니 삶을 그린 책으로 라틴 문화를 잘 그려낸 책에 주는 푸라 벨프레(Pura Belpre)상을 받았어요. 작가는 2차 세계대전을 배경으로 한 소설 〈Echo〉로 뉴베리상도 받았어요. 그림 형제의 전래 동화처럼 옛날 옛적 마녀의 저주로 이야기를 시작해요. 이후 독일 나치 치하의 소년, 경제 대공황 시기의 미국 백인 고아 소년, 2차 세계대전 중 미국의 히스패닉 소녀와 일본인까지 다양한 사람이 등장합니다. 음악에 대한 사랑과 열정이라는 공통점이 다른 장소와 시기를 사는 그들의 삶을 어떻게 변화시키는지를 잘 엮은 책이에요.

〈윔피키드〉를 좋아했던 아이들은 학교를 배경으로 한 일상을 그린 〈Dork Diaries〉와 〈Big Nate〉를 많이 읽어요. 이 책들에 관해서는

5장 그래픽 노블에서 자세히 설명했습니다.

● **Dork Diaries** (Rachel Renee Russell) AR 4.2~5.4, 권당 단어 수 20,886~29,745개, 272~368쪽, 14권~ ● **Big Nate** (Lincoln Peirce) AR 2.3~3.3, 권당 단어 수 7,729~22,792개, 176~376쪽, 24권+~

5학년 아이가 읽기 좋은 뉴베리 수상작

5학년 수준의 책을 읽게 되면 웬만한 뉴베리 수상작은 다 읽을 수 있어요. 주인공 나이도 5~7학년이 가장 많고, 사춘기 초입 무렵 아이의 성장을 다룬 책이 많기 때문이에요. 그중 가장 인지도가 높은 책 몇 권을 소개할게요.

● **Hatchet** (Gary Paulsen) AR 5.7, 단어 수 42,328개, 195쪽
● **Island of the Blue Dolphins** (Scott O'Dell) AR 5.4, 단어 수 50,531개, 192쪽
● **The Sign of the Beaver** (Elizabeth George Speare) AR 4.9, 단어 수 32,818개, 135쪽

자연에서 홀로 생존하기 위해 애쓰는 아이를 그린 책들이에요. 게리 폴슨의 〈Hatchet〉손도끼은 사고로 산속에 불시착한 남자아이가 손도끼 하나로 54일간 생존하는 이야기입니다. 스콧 오델의 〈Island of the Blue Dolphins〉푸른 돌고래 섬는 무인도에서 18년간 혼자 살아남은 소녀의 실화를 바탕으로 한 역사소설이고요. 섬에서 나고 자랐으나 육지로 이주 중 혼자 남겨진 이야기라서 무인도에 표류한 이들과는 다른 생존 방식을 보여줍니다. 엘리자베스 G. 스피어의 〈The Sign of the Beaver〉비버족의 표식는 가족이 집을 비운 사이 집에 혼자 남은 13세 소년이 인디언들의 도움으로 생존하는 이야기예요.

- **Walk Two Moons** (Sharon Creech) AR 4.9, 단어 수 59,400개, 280쪽
- **Bud, Not Buddy** (Christopher Paul Curtis) AR 5.0, 단어 수 52,179개, 288쪽
- **A Wrinkle in Time** (Madeleine L'Engle) SF, AR 4.7, 단어 수 49,965개, 256쪽

부모를 찾기 위한 여정을 통해 성장하는 아이를 그린 책들입니다. 샤론 크리치의 〈Walk Two Moons〉두 개의 달 위를 걷는는 엄마를 찾기 위해 길을 떠난 여자아이의 로드 무비 형식이에요. 크리스토퍼 폴 커티스의 〈Bud, Not Buddy〉난 버디가 아니라 버드야는 엄마의 죽음 후 아빠를 찾아가는 소년의 이야기입니다. 경제 대공황으로 힘든 시대를 배경으로 한 고생담인데도 주인공이 희망을 잃지 않게 잘 풀어냈어요. 매들렌 렝글의 〈A Wrinkle in Time〉시간의 주름은 천재 과학자인 아빠를 찾아 우주로 나간 아이들을 그렸어요.

- **Maniac Magee** (Jerry Spinelli) AR 4.7, 단어 수 35,427개, 184쪽
- **One Crazy Summer** (Rita Williams-Garcia) AR 4.6, 단어 수 45,483개, 218쪽
- **New Kid** (Jerry Craft) AR 2.9, 단어 수 13,779개, 256쪽

인종차별이 만들어낸 갈등 상황을 배경으로 아이들의 성장을 그린 책입니다. 제리 스피넬리의 〈Maniac Magee〉하늘을 달리는 아이는 가정이 없는 백인 소년이 백인 지역과 흑인 지역을 오가며 일으키는 변화를 그렸어요. 그 과정에서 가정을 발견하는 아이의 모습이 감동적이에요.

리타 윌리엄스 가르시아의 〈One Crazy Summer〉어느 뜨거웠던 날들는 인권 운동으로 뜨거웠던 미국 서부의 1968년 여름을 그립니다. 자신들을 버리고 떠난 엄마를 찾아 동부에서 서부로 간 세 자매가 흑인 인권 운동에 대해, 자신들의 정체성과 엄마에 대해 알아가는 모습을 담았어요. 제리 크래프트의 〈New Kid〉뉴 키드는 교육열이 높은 전문직 부모의 자녀가 주인공이에요. 흑인에 대한 전형적인 편견 때문에 좌충우돌하며 성장하는 모습을 그린 그래픽 노블입니다.

● **Bridge to Terabithia** (Katherine Paterson) AR 4.6, 단어 수 32,888개, 128쪽

캐더린 패터슨의 〈Bridge to Terabithia〉비밀의 숲 테라비시아는 친구를 통해 성장하는 남자아이의 모습을 그렸어요. 고달픈 현실을 벗어나 '테라비시아'라는 상상의 세계로 도망갈 수 있었던 다리를 놓아준 친구와 스스로 그 다리를 재건할 수 있을 만큼 성장하는 주인공 이야기예요.

초등 소설 작가를 대표하는 로알드 달

로알드 달은 초등학생 소설의 대표적인 인기 작가입니다. 아이들을 사로잡는 캐릭터와 사건, 빠르고 재미있는 스토리 전개로 사랑받고 있어요. 라임을 잘 살린 단어 표현으로 소리 내서 읽거나 오디오북과 함께 들으면 더 신납니다. 챕터북에서 소설로 넘어갈 때 유용해요. 로알드 달 책의 주인공은 다른 콘텐츠에서도 자주 등장해요. 여러 권 영화로도 만들어졌어요. 원서를 읽기 힘들면 한글판이나 영화라도 보면 좋아요.

(Roald Dahl) ● Fantastic Mr. Fox ● Charlie and the Chocolate Factory ● James and the Giant Peach ● Matilda ● The BFG ● The Witches

책과 영화 모두 인기 있는 책들이에요. 로알드 달을 한 권만 읽는다면 보통 〈Charlie and the Chocolate Factory〉를 읽어요. 두 권만 읽는다면 〈Matilda〉까지 권하죠. 위의 6권을 읽으면 대표적인 책은 다 읽었다고 할 수 있어요.

로알드 달의 명성 때문에 그의 책을 8~17권 묶어서 파는 세트를 사는 경우도 많아요. 그럴 때는 위의 책이 아닌 좀 더 쉬운 책부터 읽어야 해요. 다음은 리딩 레벨과 단어 수, 내용을 고려해 연령별로 분류했어요. 각 연령대에서도 먼저 읽으면 좋은 순서로 나열했어요.

2학년 수준: 얇은 책 중 먼저 읽을 책

흔히 엄마들이 '로알드 달의 얇은 책'이라고 부르는 책이에요. 그중 〈The Enormous Crocodile〉은 권장 연령이 가장 어린 만 7세 이상이고, 다른 책은 만 8세 이상이에요. 그림책 느낌으로 로알드 달 책 중 가장 먼저 읽을 만해요. 〈Mr. Fox〉의 영화는 애니메이션이 아닌 인형을 이용한 스톱 모션 무비라서 인형극을 보는 느낌이 들어요.

(Roald Dahl) ●**The Enormous Crocodile** 침만 꼴깍꼴깍 삼키다 소시지가 되어버린 악어 이야기 AR 4.0, 단어 수 2,871개, 42쪽 ●**The Magic Finger** 요술 손가락 AR 3.1, 단어 수 3,724개, 63쪽 ●**George's Marvelous Medicine** 조지, 마법의 약을 만들다 AR 4.0, 단어 수 11,963개, 89쪽 ●**Fantastic Mr. Fox** 멋진 여우씨 (영화) AR 4.1, 단어 수 9,387개, 90쪽

2~3학년 수준: 얇은 책 중 나중 읽을 책

이 책들은 얇은 책 중에서 내용이 좀 더 어려운 책이에요. 앞의 책들에 비해 인기도 덜해서 안 읽어도 무방한데, 로알드 달 특유의 악동 같은 괴짜스러움을 좋아한다면 〈The Twits〉를 추천해요.

(Roald Dahl) ●**The Twits** 멍청 씨 부부 이야기 AR 4.4, 단어 수 8,265개, 96쪽 ●**Esio Trot** 아북거, 아북거 AR 4.4, 단어 수 4,292개, 72쪽 ●**The Giraffe and the Pelly and Me** 창문닦이 삼총사 AR 4.7, 단어 수 6,702개, 80쪽 ●**Billy and the Minpins** 민핀 AR 5.1, 단어 수 6,904개, 47쪽 ●**Dirty Beasts** 로알드 달의 무섭고 징그럽고 끔찍한 동물들 32쪽

3학년 수준

〈Charlie and the Chocolate Factory〉는 로알드 달의 대표작이고, 영화도 잘 만들어진 편이라 함께 즐기기 좋아요. 이 책의 속편이 〈Charlie and the Great Glass Elevator〉예요. 〈James and the Giant Peach〉도 영화까지 만들어졌는데, 벌레들이 등장하다 보니 호불호가 나뉘는 영화예요. 〈The Missing Golden Ticket and Other Splendiferous Secrets〉은 〈찰리와 초콜릿 공장〉의 팬들을 위한 후기 같은 책이에요. 속편으로도 모자라 아직도 궁금한 게 남은 이들에게만 권해요.

(Roald Dahl) ●**Charlie and the Chocolate Factory** 찰리와 초콜릿 공장 (영화) AR 4.8, 단어 수 30,644개, 176쪽 ●**Charlie and the Great Glass Elevator** 찰리와 거대한 유리 엘리베이터 AR 4.4, 단어 수 32,107개, 159쪽 ●**James and the Giant Peach** 제임스와 슈퍼 복숭아 (영화) AR 4.8, 단어 수 23,843개, 160쪽 ●**The Missing Golden Ticket and Other Splendiferous Secrets** AR 6.0, 단어 수 8,852개, 128쪽

4~5학년 수준

(Roald Dahl) ●**Matilda** 마틸다 (영화) AR 5.0, 단어 수 40,009개, 240쪽 ●**The BFG** 내 친구 꼬마 거인 (영화) AR 4.8, 단어 수 37,568개, 208쪽 ●**The Witches** 마녀를 잡아라 (영화) AR 4.7, 단어 수 35,987개, 208쪽 ●**Danny, the Champion of the World** 우리의 챔피언 대니 AR 4.7, 단어 수 40,084개, 224쪽

〈Matilda〉는 책 앞부분을 어렵게 느끼는 아이가 꽤 있어서 저학년에게는 권하지 않아요. 아이를 함부로 대하는 어른들이 등장하는 게 로알드 달 책의 특징이지만, 이 책에서는 그게 부모여서 더 충격적일 수 있어요. 〈The BFG〉는 작가가 새로 만든 단어가 많아서 읽기 힘들어하는 아이도 있어요. 〈The Witches〉는 마녀가 악센트가 있는 영어를 구사해요. 외국인의 발음을 표현하기 위해 W가 모두 V로 적혀 있어요. 예를 들어 Want는 Vant로. 이런 게 헷갈리지 않는 나이에 읽기를 권해요. 〈Danny, the Champion of the World〉는 로알드 달의 여느 책과 분위기가 사뭇 다른 책이에요. 마냥 웃기는 내용이 아니라서 지루하거나 어렵다고 느끼는 아이가 많아요.

자전적 소설

(Roald Dahl) ● **Boy** 로알드 달의 발칙하고 유쾌한 학교 AR 6.0, 단어 수 35,928개, 160쪽
● **More About Boy** AR 6.2, 단어 수 47,471개, 229쪽 ● **Going Solo** 로알드 달의 위대한 단독
비행 AR 6.1, 단어 수 57,047개, 224쪽 ● **D is for Dahl** AR 6.6, 단어 수 19,287개, 149쪽

자전적 소설을 재미없어하는 아이가 많아요. 하지만 로알드 달 작가에게 관심이 있고 전
기를 좋아한다면 권합니다. 〈D is for Dahl〉은 로알드 달이 직접 쓴 책이 아니에요. '알
파벳 글자 is for ~' 같은 제목은 주로 알파벳 책 형식이나 사전 형식이에요. 이 책도 로
알드 달과 그의 작품에 대한 백과사전 같은 책이에요. 그의 작품을 어느 정도 읽은 후에
봐야 재미있어요.

라임을 잘 살린 시집과 요리책

(Roald Dahl) ● **Revolting Rhymes** 백만장자가 된 백설공주 AR 4.4, 단어 수 4,145개, 48쪽
● **Revolting Recipes** 32쪽 ● **Even More Revolting Recipes** 64쪽 ● **Completely
Revolting Recipes** 128쪽

로알드 달의 책을 모두 찾아 읽겠다는 아이라면 이 책도 좋아할 거예요. 〈Revolting
Rhymes〉는 〈백설공주〉, 〈신데렐라〉, 〈아기 돼지 삼 형제〉 같은 동화를 로알드 달 스타
일로 패러디한 책이에요. 〈Roald Dahl's Revolting Recipes〉, 〈Roald Dahl's Even
More Revolting Recipes〉, 〈Roald Dahl's Completely Revolting Recipes〉는 로
알드 달만 생각할 수 있을 것 같은 괴상한 레시피를 모은 책이에요. 로알드 달 책의 주인
공들이 등장해서 더 재미있어요.

로알드 달 책 속에 들어 있는 퀸틴 블레이크(Quentin Blake)의 독특한 삽화가 로알드 달의 인기에 한몫했지만, 책이 나온 지 오래되어 요즘 아이들 취향에는 맞지 않는 부분도 있어요. 펜으로 그린 흑백 삽화가 싫다는 아이라면 컬러판을 사 주세요.

데이비드 윌리엄스의 책들

(David Walliams) ● Gangsta Granny ● Midnight Gang ● Grandpa's Great Escape ● The Ice Monster

로알드 달 책을 다 읽고 이와 비슷한 책을 더 원하는 아이라면 데이비드 윌리엄스의 책을 권합니다. 〈Gangsta Granny〉, 〈Midnight Gang〉, 〈Grandpa's Great Escape〉, 〈The Ice Monster〉가 특히 인기 있어요

중학생 소설

미국의 중학생은 6~8학년입니다. 나이에 틴(Teen)이 들어가는 만 13세(Thirteen)부터 만 19세(Nineteen)까지를 틴에이저(Teenager)로 불러요. 8학년부터 틴에이저인데, 같은 중학생인 6~7학년생도 자신이 틴에이저에 가깝다고 생각합니다. 그래서 6~7학년생을 부르는 프리틴(Preteen)이라는 말이 따로 있어요. 프리틴(에이저)들은 틴에이저가 읽는 책을 읽고 싶어 하는 경향이 있어요. 그래서 영 어덜트 책을 읽는 아이도 있어요. 하지만 영 어덜트 책은 자극적인 내용이 많으니 조심해야 해요.

어려서부터 책을 꾸준히 읽으면서 자란 아이와 그렇지 않은 아이의 독서량과 수준 차이가 극명해지는 시기예요. 어린이 책은 시시하고 청소년 책은 어려워하는 애매한 시기이기도 하고요. 관심 분야의 책은 청소년이나 성인용 책도 잘 읽지만, 관심 없는 분야, 특히 논픽션은 초등 수준을 못 벗어나기도 합니다.

특정 장르의 독서 편식도 심해져 취향에 맞는 책만 골라 읽는 아이도 많아요. 게임이나 SNS에 빠져 책을 아예 안 읽는 아이도 많고요. 학교 수업 시간에 읽는 책이 전부인 아이도 있어요.

이 시기에 읽는 책은 사춘기가 본격적으로 시작되는 연령대라 성장 이야기를 다룬 책이 많습니다. 판타지나 미스터리 같은 다른 장르의 책을 읽어도 책 속의 주인공은 육체적·정신적·사회적 변화와 성장을 경험해요.

중학생은 뉴베리 수상작을 제대로 고민하고 생각하면서 읽을 수 있는 나이예요. 학교에서 인종차별이나 유대인 학살에 관해 배우기 때문에 이런 주제나 시대를 배경으로 한 역사소설도 읽을 때예요. 시대 변화나 인권을 다루는 디스토피아 소설도 마찬가지고요.

성장소설

● **Flipped** (Wendelin Van Draanen) AR 4.8, 단어 수 55,502개, 256쪽 ● **Tuck Everlasting** (Natalie Babbitt) AR 5.0, 단어 수 27,848개, 160쪽 ● **Stargirl** (Jerry Spinelli) AR 4.2, 단어 수 41,214개, 208쪽 ● **Counting by 7s** (Holly Goldberg Sloan) AR 5.6, 단어 수 62,677개, 416쪽

웬들린 밴 드라닌의 〈Flipped〉플립는 8학년 여자아이와 남자아이가 번갈아가며 화자로 등장하는 소설이에요. 2학년 때부터 동네 친구로 자란 아이들이 우정과 첫사랑 언저리에서 머뭇거리며 성장하는 이야기예요. 로맨스 소설의 향기를 풍기면서, 삶을 바라보는 지혜와 사람을 보는

안목에 대해 그렸어요. 리딩 레벨 4점대의 얇은 책이라 원서 읽기를 늦게 시작한 중고생이나 성인에게도 자주 권하는 책이에요. 영화도 있으니 함께 보면 더 효과적이에요.

나탈리 배비트의 〈Tuck Everlasting〉트리갭의 샘물에 나오는 열 살짜리 주인공은 영원히 죽지 않게 하는 샘물을 마신 가족을 만납니다. 그들은 샘물을 마시고 같이 살자는 제안을 하면서도 영원히 사는 것의 고통에 대해 토로해요. 샘물의 비밀을 알아낸 사기꾼마저 나타났어요. 죽음이 없는 인생이 과연 의미가 있는지, 이를 고민하는 주인공과 함께 독자도 심각한 고민에 빠지게 되는 책입니다. 1975년에 나오자마자 교사와 사서들의 엄청난 지지를 받으며 필독서 반열에 올라섰고, 영화도 두 편이나 나왔어요. 1880년대 배경이고 판타지 장르라 그런지 고전을 읽는 느낌이 나요.

제리 스피넬리의 〈Stargirl〉스타걸은 평범한 고등학생 남자아이의 일상에 찾아온 평범하지 않은 여자친구에 관한 이야기예요. 그의 모노톤 세상을 총천연색으로 바꿔준 개성 넘치는 여자친구는 인기를 얻고, 덕분에 옆에 있던 주인공도 존재감이 살아나 인기인으로 탈바꿈하게 돼요. 하지만 독특한 여자친구의 개성과 자유로움을 이해하지 못하는 학생들로 인해 갈등을 겪고 성장하는 모습을 그렸어요. 고등학생들이 주인공이지만 비교적 내용이 순해 7학년 이상이면 읽을 수 있어요. 2020년에 디즈니에서 영화로 만들었어요.

홀리 골드버그 슬로언의 〈Counting by 7s〉나의 세 번째 가족는 양부모의 죽음으로 혼자 남겨진 소녀가 주인공입니다. 천재적인 두뇌를 가지고 있지만 세상과 소통하는 데 어려움을 겪는 소녀가 상처를 극복하고 성장하는 이야기예요.

역사소설

(Linda Sue Park) ● **A Long Walk to Water** AR 5.0, 단어 수 21,221개, 128쪽
● **A Single Shard** AR 6.6, 단어 수 33,726개, 176쪽

린다 수 박의 〈A Long Walk to Water〉우물 파는 아이들는 오랜 내전으로 고통받는 아프리카 수단 아이들이 주인공입니다. 1985년 난민이 되어 에티오피아를 거쳐 미국으로 간 소년과 2008년 물을 긷기 위해 하루에 8시간씩 걸어야 하는 소녀가 번갈아 가며 화자로 등장해요. 신화를 바탕으로 한 이야기를 작가가 아름답게 풀어내어 평도 좋고 인기도 많아요. 린다 수 박은 도예가가 되고 싶은 고려 시대 소년의 이야기를 쓴 〈A Single Shard〉사금파리 한 조각로 2002년 뉴베리 메달을 받은 한국계 작가입니다.

앨런 그라츠의 〈Refugee〉난민, 세 아이 이야기는 시대와 국가가 다른 세 아이가 난민이 되어 새로운 삶을 찾아가는 과정을 그립니다. 1930년대

● **Refugee** (Alan Gratz) AR 5.3, 단어 수 65,915개, 352쪽
● **The Diary of a Young Girl** (Anne Frank) AR 6.5, 단어 수 82,762개, 304쪽
● **The Boy in the Striped Pajamas** (John Boyne) AR 5.8, 단어 수 46,778개, 216쪽

나치 독일에 살던 유대인 소년, 1994년 쿠바에 살던 소녀, 2015년 내전 중인 시리아에 살던 소년의 이야기가 번갈아가며 한 주제를 이야기하고 있어요.

다음은 2차 세계대전 중 유대인의 실태를 그린 두 권의 책입니다. 〈The Diary of a Young Girl〉안네 프랑크의 일기은 7~8학년 수업 시간 많이 읽어요. 유대인 소녀 안네 프랑크가 나치의 눈을 피해 2년 동안 숨어 지내며 쓴 일기입니다.

존 보인의 〈The Boy in the Striped Pajamas〉줄무늬 파자마를 입은 소년는 2차 세계대전 중인 1942년 아우슈비츠 수용소가 배경이에요. 군인인 아빠의 승진으로 이사를 한 곳에서 철조망 너머에 있는 줄무늬 파자마를 입은 소년과 친구가 돼요. 독일인 아이가 경험한 유대인 학살을 그리고 있습니다.

● **Fever 1793** (Laurie Halse Anderson) AR 4.4, 단어 수 51,076개, 272쪽
● **Chains** (Laurie Halse Anderson) AR 5.2, 단어 수 75,475개, 338쪽

로리 할츠 앤더슨은 역사적 사건을 배경으로 한 성장소설로 인정받는 작가입니다. 〈Fever 1793〉열병의 계절은 1793년에 필라델피아 지역에 퍼졌던 전염병이 소재예요. 독립 전쟁 직후의 정치적·사회적 상황과 여성과 흑인의 인권을 잘 표현하면서도 열네 살 여자아이가 역경을 극복하며 성장하는 모습을 잘 그렸습니다.

〈Chains〉맨발로 희망을 쏘다는 미국 독립 전쟁 당시의 흑인 노예 소녀가 주인공이에요. 영국으로부터 정치적 자유를 얻기 위해 싸우는 미국 독립군은 영국 국왕파의 노예인 주인공을 스파이로 이용합니다. 엄마의 죽음 이후 동생을 지키기 위해 스파이 노릇을 해가며 자유를 찾으려 애쓰는 모습을 그립니다. 후속편 〈Forge〉, 〈Ashes〉를 묶어 〈The Seeds of America〉 시리즈가 되었어요.

디스토피아 소설

● **The Giver** (Lois Lowry) AR 4.9~5.7, 권당 단어 수 36,627~76,096개, 192~400쪽, 4권
● **The Maze Runner** (James Dashner) AR 5.0~5.7, 권당 단어 수 86,298~101,182개, 368~400쪽, 5권 ● **The Hunger Games** (Suzanne Collins) AR 5.3~6.1, 권당 단어 수 99,750~150,442개, 384~528쪽, 4권

전쟁, 자연재해, 전염병 등으로 암울해진 미래 사회를 그린 디스토피아 소설 중 영화로도 제작된 인기 도서들입니다.

로이스 로우리의 〈The Giver〉기억전달자는 1994년 뉴베리 메달을 받은 책으로 이후에 나오는 디스토피아 소설에 많은 영향을 끼쳤어요. 무거운 주제를 아이들 눈높이에 맞춰 쉽게 써서 7~8학년 수업 시간 많이 읽어요. 4권 시리즈이지만 1권만 읽는 아이가 대부분이에요.

제임스 대시너의 〈The Maze Runner〉메이즈 러너는 인위적으로 만든 위험한 미로에서 탈출하려는 아이들의 모습을 그립니다. 이 거대한 미로는 자연재해로 망가진 세상에 전염성과 치사율까지 높은 바이러스가 퍼지자, 세상을 구하기 위해 아이들을 실험 대상으로 만든 후 가둬놓은 곳이에요.

수잔 콜린스의 〈The Hunger Games〉헝거 게임는 독재자가 권력을 유지하기 위해 각 지역의 아이들을 차출해 벌이는 생존 리얼리티 쇼예요. 마지막 한 명이 남을 때까지 게임을 진행하며, 살아남기 위해 다른 아이를 죽이는 모습을 실시간 관찰 예능으로 중계해요. 주인공은 자신과 가족의 생존을 위해 싸우는 소녀에서 잘못된 체제의 변화를 이끄는 존재로 성장합니다.

〈메이즈 러너〉와 〈헝거 게임〉을 읽는 독자는 죽음으로까지 내몰리며 끊임없이 생존 경쟁을 하는 디스토피아 사회 아이들의 모습에서, 현대 사회에서 생존 경쟁을 위해 달리는 자신의 모습을 보게 됩니다.

판타지 소설

● **Alex Rider** (Anthony Horowitz) AR 4.8~5.6, 권당 단어 수 47,510~99,767개, 304~432쪽, 12권+~
● **Ranger's Apprentice** (John Flanagan) AR 5.8~7.0, 권당 단어 수 68,203~118,509개, 288~464쪽, 11권+

앤터니 호로비츠의 〈Alex Rider〉알렉스 라이더 시리즈는 007 첩보물의 청소년 버전이에요. 평범한 학생에서 정보기관의 스파이가 된 주인공이 사건을 해결하며 성장하는 모습을 그립니다. 주인공이 사용하는 최신 첨단 무기에 대한 설명을 좋아하는 아이가 많아요. 한글판은 2권까지 나왔습니다.

존 플래너건의 〈Ranger's Apprentice〉레인저스 시리즈는 중세 시대를 배경으로 한 판타지 소설입니다. '레인저'는 왕국을 지키는 특수 첩보 부대예요. 레인저의 견습생이 된 15세 소년이 왕국의 평화를 지키기 위해 애쓰며 성장하는 모습을 그렸습니다. 작가가 자신의 12세 아들에게 자신감과 용기를 키워주고 싶어서 쓴 책이라고 해요.

중학생이 읽기 좋은 뉴베리 수상작

● **Hoot** (Carl Hiaasen) 2003 뉴베리 아너, AR 5.2, 단어 수 61,113개, 292쪽

칼 히아슨의 〈Hoot〉후트는 건설 현장으로 인해 위험에 빠진 부엉이들을 구해내는 아이들을 그립니다. 칼 히아슨 책의 주인공은 어른의 탐욕으로부터 자연과 동물을 지키려는 아이들이에요. 작가가 플로리다주에 살고 있어서 플로리다의 자연환경과 동물을 주인공의 시선으로 아름답고 생생하게 묘사한 게 특징입니다.

● **The Graveyard Book** (Neil Gaiman) 2009 뉴베리 메달, AR 5.1, 단어 수 67,380개, 312쪽

닐 게이먼의 〈The Graveyard Book〉그레이브야드 북은 묘지에서 유령들에 의해 길러진 아이의 성장소설이에요. 부모를 살해한 악당이 아기마저 노리지만, 아기는 인간이 아닌 존재들에 의해 길러져요. 그 아기가 자라 죽은 자들의 땅에서 인간 세상으로 나갈 때까지의 모험을 그렸어요.

● **The Underneath** (Kathi Appelt) 2009 뉴베리 아너, AR 5.2, 단어 수 56,265개, 313쪽

캐티 아펠트의 〈The Underneath〉마루 밑는 엄마가 죽은 새끼 고양이들을 엄마처럼 돌보는 개가 주인공이에요. 동물들에게 마루 밑은 위험으로부터 자신을 지켜주는 울타리입니다. 깊은 숲속에 사는 신비한 동물과 악한 사람들이 등장하며, 사랑과 배신과 분노와 용서에 대한 구전 설화를 판타지처럼 엮어냈습니다. 7~8학년 수준이에요.

● **The Wednesday Wars** (Gary D. Schmidt) 2008 뉴베리 아너, AR 5.9, 단어
수 73,675개, 264쪽

게리 D. 슈미트의 〈The Wednesday Wars〉수요일의 전쟁는 수요일마
다 전쟁을 치러야 하는 7학년 남자아이가 주인공이에요. 1960년대 후
반 다른 친구들이 종교 수업을 하러 간 수요일 오후, 자신을 싫어하는
선생님과 셰익스피어를 공부하게 됩니다. 마틴 루서 킹의 죽음, 베트남
전쟁, 반전 운동을 하는 히피들로 얽힌 격동의 시대와 셰익스피어 사이
에서 성장하는 모습을 재미있게 그렸습니다.

● **Moon Over Manifest** (Clare Vanderpool) 2011 뉴베리 메달, AR 5.3, 단어 수
81,369개, 351쪽

클레어 밴더풀의 〈Moon Over Manifest〉매니페스트의 푸른 달빛는 아빠
와 떠돌이 생활을 하던 소녀가 집, 가족, 친구를 만들며 성장하는 이
야기입니다. 아빠와 딸의 이야기가 번갈아 진행되는 구조예요. 아빠의
십 대는 1차 세계대전과 스페인 독감으로 팬데믹의 고통을 당하던 시
기이고, 딸의 십 대는 2차 세계대전을 배경으로 해요. 이민 노동자 집
단에 대한 부자들의 차별까지, 꽤 무거운 주제를 아이들 눈높이로 잘
풀었어요.

어린이 문학상인 뉴베리상

뉴베리 수상작을 읽는 이유

뉴베리상(The Newbery Award)은 우수한 어린이 문학 작품에 주는 상이에요. 종종 그림책도 수상하지만 주로 5학년 아이 수준의 소설책이 받아요. 엄마들은 뉴베리 수상 작품을 좋아해요. 모범적인 내용을 감동적으로 그리며 교훈까지 전한다고 생각하기 때문이에요. 문장 수준을 걱정할 필요 없는 검증 받은 책이라고 생각하기도 하고요. 실제로 뉴베리 수상작 대부분은 안심하고 아이에게 권할 수 있어요.

뉴베리 수상작은 지금까지 읽었던 챕터북이나 저학년 소설과 비교할 때 단순히 스토리를 이해하는 것 이상을 요구해요. 뉴베리 수상작들은 해석하고 이해하면서 읽는 데 그치지 않고, 생각하면서 읽을거리가 많아요. 아이가 뉴베리 수상작을 읽으며 줄거리 이상을 들여다볼 수 있다면 앞으로 아이의 책 읽기를 걱정하지 않아도 되는 수준으로 자랐다는 의미예요. 무슨 책이든 작가의 의도를 파악한 후 자기 의견을 낼 수 있는 비판적 독서를 해야 하는데, 그게 가능한 아이가 드물어요. 청소년이 되어서야 알게 되는 경우도 있고, 대학에 가서야 배우는 경우도 있어요. 어른이 되어서도 잘 모르는 경우도 많고요. 뉴베리 수상작들은 이런 비판적 독서를 배우고 익힐 수 있는 좋은 책이에요. 그래서 미국 교실의 토론 수업이나 독서 클럽에서도 선호해요.

뉴베리 수상작을 읽기 싫어하는 이유

뉴베리 수상작에는 성장 스토리를 담은 책이 많아요. 심리 묘사가 많고 스토리 전개가 느린 책도 많아요. 이런 책은 스토리 전개가 빠른 판타지나 미스터리, 로맨스 장르를 즐겨 읽던 아이라면 지루해할 수 있어요.

대부분 잔잔하고 감동적이고 교훈적이에요. 생각하기를 좋아하고, 공감에 능하고, 정서적 소통을 좋아하고, 또래보다 성숙한 아이들이 뉴베리 수상작을 즐기는 편이에요. 동갑이라면 상대적으로 남자아이보다 여자아이가 뉴베리 수상작을 더 잘 읽어요. 그렇다고 남자아이가 뉴베리 수상작을 멀리할 필요는 없어요. 관심 분야의 책을 골라 읽어도 되고, 남자아이가 주인공인 책을 골라 읽으면 돼요. 정신적으로 좀 더 성장한 중학생 시기에 읽는 방법도 있어요.

성장 스토리에 대한 비중이 높다 보니, 뉴베리 수상작에 등장하는 아이들은 왕따, 가난, 이별, 폭력, 장애, 차별 같은 어려움을 겪는 일이 많아요. 대동소이한 소재와 사건들을 반복해서 만나다 보면 뉴베리 수상작에 대한 선입견과 반감을 갖는 아이도 있어요. 무겁고 어려운 책이라고 느껴서 멀리하는 경우도 있고요.

미국 건국 초기의 역사나 인종차별에 대한 역사를 다루는 책의 비중이 높은 편이에요. 역시 비슷한 이야기들이 반복된다고 느껴서 흥미를 잃는 아이도 있어요.

뉴베리 수상작 고르는 방법

뉴베리상은 1922~2021년 100년 동안 440여 권의 수상작이 나왔어요. 이 책을 다 읽을 필요는 없고 다 읽는 아이도 없어요. 연도별 수상작을 단순 나열한 목록은 큰 의미가 없어요. 리딩 레벨순으로 정렬한 목록을 펼쳐놓고 순서대로 읽는 것도 추천하지 않아요. 쉬운 책인데도 옛날 말투나 자주 사용하지 않는 단어 때문에 리딩 레벨이 높은 책이 있어요. 〈My Father's Dragon〉, 〈Mr. Popper's Penguin〉은 AR 5점대 책이지만 3학년 수준이에요. AR 5점대인 〈라모나〉 시리즈도 3학년 수준의 챕터북에 가까워요. 같은 AR 5점대이지만 〈The Giver〉는 중학생 수준이에요

● **My Father's Dragon** (Ruth Stiles Gannett) ● **Mr. Popper's Penguin** (Richard & Florence Atwater) ● **Ramona Quimby, Age 8** (Beverly Cleary) ● **The Giver** (Lois Lowry)

최근 수상작부터 거꾸로 읽어나가는 방법도 권하지 않아요. 최근에는 흑인, 히스패닉, 동양계 작가의 책을 많이 선정하는 경향이 있어요. 역차별이 아닌가 하는 의구심이 들 수 있고, 뉴베리 수상작에 대한 편견으로 부작용이 생길 수도 있어요.

뉴베리 수상작을 읽는 시기는 아이가 자신의 관심사와 취향에 맞는 책을 골라 읽을 때예요. 남자아이와 여자아이의 관심사나 정서가 다르기 때문에 책 장르나 주인공의 성별을 유의해 고르는 게 좋아요. 성별, 관심사에 대한 책 모음 중에서 아이가 읽을 수 있는 수준의 리딩 레벨의 책을 선택하세요.

뉴베리 수상작 중 필독서 수준의 책이 있어요. 영어 리딩 레벨이 안 되면 한글책으로 읽어도 괜찮아요. 한글 독서를 통해 좋아하는 책을 만났다면 그 작가의 다른 책을 원서로 읽게 하세요.

뉴베리 수상작에는 흑인과 히스패닉계 작가가 많아요. 그들의 역사와 문화에 대해 간접 경험하고 배울 수 있는 좋은 기회예요. 이는 원서 읽기의 가장 큰 유익함이라고 생각해요. 하지만 흑인과 히스패닉의 역사와 문화 이야기는 공감하기 힘든 부분도 있어요. 흑인 작가의 책에는 틀린 문법적 표현이나 슬랭이 많아 아이가 읽기 힘들어하기도 해요. 라틴계나 아시아계 작가의 경우, 영어가 아닌 그 나라의 언어로 부모나 조부모와 대화하는 장면도 있어요. 이런 부분 때문에 영어 실력의 문제가 아닌데도 읽기 어려워하거나 재미없다는 아이도 있어요. 이럴 때는 한글판을 읽는 것으로 대체해도 괜찮아요. 포기하기에는 너무 아쉬울 만큼 좋은 책이 많기 때문이에요. 아이가 한글판을 여러 권 읽어 익숙해지면 원서 읽기에 다시 관심을 보이기도 해요.

주제별 뉴베리 수상작

뉴베리 수상작 중 인기 있고 유명한 책을 모아 주제별로 분류했습니다. 각 주제 안에서 지명도가 높을수록 앞쪽에 있어요. 책마다 학년 수준을 명시했으니 리딩 레벨에 맞는 책을 선택하세요. 요즘은 아이의 연령에 비해 책을 일찍 읽는 경우가 많아졌어요. 특히 한국에서 원서 읽기를 일찍 시작한 경우에 그런 경향이 있어요. '3학년 이상'이라고 적은 것은 빠르면 3학년부터 읽을 수 있지만 3학년 이후에 읽어도 괜찮다는 의미예요. 4~5학년이라고 해서 3학년 이상의 책을 읽기에 늦었다는 의미가 아닙니다.

학년이 낮을수록 AR뿐 아니라 권당 단어 수도 꼼꼼히 살펴야 해요. 분량이 많으면 책 읽기를 어렵게 느끼는 아이가 많은데, 지면 수가 아니라 단어 수가 책의 분량을 판단하는 데 더 정확한 기준이에요.

동물이 나오는 책

동물이 주인공이거나 화자인 책은 읽기 수월해요. 심리 묘사가 적고 내용이 쉽기 때문이에요. 남녀 아이 모두 읽을 수 있어요.

Charlotte's Web
샬롯의 거미줄
E. B. White
AR 4.4, 31,938단어, 184쪽
3학년 이상, 1953 뉴베리 아너
영화(2006)

The One and Only Ivan
세상에 단 하나뿐인 아이반
Katherine Applegate
AR 3.6, 26,263단어, 320쪽
3학년 이상, 2013 뉴베리 메달
영화(2020)

Mr. Popper's Penguins
파퍼 씨의 12마리 펭귄
Richard & Florence Atwater
AR 5.6, 16,160단어, 139쪽
3학년 이상, 1939 뉴베리 아너
영화(2011)

The Cricket in Times Square
뉴욕에 간 귀뚜라미 체스터
George Selden
AR 4.9, 25,278단어, 151쪽
3학년 이상, 1961 뉴베리 아너

Mrs. Frisby and the Rats of Nimh
니임의 비밀
Robert C. O'Brien
AR 5.1, 53,752단어, 233쪽
3학년 이상, 1972 뉴베리 메달
영화(1982)

Shiloh
샤일로
Phyllis Reynolds Naylor
AR 4.4, 29,617단어, 144쪽
3학년 이상, 1992 뉴베리 메달

The Underneath
마루 밑
Kathi Appelt
AR 5.2, 56,265단어, 313쪽
7학년 이상, 2009 뉴베리 아너

Scary Stories for Young Foxes
어린 여우를 위한 무서운 이야기
Christian McKay Heidicker
AR 4.4, 60,038단어, 313쪽
4학년 이상, 2020 뉴베리 아너

Whittington
위대한 모험가 위팅턴
Alan Armstrong
AR 4.9, 35,423단어, 191쪽
3학년 이상, 2006 뉴베리 아너

※영화가 여러 편 나와 있는 경우, 인기있는 작품의 연도를 표시했습니다. 요즘은 잘 안 보는 오래 전의 드라마나 애니메이션은 포함하지 않았습니다.

성장소설

주인공이 여자인 경우 남자아이는 공감하기 힘든 대사, 심리 묘사, 행동이 있어요. 반대도 마찬가지예요. 그런데 여자아이는 남자아이가 주인공인 책도 잘 읽는 편이에요.

주인공이 여자아이인 책

Because of Winn-Dixie
내 친구 윈딕시
Kate DiCamillo
AR 3.9, 22,123단어, 182쪽
3학년 이상, 2001 뉴베리 아너,
영화(2005)

El Deafo
엘 데포
Cece Bell
AR 2.7, 17,071단어, 233쪽
3학년 이상, 2015 뉴베리 메달

Roller Girl
롤러 걸
Victoria Jamieson
AR 3.2, 17,705단어, 239쪽
4학년 이상, 2016 뉴베리 아너

Walk Two Moons
두 개의 달 위를 걷다
Sharon Creech
AR 4.9, 59,400단어, 280쪽
5학년 이상, 1995 뉴베리 메달

Flora & Ulysses
초능력 다람쥐 율리시스
Kate DiCamillo
AR 4.3, 32,790단어, 231쪽
3학년 이상, 2014 뉴베리 메달
영화(2021)

Rules
우리들만의 규칙
Cynthia Lord
AR 3.9, 31,368단어, 200쪽
4학년 이상, 2007 뉴베리 아너

Ramona Quimby, Age 8
라모나는 아무도 못말려
Beverly Cleary
AR 5.6, 21,963단어, 190쪽
3학년 이상, 1982 뉴베리 아너
영화(2010)

Merci Suarez Changes Gears
머시 수아레스, 기어를 바꾸다
Meg Medina
AR 4.6, 70,747단어, 355쪽
4학년 이상, 2019 뉴베리 메달

Savvy
밉스 가족의 특별한 비밀
Ingrid Law
AR 6.0, 57,148단어, 342쪽
4학년 이상, 2009 뉴베리 아너

주인공이 남자아이인 책

Holes
구덩이
Louis Sachar
AR 4.6, 47,079단어, 240쪽
4학년 이상, 1999 뉴베리 메달
영화(2003)

Bridge to Terabithia
비밀의 숲 테라비시아
Katherine Paterson
AR 4.6, 32,888단어, 128쪽
5학년 이상, 1978 뉴베리 메달
영화(2007)

Maniac Magee
하늘을 달리는 아이
Jerry Spinelli
AR 4.7, 35,427단어, 184쪽
5학년 이상, 1991 메달

Dead End in Norvelt
노벨트에서 평범한 건 없어
Jack Gantos
AR 5.7, 73,597단어, 341쪽
5학년 이상, 2012 뉴베리 메달

The Wednesday Wars
수요일의 전쟁
Gary D. Schmidt
AR 5.9, 73,675단어, 264쪽
6학년 이상, 2008 뉴베리 아너

Paperboy
나는 말하기 좋아하는
말더듬이입니다
Vince Vawter
AR 5.1, 50,773단어, 224쪽
5학년 이상, 2014 뉴베리 아너

Dear Mr. Henshaw
헨쇼 선생님께
Beverly Cleary
AR 4.9, 18,145단어, 134쪽
3학년 이상, 1984 뉴베리 메달

The Black Pearl
라몬의 바다
Scott O'Dell
AR 5.4, 23,678단어, 96쪽
5학년 이상, 1968 뉴베리 아너

Nothing But the Truth
진실만을 말할 것을
맹세합니까
AVI
AR 3.6, 29,041단어
208쪽, 7학년 이상, 1992
뉴베리 아너

모험

모험은 여행부터 불시착으로 인한 생존 활동까지 다양해요. 이불 밖은 위험하다고 생각하는 아이에게는 자동차로 몇 시간 떨어진 도시로 떠나는 여행도 모험이 될 수 있어요. 자연을 경험해야 하는 경우 목숨을 건 모험이 되기도 해요.

From the Mixed-Up Files of Mrs. Basil E. Frankweiler
클로디아의 비밀
E. L. Konigsburg
AR 4.7, 30,906단어, 176쪽
4학년 이상, 1968 뉴베리 메달

A Long Way from Chicago
일곱 번의 여름과 괴짜 할머니
Richard Peck
AR 5.0, 35,226단어, 148쪽
4학년 이상, 1999 뉴베리 아너

Hoot
후트
Carl Hiaasen
AR 5.2, 61,113단어, 292쪽
6학년 이상, 2003 뉴베리 아너
영화(2006)

Hatchet
손도끼
Gary Paulsen
AR 5.7, 42,328단어, 195쪽
5학년 이상, 1988 뉴베리 아너

Island of the Blue Dolphins
푸른 돌고래 섬
Scott O'Dell
AR 5.4, 50,531단어, 192쪽
5학년 이상, 1961 뉴베리 메달

The Wanderer
방랑자호
Sharon Creech
AR 5.2, 39,546단어, 305쪽
5학년 이상, 2001 뉴베리 아너

My Side of the Mountain
나의 산에서
Jean Craighead George
AR 5.2, 40,355단어, 177쪽
5학년 이상, 1960 뉴베리 아너

The Voyages of Doctor Dolittle
닥터 두리틀의 여행
Hugh Lofting
AR 5.7, 73,092단어, 288쪽
5학년 이상, 1923 뉴베리 메달
영화(2020)

The True Confessions of Charlotte Doyle
캡틴 샬럿
AVI
AR 5.3, 52,542단어, 240쪽
5학년 이상, 1991 뉴베리 아너

역사

The Story of Mankind
인류 이야기
Hendrik Willem van Loon
AR 9.9, 170,226단어, 674쪽
9학년 이상, 1922 뉴베리 메달

Number the Stars
별을 헤아리며
Lois Lowry
AR 4.5, 27,197단어, 160쪽
4학년 이상, 1990 뉴베리 메달

The War That Saved My Life
맨발의 소녀
Kimberly Brubaker Bradley
AR 4.1, 62,451단어, 316쪽
5학년 이상, 2016 뉴베리 아너

Echo
Pam Munoz Ryan
AR 4.9, 87,970단어, 587쪽
5학년 이상, 2016 뉴베리 아너

Good Masters! Sweet Ladies!
존경하는 신사 숙녀 여러분!
Laura Amy Schlitz
AR 5.6, 12,495단어, 85쪽
5학년 이상 2008 뉴베리 메달

Bomb
원자 폭탄
Steve Sheinkin
AR 6.9, 60,534단어, 266쪽
6학년 이상, 2013 뉴베리 아너

헨드릭 빌럼 반 룬의 〈The Story of Mankind〉는 뉴베리상이 시작된 1922년 뉴베리 메달을 받은 책입니다. 이 책은 고등학생 수준의 통사예요. 한글판은 1926년판을 번역해 65장인데, 원서는 작가 사후 업데이트되어 90장까지 있습니다.

〈Number the Stars〉는 2차 세계대전 당시 유대인의 상황에 관해 쓴 책 중 가장 먼저 읽어볼 만해요. 〈Echo〉와 〈The War That Saved My Life〉는 2차 세계대전을 배경으로 해요. 〈Good Masters! Sweet Ladies!〉는 중세 시대 역사를 희곡 형식으로 풀어냈어요.

〈Bomb〉은 뉴베리 수상작 중 드물게 논픽션 책이에요. 이 책의 부제는 'The Race to Build-and Steal-The World's Most Dangerous Weapon'으로 원자폭탄을 만들게 된 역사적 사실을 중학생 수준으로 잘 엮었습니다.

역사: 미국 초기와 근대사

뉴베리 수상작 중에는 미국 건국 시기, 남북전쟁 전후, 근대를 배경으로 한 책이 많아요. 역사적 시대를 설명하는 부분이 많고, 주인공이 그 시대의 제한을 받습니다. 작가의 조상 이야기를 풀어낸 경우도 많지만 기본적으로 역사 소설이에요.

로라 잉걸스 와일더의 〈초원의 집〉 시리즈는 다섯 번이나 뉴베리 아너를 받았어요. 첫 번째 수상작은 4권 〈On the Banks of Plum Creek〉입니다. 다음 표에 한 권만 언급했지만, 시리즈 9권 전체를 다 읽는 것이나 제일 많이 읽는 1권 〈Little House in the Big Woods〉를 추천해요.

〈Out of Dust〉는 1930년대 중반 경제 대공황 시기에 기록적인 모래 폭풍우까지 겹쳐 힘들었던 미국 중부가 배경이에요. 오클라호마에 사는 소녀의 일기 형식으로 산문시 형태입니다. 시를 싫어하는 아이도 읽을 만한데, 여자아이의 일기 형식이라 호불호가 많이 나뉘는 책이에요. 학교 수업 시간에 교과서처럼 많이 읽지만, 아이들이 찾아 읽는 책은 아니에요.

〈The Witch of Blackbird Pond〉는 17세기 미국 동부가 배경이고, 마녀 재판을 소재로 한 소설이에요. 당시 미국의 청교도 문화와 16세 소녀가 편견과 싸우는 모습을 그립니다.

Sarah, Plain and Tall
엄마라고 불러도 될까요?
Patricia MacLachlan
AR 3.4, 8,377단어, 112쪽
3학년 이상, 1986 뉴베리 메달
영화(1991)

The Sign of the Beaver
비버족의 표식
Elizabeth George Speare
AR 4.9, 32,818단어, 135쪽
5학년 이상, 1984 뉴베리 아너

On the Banks of Plum Creek: Little House on the Prairie
플럼 시냇가: 초원의 집 4권
Laura Ingalls Wilder
AR 4.6, 55,214단어, 338쪽
4학년 이상, 1938 뉴베리 아너
드라마(1974~1983)

Out of the Dust
모래 폭풍이 지날 때
Karen Hesse
AR 5.3, 19,756단어, 227쪽
6학년 이상, 1998 메달

The Witch of Blackbird Pond
검정새 연못의 마녀
Elizabeth George Speare
AR 5.7, 60,027단어, 272쪽
7학년 이상, 1959 메달

Caddie Woodlawn
말괄량이 서부 소녀 캐디
Carol Ryrie Brink
AR 6.0, 51,659단어, 288쪽
4학년 이상, 1936 메달

역사 배경 판타지: 시대 배경은 중세 또는 근대이나 역사와 상관없는 소설

중세 성을 배경으로 해 공주와 기사가 등장하거나 등장할 것 같은 소설입니다. 현대에서 접할 수 없는 직업이나 문화를 경험할 수 있고 마법이 등장하기도 해요. 당시 분위기를 잘 나타내려고 옛날 말투를 사용한 책도 있어요. 〈The Whipping Boy〉는 96쪽 분량으로 얇고 AR 3.9인 쉬운 책이지만, 말투 때문에 읽기 힘들어하는 아이도 있어 4학년 이상으로 분류했습니다.

〈Ella Enchanted〉, 〈Princess Academy〉, 〈The Midwife's

Apprentice〉는 여자아이들이 좋아할 스타일의 책이에요. 남자아이들은 AVI의 〈Crispin〉을 권해요. 세 권짜리 시리즈로 첫 번째 책이 뉴베리상을 받았어요. 〈The Inquisitor's Tale〉은 중세 유럽의 종교, 계급, 인종 갈등을 담은 책이에요. 그림 형제 동화를 패러디한 〈A Tale Dark & Grimm〉 시리즈로 유명한 작가답게, 이 책도 중세의 어두운 분위기를 실감나게 그렸어요.

Ella Enchanted
마법에 걸린 엘라
Gail Carson Levine
AR 4.6, 52,994단어, 240쪽
4학년 이상, 1998 뉴베리 아너
영화(2004)

Crispin: The Cross of Lead
크리스핀의 모험 1
AVI
AR 5.0, 48,194단어, 320쪽
5학년 이상, 2003 뉴베리 메달

The Midwife's Apprentice
서툴러도 괜찮아
Karen Cushman
AR 6.0, 21,603단어, 144쪽
5학년 이상, 1996 뉴베리 메달

The Whipping Boy
왕자와 매맞는 아이
Sid Fleischman
AR 3.9, 13,280단어, 96쪽
4학년 이상, 1987 뉴베리 메달
영화(1994)

Princess Academy
프린세스 아카데미
Shannon Hale
AR 6.0, 63,201단어, 336쪽
5학년 이상, 2006 뉴베리 아너

The Inquisitor's Tale
이야기 수집가와 비밀의 아이들
Adam Gidwitz
AR 4.5, 74,487단어, 363쪽
5학년 이상, 2017 뉴베리 아너

디스토피아, SF, 판타지, 미스터리

The Giver
기억전달자
Lois Lowry
디스토피아, AR 5.7
43,617단어, 240쪽
7학년 이상, 1994 뉴베리 메달
영화(2014)

A Wrinkle in Time
시간의 주름
Madeleine L'Engle
SF, AR 4.7, 49,965단어
256쪽, 5학년 이상
1963 뉴베리 메달 영화(2018)

When You Reach Me
어느 날 미란다에게 생긴 일
Rebecca Stead
SF, AR 4.5, 39,253단어
240쪽, 5학년 이상
2010 뉴베리 메달

The Girl Who Drank the Moon
달빛 마신 소녀
Kelly Barnhill
판타지, AR 4.8, 83,254단어
400쪽, 5학년 이상
2017 뉴베리 메달

The Tale of Despereaux
생쥐 기사 데스페로
Kate DiCamillo
판타지, AR 4.7, 32,375단어
272쪽, 4학년 이상
2004 뉴베리 메달 영화(2008)

The Graveyard Book
그레이브야드 북
Neil Gaiman
판타지, AR 5.1, 67,380단어
320쪽, 5학년 이상
2009 뉴베리 메달

My Father's Dragon
엘머의 모험
Ruth Stiles Gannett
판타지, AR 5.6, 7,682단어
88쪽, 3학년 이상
1949 뉴베리 아너

The House of the Scorpion
전갈의 아이
Nancy Farmer
SF, AR 5.1, 100,214단어
432쪽, 7학년 이상
2003 뉴베리 아너

The Westing Game
웨스팅 게임
Ellen Raskin
미스터리, AR 5.3, 50,966단어
192쪽, 5학년 이상
1979 뉴베리 메달

인종차별

미국은 여러 인종이 모여 사는 나라이기 때문에 인종차별 문제가 큰 사회적 관심사예요. 뉴베리상을 비롯해 많은 수상 도서의 추천 목록에서 인종차별 관련 작품을 쉽게 만날 수 있어요. 인종차별, 특히 흑인(아프리카계 미국인)에 대한 백인의 인종차별 관련 책 중 가장 유명한 책을 몇 권만 모았습니다.

One Crazy Summer
어느 뜨거웠던 날들
Rita Williams-Garcia
AR 4.6, 45,483단어, 218쪽
5학년 이상, 2011 뉴베리 아너

New Kid
뉴 키드
Jerry Craft
AR 2.9, 13,779단어, 256쪽
5학년 이상, 2020 뉴베리 메달

Bud, Not Buddy
난 버디가 아니라 버드야!
Christopher Paul Curtis
AR 5.0, 52,179단어, 288쪽
5학년 이상, 2000 뉴베리 메달

Roll of Thunder, Hear My Cry
천둥아, 내 외침을 들어라
Mildred D. Taylor
AR 5.7, 65,606단어, 276쪽
5학년 이상, 1977 뉴베리 메달

Sounder
아버지의 남포등
William H. Armstrong
AR 5.3, 22,693단어, 116쪽
5학년 이상, 1970 뉴베리 메달
영화(1972)

Long Way Down
롱 웨이 다운
Jason Reynolds
AR 4.3, 12,541단어, 306쪽
8학년 이상, 2018 뉴베리 아너

크리스토퍼 폴 커티스는 뉴베리상을 세 번이나 받았어요. 그중 〈Bud, Not Buddy〉는 인종차별이 아닌 남자아이의 성장소설로도 재미있는 책이라 먼저 권해요. 어려운 환경에서도 유머를 잃지 않는 그의 다른 뉴베리 수상작을 읽고 싶다면 〈The Watsons Go to

Birmingham-1963〉과 〈Elijah of Buxton〉을 읽어보세요. 흑인이 사용하는 남부 사투리나 틀린 문법 표현 때문에 읽기 힘들어하는 아이가 많아요. 관심사가 아니라면 몇 권만 읽어도 됩니다.

책 표지에 붙은 검정 스티커는 흑인 작가에게 주는 코레타 스콧 킹상 (Coretta Scott King Award)이에요. 흑인 작가는 뉴베리상과 코레타 스콧 킹상을 동시에 받는 경우가 많아요.

아시아 작가

2000년부터 아시아계 작가의 수상이 많아지고 있어요. 대부분 미국에서 태어났거나 어려서 부모를 따라 미국으로 건너간 사람이에요. 부모나 조부모를 통해 배운 자국 문화에 관한 책이나 동양인으로 미국에 적응하기 위해 애쓰는 과정을 그려요. 동양인 작가의 책은 정서가 비슷해서 훨씬 쉽게 읽을 수 있어요. 하지만 한글 독서를 통해 이미 접한 이야기가 많아 신선하지 않다는 단점도 있어요.

한국계 작가인 린다 수 박의 〈A Single Shard〉는 고려 시대를 배경으로 소년 도공의 성장을 그린 이야기예요. 중국계 작가인 그레이스 린의 〈Where the Mountain Meets the Moon〉은 모험을 떠난 소녀의 성장을 그렸어요. 우리나라 전래동화에서 접했을 법한 친숙한 스토리예요. 그림책 작가로도 활동하는 작가가 삽화도 많이 그려 넣어서 훨씬 재미있고 쉽게 느껴져요.

일본계 작가인 신시아 카도하타의 〈Kira-Kira〉는 미국에 이주한 일본인 이민 가정의 어려움을 그렸어요. 언니와 여동생의 관계를 아름답게 표현해 여자아이들이 더 좋아하는 책이에요. 베트남계 작가인 탕하라이의 〈Inside Out & Back Again〉도 전쟁 때문에 베트남을 떠나 미국에 정착하는 이야기예요. 운문 형태인데 짧은 문장의 소설처럼 쉽게 읽을 수 있는 책이에요.

2021년에는 아시아계 작가의 책이 3권이나 뉴베리상을 받았어요. 한

A Single Shard
사금파리 한 조각
Linda Sue Park
한국, AR 6.6, 33,726단어
176쪽, 5학년 이상
2002 뉴베리 메달

When You Trap a Tiger
호랑이를 덫에 가두면
Tae Keller
한국, AR 4.1, 54,462단어
304쪽, 4학년 이상
2021 뉴베리 메달

Where the Mountain Meets the Moon
산과 달이 만나는 곳
Grace Lin
중국, AR 5.5, 42,634단어
278쪽, 4학년 이상
2010 뉴베리 아너

Kira-Kira
키라키라
Cynthia Kadohata
일본, AR 4.7, 44,326단어
272쪽, 5학년 이상
2005 뉴베리 메달

Hello, Universe
안녕 우주
Erin Entrada Kelly
필리핀, AR 4.7, 42,824단어
352쪽, 4학년 이상
2018 뉴베리 메달

Inside Out & Back Again
사이공에서 앨라배마까지
Thanhha Lai
베트남, AR 4.8, 14,925단어
288쪽, 4학년 이상
2012 뉴베리 아너

Heart of a Samurai
Margi Preus
일본, AR 5.4, 51,267단어
336쪽, 5학년 이상
2011 뉴베리 아너

All Thirteen
Christina Soontornvat
태국, AR 7.2, 42,568단어
288쪽, 4학년 이상
2021 뉴베리 아너

A Wish in the Dark
Christina Soontornvat
태국, AR 5.2, 74,227단어
384쪽, 5학년 이상
2021 뉴베리 아너

국계 작가인 태 캘러의 〈When You Trap a Tiger〉는 우리가 알고 있는 전래 동화에 작가 자신의 경험과 상상력을 더해 새로운 호랑이 이야기를 창작해 신선해요. 태국계 작가인 크리스티나 순톤뱃은 두 권의 책이 동시에 수상했어요. 〈All Thirteen〉은 동굴에 갇혔다가 구조된 태국 어린이 축구팀의 실화를 바탕으로 한 이야기이고, 〈A Wish in the Dark〉는 태국 분위기가 물씬 풍기는 판타지 소설이에요.

고등학생 소설

YA(Young Adult) 소설

미국의 9~12학년은 고등학생입니다. 미국도 고등학생은 대학 입시를 준비하느라 바빠서 수업을 위한 필독서만 읽는 아이가 많아요. 평소 책을 많이 읽는다는 아이도 당시 이슈가 되는 베스트셀러를 읽는 정도입니다. 하지만 영어 실력이 높으면 필독해야 하는 책은 더 많아져요. 영어 수업이 성적에 따라 몇 단계로 나뉘어 높은 수준의 수업을 듣는 아이는 책을 더 많이 읽습니다. 사립학교에 다니는 경우 공립학교보다 한두 해 빠른 수준의 책을 읽어요.

학교 수업 시간에는 주로 명작과 고전을 읽고 토론하거나 과제를 내주기 때문에 몇십 권의 필독서나 추천서를 읽어요. 이런 책의 줄거리를 요약해주고 에세이와 토론 자료를 제공하는 참고서로 〈Spark Notes〉스파크 노트가 가장 유명합니다. 이 시리즈에 포함된 책을 통해 미국 고등학생의 필독서에는 어떤 것이 있는지 파악할 수 있어요.

책을 좋아하는 고등학생은 영 어덜트(Young Adult) 코너에 있는 책을 읽어요. 장르 소설이 많고 인기 있는 책은 영화로 나오는 경우도 많아요. 요즘은 넷플릭스용 드라마나 영화로도 제작됩니다.

수업 시간에 읽는 필독서

다음은 9～10학년 수업 시간에 많이 읽는 책들입니다. 주인공들의 성장을 그리지만 서로 배경이 다르기 때문에 각자 부딪치는 문제도 달라요. 〈To Kill a Mockingbird〉앵무새 죽이기는 20세기 초반 미국 남부를 배경으로 한 인종차별을 그립니다. 흑인에 대한 인종차별뿐 아니라 여성이나 아이에 대한 차별도 보여줘요. 〈The Outsider〉아웃사이더는 반항적인 십 대 소년들의 성장소설이에요. 1960년대 미국 중부를 배경으로 가난한 학생들과 부자 학생들 간의 계급 갈등, 편견, 폭력을 다루고 있어요. 〈The Catcher in the Rye〉호밀밭의 파수꾼는 위선과 허영으로 가득 찬 사립 고등학교와 주변 사람들을 견디지 못해 힘들어하는 남학생의 고통을 그린 책이에요. 1951년에 나왔는데 21세기를 사는 지금 고등학생들도 주인공의 외로움과 절망에 공감해요.

To Kill a Mockingbird
앵무새 죽이기
Harper Lee
AR 5.6, 99,121단어, 336쪽

The Catcher in the Rye
호밀밭의 파수꾼
J. D. Salinger
AR 4.7, 73,404단어, 277쪽

The Outsides
아웃사이더
S. E. Hinton
AR 4.7, 48,523단어, 224쪽

〈Night〉은 2차 세계대전 당시 가족들과 함께 아우슈비츠 수용소에 수감되었던 작가의 자전 소설이에요. 당시 십 대 소년이었던 작가의 눈에 비친 유대인 학살을 사실적으로 그렸어요. 〈1984〉는 극단적인 전체주의 사회를 그린 디스토피아 소설이에요. 빅 브러더에 의해 통제되는 사회에서 개인의 저항과 파멸 과정을 그립니다. 〈동물농장〉은 인간의 착취가 없는 평등한 이상 사회를 건설한 동물들이 주인공이에요. 하지만 권력이 변질되어 극단적인 전체주의로 치닫는 모습을 그립니다. 1945년에 나온 책으로 당시 소련의 스탈린주의를 비판한 정치 풍자 소설이에요. 〈Night〉은 9학년 수업 시간에, 조지 오웰의 책은 9~10학년 수업 시간에 많이 읽어요.

Night
나이트
Elie Wiesel
AR 4.8, 28,404단어, 120쪽

1984
1984
George Orwell
AR 8.9, 88,942단어, 336쪽

Animal Farm
동물농장
George Orwell
AR 7.3, 29,060단어, 153쪽

다음은 현실적인 어려움 속에서 드러나는 인간의 본성을 그린 책들입니다. 〈파리대왕〉은 섬에 고립된 소년들의 모습을 통해 사회 문제가 인간의 본성에서 기인함을 보여줘요. 〈생쥐와 인간〉은 경제 대공황 속에서 가난한 노동자인 두 친구의 소박한 꿈이 무너져 내리는 모습을 현실적으로 그려요. 〈위대한 개츠비〉는 사랑하는 여인을 얻기 위해 성공 가도로 치닫는 주인공의 모습을 그립니다. 1차 세계대전 이후 미국 사회를 지배한 계급사회의 모순과 물질주의를 보여주고 있어요. 9학년 수업 시간에도 읽는 책이지만 10~11학년 수업 시간에 더 많이 읽어요.

Lord of the Flies
파리대왕
William Golding
AR 5.0, 59,900단어, 200쪽

Of Mice and Men
생쥐와 인간
John Steinbeck
AR 4.5, 29,572단어, 103쪽

The Great Gatsby
위대한 개츠비
F. Scott Fitzgerald
AR 7.3, 47,094단어, 180쪽

셰익스피어(William Shakespeare) 책 중에는 〈로미오와 줄리엣〉과 〈한여름 밤의 꿈〉이 가장 쉬워서 9학년 수업 시간에 많이 읽어요. 10학년에는 〈줄리어스 시저〉나 〈맥베스〉, 11학년이나 12학년에는 〈햄릿〉을 읽어요. 셰익스피어 책은 여러 출판사에서 나오고 해설판이나 현대어판이 나오기도 해요. 아래 표지는 펭귄 클래식에서 나온 책이에요.

Romeo and Juliet
로미오와 줄리엣
AR 8.6, 25,599단어
320쪽

A Midsummer Night's Dream
한여름 밤의 꿈
AR 10.9, 16,162단어, 224쪽

Julius Caesar
줄리어스 시저
AR 10.8, 27,309단어
272쪽

Macbeth
맥베스
AR 10.9, 19,048단어, 256쪽

Hamlet
햄릿
AR 10.5, 32,044단어, 400쪽

Othello
오셀로
AR 8.4, 28,048단어, 208쪽

역사와 세계

이번에는 교과서 수준으로 읽히는 책은 아니지만, 역사 수업 시간에 자주 언급되거나 추천 도서 목록에 등장하는 책입니다. 마커스 주삭의 〈The Book Thief〉는 글자와 책에 대한 사랑 덕분에 2차 세계대전의 비극과 공포를 견뎌낼 수 있었던 소녀 이야기예요. 죽음이 화자로 등장하며, 히틀러에 동조하지 않고 유대인을 숨겨준 독일인의 모습을 그리고 있어요. 할레드 호세이니의 〈The Kite Runner〉는 아프가니스탄의 힘겨운 역사와 삶을 배경으로 우정과 배신, 죄책감과 용서를 그린 책이에요. 전쟁, 차별, 폭력, 신분제도가 인간에게 미치는 영향과 그 속에서도 꺾이지 않는 사랑을 감동적으로 그립니다.

The Book Thief
책도둑
Markus Zusak
AR 5.1, 118,933단어
608쪽

The Kite Runner
연을 쫓는 아이
Khaled Hosseini
AR 5.2, 107,052단어
400쪽

성장소설

고등학생이 주인공인 성장소설은 로맨스 요소가 강한 게 특징이에요. 정도의 차이가 있지만 대부분 성적 묘사가 들어 있어 너무 일찍 접하지 않기를 권해요.

The Fault in Our Stars
잘못은 우리 별에 있어
John Green
AR 5.5, 65,752단어
352쪽

Looking for Alaska
알래스카를 찾아서
John Green
AR 5.8, 69,023단어
221쪽

Paper Towns
종이 도시
John Green
AR 5.4, 81,739단어
305쪽

An Abundance of Katherines
열아홉 번째 캐서린에게 또 차이고 말았어
John Green
AR 5.6, 61,412단어
272쪽

성장소설 분야의 대표 작가는 존 그린입니다. 나오는 책마다 베스트셀러가 되고 영화로도 만들어지고 있어요. 리딩 레벨 AR 5점대지만 책을 좋아하는 등장인물이 많아서 종종 어려운 문장을 인용합니다. 가장 인기 있는 책은 〈The Fault in Our Stars〉, 〈Looking for Alaska〉, 〈Paper Towns〉, 〈An Abundance of Katherines〉입니다. 남자주인공의 정신적·정서적 고민이 많이 담겨 있어요. 여자아이가 주인공인 책도 남자아이가 읽을 만하게 쓰는 작가예요.

게일 포먼의 〈If I Stay〉 시리즈는 여자아이들이 좋아하는 책입니다. 교통사고로 혼수상태에 빠진 주인공이 화자예요. 사랑하는 가족이 죽고 혼자 남은 상태에서 살아야 할 이유를 찾는 모습을 그립니다. 고등학생

If I Stay
Gayle Forman
AR 5.3, 49,653단어, 208쪽

Where She Went
Gayle Forman
AR 5.1, 55,415단어, 272쪽

의 로맨스 스토리이면서 남자 친구가 아닌 음악에 대한 사랑으로 정신이 돌아와요. 속편 〈Where She Went〉는 깨어난 이후 살기 위해 애쓰는 과정을 그리고 있어요.

Speak
스피크
Laurie Halse Anderson
AR 4.5, 46,591단어
224쪽

Thirteen Reasons Why
루머의 루머의 루머
Jay Asher
AR 3.9, 62,496단어, 288쪽

The Perks of Being a Wallflower
월플라워
Stephen Chbosky
AR 4.8, 62,376단어, 224쪽

성폭력이나 왕따로 고통받는 이들이 주인공인 책이에요. 로리 할스 앤더슨의 〈Speak〉는 성폭행과 왕따로 실어증에 걸린 주인공을 그립니다. 제이 아셰르의 〈Thirteen Reasons Why〉는 자살 직전의 여고생이 자신을 죽음으로 내몬 이들에게 남긴 이야기예요. 고등학교에서 벌어지는 질투, 성폭력, 무관심, 루머 등이 나와요. 스티븐 크보스키의 〈The Perks of Being a Wallflower〉는 왕따, 약물 복용, 동성애, 근친애라는 무거운 소재를 다루면서 고등학생들의 우정과 사랑을 현실적으로 그린 책입니다.

로맨스 소설의 대표 작가는 니콜라스 스파크스(Nichilas Sparks)인데 최근에는 덜 읽히는 추세예요. 로맨스 소설은 베스트셀러가 자주 바뀌는 장르입니다. 베스트셀러가 되면 영화나 드라마가 금세 나오는 장르이기도 하고요. 최근 인기 있는 책은 제니 한의 〈To All The Boys I've Loved Before〉, 레인보우 로웰의 〈Eleanor & Park〉, 니콜라 윤의

〈Every Thing, Every Thing〉, 레이첼 리핀코트의 〈Five Feet Apart〉
예요. 로맨스 소설은 다른 장르에 비해 상대적으로 리딩 레벨이 낮고 스
토리가 복잡하지 않아서 읽기 쉬워요.

**To All The Boys
I've Loved
Before**
내가 사랑했던
모든 남자들에게
Jenny Han
AR 4.2, 81,660단어
368쪽

Eleanor & Park
Rainbow Rowell
AR 3.8, 78,179단어
336쪽

**Every Thing,
Every Thing**
에브리씽 에브리씽
Nicola Yoon
AR 4.4, 47,592단어
336쪽

Five Feet Apart
Rachael Lippincott
AR 5.1, 59,635단어
288쪽

스테파니 메이어의 〈Twilight〉은 뱀파이어와 인간의 사랑을 그린 판
타지 로맨스예요. 이 책의 인기로 비슷한 등장인물의 로맨스 소설이 많
아졌어요. 최근에는 카산드라 클레어의 〈The Mortal Instruments〉
시리즈가 가장 인기 있어요. 이 시리즈에는 천사와 인간의 자손인 섀도

Twilight
트와일라잇
Stephenie Meyer
AR 4.5~4.9
118,975~186,542단어
498~756쪽

**The Mortal Instruments
Cassandra Clare**
섀도우 헌터스
AR 5.0~5.8
119,111~199,913단어
424~725쪽

The Selection
셀렉션
Kiera Cass
AR 4.7~4.8
61,829~80,248단어
279~346쪽

우 헌터스가 등장해요. 판타지 소설 중 로맨스 소설의 요소가 많은 책이라 여자아이들이 잘 읽어요. 남자아이들은 로맨스가 지나치게 많은 판타지 소설이라고 생각해요. 키에라 카스의 〈The Selection〉 시리즈는 신분제도가 있는 미래 디스토피아 사회를 배경으로 한 로맨스 소설이에요. 왕자의 결혼 상대를 찾기 위해 35명의 소녀들이 선발되고, 한 명이 남을 때까지의 과정을 오디션 리얼리티 쇼처럼 방송해요. 첫사랑과 왕자 사이에서 갈등하는 주인공이나 반란군 같은 요소를 버무리긴 했지만, 디스토피아 소설이라기보다 전형적인 하이틴 로맨스 소설입니다.

판타지 소설

판타지 소설 중 학교 수업 시간에 읽는 책으로 톨킨의 〈The Hobbit〉이 있습니다. 판타지를 좋아하는 아이는 〈The Lord of the Rings〉 시리즈까지 읽어요. 랜섬 릭스의 〈Miss Peregrine's Peculiar Children〉 시리즈는 이상하다 못해 기괴한 아이들이 나오는 공포 판타지예요. 영화가 나와서 어린 연령의 아이들도 읽지만 고등학생 수준의 책입니다.

The Hobbit
호빗
J. R. R. Tolkien
AR 6.6, 95,022단어
300쪽

The Lord of the Rings
반지의 제왕
J. R. R. Tolkien
AR 6.1~6.3
134,462~177,227단어
352~432쪽

Miss Peregrine's Peculiar Children
페러그린과 이상한 아이들의 집
Ransom Riggs
AR 5.7, 84,898단어
352쪽

디스토피아 SF 판타지 소설

베로니카 로스의 〈Divergent〉 시리즈는 전쟁의 폐허 위에 재건된 디스토피아 사회를 배경으로 한 SF, 판타지, 액션, 로맨스 소설이에요. 16세 소녀인 주인공이 자신을 지키기 위해 싸우다 사랑하는 사람들을 지키는 사람으로 성장하는 모습을 보여줍니다. 과학이 고도로 발전한 사회이지만, 인간의 자유가 제한된 사회에서 주인공 덕분에 사회가 변하고 앞으로 나아가는 과정을 그리고 있어요.

어니스트 클라인의 〈Ready Player One〉은 윌리 웡카와 〈매트릭스〉가 만났다는 평을 듣는 SF 판타지입니다. 2045년을 배경으로 억만장자 게임 개발자의 유산을 받기 위해 가상현실 세계에서 펼쳐지는 게임을 그렸어요. 〈찰리와 초콜릿 공장〉을 좋아했던 아이나 컴퓨터 게임을 좋아하는 아이라면 사랑할 책이에요. 올슨 스캇 카드의 〈Ender's Game〉 시리즈는 우주를 배경으로 한 SF 판타지 소설입니다. 외계 생명체로부터 미래의 지구를 지켜내는 천재 소년 엔더의 성장소설이에요.

Divergent
다이버전트
Veronica Roth
AR 4.8~5.8
59,727~110,354단어
320~592쪽, 4권

Ready Player One
레디 플레이어 원
Ernest Cline
AR 6.7~7.0
136,048~136,074단어
384쪽, 2권

Ender's Game
엔더의 게임
Orson Scott Card
AR 5.5~6.3
100,609~179,484단어
256~464쪽, 5권+

고등학생이 읽는 프린츠 수상작

그림책에 칼데콧상, 리더스북에 닥터 수스상, 어린이 소설에 뉴베리상이 있듯, 영 어덜트 책에는 프린츠상(Printz Award)이 있어요. 왕따, 인종차별, 살인, 총기 사고, 마약, 성폭력, 동성애가 빈번히 등장하는 소재예요.

중국계 작가 진 룬 양의 〈American Born Chinese〉는 동양인으로 받는 차별을, 앤지 토머스의 〈The Hate U Give〉는 흑인이 당하는 인종차별을 그린 책으로 대중적 인기가 있어요. 닐 슈스터만의 〈Arc of a Scythe〉 시리즈는 죽음과 질병이 없는 시대를 배경으로 해요. 디스토피아 소설이지만 SF 판타지 요소가 많아요. 판타지 소설로는 드물게 프린츠상을 받았어요. 벤하민 알리레 사엔스의 〈Aristotle and Dante Discover the Secrets of the Universe〉는 거창한 이름을 가진 소년들의 싱장소설이에요. 라틴계 미국인으로 성 소수자인 이들이 자신들의 세상을 만들어가는 이야기를 그렸어요.

American Born Chinese
Gene Luen Yang
AR 3.3, 8,229단어
233쪽

The Hate U Give
Angie Thomas
AR 3.9, 95,981단어
444쪽

Arc of a Scythe
Neal Shusterman
AR 6.5〜6.7
102,433〜146,324단어
464〜640쪽, 3권

Aristotle and Dante Discover the Secrets of the Universe
아리스토텔레스와 단테, 우주의 비밀을 발견하다
Benjamin Alire Saenz
AR 2.9, 65,500단어
359쪽

고전

고전 읽기의 적정 연령

어린 시절에 접하는 고전은 대부분 축약이나 각색한 책입니다. 그림책으로 나올 땐 '명작 동화'라는 타이틀이 붙고요. 영어 그림책에서는 'Tale'이라는 타이틀을 많이 사용해요. 초등 3학년 이전에 읽는 명작 그림책에 관해서는 8장에서 따로 설명했어요.

축약본 고전을 읽기 시작하는 시기는 3학년 무렵이에요. 챕터북을 읽은 후 어느 정도 리딩 연습이 되어 삽화 도움 없이 책을 읽을 수 있는 시기예요.

3학년 수준의 고전 축약본(Abridged)으로 가장 많이 읽히는 책은 스털링 출판사에서 나온 〈Classic Starts〉 시리즈입니다. 하지만 축약하다 보니 읽는 재미가 원작과 비교해 많이 떨어져요. 챕터북을 수월하게 읽는 시기라면 읽을 수 있어요. 50여 권이 나와 있는데, 다 읽을 필요 없고 관심 있는 책 몇 권 정도만 읽어도 됩니다.

상당수의 고전은 어린이를 위한 책이 아니라 성인 독자를 염두에 두고 나왔어요. 고전은 나온 지 오래되어 요즘 사용하지 않는 단어와 표현도 많아요. 그래서 리딩 레벨이 높은 편입니다. 고전을 축약하거나 각색하지 않은 원작(Unabridged)으로 읽으려면 최소한 5~7학년 수준의 영어 읽기 실력이 필요해요. 한글로 읽는 경우에도 축약이 아닌 완역본으로 읽으려면 읽기 어려운 책이 많아요. 고전을 읽으려면 단지 영어 실력의 문제가 아니라 이해력이나 정서적 연령도 뒷받침되어야 해요. 축약본이 아닌 고전 원작은 보통 중·고등 이후에 읽는 게 적당해요.

고전은 대부분 영화나 애니메이션이 있어요. 영상물을 먼저 보고 책을 읽으면 어려운 단어가 나와도 훨씬 쉽게 읽을 수 있어요. 아이가 고전을 어려운 책으로 인식하는 게 우려된다면 먼저 영상물을 보게 하세요. 영상보다 원작이 더 재미있는 경우가 대부분이에요. 중고생 이상이라면 책을 먼저 읽기를 권해요.

로버트 잉펜과 퍼핀 클래식, 펭귄 클래식, 스털링 클래식

고전은 저작권이 만료되어 같은 책이 여러 출판사에서 나옵니다. 독자들이 선호하는 출판사는 퍼핀 클래식(Puffin Classics), 펭귄 클래식(Penguin Books), 스털링 클래식(Sterling Unabridged Classics)입니다. 축약이 없는 원작이라 본문 내용은 같고 표지만 다릅니다.

종이 질, 인쇄 수준, 글자 크기를 고려한다면 스털링 클래식을 권합니다. 스털링 클래식은 원작에 없는 흑백 삽화를 그려 넣어 내용이 더 쉽게 느껴져요. 하지만 책마다 비슷한 스타일의 그림이고 어두운 느낌이라 선호하지 않는 아이도 있어요. 예쁘고 밝은 표지를 좋아하는 아이에게는 퍼핀 클래식을 권합니다.

컬러 삽화가 있는 원작을 찾는다면 로버트 잉펜(Robert Ingpen)이 그린 책을 권해요. 12권밖에 없는 게 아쉬울 정도입니다. 아래 책 외에도 〈A Christmas Carol〉, 〈Around the World in Eighty Days〉, 〈The Jungle Book〉, 〈The Adventure of Tom Sawyer〉, 〈Treasure Island〉 등이 있어요.

●The Wonderful Wizard of OZ ●Alice's Adventures in Wonderland
●The Adventures of Pinocchio ●The Secret Garden ●The Wind in the Willows

여러 출판사에서 나온 〈피터 팬〉의 표지입니다. 로버트 잉펜, 스털링 클래식, 퍼핀 클래식, 펭귄 클래식 순서예요.

연령별로 구분한 고전

고전을 연령별로 정리했습니다. '3~4학년 때 읽어도 좋은 고전'은 리딩 레벨이 높다면 3~4학년 때 읽어도 괜찮은 책이라는 의미예요. 5~6학년 이후에 읽어도 상관없어요. 대부분 분류한 연령보다 1~2년 또는 3~4년 늦게 읽어도 되고, 늦게 읽을수록 제대로 읽을 확률이 높으니 서두르지 마세요.

고전의 AR을 볼 때는 1~2점대 정도 아래로 봐도 됩니다. 예를 들어 7점대 책은 체감상 5~6점대인 경우가 많습니다.

3~4학년 때 읽어도 좋은 고전

〈피터 래빗〉, 〈위니 더 푸우〉는 각색한 그림책이나 영상으로만 접하고 원작을 읽지 않는 경우가 많아요. AR 4점대 책을 읽을 수 있는 저학년부터 4학년 아이까지 권합니다. 〈나니아 연대기〉 시리즈는 모두 7권인데 두 권만 읽는 아이도 많습니다. 두 권을 읽고 재미있어하면 나머지 책을 권하세요.

The Tale of Peter Rabbit
피터 래빗
Beatrix Potter
AR 4.2, 975단어, 72쪽

Winnie-the-Pooh
위니 더 푸우
A. A. Milne
AR 4.6, 22,671단어, 161쪽

The Chronicles of Narnia
나니아 연대기
C. S. Lewis
AR 5.4~5.9
36,000~54,000단어
206~271쪽, 7권

다음 책들은 유아용 명작 그림책을 통해서 접한 아이도 있지만, 원작은 훨씬 풍성한 내용을 담고 있어요. 로버트 잉펜이 그린 책은 퍼핀 클래식보다 큰 판형에 종이 질도 좋아요. 저학년 아이라면 컬러 삽화가 많은 책으로 보는 게 훨씬 쉽고 재미있게 읽을 수 있어요. 영화와 애니메이션도 함께 보세요.

Alice's Adventures in Wonderland
이상한 나라의 앨리스
Lewis Carroll
AR 7.4, 26,435단어, 176쪽

The Wonderful Wizard of OZ
오즈의 마법사
L. Frank Baum
AR 7.0, 40,508단어, 224쪽

Pinocchio
피노키오
Carlo Collodi
AR 5.3, 38,213단어
288쪽

Peter Pan
피터 팬
J. M. Barrie
AR 7.2, 47,821단어, 240쪽

The Jungle Book
정글북
Rudyard Kipling
AR 7.5, 50,593단어, 240쪽

※표지와 쪽수는 퍼핀 클래식 기준입니다.

5~6학년 이후 읽을 만한 고전

〈빨간 머리 앤〉, 〈소공녀〉, 〈작은 아씨들〉, 〈키다리 아저씨〉는 남자아이에게는 권하지 않습니다. 혹시 스토리만 파악하고 싶다면 축약본인 [Classic Starts]로 읽기를 권합니다. 〈버드나무에 부는 바람〉은 숲속 풍경이 아름다운 책이에요. 로버트 잉펜이 그린 책을 권합니다.

〈이솝 우화〉는 그림책이나 다른 매체를 통해 많이 접한 내용이에요. 하지만 〈이솝 우화〉 원작을 읽는 아이는 많지 않아요. 원작은 358편의 짧은 이야기를 모은 책입니다. 그중 아이가 읽기 적당하지 않은 이야기를 제외한 207편을 실은 책이 퍼핀 클래식으로 나왔어요.

The Secret Garden
비밀의 화원
Frances Hodgson Burnett
AR 6.3, 80,398단어, 368쪽

Anne of Green Gables
빨간 머리 앤
L. M. Montgomery
AR 7.3, 97,364단어, 464쪽

A Little Princess
소공녀
Frances Hodgson Burnett
AR 6.0, 66,117단어, 320쪽

Heidi
하이디
Johanna Spyri
AR 8.2, 89,242단어, 336쪽

The Wind in the Willows
버드나무에 부는 바람
Kenneth Grahame
AR 8.2, 58,286단어, 288쪽

Little Women
작은 아씨들
Louisa May Alcott
AR 7.4, 88,213단어, 448쪽

Black Beauty
블랙 뷰티
Anna Sewell
AR 7.7, 59,635단어, 288쪽

Daddy-Long-Legs
키다리 아저씨
Jean Webster
AR 6.1, 36,553단어, 208쪽

Aesop's Fables
이솝 우화
Aesop
AR 9.7, 25,804단어, 256쪽

※표지와 쪽수는 퍼핀 클래식 기준입니다.

7~8학년 이후 읽을 만한 고전

〈야성의 부름〉과 〈보물섬〉이 미국 수업 시간에 많이 읽는 책입니다. 〈크리스마스 캐럴〉은 로버트 잉펜이 그린 책도 좋은데, P. J. 린치(P. J. Lynch)가 삽화를 그린 책이 더 인기 있어요. 〈셜록 홈즈〉는 영화와 드라마까지 볼 게 많은 책이에요. 영국 드라마는 많이 잔인한 편이라 고등학생 이상에게 권합니다. 요즘 그림 형제 동화를 패러디한 소설이 많이 나왔어요. 그런 소설들을 읽은 후에 원작을 읽고 싶어 하는 아이들도 많아요. 이 책들은 대부분 영화나 애니메이션, 그래픽 노블도 나와 있어요. 원작을 읽기 힘들어하면 책과 다른 콘텐츠를 같이 보게 해주세요.

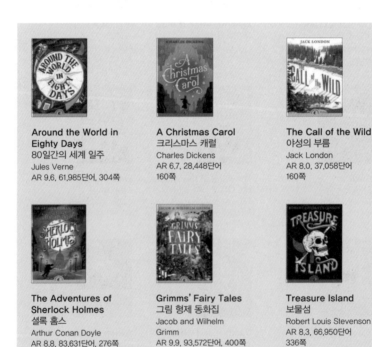

Around the World in Eighty Days
80일간의 세계 일주
Jules Verne
AR 9.6, 61,985단어, 304쪽

A Christmas Carol
크리스마스 캐럴
Charles Dickens
AR 6.7, 28,448단어
160쪽

The Call of the Wild
야성의 부름
Jack London
AR 8.0, 37,058단어
160쪽

The Adventures of Sherlock Holmes
셜록 홈스
Arthur Conan Doyle
AR 8.8, 83,631단어, 276쪽

Grimms' Fairy Tales
그림 형제 동화집
Jacob and Wilhelm Grimm
AR 9.9, 93,572단어, 400쪽

Treasure Island
보물섬
Robert Louis Stevenson
AR 8.3, 66,950단어
336쪽

※표지와 쪽수는 퍼핀 클래식 기준입니다.

9~10학년 이후 읽을 만한 고전

9~10학년 이후에 읽기 적당한 고전으로 〈허클베리 핀의 모험〉, 〈아서왕과 원탁의 기사들〉은 수업 시간에도 많이 읽습니다. 〈톰 소여의 모험〉보다 〈허클베리 핀의 모험〉이 리딩 레벨이 낮아요. 하지만 〈허클베리 핀의 모험〉은 미국 남부 상황에 대한 이야기가 많아서 〈톰 소여의 모험〉을 더 좋아하는 아이들이 많습니다.

The Adventures of Huckleberry Finn
허클베리 핀의 모험
Mark Twain
AR 6.6, 105,590단어
480쪽

The Adventures of Tom Sawyer
톰 소여의 모험
Mark Twain
AR 8.1, 68,078단어
352쪽

King Arthur and His Knights of the Round Table
아서왕과 원탁의 기사들
Roger Lancelyn Green
AR 7.7, 63,058단어, 416쪽

The Adventures of Robin Hood
로빈 후드의 모험
Howard Pyle
AR 8.6, 110,743단어, 320쪽

Twenty Thousand Leagues Under the Sea
해저 이만리
Jules Verne
AR 10.0, 138,138단어, 336쪽

Dracula
드라큘라
Bram Stoker
AR 6.6, 153,595단어, 640쪽

※표지와 쪽수는 퍼핀 클래식 기준입니다.

11~12학년 이후 읽을 만한 좋은 고전

호머의 〈오딧세이〉는 고대 그리스어로 적힌 서사시입니다. 너무 방대해서 축약하거나 산문 형태로 바꾼 책이 많아요. 원작 그대로 읽고 싶다면 로버트 페이글스(Robert Fagles)가 영어로 번역한 펭귄 출판사의 책을 권합니다.

〈주홍글씨〉와 〈장 발장〉을 제외한 책들은 퍼핀 클래식과 펭귄 클래식에서 같이 나옵니다. 〈오딧세이〉, 〈오만과 편견〉, 〈제인 에어〉, 〈폭풍의 언덕〉, 〈올리버 트위스트〉, 〈프랑켄슈타인〉, 〈로빈슨 크루소〉, 〈삼총사〉, 〈걸리버 여행기〉 등은 애니메이션, 영화, 만화책을 통해 내용의 일부를 접한 아이들이 있어요. 아이들이 대강의 줄거리나 파편적인 일화를 알고 있다는 뜻이에요. 하지만 축약된 소설을 읽는 게 아니라 원작을 읽는다면 적어도 고등학생 이상 아이들에게 적당한 책들이에요.

퍼핀 클래식과 펭귄 클래식에서 같이 나오는 책들은 내용은 같고 표지만 다른 경우가 많아요. 퍼핀 클래식의 표지가 좀 더 밝은 편이니 취향에 따라 선택할 수 있어요. 〈무기여 잘 있거라〉는 퍼핀 클래식이나 펭귄 클래식에 들어 있지 않아 표지가 다릅니다.

The Odyssey
오딧세이
Homer
AR 10.3, 120,133단어, 541쪽

The Scarlet Letter
주홍글씨
Nathaniel Hawthorne
AR 11.7, 63,604단어, 288쪽

Pride and Prejudice
오만과 편견
Jane Austen
AR 12.0, 121,342단어, 480쪽

Jane Eyre
제인 에어
Charlotte Bronte
AR 7.9, 183,858단어, 624쪽

Wuthering Heights
폭풍의 언덕
Emily Bronte
AR 11.3, 107,945단어, 416쪽

Oliver Twist
올리버 트위스트
Charles Dickens
AR 11.3, 155,960단어, 608쪽

Frankenstein
프랑켄슈타인
Mary Shelley
AR 12.4, 75,380단어, 352쪽

Robinson Crusoe
로빈슨 크루소
Daniel Defoe
AR 12.3, 121,961단어, 288쪽

The Three Musketeers
삼총사
Alexandre Dumas
AR 11.3, 197,263단어, 736쪽

A Farewell to Arms
무기여 잘 있거라
Ernest Hemingway
AR 6.0, 82,532단어, 352쪽

Les Miserables
장 발장
Victor Hugo
AR 9.8, 530,982단어, 1,456쪽

Gulliver's Travels
걸리버 여행기
Jonathan Swift
AR 13.5, 107,349단어, 336쪽

※표지와 쪽수는 펭귄 클래식 기준입니다.

7장

아이표 영어
논픽션책 지도

논픽션책 읽기

픽션(Fiction)은 상상으로 지어낸 허구이고, 논픽션(Nonfiction)은 사실에 근거해서 쓴 글입니다. 픽션은 학년이 올라가면서 그림책, 리더스북, 챕터북, 소설, 고전으로 읽어요. 논픽션도 이와 비슷해요. 논픽션 그림책, 논픽션 리더스북, 논픽션 챕터북, 논픽션 지식책 등을 읽어요.

일정 수준 이상의 시험 성적을 원하거나 리딩 레벨이 높아지려면 논픽션 읽기는 반드시 병행해야 합니다. 수능 국어에 비문학 지문이 많이 나오는 것처럼 각종 영어 시험에도 논픽션 지문이 많이 나옵니다. 다양한 분야의 논픽션에 대한 기본 지식이 있으면 훨씬 수월하게 풀 수 있는 문제가 점점 많아지는 추세예요.

논픽션에는 일상에서 접하기 힘든 전문 용어가 많이 나옵니다. 아는 분야는 쉽게 읽을 수 있지만 모르는 분야가 나오면 어렵게 느껴져요. 다양한 분야의 기본 지식과 어휘를 알고 있다면 훨씬 쉽게 읽을 수 있어요. 영어 논픽션 지문을 잘 읽어내기 위해서는 영어 어휘 수준을 높여야 하지만, 각 분야의 기본 지식을 한글로 쌓아두면 훨씬 효율적으로 대처할 수 있습니다.

"우리 아이가 영어 논픽션을 싫어하는데 어떻게 해야 할까요?" 이런 질문을 자주 받습니다.

책 읽기 자체를 싫어해서 논픽션을 싫어하는 아이는 책 읽기의 즐거움을 경험하는 게 먼저입니다. 지식 습득과 학교 성적을 위해 책 읽기를 요구하기 전에 책과 친해질 수 있게 도와주세요.

영어책 읽기가 싫은 아이도 있습니다. 픽션이든 논픽션이든 영어책이라서 싫은데, 어렵고 재미없게 보이는 영어 논픽션을 권하면 당연히 싫어합니다. 한글 논픽션은 잘 읽는데 영어 논픽션을 읽기 싫어한다면 영어 논픽션에 대한 두려움을 가볍게 해주어야 합니다. 아직 영어책 읽기를 부담스러워하는 시기에는 논픽션보다 픽션을 더 많이 읽기를 권합니다. 리딩 레벨과 속도가 어느 정도 올라간 후에 자신의 리딩 레벨보다 낮은 수준의 논픽션을 읽으면 논픽션에 대한 거부감을 줄일 수 있어요. 챕터북을 수월하게 읽는 시기에 논픽션 리더스북이나 그림책을 권해보세요. AR 5점대 픽션을 수월하게 읽을 때 AR 3~4점대 논픽션을 권하면 쉬워서 즐겁게 읽기도 합니다.

픽션은 잘 읽는데 논픽션은 읽기 싫어하는 아이가 꽤 많습니다. 논픽션에 관심이 없거나 논픽션을 어려워하는 경우예요. 비슷한 두께와 글밥의 책이라도 픽션에 비해 논픽션을 어려워하는 아이가 많습니다. 해당 분야의 전문 용어가 나오기 때문에 리딩 레벨이 상대적으로 높아요. 책마다 다르지만 예를 들어 픽션 리더스북이 AR 1~3점대라면 논픽션 리더스북은 AR 2~4점대예요. 픽션 챕터북이 AR 2~4점대라면 논픽션 챕터북은 AR 3~5점대입니다. 한글책을 읽을 때 논픽션은 읽지 않는 아이라면 영어책을 읽을 때도 논픽션 읽기를 싫어할 확률이 높습니다. 논픽션 자체를 싫어하는 아이라면 논픽션과 친해져야 해요. 미국 아이들은 논픽션을 학교 수업 시간과 연계해서 많이 읽어요. 한국에 사는 아이라면 학교 수업, 한글 독서, 영상을 통해 어느 정도 지식을 쌓은 후 읽는 게 효과적입니다. 논픽션 읽기를 싫어하는 아이에게는 일정 기간 그래픽 노블, 잡지, 다큐멘터리 영상을 먼저 권해도 좋습니다. 한국어 다큐멘터리를 먼저 보고 비슷한 내용을 다루는 영어 다큐멘터리를 보면 훨씬 쉽게 느껴집니다.

역사와 인물

미국 학교의 학년별 역사 공부 유형

역사를 이해하려면 시간의 흐름에 관한 인식이 필요합니다. 저학년 때는 역사적 인물이나 사건에 대해 접합니다. 연속되지 않은 산발적 정보였던 인물과 사건이 하나의 흐름 위에 있다는 것을 이야기하는 통사는 보통 4~5학년 이후에 적당합니다.

미국의 초등 저학년 때는 미국 건국 초기, 남북전쟁, 20세기 인종차별과 관련한 인물과 사건을 많이 배워요. 아메리카 대륙으로 초기에 온 콜럼버스나 청교도 이민자를 도왔던 인디언과 추수감사절, 건국의 아버지들이라 불리는 조지 워싱턴이나 벤저민 프랭클린, 남북전쟁과 노예해방의 아이콘인 링컨, 인종차별에 맞서 싸운 마틴 루서 킹에 대해 배웁니다. 세계사는 이집트 피라미드, 로마제국, 중세의 성과 기사를 배읍니다.

3~4학년 때도 인물과 사건을 중심으로 배우지만 범위가 넓어지고 깊어져요. 3학년 수준의 인물 시리즈물인 〈Who Was〉가 100권 넘게 나왔어요. 그 인물들을 다 배우진 않고, 사회 시간에 인물과 주제를 선택해 발표하는 프로젝트를 자주 진행합니다. 이 시기에는 역사 수업이 따로 있는 게 아니고 영어와 사회 수업 중에 포함된 내용으로 자연스럽게 역사를 배웁니다. 사회 시간에는 미국의 50개 주에 대해 배워요.

5~6학년부터는 사회 시간에 제대로 역사를 배우기 시작해요. 미국사와 세계사의 중요 사건, 세계 지리와 환경에 대한 기초 지식을 접합니다. 또 미국 50개 주에 대해 좀 더 자세히 배워요. 7~8학년 때는 자기가 살고 있는 주의 역사와 미국사를 조금 더 깊게 배웁니다. 특히 건국 전후 과정과 남북전쟁에 대해 많이 배우고, 근현대시의 전쟁이나 인권운동에 대해서 배워요.

고등학생이 되면 세계 지리, 환경, 문화에 대해 배우고 미국사와 세계사를 1년씩 따로 배워요. 갑자기 배우는 양이 많아지고 교과서가 엄청나게 두꺼워져 읽어야 할 분량이 늘어납니다. 영어에 문제가 없는 아이에게도 부담스러운 과목이에요.

킨더~2학년 수준의 역사 관련 그림책

● **Martin's Big Words** (Doreen Rappaport, Bryan Collier)
● **Rosa** (Nikki Giovanni, Bryan Collier) ● **The Wall** (Peter Sis)

역사적 인물이나 사건을 소재로 한 그림책을 교실에서 많이 읽어줍니다. 칼데콧상을 받은 흑인 인권 운동 지도자에 관한 책 〈Martin's Big Words〉, 〈Rosa〉와 소련 치하의 체코슬로바키아 프라하를 그린 〈The Wall〉이 있어요.

초등 저학년 수준의 위인전(Biography)

킨더부터 저학년 아이에게 적당한 위인전으로는 〈Little People, Big Dream〉 시리즈, 〈Ordinary People Change the World〉 시리즈가 있어요. 3학년 이후에 〈Who Was〉 시리즈로 위인전 읽기를 시작해도 되지만, 그 전에 아이가 정말 궁금해하는 인물이 생겼을 때 찾아보기에 유용합니다. 원서 읽기를 늦게 시작해서 자기 학년보다 낮은 수준의 영어 위인전을 찾을 때 읽어도 좋아요.

● Little People, Big Dream AR 3.8~5.3, 32쪽, 70권+~
● Ordinary People Change the World AR 3.0~4.2, 40쪽, 20권+~

〈Little People, Big Dream〉 시리즈는 킨더부터 저학년 수준의 책이에요. 글밥은 많지 않으나 단어가 어렵게 느껴질 수 있어요. 그림책 느낌이 나고 유아용 보드북도 있어서 프리스쿨 때 그림책처럼 보기도 합니다. 리더스북 레벨 2~3 수준이에요.

〈Ordinary People Change the World〉 시리즈도 킨더부터 저학년 수준의 책이에요. 〈Little People Big Dream〉과 리딩 레벨이 비슷하지만 글밥이 많고 좀 더 큰 아이들 책처럼 보입니다. 학습 만화 같은 그림으로 리더스북 레벨 3이나 초기 챕터북 수준인데, 문장은 1~2학년 책 느낌입니다. 원서 제목은 〈I am ~〉이고 한글판 제목은 〈나는 ~야!〉입니다. 〈I am Gandhi〉는 〈나는 간디야!〉로 나오는 식이에요. 한글판은 [평범한 사람이 세상을 바꾼다] 시리즈로 출간되었어요.

● **The Story of** 64~70쪽, 23권+~
● **Who Was?** AR 4.1~6.7, 112쪽, 권당 단어 수 7,000개 전후, 205권+~

〈The Story of〉 시리즈는 2020년부터 나오기 시작했어요. 64~70쪽 챕터북으로 2~3학년 수준이에요. 〈Who Was〉 시리즈보다 짧아요. 컬러 삽화가 많고 정리가 잘 되어 있어서 픽션과 논픽션 중간 느낌이에요.

〈Who was〉 시리즈는 3~5학년 아이들이 가장 많이 읽는 인물책으로 4학년 학교 수업 수준에 맞춘 책입니다. 205권까지 나왔고 계속 나오고 있습니다. 인물책 〈Who was?〉, 〈Who is?〉, 〈Who were?〉, 〈Who are?〉가 175권으로 가장 많고, 역사적 사건과 사물에 관한 책 〈What was?〉가 42권, 역사적 장소에 관한 책 〈Where is?〉가 32권 이상 나왔습니다. AR 4.1~6.7로 범위가 넓은 편이지만 AR 5점대가 가장 많습니다. AR 3~4점대 챕터북을 읽는 시기에 적당해요.

저학년 역사 그림책

● Danger Zone AR 4.3~6.8, 권당 단어 수 2,629~5,577개, 32~40쪽, 70권+~

　[The Danger Zone] 시리즈는 1~3학년 수준의 역사 그림책입니다. 시리즈 내 〈Avoid being a Slave in Pompeii!〉는 '폼페이의 노예가 되는 상황은 피하라'는 제목이지만, 화산 폭발로 잿더미에 묻힌 도시 폼페이의 역사적인 상황을 그렸어요. 역사 속 사건이 일어나는 지점은 항상 위험 상황이기에 제목이 'Danger Zone'이에요. 40권이 넘고 고대부터 중세, 현대까지 유명한 사건과 시대를 총망라합니다. 관심 있는 책만 골라 읽어도 되지만, 시리즈를 전부 다 읽으면 꽤 많은 역사 지식을 접할 수 있을 만큼 체계적이에요. 이 시리즈는 영국 책인데 미국판 제목은 앞부분이 달라요. 영국판 제목은 'Avoid'로 시작해 "도망가!"라고 소리 지르는 느낌이라면, 미국판은 'You Wouldn't Want to~'로 "이러고 싶진 않을 텐데"로 순화한 느낌입니다. 한글판은 〈If 세계사〉로 나왔어요. 그림책이지만 글밥이 많아서 저학년 중에는 버거워하는 아이도 많습니다. 역사책을 많이 접하지 않았다면 고학년까지도 볼만해요. 등장인물의 표정이나 상황이 과장된 만화 스타일로 그려져 있어 그림에 대한 호불호가 많이 나뉘는 책이에요.

2~4학년 챕터북

● **Magic Tree House Fact Tracker** (Mary Pope Osborne) AR 4.2~6.4,
권당 단어 수 5,181~7,826개, 128~144쪽, 43권~

〈매직트리하우스〉는 다양한 시대로 시간 여행을 하는 판타지 챕터북이에요. 이 챕터북 시리즈에 등장한 역사와 과학 정보를 체계적으로 정리해 논픽션 가이드북으로 펴낸 것이 〈매직트리하우스 팩트 트랙커〉예요. 1권에서 공룡을 만났다면 〈팩트 트랙커〉 한 권에는 공룡을 집중적으로 설명해요. 우주, 열대우림, 돌고래와 상어, 북극곰, 펭귄 같은 동물에 관한 책과 고대 이집트, 그리스, 로마, 2차 세계대전, 중세 기사, 해적, 청교도, 바이킹, 링컨, 벤저민 프랭클린, 다빈치 같은 역사적 시대와 인물에 관한 책으로 구성되었어요.

● **I Survived** (Lauren Tarshis) AR 3.8~5.1, 권당 단어 수 9,503~17,230개,
82~118쪽, 20권~

역사적 사건이 일어난 당시의 남자아이가 주인공입니다. 어드벤처 소설처럼 재미있고 긴박하게 풀어 역사에 관심이 없는 아이도 잘 읽을 수 있어요. 전쟁, 자연재해에 관한 사건을 많이 다룹니다. 책 제목이 'I Survived'로 시작해 사건 이름과 해당 연도가 나와요. 사건이 일어난

순서대로 책이 나온 건 아니에요. 아이들이 좋아할 만한 인지도순으로 출간되었어요. 취향에 따라 연도별로 골라 읽어도 되고, 관심 가는 순서대로 골라 읽어도 됩니다.

●**Horrible Histories** (Terry Deary) AR 5.0~6.3, 권당 단어 수
17,336~31,372개, 100~203쪽, 25권+

〈Horrible Histories〉는 3~5학년 수준의 챕터북 시리즈예요. 석기시대를 시작으로 이집트, 그리스, 로마, 바이킹, 아즈텍, 잉카, 중세 시대의 역사를 담고 있어요. 영국 작가가 쓴 책인 만큼 켈트, 색슨, 튜더, 스튜어트, 빅토리아, 대영제국 등 영국 역사에 관한 내용이 많아요. 삽화가 많아서 리딩 레벨과 글밥에 비해 쉽게 느껴져요. 삽화 특유의 스타일 때문에 더럽고, 징그럽고, 우스꽝스러운 그림을 좋아하는 아이들에게 인기 있어요. 한글판은 전집 〈앗! 시리즈〉에 포함되어 있습니다. 이 책이 어렵다면 조금 더 쉽게 풀어 쓴 역사 챕터북 〈Terry Deary's Historical Tales〉 시리즈를 권합니다.

4학년 이후 읽을 만한 통사

고등학교 이전에는 학교에서 통사를 읽지 않아요. 하지만 집에서는 초등 4~5학년 때부터 쉬운 통사를 읽을 수 있어요. 수잔 와이즈 바우어가 홈스쿨링하는 아이들을 위해 쓴 〈The Story of the World〉는 잠자리에서 듣는 옛날이야기 같은 역사책이에요. 워낙 쉽게 풀어 쓴 책이라 엄마들이 잠자리 동화로 저학년 때부터 읽어주기도 하지만, 8학년 수준의 내용이라 4학년 이후에 적당해요. 4권짜리 인데 고대를 다룬 1권만 읽는 아이도 많아요. 저자가 기독교인이라 신화와 역사 사이의 경계가 모호하다는 비평을 하는 이도 있어요.

〈서양미술사〉로 유명한 곰브리치의 〈A Little History of the World〉는 5~6학년 아이에게 적당한 수준의 책이에요. 아빠가 아들에게 담백한 목소리로 역사 이야기를 들려주는 것 같은 책으로, 앞서 소개한 〈The Story of the World〉보다는 추상적이고 어렵게 느끼는 아이들이 있어요.

한 권 더 읽고 싶다면 반 룬의 〈The Story of Mankind〉를 권합니다. 1922년 뉴베리상이 생긴 해에 첫 뉴베리 메달을 받았어요. 역사를 아이들이 읽을 수 있는 이야기책으로 잘 풀어냈습니다. 삐딱하고 자유로운 영혼의 할아버지가 방대한 스토리를 위트 있는 입담으로 풀었어요. 주관적 해설이 많이 포함되어 있어서 교과서로는 적당하지 않고 참고 도서로 보기에 좋아요. 개정판이 여러 번 나왔어요. 1944년 작가 사후에는 다른 역사 전공자들이 현대사를 추가했고요. 한글판은 1926년판을 번역했기 때문에 65장까지 있고, 원서는 가장 최근 책이 90장까지 있어요. 원서에 나온 작은 흑백 그림을 한글판에서는 다시 그리고 채색도 해 가독성이 더 높아요.

●The Story of the World (Susan Wise Bauer) 4~5학년 수준 ●A Little History of the World (E. H. Gombrich) 5~6학년 수준 ●The Story of Mankind (Hendrick Willem van Loon) 9학년 이상

미국사에 관심이 있다면

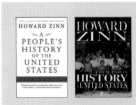

- **A People's History of the United States** (Howard Zinn)
- **A Young People's History of the United States** (Howard Zinn)

하워드 진의 〈A People's History of the United States〉는 지도층
이 아닌 민중의 시선으로 미국 역사를 설명한 책이에요. 대부분 미국 책
이 정복자와 통치자의 업적을 기리는 데 반해, 이 책은 고통당한 민중의
삶을 그려요. 〈A Young People's History of the United States〉는 6
학년 이상 읽을 수 있게 편집했어요. 미국사를 다루지만 15세기 이후의
세계사와 연관된 부분이 많아요.

중학생 이후 볼만한 논픽션 지식책

- **Eyewitness 시리즈** (DK)

DK 출판사의 〈Eyewitness〉 시리즈는 주제별로 나오는 단행본 지
식 책이에요. 역사와 과학 분야를 많이 다루어 관심 가는 주제를 골라

읽을 수 있어요. 72쪽 분량에 그림과 사진도 많지만 글도 많아 중학생 이후에 적당해요. 관심 분야만 5학년 이후에 읽는 아이도 있어요.

고등학생 이상 읽을 만한 대학생 수준의 책

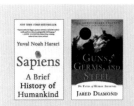

● Sapiens: A Brief History of Humankind (Yuval Noah Harari)
● Guns, Germs, and Steel (Jared Diamond) AR 12.6, 1,440L, 단어 수 148,046개, 494쪽

유발 하라리의 〈사피엔스〉는 역사를 바라보는 새로운 관점으로 인기를 얻은 책입니다. 인류의 시작부터 인지 혁명, 농업 혁명, 과학 혁명을 거치며 변화하는 모습을 그렸는데, 역사책이 아닌 소설책을 읽는 것처럼 푹 빠져 재미나게 읽을 수 있어요. 인간의 과거를 설명하지만, 작가의 시선이 미래를 향하고 있음을 느낄 수 있는 신선한 책이에요. 대학생 수준의 책을 읽을 수 있는 9학년 이상 아이들에게 적당해요. 2020년 그래픽 노블로도 나오고 있어요. 4권 예정으로 현재 1권까지 나왔어요. 이미지의 도움으로 중학생도 읽을 수 있어요.

제레드 다이아몬드의 〈총, 균, 쇠〉는 무기, 병균, 금속이 인류의 역사를 어떻게 바꾸었는지에 관해 쓴 책이에요. 새로운 발상을 제공해 화제가 되었지만 대학 논문 스타일의 책이라 지루해하는 아이가 많아요. 이 책이야말로 그래픽 노블이나 청소년 버전의 책이 나왔으면 하는 바람이 있어요.

역사 잡지와 웹사이트 & 유튜브 채널

역사 관련 잡지 중에서 가장 유명하고 글, 사진, 그림 수준이 높은 것은 'National Geographic History'와 BBC에서 운영하는 'BBC History'예요. 종이 잡지로도 나오고, 웹사이트를 통해 전자책이나 앱으로도 구독할 수 있어요.

● National Geographic History ● BBC History ● All About History Bookazine

〈All About History Bookazine〉은 잡지와 단행본을 결합한 형태예요. 일반적인 종이 잡지보다 두껍고 특정 주제에 맞는 역사적 사실을 모아 단행본처럼 볼 수 있어요. 웹사이트가 불친절해서 제목으로 검색해 인터넷 서점에서 구하거나 온라인 구독을 하는 게 좋아요.

◀
National Geographic History
www.nationalgeographic.com/history/world-history-magazine

◀
BBC History
www.historyrevealed.com

과학

STEM 키즈를 위한 그림책

과학과 공학에 관심 있는 STEM(Science, Technology, Engineering, Math) 키즈를 위한 책입니다.

Baby University 시리즈 (Chris Ferrie) ● Quantum Physics ● Organic Chemistry
● Rocket Science ● General Relativity

〈Baby University〉 시리즈는 토들러용 보드북이에요. 물리학자이자 수학자인 저자가 자신의 과학 사랑을 아기들에게 전하고 싶어 만든 책으로 엄마들에게 인기가 많아요. 하지만 24쪽 분량의 보드북에 단순한 그림과 한 줄짜리 글로 퀀텀 물리학, 로켓 과학, 유기화학, 일반 상대성 이론을 설명하기는 힘들어요. 이 책은 과학을 사랑해서 아기에게 과학 용어라도 접해주고 싶은 엄마들에게만 유용해요. 아이의 질문에 대답하기 힘든 엄마에게는 권하지 않아요. 오히려 리더스북을 읽는 킨더 이후에 관심 있는 아이에게 추천해요. 한글책이나 영상으로 관련 분야에 대한 콘텐츠를 접한 아이가 가장 쉽게 설명된 개념 책을 찾을 때 괜찮은 대안이에요. 어린 연령에는 너무 막연하고, 큰 아이들에게는 너무 단순한 책이에요.

● **Oops** (Arthur Geisert) ● **Lights Out** (Arthur Geisert) ● **Sector 7** (David Wiesner)
● **Flotsam** (David Wiesner)

아서 가이서트의 책 중 〈Oops〉, 〈Lights Out〉꼬마 돼지의 불끄기 대작전, 〈Hogwash〉, 〈Pigaroons〉, 〈The Gian Ball of String〉과 데이비드 위즈너의 〈Sector 7〉구름공항, 〈Flotsam〉시간상자은 공학자의 시선을 가진 아이들이 좋아해요. 글자가 없거나 적지만 그림만 뚫어져라 보게 되는 책이에요.

안드레이 비티와 데이비드 로버츠의 〈The Questioneers〉도 STEM 키즈를 위해 나온 시리즈예요. 건축, 공학, 과학, 정치, 일러스트레이션에 관심 있는 아이들이 주인공입니다. 그림책 시리즈가 나와 인기를 얻은 후 챕터북 시리즈도 나왔어요(https://questioneers.com 참고).

The Questioneers 시리즈 (Andrea Beaty, David Roberts) ●Rosie Revere, Engineer
(그림책) ●Rosie Revere and the Raucous Riveters (챕터북)

과학 논픽션 그림책

(Steve Jenkins) ●What Do You Do with a Tail Like This? ●Actual Size
●Creature Features ●The Animal Book

　스티브 젠킨스는 주로 동물 관련 논픽션 그림책을 그리는 작가예요.
종이 콜라주 기법(Cut-paper Collage)을 이용하기 때문에 사진이나 세밀
화 그림책과는 다른 독특한 분위기를 내요. 2004년 칼데콧 아너를 받은
〈What Do You Do with a Tail Like This?〉는 동물의 일부를 보고
어떤 동물인지 추측하는 내용의 그림책으로 프리스쿨러부터 볼 수 있
어요. 동물의 실제 크기를 실감 나게 비교해주는 〈Actual Size〉진짜 얼마
만 해요나 동물마다의 장점을 알려주는 〈Biggest, Strongest, Fastest〉세
상에서 내가 최고처럼 한 가지를 주제로 한 책은 어린 연령의 아이에게 적당
해요. 여러 동물의 특성을 알려주는 도감 같은 〈Creature Features〉는

32쪽 분량으로 초등 저학년 수준이에요. 작가의 동물 그림책을 총망라한 백과사전 같은 〈The Animal Book〉 아트 동물 그림책은 208쪽 분량으로 2~6학년 아이에게 적당해요.

(Janell Cannon) ● Stellaluna ● Crickwing ● Verdi ● Pinduli

자넬 캐넌의 동물 그림책은 미국 킨더와 초등 저학년 교실에서 선생님이 많이 읽어주는 책이에요. 그림이 굉장히 사실적이라 자연 관찰책을 보는 느낌이 들지만, 따뜻하고 감동적인 스토리를 전하는 그림책이에요. 픽션에서 논픽션으로 자연스럽게 넘어갈 수 있는 징검다리 역할을 해요. 과일박쥐 이야기를 그린 〈Stellaluna〉가 가장 인기 있고, 바퀴벌레와 개미를 그린 〈Crickwing〉, 파이썬 뱀을 그린 〈Verdi〉, 하이에나를 그린 〈Pinduli〉 등이 있어요. 다른 그림책에서 쉽게 만날 수 없는 동물이 주인공입니다.

케이트 매스너와 크리스토퍼 실라스 닐의 〈Over and Under〉 시리즈는 킨더부터 저학년 아이가 읽기 좋은 생태 그림책이에요. 〈Over and Under Snow〉 숲속 동물들이 사는 눈 아래 비밀 나라는 눈 위의 세상과 눈 아래 세상이 어떻게 다른지 보여줍니다. 아빠와 딸이 스키를 타며 눈 덮인 숲속에서 만나는 즐거움에 동물에 대한 지식을 자연스럽게 버무렸어요. 라임을 살린 간결한 문장 덕분에 44~52쪽 분량이지만 어렵게 느껴지지 않아요. 지금까지 4권 나왔어요.

- **Over and Under** (Kate Messner, Christopher Silas Neal)
- **The Big Book** (Yuval Zommer)

유발 좀머의 〈The Big Book〉 시리즈는 〈내셔널 지오그래픽 키즈〉
의 동물도감을 수채화로 옮겨놓은 느낌의 논픽션 그림책이에요. 바다
동물, 야생동물, 새, 벌레, 꽃이 각각 큰 판형의 64쪽 책 속에 담겼어요.
글을 읽으려면 2~4학년 수준의 리딩 레벨이어야 하지만, 프리스쿨이
나 킨더 때부터 그림만 보기에도 좋은 시리즈예요. 스티커북도 있고, 그
림이 사랑스러워서 액티비티북으로도 좋습니다.

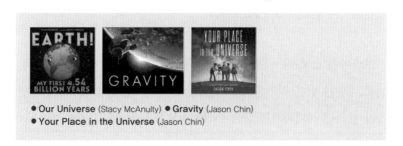

- **Our Universe** (Stacy McAnulty) ● **Gravity** (Jason Chin)
- **Your Place in the Universe** (Jason Chin)

〈Our Universe〉는 논픽션이라는 부담감이 전혀 느껴지지 않는 시
리즈예요. 그림이 예쁘고 지구가 자기소개를 하는 것 같아 사랑스러워
요. 2017년부터 출간되어 지구, 태양, 달, 바다, 화성까지 5권뿐이지만
인기 많은 시리즈라 앞으로도 계속 나올 것 같아요. 엄마가 읽어주면 프
리스쿨 만 4세 이후부터 가능하고, 일반적으로는 킨더~2학년 정도 아

이에게 적당합니다. 40쪽 분량이에요.

논픽션 그림책 작가로 칼데콧상까지 받은 제이슨 친의 〈Gravity〉모든 것을 끌어당기는 힘는 초등 저학년 아이들 눈높이에 맞게 중력을 그린 32쪽 분량의 논픽션 그림책이에요. 앞부분은 유아에게도 그림책처럼 읽어줄 수 있고, 뒷부분 몇 페이지에 중력에 대한 설명을 추가했어요. 〈Your Place in the Universe〉우리는 우주 어디쯤 있을까?는 우주가 얼마나 넓은지를 설명하기 위해 아이보다 큰 타조부터 기린, 나무, 건물, 산, 지구, 태양계, 은하까지 점점 더 큰 것을 보여줍니다. 글밥이 많은 편이라 2~5학년 아이에게 적당해요.

(Brian Floca) ●Locomotive ●Moonshot

브라이언 플로카는 〈Locomotive〉증기기관차 대륙을 달리다로 2014년 칼데콧 메달을 받은 작가입니다. 아름답고 사실적인 그림으로 증기기관차가 달리던 시대의 사람들을 이야기해요. 〈Moonshot〉타다, 아폴로 11호은 50여 년 전 달에 갔던 우주 비행사들의 여정을 그려요. 두 권 모두 지식책에 수여하는 로버트 F. 시버트(Robert F. Sibert) 아너를 받았어요. 글밥이 많은 지식 그림책이라 킨더부터 5학년 아이까지 볼 수 있어요. 작가는 등대선, 트럭, 레이스카 같은 탈것에 대한 유아용 그림책도 그렸어요.

과학 논픽션 리더스북

- **Fly Guy Presents** (Tedd Arnold) AR 2,8~4.4 (1권만 4.9), 32쪽, 14권~
- **Who Would Win?** (Jerry Pallotta) AR 3,0~4.4, 권당 단어 수 1,201~2,729개, 32쪽, 25권~

〈Fly Guy Presents〉는 〈Fly Guy〉 시리즈의 논픽션 버전 리더스북입니다. 동일한 파리와 소년이 등장하지만 어휘 수준이 〈플라이 가이〉보다 훨씬 높아요. 두 시리즈 모두 [Scholastic Reader 레벨 2]에 들어 있는데 〈플라이 가이〉는 AR 1점대이고 〈플라이 가이 프레젠트〉는 평균 AR 3점대예요. 아이가 한글책 독서를 통해 논픽션 지식이 생겼다면 〈플라이 가이〉를 읽은 후 재미있게 볼 수 있습니다.

사자와 호랑이가 싸우면 누가 이길까? 코뿔소와 하마가 싸우면 누가 이길까? 악어와 파이썬이 싸우면 누가 이길까? 〈Who Would Win?〉은 특정한 동물끼리 싸우면 어느 것이 이길지를 다룬 리더스북 형식의 시리즈입니다.

[DK Readers]는 한국에서는 전집처럼 많이 사는 리더스북 브랜드예요. 다른 브랜드보다 논픽션 리더스북이 많이 들어 있어요. 〈스타워즈〉나 〈레고〉 시리즈를 비롯해 자연, 공학, 과학, 역사 관련 논픽션도 많아요. 다른 브랜드에서도 역사, 과학을 주제로 한 논픽션 리더스북이 있지만 [DK Readers]만큼 종류가 많진 않아요.

내셔널 지오그래픽의 논픽션 리더스북은 [National Geographic

●[DK Readers] ●[National Geographic Kids Readers]

Kids]나 [National Geographic Kids Readers]로 나와요. 내셔널 지오그래픽 특성상 동물이나 생태계 관련 책이 대부분이고 공학과 역사적 사건을 다룬 책도 나오고 있어요.

●[Let's-Read-and-Find-Out Science] 시리즈 ●The Cat in the Hat's Learning Library ●The Cat in the Hat Knows a Lot About That (리더스북)

[Let's-Read-and-Find-Out Science]는 하퍼 콜린스 출판사에서 1961년부터 펴내고 있는 과학 그림책 시리즈예요. 두 레벨로 나오는데 레벨 1은 프리스쿨과 킨더 아이, 레벨 2는 초등학생 수준이에요. 나온 지 오래됐고, 미국 과학 수업 시간에 배우는 전 과정을 다루기 때문에 학교에서 많이 읽어요. 여러 작가가 다양한 스타일로 그림을 그려 그림책처럼 부담 없이 읽을 수 있어요. 레벨 1은 39권, 레벨 2는 89권이고, 새 과학 이슈가 생기면 계속 추가되고 있어요. 다루는 내용에 따라 같은 레벨 안에서도 단어의 수준 차이가 커요. 레벨 1은 AR 2~3점대, 레벨

2는 AR 3~4점대이며 40쪽 분량입니다.

〈The Cat in the Hat's Learning Library〉는 닥터 수스 사후에 그의 대표작인 〈The Cat in the Hat〉 속 캐릭터들을 활용해 만든 논픽션 리더스북 시리즈예요. 48쪽 분량에 하드커버로 킨더부터 3학년 수준입니다. 이 시리즈를 애니메이션으로 만든 〈The Cat in the Hat Knows a Lot About That〉도 나왔어요. 그리고 애니메이션에서 다룬 내용을 다시 리더스북과 그림책으로 만들었는데, 이 책들은 프리스쿨부터 킨더 수준이에요. 리더스북은 [Step-Into-Reading 스텝 2~3]에 들어 있어요.

과학 논픽션의 대명사, 〈매직스쿨버스〉 그림책부터 챕터북까지

〈매직스쿨버스〉 시리즈는 미국 초등학교 과학 수업 시간에 없어서는 안 될 중요한 교재예요. 수업 시간에 자주 이 시리즈 영상을 틀어줘요. 아이들은 영상에 익숙한 덕분에 책도 재미있게 잘 읽어요. 킨더부터 초등 3~4학년 과학 시간에 배우는 내용을 거의 모두 다루어 다른 게 필요 없을 정도입니다. 매직스쿨버스는 커지기도 작아지기도 하는 마법 같은 버스라서 붙은 이름이에요. 개성 넘치는 선생님도 아이들에게는 인기 만점이에요. 학교 과학 시간에 선생님과 함께 버스를 타고 바다, 우주, 사람 몸속으로 여행하며 신나는 모험을 합니다.

〈매직스쿨버스〉는 오리지널 그림책이 나온 이후 영상이 나오고, 영상을 바탕으로 한 그림책, 리더스북, 챕터북이 나왔어요. 2017년 새 애니메이션 〈The Magic School Bus Rides Again〉이 나오면서 또 그림책, 리더스북, 챕터북이 나오고 있어요. 워낙 방대한 시리즈라서 나온 순서대로 살펴볼게요.

The Magic School Bus ●오리지널 그림책 ●실사 그림책

1986년부터 조애너 콜(Joanna Cole)이 쓰고 브루스 디건(Bruce Degen)이 그린 〈매직스쿨버스〉의 오리지널 그림책은 3~4학년 수준의 지식 그림책으로 꽤 어렵습니다. 제일 처음 나온 책이지만 가장 나중에 읽는 책이에요. 리딩 레벨은 AR 3~4점대, 40~48쪽 분량에 글밥도 많아 그림책이면서 챕터북으로 느껴져요. 〈The Magic School Bus Presents〉는 오리지널 그림책과 비슷한 형식에 실사 사진이 나옵니다. 리딩 레벨은 주로 AR 5점대예요.

The Magic School Bus 애니메이션 TV Tie-in ●그림책 ●리더스북 ●챕터북

〈매직스쿨버스〉는 책보다 영상이 더 유명해요. 1994~1997년 사이에 나온 TV 애니메이션은 25분짜리 52개 에피소드입니다. 영상 내용을 책으로 옮긴 TV Tie-in 페이퍼백 그림책, 리더스북, 챕터북이 작가의 오리지널 그림책보다 쉬워 더 인기가 많아요. 쉽게 읽을 수 있는 책

을 찾는다면 TV Tie-in을 먼저 접하는 게 좋아요. 킨더부터 1학년 수준의 그림책과 리더스북을 읽은 후, 챕터북을 읽는 시기에 오리지널 그림책을 함께 보면 좋습니다. TV Tie-in은 스토리에 지식을 버무린 느낌이고, 오리지널 그림책은 지식을 그림으로 표현한 느낌이에요.

The Magic School Bus Rides Again ● 리더스북 ● 챕터북

2017년 새 애니메이션 〈The Magic School Bus Rides Again〉이 나왔고, 시즌 2까지 나온 현재는 총 26개 에피소드가 있어요. 새 애니메이션의 TV Tie-in 그림책, 리더스북, 챕터북이 계속해서 나오고 있습니다.

여러 종류의 〈매직스쿨버스〉
어떤 순서로 봐야 하나

1997년에 나온 애니메이션을 본 후 TV Tie-in 리더스북, 그림책, 챕터북 순서로 읽기를 권해요. 그런 다음 오리지널 그림책을 보면 지식 정보가 정리됩니다.

매직스쿨버스 리딩 레벨 비교

시리즈명	형태	리딩 레벨(AR)	권당 단어 수(개)	지면 수(쪽)	권수
Magic School Bus Scholastic Reader Level 2	리더스북	1.7~2.7 (주로 2점대)	634~1,105	32	33
Magic School Bus TV Tie-in Books	그림책	2.7~4.4	1,695~4,778	32	32
Magic School Bus Original Series	그림책	3.6~4.6	1,654~4,204	40~48	13~
Magic School Bus Presents	실사 그림책	4.7~5.7	3,240~4,253	32	10
Magic School Bus Chapter Book	챕터북	3.4~4.7	6,257~12,375	70~103	20
Magic School Bus Rides Again Scholastic Reader Level 2	리더스북	3.0~3.5	947~1,299	32	5~
Magic School Bus Rides Again Chapter Book	챕터북	3.5~3.9	4,160~5,068	91~96	5~

※권수에서 계속 출간 중인 책은 '~'로 표시했습니다.

과학 논픽션 챕터북

●**Magic Tree House Fact Tracker** (Mary Pope Osborne) AR 4.2~6.4, 권당 단어 수 5,181~7,826개, 128~144쪽, 43권~

　〈매직트리하우스〉는 다양한 시대로 시간 여행을 하는 판타지 챕터 북이에요. 챕터북 시리즈에 나온 역사·과학 정보를 체계적으로 정리해

〈매직트리하우스 팩트 트랙커〉를 만들었어요. 공룡이나 빙하기의 동물, 북극곰과 펭귄 같은 극지방 동물, 돌고래와 상어 같은 바다 생물, 라마를 포함한 안데스 지역의 동물과 판다 같은 멸종 위기 동물, 개나 말처럼 사람과 가까이 있는 동물과 뱀처럼 위험한 동물을 다룹니다. 쓰나미나 회오리바람 같은 위험한 기상 현상과 열대우림 같은 지역 특성을 설명한 책도 있어요. 주인공이 우주 여행을 하며 우주를 설명한 책도 있어요.

● **Andrew Lost** (J. C. Greenburg) AR 3.3~4.0, 권당 단어 수 5,623~9,223개, 78~86쪽, 18권
● **Stink** (Megan McDonald) AR 3.0~3.7, 권당 단어 수 5,502~10,180개, 102~158쪽, 11권+

주디스 그린버그의 〈Andrew Lost〉로스트는 발명품 때문에 몸이 작아진 주인공 앤드류가 친구 주디, 로봇 터드와 함께하는 모험담이에요. 파리를 타고 위험 상황에서 탈출할 수 있을 만큼 몸이 작아져 모든 동물이 위협적이고 모든 공간이 지뢰밭이에요. 동물이나 사람 몸에 들어가기도 하고 정글, 바다, 사막에 떨어지기도 해요. 시간 여행을 통해 빅뱅, 초기 지구, 빙하기로 떨어지기도 합니다. 덕분에 공룡을 만날 수도 있고요. 빠른 전개로 흥미진진한 모험을 경험할 수 있어요. 10세 소년 앤드류와 비슷한 2~3학년 아이들이 즐기기에 적당합니다.

본격적인 과학 챕터북은 부담스럽고 좀 편안한 과학책을 찾는다면 과학 좋아하는 아이의 일상을 그린 〈Stink〉스팅크 시리즈를 권해요. 모든 책에서 과학을 다루지는 않아요. 하지만 2학년 남자아이인 주인공이 과학을 좋아하고 백과사전 읽는 게 취미라서 과학 용어가 많이 나와요. 학교 과학 시간이나 프로젝트를 하는 모습도 잘 그리고 있어요. 기니피그, 거미 같은 동물이나 명왕성과 태양계가 나오는 책에서는 그 소재를 중심으로 관련 정보를 재미나게 설명해요.

● **Horrible Science** (Nick Arnold) AR 5.1~7.1, 권당 단어 수 10,992~32,208개, 96~224쪽, 27권+ ● **Horrible Geography** (Anita Ganeri) AR 5.1~6.1, 권당 단어 수 14,180~24,137개, 127~160쪽, 12권+

⟨Horrible Science⟩는 [앗 시리즈] 과학 부문의 원서입니다. 영국식 유머와 말장난, 독특한 삽화 덕분에 다양한 지식 정보를 쉽게 접할 수 있어요. 인체, 뇌, 소화기관, 질병, 진화, 에너지, 전기, 우주, 시간 등을 다루고 있어요. AR 5~6점대 책으로 4~5학년 수준입니다.

⟨Horrible Geography⟩도 [앗 시리즈] 과학 부문에 들어 있는 원서입니다. 본래는 지리에 관한 책으로 바다, 기후, 화산, 사막, 지진, 강, 열대우림, 극지방, 탐험가, 섬, 호수, 해안 등에 관한 내용이에요. 재미있는 글과 삽화로 AR 5점대 책이지만 4점대 책처럼 느껴져요.

초등 고학년 이상이 읽을 만한 과학 소설

● **George's Secret Key** (Stephen Hawking & Lucy Hawking)
AR 5.6~6.6, 권당 단어 수 50,060~65,541개, 280~417쪽, 6권

스티븐 호킹과 딸 루시 호킹이 함께 쓴 〈George's Secret Key〉 시리즈는 어린이를 위한 우주 과학책이에요. 아홉 살짜리 손자의 눈높이에 맞는 과학책을 쓰기 위해 할아버지가 과학 지식을, 엄마가 우주 여행 판타지 스토리를 썼어요. 한글판 제목은 〈스티븐 호킹의 우주 과학 동화〉이지만, 동화라고 하기에는 과학 지식이 많이 나와요. 블랙홀, 빅뱅, 화성, 우주 탐험, 시간 여행, 컴퓨터 해킹과 인공지능 등이 나오고 과학 지식이 들어 있어요. 과학 용어가 많아 어휘가 어려워요. 리딩 레벨은 5~6학년 수준인데, 이야기의 틀이 되는 판타지 구조는 많이 단순한 편이에요. 지식의 수준은 쉬운 것부터 어려운 것까지 편차가 있어서 5~8학년 수준입니다. 과학을 좋아하면 4학년부터, 일반적으로는 5~8학년 아이에게 권해요.

과학 논픽션 시리즈

백과사전 형식의 시리즈도 있어요. 백과사전과 다른 점은 한 권에 한 가지 주제만 다룬 단행본이라는 것이에요. 웅진출판사에서 나온 〈비주얼 박물관〉은 한국에서 전집으로 나오지만, 본래 영국 DK 출판사에서는 단행본 시리즈물이었어요. 수준 높은 사진, 그림, 도표, 지도 등이 많아 내용을 이해하는 데 큰 도움이 돼요. 〈DK Eyewitness〉 시리즈는 72쪽 분량으로 7학년 이상 아이에게 권해요. 과학과 역사 분야가 많고 80권 이상 나왔어요.

● DK Eyewitness ● National Geographic Little Kids First Big Book ● National Geographic Kids Everything ● National Geographic Animal Encyclopedia

동물과 자연의 실감 나는 사진을 찾는다면 내셔널 지오그래픽에서 나온 단행본 시리즈를 권해요. 〈National Geographic Little Kids First Big Book〉 시리즈는 128쪽 분량으로 킨더부터 저학년 아이에게 적당하고 18권 이상 나왔어요. 〈National Geographic Kids Everything〉 시리즈는 64쪽 분량으로 3~8학년 아이에게 적당하고 24권 이상 나왔어요. 동물 백과사전으로 가장 추천하고 싶은 책은 304쪽 분량의 〈National Geographic Animal Encyclopedia〉예요. 3학년 이상 아이에게 권합니다.

과학과 공학의 원리를 설명하는 책

데이비드 맥컬레이의 〈The Way Things Work Now〉도구와 기계의 원리 Now는 과학과 공학에 대한 뛰어난 설명으로 유명해요. 400쪽 분량의 백과사전 같은 책으로 6학년 수준 이상의 아이에게 권해요. 〈Mammoth Science : The Big Ideas That Explain Our World〉매머드 사이언스는 3~6학년 수준의 책이에요.

(David Macaulay) ●The Way Things Work Now ●Mammoth Science: The Big Ideas That Explain Our World

　과학 공학 원리를 다룬 책은 'How Things Work'라는 제목으로 많이 나와요. 데이비드 맥컬레이의 그림은 화려하지 않은 편이라 사진으로 된 책을 원한다면 DK나 내셔널 지오그래픽에서 나온 책을 권해요. 3학년 이상 아이가 볼만한 책으로는 〈National Geographic Kids : How Things Work : Then and Now〉와 〈DK : First How Things Work Encyclopedia〉가 있어요.

●National Geographic Kids: How Things Work
●DK: First How Things Work Encyclopedia

과학 논픽션 학습서 시리즈

● Basher Science

미국 중·고등학교 교과서는 과목별로 분량이 500~900쪽으로 엄청납니다. 교과서를 다 읽는 학생이 드물고, 홈스쿨링을 하는 경우에도 200~300쪽 분량의 워크북을 많이 이용해요. 교과 과정을 요약 정리한 참고서가 있는데, 그중 〈Basher Science〉 시리즈가 작은 그림책 같은 판형으로 인기 있어요. 표지와 본문 삽화가 귀엽고 128쪽의 적은 분량이라 아이들이 만만하게 느껴 좋아합니다. 중학교에서는 과학 과목 안에서 주제별로 배우고, 고등학교에 가서야 생물, 화학, 물리, 지구과학 등으로 나뉘어요. 이 시리즈는 과목별로 고등학생들이 요약 노트처럼 활용할 수 있어요. 4~8학년 수준으로 만들어서인지 중학생도 많이 봅니다.

과학 잡지

과학 잡지는 내셔널 지오그래픽에서 나오는 것을 자주 봅니다. 〈National Geographic Little Kids〉는 프리스쿨부터 1학년 아이들이 많이 보고, 〈National Geographic Kids〉는 1~4학년에 적당해요. 중학생 이상은 〈National Geographic〉을 봐요. 잡지 형태를 좋

● National Geographic Little Kids ● National Geographic Kids ● National Geographic ● Ranger Rick ● Ranger Rick Jr.

아하는 게 아니라면 앞서 소개한 단행본 시리즈가 더 나아요. 종이 질도 좋고 내용도 더 알찹니다. 〈내셔널 지오그래픽〉과 비슷한 잡지로는 〈Ranger Rick〉, 〈Ranger Rick Jr.〉가 있어요.

과학 공학 좋아하는 아이를 위한 잡지

● Muse ● Wired ● Discover ● Smithsonian

미국 어린이 잡지사 크리켓(Cricket)에서 나온 과학 잡지 〈Muse〉는 4학년 이상 아이에게 권해요. 어른용 과학 잡지는 미국 고등 수준의 영어가 가능할 때 읽기 적당해요. 〈Wired〉, 〈Discover〉, 〈Smithsonian〉이 있고 〈Popular Science〉한국어판은 '파퓰러 사이언스'는 웹사이트에서도 많은 콘텐츠를 볼 수 있어요. 요즘은 종이 판보다 디지털 판을 선호하는 사람이 많아요. 한국에서 구하기 힘든 종이 잡지는 사이트에 들어가 디지털 구독을 하면 됩니다.

◀

Popular Science
www.popsci.com

청소년 이상을 위한 과학 교양서

랜들 먼로의 〈What If?〉위험한 과학책, 〈How to〉더 위험한 과학책, 〈Thing Explainer〉친절한 과학 그림책는 과학에 흥미가 없는 사람도 재미있게 읽을 수 있는 교양서예요. 고등학교 수준의 책을 읽을 수 있는 중학생 이상 아이에게 권해요.

(Randall Munroe) ● What If? ● How to ● Thing Explainer

수준 높은 영어로 공학 에세이를 쓰는 헨리 페트로스키는 과학과 공학의 차이를 설명하는 〈To Engineer is Human〉인간과 공학 이야기으로 유명하지만, 유용한 물건의 발명과 진화에 관해 설명하는 〈The Evolution of Useful Things〉포크는 왜 네 갈퀴를 달게 되었나가 헨리 페트로스키를 접하는 첫 책으로 적당해요.

(Henry Petroski) ● To Engineer is Human ● The Evolution of Useful Things

'How It's Made'는 물건 만드는 과정을 보여주는 TV 쇼 프로그램이에요. 아마존 프라임을 이용하는 사람에게 추천해요. 2001년부터 시즌 32까지 나온 장수 프로그램이에요. 30분짜리로 초등학생 이상 아이에게 권합니다.

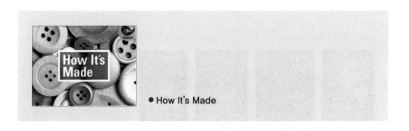

● How It's Made

고등학생 이상 읽을 만한 대학생 수준의 과학 교양서

칼 세이건의 〈코스모스〉는 1980년에 나와 과학 고전이 된 책이에요. 이후에 발전한 내용까지 알고 싶다면 다큐멘터리를 권해요. 2014년에 〈Cosmos: A Spacetime Odyssey〉로 13편의 책이 나왔고, 2020년에 〈Cosmos: Possible Worlds〉로 13편의 다큐멘터리가 나왔어요. 그래픽으로 멋지게 구현해 중고생들이 보기 훌륭한 수준이고, 과학에 관심 있는 아이라면 초등 고학년부터 볼 수 있어요.

●**Cosmos** (Carl Sagan) ●**A Short History of Nearly Everything** (Bill Bryson)

빌 브라이슨의 〈거의 모든 것의 역사〉는 우주의 시작에서 출발해 지구에 도달한 후 인류 기원까지를 다룹니다. 빅 히스토리의 모습을 한 과학 역사서예요. 빌 브라이슨의 글은 위트와 유머로 인기 있지만, 아이가 읽기 쉬운 글은 아니에요. 하지만 읽을 수 있다면 아주 멋진 문장을 만날 수 있어요.

●**A Brief History of Time** (Stephen Hawking) 시간의 역사 AR 10.5, 1290L, 단어 수 61,832개, 212쪽 ●**The Illustrated Brief History of Time** (Stephen Hawking) 그림으로 보는 시간의 역사 248쪽 ●**A Briefer History of Time** (Stephen Hawking & Leonard Mlodinow) 짧고 쉽게 쓴 '시간의 역사' 176쪽 ●**The Theory of Everything: The Origin and Fate of the Universe** (Stephen Hawking) 청소년을 위한 시간의 역사 176쪽

스티븐 호킹의 〈시간의 역사〉는 시간과 우주의 본질에 관한 책이에요. 과학책 중에서 가장 유명하지만 완독한 사람이 드물 정도로 어려워요. 다행히 원작을 좀 쉽게 편집해서 나온 책들이 있어요.

〈The Illustrated Brief History of Time〉은 내용의 이해를 돕기 위해 그림, 사진, 도표를 많이 넣었고, 〈A Briefer History of Time〉은

다른 저자가 내용을 풀어 쓰면서 그림도 추가했어요. 〈The Theory of Everything: The Origin and Fate of the Universe〉는 스티븐 호킹이 일반 대중에게 강연한 내용을 모은 책으로 한글판은 〈청소년을 위한 시간의 역사〉로 나와요.

수학

교실에서 많이 보는 수학 그림책

● MathStart (Stuart J. Murphy)
● How Much is a Million? (David M. Schwartz, Steven Kellogg)

한국의 '수학 동화'처럼 수학을 그림책으로 알려주는 책 중 미국 교실에서 많이 활용하는 책이 〈MathStart〉 시리즈예요. 글 작가는 스튜어트 J. 머피 한 사람이고 그림 작가는 여러 명이에요. 프리스쿨부터 4학년까지의 교과 내용을 3개 레벨로 나누어 설명해요. 각 책은 32쪽 페이퍼백 그림책 형태를 띠는데, 글밥은 리더스북 수준이에요. 레벨 1은 프리스쿨과 킨더 21권, 레벨 2는 1~2학년 21권, 레벨 3은 2~4학년 21권, 총 63권입니다.

데이비드 M. 슈워츠가 쓰고 스티븐 켈로그가 그린 〈How Much is a Million?〉백만은 얼마나 클까요?은 백만이라는 숫자를 설명하는 그림책이에요. 백만장자를 '밀리어네어(Millionaire)'라고 하지요? 한국과 미국의 숫자 읽는 법이 다른 점을 배울 수 있어요. 1985년에 나온 책이지만 지금도 많이 읽어요. '밀리언'에 대한 책으로 〈If You Made a Million〉, 〈Millions to Measure〉가 더 있어요. 킨더부터 3학년 아이까지 많이 보는 40쪽 분량의 그림책입니다.

〈How Much is a Million?〉 AR 3.4, 단어 수 264개, 40쪽/ 〈If You Made a Million〉 AR 4.1, 단어 수 1,080개, 40쪽/ 〈Millions to Measure〉 AR 4.1, 단어 수 977개, 40쪽

- **Math Curse** (Jon Scieszka, Lane Smith) AR 3.7, 단어 수 1,524개, 32쪽
- **The Grapes of Math** (Greg Tang) AR 3.3, 단어 수 735개, 40쪽
- **One Hundred Hungry Ants** (Elinor J. Pinczes) AR 2.6, 단어 수 482개, 32쪽

〈Math Curse〉수학의 저주는 미국 선생님들이 좋아하는 작가 존 세스카가 글을 쓰고 레인 스미스가 그림을 그린 책이에요. 시계 보는 법, 무게와 거리, 돈의 단위, 히스토그램 보는 법, 사칙연산, 분수, 시간, 참과 거짓 등 저학년 수학 시간에 배우는 내용을 총망라했어요.

〈MathStart〉 시리즈는 책 한 권에 한 가지 개념을 담았는데, 이 책에서는 모든 것을 모아놓았어요. 글밥이 많아서 엄마가 읽어줄 때는 킨더 시기부터 적당하고, 아이가 직접 읽는다면 AR 3점대 리더스북이나 초기 챕터북을 읽는 시기가 적당해요.

〈The Grapes of Math〉는 하나씩 일일이 수를 세지 않고 패턴을 인식해 묶는 방법으로 덧셈, 뺄셈을 하는 방법을 보여줘요. 곱셈을 배우기 전 아이들이 다양하게 셈하는 방법을 익힐 수 있어요. 라임이 잘 살아 있어 소리 내어 읽어주면 아이들이 집중하기 좋은 책이에요. 작가는 경제학과 수학을 전공하고 8권의 수학 그림책을 썼어요. 작가의 홈페이지(www.gregtangmath.com)에 들어가면 간단한 수학 게임을 할 수도 있어요.

〈One Hundred Hungry Ants〉에서는 100마리 개미가 맛있는 냄새가 나는 곳으로 행군을 합니다. 작은 개미 한 마리가 한 줄로 가다가 너무 오래 걸릴 것 같다며 두 줄로 가자고 해요. 그래도 속도가 마음에 안 드는지 4줄, 5줄, 10줄로 가자고 꾀를 내요. 대열을 정비할 때마다 다른 동물들이 맛있는 음식을 가지고 지나가는 것을 보는 재미가 쏠쏠해요. 수학과 상관없이 그림책으로도 재미있게 볼 수 있는 책이에요.

홈스쿨링하는 아이들이 많이 보는 수학 그림책

〈Sir Cumference〉 시리즈는 아서왕의 카멜롯을 배경으로 왕, 기사, 용이 등장하는 그림책입니다. 주인공 'Sir Cumference'는 원둘레를 뜻하는 'Circumference'를 비틀어 지은 이름이에요. 아내 'Lady Di'는 지름(Diameter), 아들 'Radius'는 반지름(Radius)입니다. 만만치 않은 수학 용어가 나오지만 읽다 보면 익숙해지는 효과가 있어요. 단어도 어렵고 글밥도 많은 편이라 3학년 수준의 책을 읽을 때 적당합니다.

● **Sir Cumference** (Cindy Neuschwander, Wayne Geehan) AR 3.8~4.4, 권당 단어 수 1,275~1,961개, 32쪽, 11권~ ● **What's Your Angle, Pythagoras?** (Julie Ellis) AR 3.8, 단어 수 1,897개, 32쪽 ● **Pythagoras and the Ratios** (Julie Ellis) AR 4.2, 단어 수 2,160개, 32쪽

〈Sir Cumference〉 시리즈가 들어 있는 [Charlesbridge Math Adventures]에서 인기 있는 책은 다음과 같습니다. 줄리 엘리스의 〈What's Your Angle, Pythagoras?〉피타고라스의 발견와 〈Pythagoras and the Ratios〉피타고라스의 멋진 비율는 어린 피타고라스가 주인공입니다. 숫자 0과 도형, 원주율과 각도, 피타고라스의 정리, 비율 등에 관한 내용을 담은 모험담이에요. 3~5학년에게 권합니다.

분수에 대해 그린 〈Fractions in Disguise〉는 2~5학년 수준이고, 숫자 0에 대해 그린 〈A Place for Zero〉는 1~4학년 수준의 그림책입니다.

● **Fractions in Disguise** (Edward Einhorn) AR 4.3, 단어 수 1,248개, 32쪽
● **A Place for Zero** (Angeline Sparagna LoPresti) AR 3.8, 단어 수 1,685개, 32쪽

안노 미쓰마사(Mitsumasa Anno)의 수학 그림책

안노 미쓰마사의 수학 그림책은 펜과 수채화로 그린 잔잔한 그림에 수학을 이야기로 녹여냈어요. 덧셈, 뺄셈을 다루는 〈Anno's Magic Seeds〉신기한 열매, 수의 규칙성을 설명하는 〈Anno's Mysterious Multiplying Jar〉항아리 속 이야기, 이사놀이를 통해 보수 개념을 설명하는 〈Anno's Counting House〉즐거운 이사놀이를 포함해 10권 가까운 책이 나왔습니다.

엄마가 읽어주기 좋은 수학 그림책

● **365 Penguins** (Jean-Luc Fromental) AR 3.1, 단어 수 921개, 48쪽
● **Zero the Hero** (Joan Holub, Tom Lichtenheld) AR 2.7, 단어 수 1,334개, 36쪽

이번에는 수학과 상관없이 그림책으로 읽어도 좋은 책들입니다. 장뤽 프로망탈의 〈365 Penguins〉펭귄 365는 새해 첫날부터 하루에 한 마리씩 집에 배달되는 펭귄 때문에 벌어지는 일에 대한 내용입니다. 절제된

컬러 사용이 큰 효과를 발휘해 시선을 끄는 그림책이에요. 유아도 좋아하고, 킨더나 저학년 때 수학 개념을 알면 더 재미있게 즐길 수 있어요.

조앤 홀럽이 쓰고 인기 그림책 작가인 탐 리히텐헬드가 그린 〈Zero the Hero〉날아라 숫자 0는 '0'을 무시하던 친구들을 로마 숫자로부터 구하는 스토리입니다. '0'이라는 숫자가 어떤 일을 하는지, 아라비아 숫자와 로마 숫자의 차이가 무엇인지를 배울 수 있어요. 글밥이 꽤 많아 1학년 이후에 적당합니다.

(Mac Barnett & Jon Klassen) ●Triangle ●Square ●Circle
(Amy Krouse Rosenthal & Tom Lichtenheld) ●Friendshape

맥 바넷이 쓰고 존 클라센이 그린 [Shape Trilogy]는 세모, 네모, 동그라미가 주인공인 그림책이에요. 킨더부터 2학년 아이까지 권합니다. 피식 웃게 만드는 철학적 유머가 있어요. 에이미 크루즈 로젠탈이 쓰고 탐 리히텐헬드가 그린 〈Friendshape〉는 프리스쿨 아이들의 도형 놀이를 책으로 옮긴 듯 사랑스럽고 귀여운 도형 그림책이에요. 캐스린 오토시의 〈One〉, 〈Zero〉, 〈Two〉는 숫자 1, 0, 2의 정체성 찾는 과정과 우정을 그린 그림책이에요. 프리스쿨부터 1학년 아이까지 권해요.

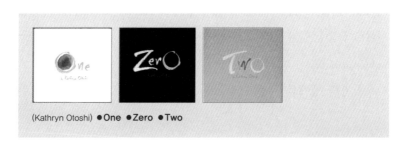

(Kathryn Otoshi) ●One ●Zero ●Two

● A Hundred Billion Trillion Stars (Seth Fishman) ● Infinity and Me (Kate Hosford)

큰 숫자에 대한 그림책도 있습니다. 세스 피시만의 〈A Hundred Billion Trillion Stars〉천해 개의 별, 단 하나의 나는 억, 조, 경 같은 큰 숫자에 대한 그림책이에요. 세상에 얼마나 많은 것이 존재하는지 숫자로 설명해요. 밀리언, 빌리언, 트릴리언으로 나가는 큰 숫자를 읽는 방법에 익숙해질 수 있어요. 〈Infinity and Me〉는 무한대를 상상하고 고민하는 소녀를 그린 그림책이에요.

● BedTime Math (Laura Overdeck)

〈BedTime Math〉는 프린스턴 대학에서 천체물리학을 전공한 로라 오버텍이 자신의 두 살짜리 아이에게 매일 잠자리에서 수학 이야기를 해주며 시작한 사이트입니다. 사이트에 매일 한 문제씩 올라오는데, 아이 연령에 따라 Wee Ones, Little Kids, Big Kids 세 가지 수준의 문제가 나와요. 연령이 다른 아이들과 함께 풀 수도 있어요. 2012년에 시작한 사이트가 금방 인기를 얻어 문제를 모아 낸 책이 4권 나왔습니다(http://bedtimemath.org).

수학자의 생애를 그린 그림책도 있어요. 피보나치의 생애를 그린

●Blockhead: The Life of Fibonacci (Joseph D'Agnese) ● The Boy Who Loved Math: The Improbable Life of Paul Erdos (Deborah Heiligman) ● Nothing Stopped Sophie: The Story of Unshakable Mathematician Sophie Germain (Cheryl Bardoe, Barbara McClintock)

〈Blockhead: The Life of Fibonacci〉는 40쪽 분량으로 2~5학년 수준입니다. 20세기 헝가리 수학자 폴 에어디쉬의 생애를 그린 〈The Boy Who Loved Math: The Improbable Life of Paul Erdos〉는 48쪽 분량으로 킨더부터 2학년 아이까지 권해요. 여성이 학문에 참여할 수 없었던 프랑스혁명기 여성 수학자 소피 제르맹의 생애를 그린 〈Nothing Stopped Sophie: The Story of Unshakable Mathematician Sophie Germain〉은 40쪽 분량인데 글밥이 꽤 많아 1~3학년 아이까지 권합니다.

수학 챕터북과 소설

〈Murderous Maths〉는 한글 전집 [앗 시리즈] 수학 부문의 원서예요. 역사는 영어로 'H'로 시작해 〈Horrible Histories〉, 수학은 'M'으로 시작해 〈Murderous Maths〉라는 제목이 나왔어요. 끔찍하고 잔혹하다는 뜻의 시리즈명에서 느껴지듯 글과 그림에 영국 특유의 유머가 가득해요. 소수, 파이, 피보나치수열, 황금률, 확률 등 수학 시간에 배우는 내용을 옛날이야기처럼 재미나게 풀어냈습니다.

AR 5.6~6.9, 권당 단어 수 21,386~31,794개, 144~208쪽, 10권+(대략 17권)

● **Murderous Maths** (Kjartan Poskitt) ● **Math Quest** (David Glover, Tim Hutchinson)
● **The Number Devil: A Mathematical Adventure** (Hans Magnus Enzensberger)

〈Math Quest〉 시리즈는 미스터리 소설 같은 수학 게임책이에요. 3~7학년 수준으로 원서는 48쪽, 한글판은 128쪽 분량이에요. 도형, 측정, 수의 규칙과 연산, 자료 측정과 분석을 재미있는 게임 풀어나가듯 설명해요.

한스 마그누스 엔첸스베르거의 〈The Number Devil: A Mathematical Adventure〉수학 귀신는 수학을 싫어하는 남자아이가 밤마다 수학 귀신을 만나며 펼쳐지는 모험담입니다. 쉬운 수학부터 어려운 수학까지 여러 개념을 잘 설명하고, 유명한 수학가들도 소개해요. 7학년 이상 아이에게 권합니다.

수학 학습서와 수업 시간 접하는 수학자 이야기

앞서 과학 파트에서 소개한 〈Basher Science〉 시리즈에는 수학책도 있어요. 작은 책에 요점만 모아놓은 느낌이에요. 대수와 기하는 고등학교 과목이지만 중학생도 볼 수 있는 수준이에요.

DK 출판사에서 나온 수학책은 영어로 수학 공부를 하고 싶은 아이뿐만 아니라 한글로 공부한 수학 용어를 영어로 접하고 싶은 아이에게도 유익해요. 〈How to Be Good at Math〉는 320쪽 분량으로 2~6학

● Algebra and Geometry (Basher Science) ● How to Be Good at Math (DK)
● What's the Point of Math? (DK) ● How to Be a Math Genius (DK)

년, ⟨What's the Point of Math?⟩는 128쪽으로 4~7학년, ⟨How to Be a Math Genius⟩는 128쪽으로 5~12학년 수준이에요.

마고 리 셰털리의 ⟨Hidden Figures⟩히든 피겨스는 미국과 소련이 달에 인간을 보내기 위해 우주 전쟁을 하던 20세기 중반, 나사에서 일했던 흑인 여성 수학자들에 관한 이야기입니다. 2016년 책과 영화가 나오자마자 인기를 끌었어요. 수학자가 주인공이고 우주를 배경으로 하지만 흑인 인권에 관한 수업 시간에 이 영화를 자주 보여줘요. 영화는 중학생 이상 아이에게 권하지만 책은 다양한 연령층을 위해 여러 에디션이 나왔어요.

● Hidden Figures (Margot Lee Shetterly) 원작 소설, 영 리더스 에디션, 그림책
● A Computer Called Katherine (Suzanne Slade)

⟨Hidden Figures⟩ 원작은 AR 9.7, 단어 수 90,000개, 368쪽으로 대학생 이상, ⟨Hidden Figures Young Readers' Edition⟩은 AR 8.2,

단어 수 30,000개, 240쪽으로 5학년 이상, 〈Hidden Figures〉 그림책
은 AR 5.8, 단어 수 2,144개, 40쪽으로 킨더부터 3학년 아이까지 권해
요. 주인공인 캐서린 존슨에 대한 그림책도 많이 나와 있어요. 그중 〈A
Computer Called Katherine〉은 AR 4.3, 단어 수 1,022개, 40쪽으로
킨더부터 3학년 아이까지 권합니다.

수학 다큐멘터리

한국의 EBS 다큐 프라임 '문명과 수학'은 2011년에 나온 45분짜리 5
부작이고, '넘버스'는 2015년에 나온 50분짜리 5부작 프로그램이에요.
이 두 프로그램에서 다루는 내용과 거의 흡사한 영국 BBC의 다큐멘터
리가 있어요. 한국 다큐멘터리를 먼저 보고 영국 다큐멘터리를 보면 내
용 이해도 쉽고 영어도 더 잘 들려요. 수학자 마커스 드 사토이(Marcus
du Sautoy)가 진행하는 'The Story of Math'는 2008년에 나온 60분짜리
4부작이고, 'The Code'는 2011년에 나온 60분짜리 3부작 프로그램이
에요. 좀 더 보고 싶다면 2013년에 나온 3부작 'Precision'과 2015년에
나온 'Algorithms'를 권해요. 이런 다큐멘터리 프로그램은 넷플릭스나
아마존 등에서 볼 수 있는데, 저작권이 바뀌면 변경될 수도 있어요.

학습지와 사전

학습지

학습지는 보통 프리스쿨부터 12학년까지 학년별로 나옵니다. 저학년은 영어와 수학만 다루는 경우가 많고, 학년이 올라가면서 과학과 사회가 추가됩니다. 한 학년에서 배우는 과목을 한 권에 모은 경우도 있고, 학년별·과목별로 나오는 경우도 있어요.

〈브레인 퀘스트〉 시리즈는 워크북과 카드 덱(Deck) 형태로 나옵니다. 워크북은 교과서나 참고서가 아닌 문제집에 가까워요. 프리스쿨부터 6학년까지 학년별로 한 권씩 나오고 모든 과목이 들어 있습니다. 디자인이 깔끔한 편이고 각 권 320쪽입니다. 브레인 퀘스트는 덱이 더 인기 있어요. 부채처럼 펼쳐지는 형태인데, 수수께끼 풀 듯 재미있게 볼 수 있어요. 원어민 아이들은 가족 게임처럼 즐기는 용도지만, 영어를 배

● Brain Quest

우는 한국 아이라면 리딩 연습과 말하기 연습용으로 사용해도 좋아요. 토들러부터 7학년까지 있어요. 리딩 레벨에 따라 토들러 수준부터 읽어 나가도 좋아요. 말로 하는 게임을 좋아하는 아이라면 리더스북을 읽는 것보다 효과적일 수 있어요. 책과 관련한 앱도 있습니다.

◀

Brain Quest
www.workman.com/brands/brain-quest

● Kumon ● Spectrum

〈구몬〉 시리즈는 워크북이에요. 토들러부터 5학년까지는 학년별로 나오고, 중등 6∼8학년을 묶어 나옵니다. 엄마들이 가장 많이 사용하는 것은 토들러부터 2학년 이전까지예요. 한 권이 80쪽밖에 되지 않아 주제가 세세하게 나뉘어 있어요. 토들러와 프리스쿨 아이용으로는 선 따라 그리기, 미로 찾기, 종이 놀이 수준의 워크북이 따로 나옵니다. 초등 저학년 수학은 덧셈, 뺄셈, 곱셈, 나눗셈이 한 권씩 따로 나와요. 한국에서 수학 문제집을 풀고 있다면 전혀 필요 없는 책입니다. 영어는 학년별로 Reading과 Writing이 한 권씩 나오는데, 다른 학습지와 차별되는 점은 없어요. 미국 서점에서 가장 많이 팔리는 유아부터 저학년용 학습지가 〈브레인 퀘스트〉와 〈구몬〉이에요. 오프라인에서 직접 보고 구입할 수 있어서 많이 팔리지만, 한국처럼 학습지가 많은 나라에서 〈구몬〉은 특별한 장점이 있는 책은 아닙니다.

〈스펙트럼〉은 미국에서 가장 인기 있는 학습지로 홈스쿨링하는 가정에서도 많이 이용합니다. 학년별로 영어와 수학이 따로 나오는데, 영어 과목은 'English'가 아니라 'Language Arts'예요. Language Arts만 나오는 학습지도 있는데, 〈스펙트럼〉은 파닉스(Phonics), 사이트 워드(Sight Words), 맞춤법(Spelling), 읽기(Reading), 쓰기(Writing)가 각각 나옵니다. 고학년이 되면 읽기, 쓰기, 맞춤법에 어휘(Vocabulary)가 추가돼요. 각 권 160~170쪽 분량이고, 한 학년의 영어·수학을 묶은 책은 320쪽 이상입니다. 〈스펙트럼〉 외에 〈School Zone〉이나 〈Evan Moore〉에서 나온 워크북도 많이 이용해요.

● Big Fat Notebook

2016년에 나오자마자 중학생 학습서 베스트셀러가 된 시리즈입니다. '반에서 제일 공부 잘하는 아이의 노트 빌려 보기'가 이 시리즈의 기획

의도예요. 우등생이 꼼꼼히 정리한 것 같은 손글씨체와 그림으로 편집되었어요. 6~8학년 과정의 영어, 수학, 과학이 각각 한 권에 담겨 있습니다. 세계사와 미국사는 1년 동안 배우는 과목인데, 각각 따로 나왔어요. 중학교 아이들 노트를 보면 선생님이 나눠준 유인물을 잘라 붙이고 옆에 따로 노트를 해서 학년 말이 되면 노트가 두툼해져요. 그래서 'Big Fat Notebook'이라는 이름을 붙였어요. 〈Everything You Need to Ace Math(또는 다른 과목 이름) in One Big Fat Notebook〉이 정식 이름이에요. 분량은 512~576쪽입니다. 2016년에 5권이 한꺼번에 나온 것도 인기를 얻은 이유예요. 최근에 컴퓨터 사이언스와 코딩이 나오고, 고등학교 수학 과목 중 하나인 기하(Geometry)와 과학 과목 중 화학(Chemistry)이 나왔어요. 앞으로 고등학교 주요 과목인 대수학(Algebra), 미적분(Calculus)과 과학 과복인 물리(Physics), 생물(Biology)이 나올 수 있어요.

논픽션 그래픽 노블

● **Science Comics** AR 3.9~6.2, 권당 단어 수 6,794~13,392개, 128쪽, 20권~

　4~8학년 아이를 대상으로 한 과학 논픽션 그래픽 노블 시리즈입니다. 한 권에 한 가지 주제를 다루는데 꽤 전문적인 지식이 나옵니다. 개, 고양이, 까마귀, 상어, 공룡, 북극곰, 박쥐 같은 동물이나 비행기, 로봇

과 드론, 자동차, 고층 건물, 로켓 같은 공학과 과학, 그리고 전염병, 기후, 뇌, 우주, 광물, 화산, 산호초, 나무 등이 제목이에요. 리딩 레벨은 주로 AR 4~5점대인데 아이가 관심 있는 주제는 4학년부터 읽을 수 있어요. 보통은 5~6학년 이상 아이에게 적당합니다.

● Cartoon Guide (Larry Gonick)

〈Cartoon Guide〉 시리즈는 고등학교 수업 시간에 배우는 내용을 220~400쪽 분량에 담았어요. 과학 수업은 생물, 화학, 물리학, 유전학, 환경으로 구분해서 나오고 수학 수업은 기하, 미적분, 통계, 경제학으로 나뉘어 나와요. 역사는 미국사와 5권의 세계사로 되어 있어요. 16권 나왔고 인기 시리즈이지만 나온 지 오래되어 최근 정보가 업데이트되지 않은 책도 있어요. 2015년 이후 내용을 업데이트한 책이 몇 권 있으니 꼭 출판 연도를 확인하세요.

사전

미국의 아이들은 스콜라스틱(Scholastic)이나 메리엄-웹스터(Merriam-Webster)에서 나온 영어 사전을 많이 이용해요. 〈Children's Dictionary〉나 〈Elementary Dictionary〉라는 제목으로 나와요. 제목에 'Children's'가 붙은 사전은 사진이나 그림이 더 많아요. 그간 3학년 이상 아이에게 제가 추천했던 사전은 〈Macmillan Dictionary for Children〉이었어요. 백과사전 수준의 사진과 그림이 풍부해서 영어 공부에 유용해요. 하지만 2007년 이후로 업데이트되지 않아 지금 시점에서는 〈Merriam-Webster Children's Dictionary〉(2019)를 추천합니다. 사진이 많은 사전을 원한다면 〈Merriam-Webster Visual Dictionary〉(2012)가 좋아요.

중학생 이상 수준의 글쓰기를 원한다면 동의어 사전을 권합니다. 항상 쓰는 단어만 사용하는 한계를 뛰어넘는 데 도움을 줘요. 동의어 사전은 'Dictionary'가 아닌 'Thesaurus'로 검색해야 해요. 주로 스콜라스틱, 메리엄-웹스터, 옥스퍼드에서 나오는 책을 많이 사용하지만, 〈Roget's Thesaurus〉가 가장 유명해요. 아이용 동의어 사전은 〈Children's Thesaurus〉나 〈Student Thesaurus〉로 나와요.

대부분 동의어 사전은 단어의 뜻, 동의어, 반의어를 단순 나열해요. 영어 단어는 여러 가지 뜻이 있어서 첫 번째 뜻의 동의어, 반의어와 세 번째 뜻의 동의어, 반의어가 다른 경우가 많아요. 이런 것까지 알고 싶다면 〈Essential Activator〉를 권합니다.

● Merriam-Webster Children's Dictionary ● Longman Essential Activator

글쓰기에 도움 되는 책

● **Word After Word After Word** (Patricia MacLachlan) ● **Writing Magic** (Gail Carson Levine) ● **The Elements of Style** (William Strunk Jr & E. B. White)

〈Word After Word After Word〉는 4학년 아이들이 6주 동안 글쓰기 수업을 듣는 과정을 그린 소설이에요. 아이들이 자신의 삶과 연관해 글 쓰는 법을 배우는 모습을 담았어요. '짧고 쉬운 문장으로 이런 이야기를 풀어낼 수 있구나' 하는 감탄을 불러일으킨 책 〈Sarah, Plain and Tall〉로 뉴베리 메달을 받은 작가 패트리샤 매클라클랜이 썼어요. 글쓰기에 대해 쉽고 재미있게 알려달라는 요청을 받고 쓴 책이라고 해요. 128쪽의 짧은 책으로 2~5학년의 아이가 읽기 좋아요.

〈Writing Magic: Creating Stories that Fly〉는 판타지 소설을 쓰고 싶은 아이에게 권하는 책이에요. 마법에 걸린 공주 이야기 〈Ella Enchanted〉로 뉴베리상을 받고, 그 외에도 많은 공주 판타지를 쓴 게일 카슨 레빈의 책이에요. 아이디어를 구체화하는 방법, 서두와 결말을 이끌어내는 방법, 대화를 풀어내고 캐릭터를 만드는 방법을 설명해요. 5~8학년 아이가 실제로 소설을 쓸 때 알아야 할 것에 대해 설명했어요. 비슷한 내용을 다룬 후속작으로 〈Writer to Writer: From Think to Ink〉가 있어요.

〈샬롯의 거미줄〉로 유명한 작가 E. B. 화이트는 바른 문장으로 유명해요. 그래서 한때 〈Charlotte's Web〉을 외우면 문장 연습에 도움이 된다고 암기를 권하기도 했어요. 〈The Elements of Style〉은 글쓰기 책 중 가장 유명한 책이에요. 대학교 1학년 필수 교양 과목의 교과서로 많이 이용하는데, 요즘은 고등학교 영어 시간에 필독서로 사용하는 곳도 많아요.

글쓰기에 도움 되는 사이트

글쓰기를 교정받고 싶은 사람들이 가장 많이 사용하는 사이트는 'Grammarly'예요. 무료와 유료 서비스가 있는데, 무료 서비스는 스펠링과 문법을 교정해주고 사용할 만한 다른 단어나 표현을 제시해요. 유료 서비스는 문장과 표현을 바꿔주거나 선택할 만한 다른 표현을 제시해요. 문장이 반듯하고 간결한지, 어조가 적당한지, 단어 선택이 적절한지, 유창해 보이는지를 판단하고 다른 예를 제시합니다. 초·중등 수준의 글쓰기는 무료 서비스로 충분하지만 대학생이나 대학원생 이상의 글쓰기 검사를 받고 싶다면 유료 서비스를 이용하세요.

◀ www.grammarly.com

영어 명언(Quotes)

명언이나 격언, 속담 등은 짧은 한두 문장 안에 좋은 내용을 담고 있어요. 짧아서 외우기 좋고, 생각을 풀어내는 연습을 위한 마중물로도 유용해요. 명언을 이용하는 방법에는 여러 가지가 있어요.

● **필사** 종이에 써도 되고 스마트폰이나 컴퓨터를 활용해도 됩니다. 적은 후에 여러 번 읽어보세요.

●**낭독과 암기** 소리 내어 여러 번 읽습니다. 외웁니다. 단기, 중기, 장기적인 주기로 외우면 오래도록 기억할 수 있어요. 나중에 글쓰기나 말할 때 막연히 기억하는 것보다 외운 정확한 문장을 기억하는 것이 인용하기 쉬워요.

●**글짓기의 주제 문장** 글쓰기를 연습하고 싶은데 무슨 내용을 써야 할지 모르는 아이가 많아요. 마중물이 될 만한 짧은 문장만 모아놓은 책이나 워크북도 많습니다. 명언을 적고 명언이 의미하는 바를 풀어서 적은 뒤, 연관되는 스토리를 만드는 연습을 하면 좋아요.

●**토론의 주제 문장** 가족 간 대화가 중요한데 무슨 대화를 해야 할지 모른다면 명언을 활용해보세요. 아이가 이해한 바와 엄마가 생각한 바를 이야기 나누는 시간을 가져보세요.

●**저자 · 작가나 시대 배경에 관한 공부의 시작점** '이 말을 누가 헸는지', '그 사람은 어떤 시대에 살았는지'를 알면 말의 뜻을 더 잘 이해할 수 있어요. 다른 독서와 공부로 이어질 수도 있어요.

이 모든 것이 부담스럽다면 그저 하루에 한 문장씩 천천히 읽는 것만으로도 좋아요.

영어 명언 · 격언 사이트

'Quote'는 누군가의 말을 인용했다는 뜻이에요. 인용구나 인용문의 의미로 쓰입니다. 누군가의 말을 인용할 때 쓰는 따옴표(' ')가 영어로는 'Quotation Mark'예요. 영어 명언이나 격언, 속담 등을 모아놓은 사이트를 찾고 싶으면 'Quotes'로 검색하세요. 제가 추천하는 사이트는 'BrainyQuote'입니다.

 ◀ www.brainyquote.com

5학년 이상 아이에게 좋은 명언집으로 〈365 Days of Wonder〉를 추천해요. 〈Wonder〉와 연관된 내용이라 그 책을 좋아했던 아이들이 특히 좋아하지만, 누구에게나 처음 접하는 영어 명언집으로 손색없어요. 〈Wonder〉의 주제가 '친절'이라 이에 관한 명언이 많아요.

●365 Days of Wonder (R. J. Palacio)

어린이 잡지

●High Five ●Highlights ●Cricket ●Sports Illustrated Kids

내셔널 지오그래픽에서 나오는 과학 관련 잡지 외에 퀴즈, 게임, 유머 같은 소소한 내용을 담고 있는 어린이 잡지가 있어요. 학교와 도서관에 가장 많이 비치된 잡지는 유아용인 〈High Five〉와 초등학생용인 〈Highlights〉입니다. 청소년용 잡지는 〈Girls World〉, 〈Girl's Life〉, 〈Boy's Life〉 같은 가벼운 잡지도 있지만 어른들이 안심하고 구독해 주는 잡지는 〈Cricket〉이에요. 특정 주제의 잡지로 〈Cricket Muse〉, 〈Cricket Cobblestone〉, 〈Cricket Faces〉도 나오고 있어요. 〈Cricket

Babybug〉, 〈Cricket Ladybug〉, 〈Cricket Click〉은 유아용, 〈Cricket ASK〉, 〈Cricket Spider〉는 초등학생용이에요. 〈Sports Illustrated Kids〉는 스포츠를 좋아하는 아이들을 위한 잡지예요. 운동을 좋아하는 아이들은 이 잡지사에서 나오는 단행본도 많이 읽어요. 한국에서 종이 잡지를 구하기 힘든 경우에는 온라인 구독을 하는 방법이 있어요. 어린 연령의 아이에게는 디지털 콘텐츠보다 실물 잡지를 권하고 싶어요.

시사 상식

시사와 문화에 대한 기본 지식은 영어 콘텐츠를 이용하는 데 밑거름이 돼요. 정치, 경제, STEM, 문화, 예술에 관한 지식을 쌓는 데 가장 쉽게 이용할 수 있는 수단은 뉴스, 잡지, 포털 사이트, 교양서예요. 대부분 뉴스 사이트에는 정치, 사회, 경제 외에도 최신 기술, 스포츠, 영화, 음악, 요리, 게임 같은 대중문화를 다루는 섹션이 있어요. 정치·사회·경제 소식을 소화하기 어렵다면 자신의 관심사에 해당하는 섹션을 먼저 접하는 것도 좋아요.

영어 뉴스

영어 뉴스는 영어 때문이 아니라 기본적인 지식이 없어서 못 알아듣는 경우가 더 많아요. 한국어로도 모르는 내용을 영어로 알아듣기는 불가능해요. 그런 이유로 영어 뉴스가 어렵다면 먼저 한국 뉴스를 보길 권해요. 한국 뉴스의 세계 · 정치 · 경제 · 사회 · 문화 뉴스를 접한 후 영어 뉴스를 보면 훨씬 쉽게 느껴져요. 같은 날 뉴스를 한국과 미국에서 어떻게 다르게 보도하는지 비교하거나, 영어 뉴스도 채널에 따라 어떻게 다르게 보도하는지 비교하는 것도 좋은 방법이에요. 스크립트를 함께 보면 훨씬 효과적으로 공부할 수 있어요. 스크립트가 없는 뉴스는 유튜브에서 비슷한 뉴스의 자막을 보고 이해한 후 다시 보면 한결 쉽게 느껴져요.

미국 중고생이 사회 수업 시간에 주로 보는 뉴스는 'CNN 10'이에요. 10분 이내의 짧은 분량이고, 스크립트를 제공해요. 애초에 수업 시간에 이용하라고 만든 콘텐츠라서 주말과 방학에는 방송하지 않아요.

다음은 학생용 뉴스 사이트입니다. 기사만 제공하는 곳도 있고 기사와 영상을 함께 제공하는 곳도 있어요. 무료로 이용할 수 있는 곳 위주로 정리했습니다.

영어 뉴스 사이트	대상 학년	특징
Time for Kids www.timeforkids.com	K~6	• 뉴스 카테고리를 학년별로 K~1, 2, 3~4, 5~6으로 구분해 리딩 레벨에 따라 기사를 찾아볼 수 있음
CNN 10 www.cnn.com/cnn10	6~12	• 중고생 수준 • 스크립트 있음 • 무료

PBS Newshour Extra: **News for Students** **and Teacher Resources** www.pbs.org/newshour/extra	6~12	• PBS 방송사에서 제공하는 학생과 교사용 뉴스 자료
PBS News Hours Daily News **Story** kamu.pbslearningmedia.org/collection/ daily-news-story		• PBS Newshour Extra와 같은 PBS 뉴스로 페이지만 다름
Smithsonian Tween Tribune www.tweentribune.com	K~12	• 학년별(K~4, 5~6, 7~8, 9~12)로 카테고리를 분류해 리딩 레벨에 따라 기사를 볼 수 있음 • 렉사일 지수로 네 가지 레벨 제공 • 무료
NBC Learn www.nbcnews.com/nbcnewslearn	K~12	• 5분 영상 뉴스
News in Levels: **World News for Students of** **English** www.newsinlevels.com		• 영어 공부용 사이트 • 뉴스 내용이 제한적이고 최신 시사 뉴스 부족
DOGO News www.dogonews.com	3~10	• 과목별로 뉴스 분류 • 무료 & 유료

Science News for Students www.sciencenewsforstudents.org	9~12	• 학생용 과학 뉴스 사이트 • 고등생용 www.sciencenews. org/snhs • 성인용 www.sciencenews.org
TIME Edge www.timeedge.com	7~8	• 유료
Google News news.google.com	6~12	• 고등생 수준 이상의 리딩 레벨 필요 • 각종 유명 뉴스 사이트의 뉴스를 한눈에 볼 수 있음(CNN, USA To-day, CBS, The New York Times, Chicago Tribune, LA Times, Fox, CNBC, Reuters, The Guardian 등)

영어 잡지

〈타임〉 같은 종합 시사지는 유명하지만 내용이 어려워요. 시사 잡지 사에서 나오는 계간지나 특별판을 주의 깊게 보세요. 특정 사안에 대해 일반인이 접하기 쉬운 전문가 수준의 내용을 망라한 경우가 많습니다.

● TIME ● Forbes ● The Economist ● Consumer Reports

예를 들어 〈Time〉의 스페셜 에디션은 한 인물과 주제에 관해 단행본처럼 만들었어요. 좋아하는 인물이나 주제를 골라 본다면 훨씬 재미있게 읽을 수 있어요.

종합 시사지는 〈Time〉, 〈Newsweek〉, 〈US Weekly〉가 있고 경제지는 〈Forbes〉, 〈Fortune〉, 〈Money〉, 〈The Wall Street Journal〉, 〈Bloomberg Businessweek〉, 〈The Economist〉가 있어요. 〈Consumer Reports〉는 소비자를 위한 리뷰 잡지예요. 홈쇼핑처럼 다양한 제품을 쉬운 영어로 설명해 영어 공부할 때 유익해요.

역사 관련 잡지는 〈National Geographic History〉와 〈BBC History〉가 좋고 단행본 느낌이 나는 잡지인 〈All About History Bookazine〉 시리즈도 좋아요. 과학 잡지는 〈Popular Science〉, 〈Discover〉, 〈Smithsonian Magazine〉, 〈Technology Magazines〉, 〈Wired〉가 있어요.

추천 영어 교양서

(Malcolm Gladwell) ●Outliers ●Talking to Strangers ●David and Goliath
●Blink ●The Tipping Point

교양을 쌓고 싶다면 다양한 분야의 책을 읽어야겠지만, 상식을 넓히고 좋은 문장을 접하고 싶다면 말콤 글래드웰의 책을 권합니다. 대부분 한글판이 나와 있으니 함께 읽어도 좋아요. 〈Outliers〉아웃라이어, 〈Talking to Strangers〉타인의 해석, 〈David and Goliath〉다윗과 골리앗, 〈Blink〉블링크, 〈The Tipping Point〉티핑 포인트 등이에요.

온라인 교육 사이트

초·중·고 학습 사이트

미국 아이들은 대부분 학교에서 지정한 학습 사이트를 이용해요. 학교가 업체와 계약해 교사와 학생이 사용할 수 있는 아이디를 받아요. 교사는 이 사이트를 활용해 수업하는데, 주로 영어와 수학이 일반적이에요. 과거에는 종이를 나눠주고 숙제를 해 오거나 교실에 비치된 책을 집에서 읽어 오는 숙제를 냈는데, 지금은 특정 사이트에서 책을 읽거나 문제를 푸는 식의 온라인 숙제로 많이 바뀌었어요. 한국에도 많이 알려진 칸 아카데미(Khan Academy)나 라즈 키즈(Raz-Kids), IXL, 에픽(Epic), 북스(Vooks)를 이용해요.

Khan Academy

칸 아카데미는 초·중·고생을 위한 온라인 교육 기관 중에서 가장 유명해요. 미국뿐만 아니라 전 세계 학생이 이용하는 사이트입니다. 한국에서 미국의 학교 수업을 체험하고 싶을 때 활용하면 좋아요. 특히 수학 과목이 유치원부터 고등학교 수준까지 체계적으로 잘 정리되어 있어요. 후원자가 많아 무료 사이트임에도 새 콘텐츠가 계속 나오고 있어요. 수학으로 시작해 점점 다루는 과목도 늘어나고 있어요. 고등 수준의 과학, 컴퓨터 프로그래밍, 미국사와 세계사, 미술사, 경제학 과목을 제공하고 영어도 추가됐어요. 1학년 이전의 영어는 '칸 아카데미 키즈'로 따로 분류해요. 칸 아카데미 키즈에서 제공하는 여러 액티비티, 파닉스, 영어책은 무료 사이트가 제공할 수 있는 최상의 수준이라고 생각해요. 예전에는 '파닉스'와 리딩 초기에 '스타폴'을 많이 사용했는데 지금은 '칸 아카데미 키즈'가 더 다양해요. 앱으로도 이용할 수 있는데, 어린아이라면 스마트폰보다 큰 화면으로 이용하길 권해요.

www.khanacademy.org

Crash Course Kids

'크래쉬 코스 키즈'는 5학년 수준의 지구과학, 물리, 생물, 지리, 공학, 천문학, 통계, 언론학, 사회학 등의 강의가 있는 유튜브 채널이에요. 애초 고등학생을 위해 시작한 사이트인 크래쉬 코스의 초등 채널입니다.

www.youtube.com/user/crashcoursekids

고등학생 학습 사이트

Crash Course

'크래쉬 코스'는 미국 고등학교 과목의 인강을 듣는 것 같은 사이트예요. 생물, 화학, 물리 등 과학 기본 과목부터 해부학, 생태학, 천문학, 빅 히스토리, 과학사, 컴퓨터 사이언스, 인공지능까지 다룹니다. 영어수업 시간에 다루는 문학과 미디어 리터러시도 배울 수 있어요. 미국사, 세계사에 더해 신화, 철학, 심리학, 사회학, 통계 과목도 있습니다. 경제, 행정, 유럽사, 영화, 연극, 게임에 공부 방법까지 미국 고등학교에 개설된 모든 강의를 아우르고 있어요. 강의마다 수십 개의 영상이 있어요. 관심사에 따라 골라 봐도 되지만, 처음 크래쉬 코스를 보는 이들에게 제가 가장 많이 추천하는 강의는 '신화'와 '세계사'예요. 유튜브 채널보다 웹사이트에 더 잘 정리되어 있습니다.

www.thecrashcourse.com

고등학생 이상을 위한 강연 사이트

TED

'테드'는 각 분야 유명 인사들의 짧은 강연을 모아놓은 사이트입니다. 세계적인 권위자들이 나오기 때문에 수준 높은 이야기를 들을 수 있고, 15분 전후로 짧아 핵심만 파악하기에 좋아요. 대부분 강연자가 관련 책을 여러 권 냈거나 인터뷰 또는 강연 영상이 있으므로 확장해서 공부하기에도 좋아요. 주로 성인 대상이지만 청소년이 들을 만한 강의도 많아요. 'Ted-ED'는 학생과 교사를 위한 영상을 제공합니다.

◀ www.ted.com

구글 톡스(Talks at Google)

구글에서 제공하는 강연과 인터뷰 영상을 모은 곳입니다. 짧은 영상도 있지만 40분~1시간의 긴 영상이 많아요. 너무 어린 연령의 아이가 듣기에는 호흡이 길어요. 다양한 분야의 인물을 다루어 인물 사전 같은 느낌이 들 정도입니다.

◀ www.youtube.com/c/talksatgoogle/featured

대학생과 성인을 위한 강의 사이트

오픈코스웨어(OCW: OpenCourseWare)**와 무크**(MOOC)

 '오픈코스웨어'는 1990년대 미국 대학의 강의를 온라인에 무료로 제공하면서 시작된 서비스입니다. '무크(MOOC)'는 'Massive Open Online Course'의 약자로 대규모 공개 온라인 강의를 의미해요. 오픈코스웨어는 온라인 대학 강의, 무크는 대학이 아닌 곳의 온라인 강의로 이해하면 됩니다.

MIT 오픈코스웨어 www.ocw.mit.edu	• 가장 먼저 오픈코스웨어를 시작한 곳 • 공학과 과학 강의가 많지만 건축, 인류학, 경제 · 경영, 역사, 철학, 정치학 등의 강의를 쉽게 찾아볼 수 있음
Coursera (코세라) www.coursera.org	• 2012년 스탠퍼드 대학 컴퓨터 사이언스 교수가 시작한 온라인 공개 수업(MOOC) • 컴퓨터 관련 강의로 시작해 공학, 수학, 경제를 포함 전 과목으로 확장 • 전 세계 200개 이상 대학과 기업 참여 • 유 · 무료 강의 및 수료증을 주는 강의도 있음 • 컴퓨터 사이언스와 엔지니어링을 비롯, 대학 내 다양한 과목 제공
EdX (에드엑스) www.edx.org	• MIT와 하버드 대학이 주축으로 한 온라인 공개 수업 • 이후 많은 대학이 참여해 다양한 수업 제공
Udacity (유대서티) www.udacity.com	• 2011년 스탠퍼드 대학의 컴퓨터 사이언스 수업으로 시작해 초기엔 대학 강의 스타일이었으나 점점 직업학교 스타일로 변모 • IT와 AI 관련 분야 강의가 많음 • 유 · 무료 강의 제공

Udemy (유데미) www.udemy.com	• 2010년 시작한 MOOC로 Udemy=you+academy • Udacity보다 다양한 과목 제공(단, IT, AI 같은 컴퓨터 분야를 듣는다면 Udacity 강사진이 좀 더 전문적)
마스터 클래스 www.masterclass.com	• 실용 강의 많음
KOCW **(Korea Open** **CourseWare)** www.kocw.net	• 한국 OCW를 총괄하는 대표 사이트 • 대학별 강의를 찾아볼 수 있음

8장

아이표 영어책
지도에서
우리 아이
취향과 꿈 찾기

아이의 그림책 취향

영어책 지도에서 우리 아이의 영어책 여정을 찾는 첫 번째 나침반은 '취향'입니다.

'취향'이라는 이름의 사랑

독서 취향, 드라마 취향, 음악 취향, 옷 취향, 음식 취향은 사람마다 달라요. 엄마들 취향이 제각각 다르듯 아이들 취향도 저마다 독특해요. 취향은 각자 마음에서 샘솟는 사랑 같은 것입니다. 사랑은 만들어지지 않고 자연스럽게 드러납니다. 좋아하는 마음을 따라가면 즐겁게 그 길을 갈 수 있어요.

우리는 모두의 취향을 존중해야 해요. 우리 아이는 다른 아이들이 좋아하는 국민 아이템을 좋아하지 않을 수 있어요. 우리 아이는 엄마가 좋아하는 것을 좋아하지 않을 수 있어요. 우리 아이의 취향은 대세와 다를 수 있고, 시대가 변화하는 방향과도 다를 수 있어요. 우리 아이는 정말 독특한 아이일지 몰라요. 그렇다면 아이의 독특함을 인정하고 함께 즐기세요. 아이가 너무 독특하다고 고민하는 엄마가 의외로 많아요. 그 독특함이 아이 자신이자 아이의 자산입니다.

아이 취향을 감지하는 엄마의 안테나

엄마의 취향이 오랜 시간을 통해 발견·발전·변화되어 왔듯 아이 취향도 마찬가지예요. 아이가 자라서 자신의 취향을 확실히 알게 될 때까지 엄마는 아이의 취향을 함께 찾아 주어야 해요. 아이는 아직 자신의 감정과 생각을 제대로 표현할 만큼 언어 능력이 완성되지 않았어요. 그래서 엄마가 먼저 아이의 취향을 알아차려야 해요.

아이의 시선이 향하는 곳이 있어요. 그림책을 읽어주고 있는데, 책한 귀퉁이에 나온 특정 동물이나 사물에 아이의 시선이 꽂혀 있을 때가있어요. 동물이 주인공인 그림책인데, 책 속의 동물보다 그 옆에 있는작은 트랙터에 시선이 집중되기도 해요. 핑크돼지가 주인공인 책인데,핑크돼지가 입은 발레리나 옷이나 날개에 관심을 보이기도 해요. 이렇게 아이의 관심은 소소한 데서 나타나니, 엄마의 안테나를 세워 아이의취향을 알아내야 해요.

욕구 충족과 결핍

아이가 좋아하는 것을 충분히 즐길 수 있도록 허락하세요. 아이가 싫어하는 것도 아이 취향의 독특한 특성이에요. 아이 몸이 거부하는 것에 반응하던 이유식 시기를 기억하세요.

아이의 욕구는 어느 정도 충족되어야 하지만 결핍을 경험하는 것도 긍정적이에요. 좋아하는 것만 넘치도록 대령하지 않아도 괜찮아요. 할 수 있는 만큼 적당한 선에서 허락하되, 넘치도록 퍼주지 못하는 것에 스트레스받지 마세요. 아이가 그것을 정말 좋아한다면 계속 요구할 것이고, 그렇지 않다면 결핍을 다른 것으로 채우기도 해요.

취향은 움직이는 것

동물 좋아하는 아이가 많아요. 다양한 종류의 동물만큼 동물 나오는 책도 무궁무진해요. 아이의 관심이 다른 동물이나 다른 소재로 옮겨가기 전까지 계속 읽어줄 수 있을 만큼 충분히 많은 책이 있어요. 하지만 아이가 특정 동물을 좋아한다고 해서 일부러 그 동물이 나오는 책만 찾을 필요는 없어요. 아이들의 호기심은 매일 새로운 것으로 옮겨갈 수 있어요. 어느 날 갑자기 동물 나오는 책에 등장하는 탈것으로 관심이 이동하기도 해요.

저희 집 두 아이는 취향이 확실히 달랐어요. 남아인 첫째는 18개월, 여아인 둘째는 15개월 즈음부터 벌써 좋아하는 것이 생겼어요. 서로 다른 것을 좋아했지만, 옆에서 보는 책에도 관심을 보여 취향과 상관없이 함께 즐기기도 했어요. 이렇게 형제자매나 친구, 선생님의 영향으로 새로운 것에 관심을 보이기도 해요. 아이의 취향을 파악하고 부지런히 반응하되, 그 취향이 만고불변의 진리가 아니라는 것도 인식해야 해요. 아이의 취향이 옮겨갈 때는 민감하게 반응하고요.

아이의 취향과 독서

아이는 자라면서 좋아하는 것이 생겨요. 아이가 특정한 것을 선호하기 시작하면 사실 엄마는 더 편해요. 무엇을 골라야 할지 지표가 생겼으니까요. 좋아하는 작가의 다른 책이나 좋아하는 캐릭터 혹은 동물, 사물이 나오는 다른 책을 고르면 그 책을 좋아할 확률이 높아요.

엄마의 역할은 아이의 취향과 독서가 즐겁게 만날 수 있도록 돕는 거예요. 아이가 자유롭게 자신을 표현할 수 있는 분위기를 만들어주세요. 아이가 관심을 보이는 소소한 것을 사소하다고 폄하하지 말고 늘 사랑 넘치는 눈으로 감탄해주세요. 어떤 책을 읽을지 아이의 시선이 결정해요. 방향과 길을 선택해서 걷는 아이의 한 걸음 뒤에서 응원하며 그 시간을 즐기세요. 든든한 시지자가 있는 아이는 자신감 넘치는 얼굴로 자기 심장을 따라 나아갈 테니까요.

아이의 그림책 취향

여기서는 동물, 공룡, 공주, 요정, 발레리나, 탈것, 알파벳, 명작 전래동화, 여행, 지도, 미술, 인체에 관심이 있는 아이들이 볼만한 책을 소개합니다.

동물 좋아하는 아이에게 그림책 세상은 거대한 신대륙과 같아요. 어느 곳으로 향해도 엄청나게 다양한 동물을 만나게 되니까요. 동물이 등장하는 책은 그림책부터 리더스북, 챕터북, 소설과 논픽션 지식책까지 모든 장르와 연령대에 걸쳐 있어요. 세밀화나 수채화, 유화가 들어간 그림책도 있지만, 사진이 주로 등장하는 논픽션 책도 있어요.

종종 영유아기에 보는 세밀화가 두뇌 발달에 좋다거나, 유아기에 보는 논픽션 지식책이 두뇌 발달에 좋다거나, 클래식 음악을 들으면 머리가 좋아진다거나, 명화를 보면 머리가 좋아진다는 말 등 다양한 설이 나와 유행을 선도하기도 해요. 하지만 이런 명제는 과학적으로 증명하기 힘들어요. 그게 무엇이든 아이가 좋아하는 것을 즐기면 머리가 좋아질 겁니다. 아이가 보고 듣는 것은 아이의 머리를 좋게 하기 위한 수단이 아니라, 아이가 행복하기 위한 수단이라고 생각하세요. 아이가 행복하면 머리는 저절로 좋아집니다.

동물 책도 그림책이든 논픽션이든, 실사든 사진이든 자유롭게 보게 해주세요. 그리고 동물 좋아하는 아이는 책을 통해서 동물을 접하기도 하지만 동물원에 가거나 집에서 동물을 키우거나, 찰흙이나 색종이로 동물을 만들거나, 종이에 그리거나, 동물 그림이 있는 옷을 입거나, 동물 이야기를 듣거나 만들어도 됩니다. 동물이 나오는 책을 보는 것은 동물에 관한 아이의 관심을 충족시키는 많은 방법 중 하나일 뿐이에요.

아이들 그림책에 자주 등장하는 오리, 개, 고양이, 새에 관한 책들을 소개했어요. 하지만 이 외에도 정말 다양한 동물 그림책이 있어요. 토끼, 생쥐, 개구리도 자주 등장하는 동물이에요. 베아트릭스 포터의 피터 래빗(Peter Rabbit)이 대표적인 토끼 그림책이지만, 개구쟁이 토끼가 나오는 〈Little Rabbit〉 시리즈도 권해요. 다른 그림책에서 만나기 힘든 호주의 웜뱃이나 캥거루 등을 그리는 영국 작가 찰스 퓨지(Charles Fuge)도 추천해요.

오리 좋아하는 아이에게 권하는 책

꽥꽥거리는 울음소리 때문인지 뒤뚱거리는 걸음걸이 때문인지 오리는 많은 아이들이 좋아하는 동물이에요. 특히 새끼 오리가 나오면 아이 자신과 동일시하곤 해요.

●**Little Quack** (Lauren Thompson, Derek Anderson) ● **Duck on a Bike** (David Shannon) ● **Max the Duck** (Jackie Urbanovic) ● **Duck & Goose** (Tad Hills)

〈Little Quack〉 시리즈는 엄마와 아기 오리 다섯 마리가 나오는데 이름이 Widdle, Waddle, Piddle, Puddle, Little Quack입니다. Waddle은 오리가 뒤뚱거리며 걷는 모습을 뜻하고, Puddle은 오리가 사는 웅덩이 같은 곳을 말해요. Quack은 오리가 꽥꽥거리는 소리고요. Widdle과 Piddle은 Waddle과 Puddle과 라임을 맞추기 위해 만든 이름입니다. 이름만 읽어줘도 노래처럼 리듬감이 느껴지고 아이들이 따라 하기 좋아요. 아기 오리들의 표정과 몸짓이 귀엽고 사랑스러운 책입니다.

〈Duck on a Bike〉는 자전거 타는 오리를 보며 부정적인 생각을 하던 동물들이 실은 모두 자전거를 타고 싶어 했다는 멋진 반전을 그린 책이에요. 남들이 비웃을 수 있지만 번쩍이는 아이디어를 실천에 옮긴 오리의 의기양양함을 재미있게 그렸습니다. 스토리가 단순하고 동물만 바뀔 뿐 반복되는 상황이지만, 글밥이 많은 유아용 그림책입니다.

〈Max the Duck〉 시리즈의 오리는 디즈니의 도널드 덕 느낌이 나요. 당당하고 엉뚱하고 웃겨요. 개와 고양이를 비롯해 많은 동물과 함께 사는 행복한 오리의 일상을 보여주고 있어요. 따뜻한 수채화 느낌의 그림 스타일에 코믹한 표정과 행동이 많이 등장해요. 프리스쿨부터 킨더 아이들이 좋아해요.

〈Duck & Goose〉 시리즈는 오리와 거위가 주인공으로 캐릭터와 색감이 사랑스러워요. 내용은 유아용인데 글밥이 많은 편이라 읽어주기에는 호흡이 긴 편입니다.

- **A Click Clack Book** (Doreen Cronin)
- **Farmer Duck** (Martin Waddell, Helen Oxenbury) ● **Duck** (Jez Alborough)

[A Click Clack Book] 시리즈는 첫 번째 책 〈Click, Clack, Moo Cows That Type〉으로 칼데콧상을 수상했어요. 첫 번째 책에 조연급으로 등장한 오리가 뒤에 나오는 책에서는 주인공이 돼요. 오리가 다른 농장 동물들을 진두지휘해서 농장 주인을 골탕 먹이는 내용이에요. 의성어가 많고 라임을 잘 살린 책이라 소리 내서 읽으면 더 재미있어요. [Ready-To-Read] 리더스북으로도 나와요.

〈Farmer Duck〉은 오리를 혹사시키는 악덕 농장 주인을 동물들이 힘을 합쳐 쫓아내는 이야기예요. 이 책에서 오리는 군말 없이 시키는 일을 다 하는 순하고 성실한 동물로 나와요. 〈A Click Clack Book〉에 나오는 오리와 상반되는 이미지예요.

제즈 앨버로우의 '오리' 시리즈는 엉뚱하고 고집 센 오리가 주인공이라 사건·사고가 끊이지 않아요. 트럭이나 배를 타거나 공구를 들고 고치겠다고 나서기 때문에 남자아이들이 좋아해요. 프리스쿨부터 킨더 시기에 적당합니다.

강아지(개) 좋아하는 아이에게 권하는 책

● **Pig the Pug** (Aaron Blabey) ● **McDuff** (Rosemary Wells)
● **Good Boy, Fergus!** (David Shannon) ● **Dog Breath** (Dav Pilkey)

〈Pig the Pug〉 시리즈는 'Pig'라는 이름의 개가 주인공이에요. 피그는 욕심꾸러기에, 장난꾸러기에, 정말 말 안 듣는 아이들이 하는 모든 행동을 보여줘요. 아이들은 대리 만족을 느낄 수도 있고, 피그처럼 하면 안 된다는 것을 배울 수도 있어요. 인성 동화 같은 내용이지만 그림도 스토리도 재미있게 풀어내서 아이들이 좋아해요. 인기 있는 시리즈로 2016년부터 7권까지 나왔는데 앞으로도 계속 나올 것 같아요.

〈McDuff〉 시리즈는 사랑스러운 강아지가 주인공이에요. 따뜻한 느낌의 그림에 내용도 복잡하지 않아서 만 3세부터 킨더까지 읽으면 좋아요. 〈Good Boy, Fergus!〉는 데이비드 섀넌의 책이에요. 작가의 다른 책과 마찬가지로 장난꾸러기에 마냥 행복한 주인공이 등장해요. 이 책은 〈안돼 데이빗〉의 강아지 버전이에요. 〈Dog Breath〉는 입 냄새가 고약한 개가 주인공이에요. 입 냄새 때문에 쫓겨날 처지에 처한 개가 의외의 활약을 벌이는 유쾌한 이야기예요.

고양이 좋아하는 아이에게 권하는 책

〈Kitten's First Full Moon〉은 모노톤의 단순한 그림이 특징으로 칼데콧 메달을 받았어요. 태어나서 처음으로 보름달을 본 아기 고양이가 주인공이에요. 하늘에 떠 있는 우유를 먹어보려고 뛰어다니는 모습을 귀엽고 사랑스럽게 그렸어요. 프리스쿨러 수준으로 분류하는 책인데, 영어책을 일찍 접한 아이라면 30개월 전후부터 읽어줄 수 있어요.

- **Kitten's First Full Moon** (Kevin Henkes) ● **Rotten Ralph** (Jack Gantos)
- **Skippyjon Jones** (Judy Schachner)

〈Rotten Ralph〉 시리즈는 심하게 말을 안 듣는 빨간 고양이 랠프가 주인공이에요. 장난꾸러기 정도가 아니라 악동 수준이에요. 랠프의 주인인 여자아이가 엄마처럼 잘 보살피는 게 인상적이에요. 아이들이 그린 것처럼 삐뚤삐뚤한 선과 알록달록한 채색 때문에 호불호가 나뉠 수 있어요.

〈Skippyjon Jones〉 시리즈는 치와와가 되고 싶은 샴고양이의 상상 속 모험담을 그렸어요. 색감이 예쁜 그림과 귀여운 고양이 모습 때문에 인기 있어요. 악센트와 단어의 어미만 흉내 낸 말장난 같은 스페인어가 많이 나와요. 미국에는 히스패닉 인구가 워낙 많아 스페인어를 접한 아이도 많아요. 영어를 알고 스페인어를 접해봐서 그 억양을 아는 아이라면 더 재미있게 볼 수 있는 책이에요. 오디오북이 재미있어 아이들이 노래처럼 따라 부르기도 해요.

새 좋아하는 아이에게 권하는 책

부엉이와 올빼미 모두 영어로는 'Owl'이에요. 동글동글 귀엽게 생겨서 그런지 사랑스럽게 그려진 아기 올빼미나 부엉이에 대한 책이 많아요. 〈Owl Babies〉는 아기 올빼미 세 마리가 엄마를 기다리는 내용이에요. 어느 밤 잠에서 깨어보니 엄마가 사라져 놀란 아기들이 서로를 격려하며 기다리는 모습이 사랑스럽고 안쓰러워요. 엄마가 무사히 집에 들어왔을 때 까만 눈동자에 생기가 도는 모습이 인상적이에요. 그저 까만 눈동자일 뿐인데 걱정과 두려움과 기쁨까지 잘 표현했어요. 32쪽 그림책으로 만 3세 이상 아이에게 권해요.

〈Little Owl's Night〉은 아기 부엉이가 밤새도록 숲속을 날아다니며 다른 동

●Owl Babies (Martin Waddell) ●Little Owl's Night (Divya Srinivasan)
●Little Owl Lost (Chris Haughton) ●Owl Moon (Jane Yolen)

물들을 만나고 아침이 오는 것으로 이야기가 끝나요. 다양한 동물의 모습을 단순하게 나열했을 뿐인데 그림이 귀여워서인지 인기가 많은 책이에요. 눈 내린 숲속을 날아다니거나 자야 할 시간인 낮에 날아다니는 내용의 책이 몇 권 더 나왔어요. 3세 전후에 보면 적당한 수준의 토들러를 위한 보드북도 있어요. 〈Little Owl Lost〉는 자다가 나뭇가지에서 떨어진 아기 부엉이가 엄마를 찾아다니는 이야기입니다. 다람쥐가 찾아주겠다면서 같이 뛰어다니죠. 엄마를 만날 때까지 비슷한 내용이 반복되어 토들러에게 읽어주기에도 좋아요.

〈Owl Moon〉은 부엉이를 만나러 겨울 숲으로 들어간 아빠와 아이의 모습을 그려요. 겨울 숲을 아름답게 그려 칼데콧 메달을 받았지만 유아가 좋아할 그림은 아니에요. 자극적이지 않고 잔잔한 책이라 킨더나 저학년 선생님이 많이 읽어줘요. 무엇보다 소리 내서 읽으면 시를 읽는 듯 라임이 잘 맞는 글이에요. 아이가 AR 2점대 리더스북을 읽을 수 있는 시기에 읽으면 좋아요.

●Lost and Found (Oliver Jeffers) ●Up and Down (Oliver Jeffers)
●Penguin Problems (Jory John, Lane Smith) ●Tacky the Penguin (Helen Lester)

펭귄이 나오는 그림책이에요. 〈Lost and Found〉는 집을 잃어버린 펭귄과 집을 찾아주려 애쓰는 소년의 우정을 그린 책이에요. 〈Up and Down〉은 속편으로, 날고 싶어 하는 펭귄을 그렸어요. 올리버 제퍼스의 수채화 그림이 매우 예뻐요.

〈Penguin Problems〉는 매사에 불평이 많은 투덜이 펭귄이 주인공이에요. 자신을 포함해 온통 마음에 안 드는 것뿐인 펭귄에게 바다코끼리가 와서 새로운 시선을 가지라고 충고해요. 내지에는 표지처럼 꽉 찬 느낌과 다른, 여백이 많은 그림이 있어요. 단순한 그림으로 반짝거리는 예쁜 느낌을 잘 살렸어요. 다만 바다코끼리의 연설 부분이 너무 길어 유아에게는 지루할 수 있어요. 그림만 본다면 프리스쿨 아이도 가능하지만 킨더 이상 아이에게 권하고 싶어요.

〈Tacky the Penguin〉 시리즈는 재주 없는 허당 펭귄 때문에 생기는 다양한 에피소드를 그려요. 예전에 비해 인기가 줄긴 했어도 펭귄이 주인공인 책을 찾는다면 추천해요.

〈365 Penguins〉는 계산이 많이 나와서 논픽션 수학에서 소개했어요. 수학적인 내용을 이해하려면 초등 이상에 적당한데, 그림과 스토리만으로도 충분히 좋아하는 킨더 아이가 많아요.

동물들의 감정 표현

● **Grumpy Monkey** (Suzanne Lang) ● **Grumpy Bird** (Jeremy Tankard)
● **A Little Spot** (Diane Alber) ● **Ninja Life Hacks** (Mary Nhin)

〈Grumpy Monkey〉는 잔뜩 찡그린 아기 침팬지의 표정이 강렬해서 인기가 많아요. 특별한 이유 없이 기분이 안 좋은 침팬지가 자신의 감정을 인정하는 모습을 그리고 있어요. 어른들은 아이에게 감정 다루는 법을 가르쳐주고 싶어서 읽어주지만, 아이들은 대부분 캐릭터와 그림 때문에 좋아하는 책이에요. 〈Grumpy Bird〉는 기분이 안 좋은 새가 친구들 덕분에 기분이 좋아지게 되는 이야기예요. 그림이 단순하고 스토리도 반복적이라 만 3세 이상 아이에게 권해요.

아이들의 감정을 다루는 생활 동화 같은 책도 많이 있어요. 〈A Little Spot〉 시리즈는 아이들에게 자신의 감정이 어떤지 파악하고 다루는 법을 설명해요. 프리스쿨이나 킨더 수업 시간에 교재로 사용하기 좋은 책인데, 엄마가 집에서 읽어주기에도 좋아 인기가 많아요. 분노, 불안, 좌절, 걱정, 지루함, 자신감, 동정심을 포함해 협동심, 소속감, 정직, 인내심, 유연한 생각 등 다양한 내용으로 20권 넘게 나왔어요. 내용이 비슷한데 게임 캐릭터처럼 생긴 닌자가 주인공인 〈Ninja Life Hacks〉도 인기 있어요.

동물도감 같은 그림책

(Graeme Base) ●The Water Hole ●Animalia ●The Eleventh Hour ●The Sign of the Seahorse

그레엄 베이스의 그림책에 나오는 동물은 살아 있는 것 같은 생생함과 신비로움을 가졌어요. 사진을 보는 것처럼 사실적이고 세세하지만 판타지 세상처럼 신비로워요. 배경에도 숨어 있는 동물이 많아서 숨은그림찾기 좋아하는 아이들이 정말 좋아할 책이에요.

〈The Water Hole〉은 물웅덩이 주변에 모여드는 동물들의 이야기로 숫자 책 형식이에요. 토들러 중 그림만 보고 좋아하는 아이도 많지만 일반적으로는 만 3세 이상 아이에게 권해요. 〈Animalia〉는 I SPY 놀이책으로도 활용할 수 있는 알파벳책이에요. 각 알파벳에 해당하는 단어가 많이 나오긴 하나 그림만 본다면 프리스쿨 아이부터 봐도 돼요. 〈The Eleventh Hour〉와 〈The Sign of the Seahorse〉는 스토리를 이해하려면 1~3학년은 되어야 볼 수 있어요. 글밥이 꽤 많고 문장도 어렵게 쓰는 작가예요.

(Doreen Cronin) ●Diary of a Fly ●Diary of a Spider ●Dairy of a Worm ●Dairy of a Worm: Teacher's Pet

도린 크로닌은 동물의 일기장을 그렸어요. 〈Diary of a Fly〉는 파리, 〈Diary of a Spider〉는 거미, 〈Dairy of a Worm〉은 지렁이의 일기장이에요. 40쪽 분량의 그림책인데, 글밥이 꽤 많아서 AR 2점대 리더스북 수준이에요. 킨더부터 2학년 아이까지 좋아해요. [I Can Read 레벨 1] 리더스북으로도 나왔어요.

(Jane Yolen, Mark Teague) ●How Do Dinosaurs Go to Sleep? ●How Do Dinosaurs Clean Their Rooms? ●How Do Dinosaurs Count to Ten? ●How Do Dinosaurs Love Their Dogs?

〈How Do Dinosaurs〉 시리즈는 가정이나 학교생활을 다룬 생활 동화예요. 프리스쿨 아이에게 해당하는 내용이 많아 앞서 프리스쿨 만 4세 그림책에서 소개했어요. 하지만 공룡을 좋아하는 토들러를 위한 책이 필요하다면 이 시리즈의 12쪽 보드북을 권해요. 〈How Do Dinosaurs Go to Sleep?〉은 잠자기에 대해, 〈How Do Dinosaurs Clean Their Rooms?〉는 청소에 대해, 〈How Do Dinosaurs Count to Ten?〉은 숫자 세기에 대해, 〈How Do Dinosaurs Love Their Dogs?〉는 애완동물에 대해 그려요.

(Jonathan Stutzman) ●Tiny T. Rex and the Impossible Hug ●Tiny T. Rex and the Very Dark Dark (Ryan T. Higgins) ●We Don't Eat Our Classmates ●We will Rock Our Classmates

그림책에서조차 티라노사우르스 렉스는 주로 크고 무시무시한 모습으로 등장해요. 하지만 작고 귀엽고 사랑스러운 티렉스가 주인공인 시리즈도 있어요. 〈Tiny T. Rex〉는 자그마한 체구의 티렉스라서 이름도 타이니(Tiny)예요. 친구를 좋아하고 사랑스러움이 뚝뚝 묻어나는 캐릭터인 데다 그림도 친근하고 귀여워요. 무서운 거 싫어하는 아이도 즐길 수 있는 공룡 그림책이에요. 감동과 교훈이 넘치는 스토리를 참신하고 지루하지 않게 풀어냈어요. 〈Penelope〉는 여자아이 공룡이 주인공으로 엉뚱하고 사랑스러워요. 사람을 포함한 동물을 먹고 싶어 하는 공룡의 본능과 싸우는 모습을 귀엽게 그리기는 했지만, 같은 반 친구들을 먹었다고 말하는 모습에 거부감을 느끼는 아이도 있어요. 두 시리즈는 프리스쿨부터 1학년까지 즐길 수 있어요.

Time Flies (Eric Rohmann) ● **Komodo!** (Peter Sis) ● **The Dinosaur of Waterhouse Hawkins** (Barbara Kerley, Brian Selznick) ● **Dinotopia** (James Gurney)

〈Time Flies〉는 자연사 박물관으로 날아든 작은 새 한 마리로 이야기를 시작해요. 공룡 뼈가 즐비한 곳을 날아다니는 새를 따라가다 보면, 어느새 공룡이 사는 시대로 시간 여행을 떠나게 돼요. 글자 없는 그림책으로 칼데콧 아너를 받았어요. 만 3세부터 2학년까지 재미있게 볼 수 있습니다.

〈Komodo!〉는 코모도섬에 사는 왕도마뱀에 대한 그림책이에요. 용을 좋아하는 아이가 부모와 함께 여행하는 형식으로 프리스쿨부터 2학년까지 적당해요. 〈The Dinosaur of Waterhouse Hawkins〉는 19세기 중반 세계 최초로 공룡 모형을 제작한 워커 하우스 호킨스에 관한 그림책이에요. 칼데콧상을 받아서 프리스쿨이나 킨더 아이들도 그림만 보고 좋아하는 경우가 종종 있어요. 하지만 48쪽 분량에 글밥도 많은 편이라 1~3학년 수준이에요. 〈Dinotopia〉 시리즈는 공룡과 인간이 평화롭게 사는 세상을 그린 책이에요. 4학년 이상 아이가 재미있게 읽을 만한 판타지 소설인데 그림책처럼 그림이 멋지고 많아요. 그림책 판형에 160쪽, 단어 수 14,800개로 두꺼운 챕터북 수준이에요.

공룡과 운동 좋아하는 아이를 위한 책

Dino-Sports 시리즈 (Lisa Wheeler) ●Dino-Baseball ●Dino-Soccer
●Dino-Basketball ●Dino-Football

〈Dino-Sports〉 시리즈는 공룡들이 야구, 축구, 농구, 풋볼, 아이스하키, 수영, 레슬링 같은 운동 시합을 하는 내용의 그림책 시리즈예요. 남자아이들이 주로 보는 책으로 운동 외에 자동차 경주, 스케이트보드, 스노보드, 댄싱 편도 나왔어요. 크리스마스, 추수감사절, 핼러윈 같은 특별한 날에 관한 책도 있어요.

논픽션

●Dinosaur A-Z ●Little Kids First Big Book of Dinosaurs ●My Encyclopedia of
Very Important Dinosaur ●Oh Say Can You Say Di-no-saur?

〈Dinosaur A-Z〉는 알파벳 순서대로 진행하는 책이에요. 각 알파벳으로 이름이 시작되는 공룡 사진과 설명을 담았어요. 32쪽 분량으로 토들러부터 그림을 보여주려고 만든 책이지만, 내용을 읽는 것은 킨더부터 2학년까지 적당해요. 〈Little Kids First Big Book of Dinosaurs〉는 내셔널 지오그래픽에서 나왔어요. 프리스쿨부터 3학년 아이를 위한 책으로 128쪽 분량이에요. 〈My Encyclopedia of Very Important Dinosaur〉는 DK 출판사에서 나온 책으로 224쪽 분량이고 킨더부터 3학년까지 볼만해요. 〈Oh Say Can You Say Di-no-saur?〉는 [The Cat in the Hat's Learning Library]에 들어 있는 닥터 수스 계열의 책이에요. 킨더와 1학년 수준에 맞춘 리더스북으로 48쪽으로 분량도 많고 어려운 편이에요. 높은 레벨의 리더스북이나 초기 챕터북을 읽는 시기에 권해요.

● First Dinosaur Encyclopedia ● The Dinosaur Book ● Dinosaur! ● Dinosaurs

DK 출판사에서 나온 책은 사진이나 설명 방식이 비슷해요. 전문 지식을 모아놓은 백과사전 느낌의 책이 많아요. 〈First Dinosaur Encyclopedia〉는 2~5학년 수준으로 136쪽 분량이에요. 스미소니언과 함께 만든 책은 DK 출판사에서 만든 책보다 더 전문적인 백과사전 분위기가 나요. 상세 내용을 담은 사진과 설명이 많아요. 〈The Dinosaur Book〉과 〈Dinosaur!〉 두 권 모두 4~7학년 수준으로 208쪽 분량인데, 〈Dinosaur!〉가 더 고학년용으로 고등학생까지 볼만해요. 〈Dinosaurs: A Visual Encyclopedia〉는 304쪽 분량으로 중학생부터 고등학생까지 보면 좋아요.

공주와 요정을 좋아하는 아이에게 권하는 책

● **Princess Baby** (Karen Katz) ● **Today I'll Be a Princess** (Paula Croyle) ● **Alice the Fairy** (David Shannon) ● **Tea for Ruby** (Sarah Ferguson, Robin Preiss Glasser)

〈Princess Baby〉에는 동글동글한 아이가 나오고, 캐런 카츠는 화려한 원색 그림으로 토들러에게 사랑받는 작가예요. 단순한 내용의 토들러용 보드북으로 만 2~3세 아이에게 적당한 책이고요. 〈Today I'll Be a Princess〉는 한 페이지에 한 문장 정도 되는 짧은 글밥의 12쪽 토들러 보드북이에요. 그림 스타일은 캐런 카츠의 〈프린세스 베이비〉가 더 어린데, 내용은 이 책이 더 쉬워 먼저 봐도 좋아요.

〈Alice the Fairy〉는 데이빗 섀논의 그림책답게 장난기 넘치는 여자아이가 등장해요. 요정이 되는 게 꿈인 앨리스가 일상에서 요정으로 사는 법을 재미있게 그렸어요. 아직 요정이 되려면 배울 게 많다며 자신은 수습 요정이라고 생각하는 엉뚱함이 사랑스러워요. 표정과 행동이 재미있어서 그림만 보면 만 3세 이상도 가능하지만, 글밥이 꽤 많은 40쪽 그림책이라 만 4세부터 1학년까지 재미있게 볼 수 있어요. 〈Tea for Ruby〉는 여왕에게 티 파티 초대를 받은 루비가 주인공이에요. 여왕과 함께 하는 티 파티를 기다리며 즐거운 시간을 보내고 예절도 배워요. 화려한 드레스와 배경과 소품 때문에 공주놀이 좋아하는 아이들이 좋아해요. 영국 왕족이 글을 쓰고, 〈팬시 낸시〉 시리즈의 그림 작가가 그림을 그렸어요.

(Diane Alber) ● Never Let a Princess Paint with Her Unicorn ● Never Let a Unicorn Wear a Tutu! ● Never Let a Unicorn Crash a Party!

〈Never Let a Unicorn〉 시리즈는 유니콘 인형을 살아 있는 애완동물이라 말하는 여자아이가 주인공이에요. 아이의 상상 속에서 알록달록 화려하고 재미있는 일들이 일어나요. 흑백으로 시작한 그림책이 이야기가 진행되면서 점점 화려한 색으로 바뀌는 시리즈예요. 〈Never Let a Princess Paint with Her Unicorn〉은 공주 드레스 좋아하는 아이가 좋아할 이야기예요. 〈Never Let a Unicorn Wear a Tutu!〉는 발레 튀튀를 좋아하는 아이가 좋아할 이야기고요. 〈Never Let a Unicorn Crash a Party!〉는 화려한 생일 파티를 꿈꾸는 아이들에게 좋아요. 40쪽 분량의 그림책으로 글밥이 꽤 많아요. 글 수준은 킨더 이후가 적당한데, 영어 그림책을 일찍 접했다면 만 4세 아이도 좋아할 스토리예요.

Fancy Nancy 시리즈 (Jane O'Connor, Robin Preiss Glasser) ● 하드커버 그림책
● 하드커버 작은 그림책 ● 페이퍼백 그림책 ● 리더스북 ● 챕터북

〈Fancy Nancy〉는 '팬시'한 옷과 액세서리와 놀이와 단어까지 좋아하는 낸시가 주인공이에요. 엄마 눈에는 우스꽝스러울 정도로 화려한 패션 감각을 가진 아이라면 친구를 만난 것처럼 좋아할 거예요. 2005년부터 하드커버 그림책이 나왔고 그 이후 페이퍼백 그림책, 리더스북, 챕터북까지 나왔어요. 2018년에

는 디즈니에서 애니메이션이 나왔고, 애니메이션에 기반한 페이퍼백 그림책 과 리더스북도 있어요. 하드커버 그림책 중 판형이 큰 책은 만 4세 이상 아이 에게 적당하고 판형이 작은 그림책은 1학년 수준으로 내용이 좀 어려워요. 페 이퍼백 그림책은 만 4세 이상, 리더스북은 만 5세 이상, 챕터북은 2~3학년 수준이에요. 애니메이션은 말이 좀 빠른 편이라 킨더부터 초등 저학년에 좋아 요. 리더스북은 그림책과 애니메이션 두 종류 모두 [I Can Read 레벨 1]에 들 어 있어요. 팬시 낸시의 동생인 조조(Jojo)가 주인공인 리더스북은 좀 더 쉬운 단계인 [I Can Read My First Level]이라 먼저 읽으면 좋아요.

Pinkalicious 시리즈 (Victoria Kann) ●**그림책** ●**리더스북** ●**페이퍼백 그림책**

〈Pinkalicious〉는 핑크와 컵케이크를 좋아하는 여자아이가 주인공이에요. 핑크색을 좋아하는 여자아이가 많아서 나오자마자 선풍적인 인기를 끌었어 요. 두 번째 책부터는 보라색, 금색, 은색, 에메랄드색, 바다색 등으로 바뀌 어 이야기가 펼쳐져요. [I Can Read 레벨 1]인 리더스북은 첫 번째 그림책인 〈Pinkalicious〉가 주인공이에요. PBS Kids에서 애니메이션이 나온 후 페 이퍼백 그림책도 나왔어요. 애니메이션에 기반한 그림책은 보통 오리지널 그림 책 시리즈와 그림 스타일이 달라지는데, 이 시리즈는 같은 그림이에요. 프리 스쿨보다는 킨더 이상 아이가 더 좋아해요.
〈The Paper Bag Princess〉는 평범하지 않은 공주를 그려서 호평을 받은 책 이에요. 기존의 많은 책에 나오는 공주처럼 왕자의 구원을 기다리는 공주가 아닌, 드래곤에게 끌려간 왕자를 구하는 공주가 주인공이에요. 드래곤의 화 염에 드레스까지 타버려서 종이 봉지를 입어야 했어요. 엉뚱한 꾀로 드래곤을

- **The Paper Bag Princess** (Robert Munsch)
- **Lola Dutch** (Kenneth Wright , Sarah Jane Wright)

처리하고 왕자를 구하지만, 왕자는 고마워하기는커녕 공주답지 못한 행색을 꾸짖어요. 왕자를 '뻥' 차버리는 모습으로 끝나는 결말은 1981년 출판 당시만 해도 획기적이라 선풍적인 반응을 얻었어요.

〈Lola Dutch〉 시리즈는 직물 디자이너인 사라 제인 라이트가 그린 그림책이에요. 〈팬시 낸시〉와 〈올리비아〉를 좋아하는 아이들이 좋아할 캐릭터라고 마케팅을 했어요. 〈팬시 낸시〉처럼 사랑스럽고 우아하면서 통통 튀는 밝은 캐릭터예요. 그림은 밝은 수채화라 사랑스러운 느낌이고요. 공주놀이 좋아하는 아이라면 좋아할 거예요. 그림을 좋아하는 에피소드에서는 명화가 많이 등장하고, 장래 희망을 다루는 에피소드에서는 다양한 직업이 등장해요. 만 4세부터 1학년까지 보면 좋아요.

Disney Princess 시리즈 ● Bedtime Stories ● 리더스북
Barbie 시리즈 ● 리더스북

〈디즈니 프린세스〉와 〈바비〉는 공주 좋아하는 아이들의 스테디셀러예요. 디즈니에서는 계속 새로운 공주가 탄생되기 때문에 당시 유행하는 공주 영화와 책과 드레스까지 함께 즐길 수 있어요. 디즈니의 공주들을 좋아한다면

디즈니 플러스(DisneyPlus) 사이트에 회원 가입을 하면 좋아요. 디즈니의 모든 애니메이션을 볼 수 있어요. 책은 그림책부터 리더스북까지 다양해요. 〈Princess Bedtime Stories〉는 그림책을 모은 304쪽 분량의 컬렉션 북이에요. 이런 책이 비슷한 제목으로 많이 나와 있는데, 'Disney Princess Books'으로 검색해 최신 책 중에서 고르면 좋아요. 아이에게 표지를 보여주고 직접 고르게 하세요. [Step-Into-Reading]에 디즈니 프린세스와 바비 리더스북이 많이 있어요.

발레리나를 좋아하는 아이에게 권하는 책

● **Angelina Ballerina** (Katharine Holabird) **그림책** ● **Angelina Ballerina 리더스북**
● **Mia** (Robin Farley) ● **Katy Duck** (Alyssa Satin Capucilli)

〈Angelina Ballerina〉 시리즈는 발레리나가 되기 위해 진지하게 노력하는 안젤리나의 이야기입니다. 등장인물은 생쥐인데, 배경으로 나오는 마을을 포함한 주변 환경이 아름답게 그려져 사랑스러워요. 친구나 가족에 대한 이야기도 많아서 발레에 관심 없어도 재미있게 볼 수 있어요. 그림책과 리더스북이 20권 넘게 나왔어요. 애니메이션을 캡처한 페이퍼백 그림책도 있지만 오리지널 그림책 시리즈를 권해요. 킨더 수준이고 빠르면 프리스쿨 만 4세부터 볼 수 있어요.

〈Mia〉 시리즈는 발레를 좋아하는 까만 고양이가 주인공인 리더스북 시리즈예요. 귀엽고 사랑스러운 발레복과 고양이가 여러 종류 등장해서 볼거리가 많아요. [I Can Read My First Level]에 들어 있고 그림책도 몇 권 나왔어요.

〈Katy Duck〉은 춤을 정말 좋아하는 여자 오리 케이티가 주인공이에요. 평소에도 발레 동작으로 날아다니는 모습 때문에 통통 튀는 느낌을 주는 오리예요. [Ready-To-Read 레벨 1]에 들어 있어요.

(Molly Idle) ●Flora and the Flamingo ●Flora and the Penguin ●Flora and the Peacocks ●Flora and the Ostrich

〈Flora〉 시리즈는 글자 없는 그림책이에요. 드림웍스에서 애니메이션을 만들던 작가가 데뷔작인 〈Flora and the Flamingo〉로 2014년 칼데콧 아너를 받았어요. 플라밍고와 함께 우아하게 발레를 추는 플로라를 그린 책인데, 영화 장면을 보는 듯 생동감이 넘쳐요. 뾰족한 느낌의 플라밍고와 동글동글한 느낌의 플로라의 모습이 대비되어 더 재미있게 느껴져요. 흰 여백이 많은 책으로 여백이 무대처럼 느껴져요. 다음 책들은 펭귄, 공작새와 함께 춤을 춰요. 새를 좋아하는 아이도 좋아하고, 춤을 좋아하는 아이도 좋아할 시리즈예요. 플랩북이라 너무 어린 아이보다는 만 3세 이상 아이에게 권해요. 〈Flora and the Chicks〉는 숫자를 세는 내용이고 〈Flora and the Ostrich〉는 반대말에 대한 내용의 토들러용 보드북으로 굉장히 단순해요.

●Ballerina! (Peter Sis) ●I'm a Ballerina! (Sue Fliess) ● Ballet Kitty (Bernette Ford)

피터 시스의 〈Ballerina!〉는 스토리는 없고 발레리나가 입는 의상만 보여주는 영유아용 그림책이에요. 만 3세 전후로 적당해요. 〈I'm a Ballerina!〉

는 평범한데도 인기가 많아요. 미국의 오래된 인기 그림책 브랜드인 [Little Golden Book]에 들어 있기 때문이에요. [리틀 골든 북]은 굉장히 오래된 브랜드라서 촌스러운 그림이 많아요. 최근 나온 책도 옛날 책 느낌이 많이 나요. 〈Ballet Kitty〉는 다양한 종류의 고양이가 등장해요. 귀여운 그림 스타일의 32쪽짜리 그림책인데, 리더스북처럼 읽기 연습에도 좋아요.

● **Matilda in the Middle** (Cori Doerrfeld) ● **Tallulah's Tutu** (Marilyn Singer)
● **Ella Bella Ballerina** (James Mayhew)

〈Matilda in the Middle〉은 귀엽고 사랑스러운 토끼들로 가득한 책이에요. 다양한 활동 중에서 자기에게 딱 맞는 발레를 선택하는 주인공의 모습을 그렸어요. 40쪽 분량의 그림책으로 프리스쿨 수준이에요. 〈Tallulah's Tutu〉 시리즈는 아이들이 발레를 배우는 과정에서 일어나는 진짜 있을 법한 이야기를 그려요. 표지가 눈에 띄어 인기를 끌었는데, 본문 그림은 그에 비해 평범해요. 첫 번째 책이 마음에 들면 시리즈의 다른 책을 봐도 좋지만, 그렇지 않으면 한 권으로 충분해요. 〈Ella Bella Ballerina〉 시리즈도 발레를 배우는 아이를 그린 그림책 시리즈예요. 〈케이티〉 미술 그림책으로 유명한 제임스 메이휴의 책이에요.

〈Swan: The Life and Dance of Anna Pavlova〉는 세계적으로 유명한 발레리나였던 안나 파블로바의 일생을 그린 그림책이에요. 어린 시절 발레 공연을 보며 발레리나를 꿈꾸던 소녀가 세계적인 발레리나가 되어 세계를 무대로 활약했던 모습을 그렸어요. 안나 파블로바가 공연한 작품 중 특히 유명한 백조 역할을 책의 주요 모티브로 풀어낸 책이에요. 52쪽 분량에 글밥도 적지 않기 때문에 1학년에 이후 보기 좋아요. 안나 파블로바는 20세기 초 세계적인 발레

● **Swan** (Laurel Snyder) ● **Firebird** (Misty Copeland) ● **Bunheads** (Misty Copeland)
● **You Should Meet Misty Copeland** (Laurie Calkhoven)

리나 인데 비해, 미스티 코플랜드는 몇 년 전부터 미국 출판계에서 각광받는 인물이에요. 백인 위주의 발레계에 최초의 흑인 수석 발레리나가 되어 차별을 딛고 성공한 상징적 인물이 되었어요. 평범한 흑인 소녀에서 성공한 발레리나가 된 자신의 이야기를 담은 그림책을 두 권 썼어요. 〈Firebird〉가 첫 번째 책으로 상을 많이 받았고, 두 번째 책 〈Bunheads〉는 호불호 없이 대부분 좋아해요. 〈You Should Meet Misty Copeland〉는 [Ready-To-Read 레벨 3]에 들어 있는 리더스북으로 전기 형식이에요.

● **Vampirina Ballerina** ● **Vampirina Ballerina Hosts a Sleepover**
● **Vampirina at the Beach** ● **Vampirina in the Snow**

〈Vampirina〉는 디즈니의 인기 애니메이션 시리즈예요. 그림책과 리더스북도 많이 나와 있는데, 〈Vampirina Ballerina〉라는 부속 시리즈가 있어요. 애니메이션을 캡처한 책이 아니라 그림책 형식으로 나왔어요. 발레리나가 되고 싶은 뱀파이어 소녀의 모습을 담았어요.
차이콥스키의 유명한 발레극인 〈호두까기 인형〉의 원작 그림책은 에른스트 호프만의 책이에요. 〈The Nutcracker〉로 검색하면 수십 권의 그림책이 나와요. 많은 그림 작가들이 이 책을 그려서 아이의 그림 취향에 맞게 골라볼 수 있어요. 좋아하는 작가가 있다면 그 작가의 책을 골라도 돼요. 다음 책들이 인기 있어요.

●**The Nutcracker** (Susan Jeffers) ●**The Nutcracker** (New York City Ballet, Valeria Docampo) ●**Mary Engelbreit's Nutcracker** (Mary Engelbreit) ●**The Nutcracker** (Alison Jay)

수잔 제퍼스의 책은 작가의 고전적인 그림 스타일을 좋아하는 이들이 선호하고 교사들도 좋아해요. 40쪽 분량으로 킨더 수준이에요. 두 번째 책은 뉴욕시 발레단에서 나온 책이에요. 발레복을 입고 무대 위에서 공연하는 그림이 나오는 책인 줄 알았는데, 그냥 등장인물들의 몸짓이 발레를 하는 듯 표현되어 있는 정도예요. 메리 앵겔브라이트의 그림책은 사탕이나 케이크 같은 음식이 예쁘게 표현되어 아이들이 좋아해요. 이 책도 크리스마스 분위기가 물씬 넘치는 맛있고 행복한 장면으로 가득해요. 앨리슨 제이는 표지를 보면 바로 그의 책인지 알 수 있을 정도로 개성이 넘쳐요. 도자기 위에 그린 그림 같은 그림은 부드럽고 따뜻한 느낌이라 팬층이 많아요.

●**Magic Ballerina** (Darcey Bussell) ●**Katarina Ballerina** (Tiler Peck & Kyle Harris)

발레리나가 주인공인 챕터북 시리즈를 찾는다면 〈Magic Ballerina〉가 있어요. 96~128쪽 분량에 2~3학년 수준이고 20권 넘게 나왔어요. 〈Katarina Ballerina〉는 192쪽 분량이고 3학년 수준이에요. 2021년에 나오기 시작해 아직 1권밖에 없어요.

● The Ballet Book　● Ballerina　● Ballet

DK 출판사에서 나온 발레 책은 발레 동작이나 장면을 풍부한 사진으로 담았어요. 〈The Ballet Book〉은 72쪽으로 3~5학년용이에요. 〈Ballerina: A Step-by-Step Guide to Ballet〉는 발레 동작을 상세하게 설명해서 보고 따라 할 수 있어요. 80쪽으로 4~6학년 수준이에요. 〈Ballet: The Definitive Illustrated Story〉는 발레의 역사와 시대적 발전을 설명하고, 유명 작품을 많은 그림과 사진으로 설명한 백과사전 같은 책이에요. 360쪽 분량으로 성인용 책인데, 사전처럼 필요한 부분만 본다면 중학생 이상부터 볼 수 있어요.

탈것을 좋아하는 남자아이가 많아요. 이르면 돌 전에도 바퀴 달린 장난감에 유독 관심을 보여요. 기차와 자동차뿐만 아니라 동그란 것은 다 굴리고 싶어 하기도 해요. 장난감으로는 만족을 못 해서 길에 지나다니는 탈것에도 무한한 관심과 애정을 보이기도 해요. 공사 차량을 보고 싶어 공사장으로 향하거나, 소방차가 보고 싶어 소방서로 향하고, 기차와 비행기가 보고 싶어 기차역과 공항으로 가야 할지도 몰라요. 지나가는 자동차 이름을 외우거나 지나가는 차를 세면서 숫자 세기를 배우기도 해요. 탈것 관련 그림책은 정말 많아요. 탈것에 대한 그림책이 아니더라도 그림책 곳곳에 탈것이 등장해요. 탈것 좋아하는 아이는 모든 책에서 탈것을 찾아내기 때문에 탈것에 대한 책만 고를 필요는 없어요.

영어로 된 탈것 관련 책을 검색할 때는 자동차, 트럭, 소방차 같은 특정 차 이름으로 검색해도 되고, 여러 종류의 차가 나오는 책을 원하면 'Things That Go'로 검색하면 돼요.

영유아를 위한 탈것 책

Indestructibles 시리즈 ●Things That Go! (DK) ●My First Things That Go (DK)
●First 100 Trucks (Priddy) ●Noisy Things That Go (Libby Walden)

〈Indestructibles〉 시리즈는 12쪽짜리 페이퍼백 그림책이에요. 아이가 책을 물고 빨아도 문제 없는 무독성 소재로 만들었어요. 방수 처리가 되어 있고 잘

찢기지도 않아요. 그림이나 내용이 특별하지 않지만, 마음 놓고 영유아에게 줄 수 있는 책이라 인기가 많아요. 이 시리즈 안에 〈Things That Go!〉라는 제목의 탈것 책이 있어요.

〈My First Things That Go〉는 DK 출판사에서 나온 28쪽짜리 보드북이에요. 다른 영유아용 책처럼 탈것의 사진과 이름을 나열한 단순한 내용이에요. 〈First 100 Trucks〉는 [Priddy Baby] 시리즈에 들어 있는 24쪽짜리 보드북이에요. 100개의 다양한 종류의 트럭 사진과 이름을 실었어요. 〈Noisy Things That Go〉는 12쪽짜리 촉감책이에요.

토들러를 위한 탈것 책

● Trucks (Byron Barton) ● ABC's for Boys (Michael Kracht) ● Fire Truck (Peter Sis)
● Trucks Trucks Trucks (Peter Sis)

바이런 바튼의 보드북은 두 돌 전후에 볼만한 정말 단순한 그림책이에요. 30년 전에 이런 책이 없을 때 나와서 미국의 어린이집이나 프리스쿨 교실에서 많이 사용했어요. 〈Trucks〉, 〈Planes〉, 〈Machines At Work〉, 〈Airport〉, 〈Trains〉, 〈Boats〉, 〈My Car〉, 〈My Bike〉, 〈My Bus〉가 있어요.

〈ABC's for Boys〉는 남자아이들이 좋아하는 것을 모아놓은 알파벳책이에요. 알파벳 한 글자당 그림이 하나씩 나오는 아주 단순한 책인데, 표지에서 알 수 있듯 탈것이 많이 등장해요. 평범한 그림인데 인기가 많아요.

피터 시스의 〈Fire Truck〉과 〈Trucks Trucks Trucks〉는 토들러 수준에 딱 맞는 그림책이에요. 그림과 내용 모두 단순하지만, 탈것 좋아하는 아이의 모습을 잘 표현했어요.

토들러부터 프리스쿨러를 위한 탈것 책

●The Wheels on the Bus (Paul O. Zelinsky) ● Wheels on the Bus (Raffi)
●Pete the Cat: Wheels on the Bus (James Dean)

'The Wheels on the Bus'는 유명한 동요예요. 이 노래로 정말 많은 그림책이 나왔는데, 그중 폴 오 젤린스키가 그린 책을 추천해요. 폴 오 젤린스키는 칼데 콧상을 받은 작가로 명화풍 전래 동화 그림책을 많이 그렸는데, 이 책은 누구나 좋아할 만한 재미있는 이야기와 그림으로 풀어냈어요. 플랩북이라 더 재미있게 볼 수 있어요. 동요를 많이 부르는 가수 래피의 [Raffi Songs to Read] 시리즈에 들어 있는 〈Wheels on the Bus〉의 그림도 귀여워요. 〈Pete the Cat〉 시리즈를 좋아하는 아이라면 〈Pete the Cat: Wheels on the Bus〉도 좋아요.

(Alice Schertle, Jill McElmurry) ●Little Blue Truck ●Little Blue Truck Leads the Way ●Good Night, Little Blue Truck ●Little Blue Truck's Halloween

〈Little Blue Truck〉 시리즈는 미국 시골에서 흔히 볼 수 있는 작은 트럭이 주인공입니다. 첫 번째 책인 〈Little Blue Truck〉은 어려운 상황에 처한 트럭이 그동안 친절을 베풀었던 다른 동물들의 도움을 받는 줄거리예요. 농촌의 다양한 동물이 등장해서 동물 좋아하는 아이도 좋아해요.

〈Little Blue Truck Leads the Way〉는 도시로 간 시골 트럭의 모험담이에요.

혼잡한 교통 상황으로 인해 발생한 문제를 재치 있게 해결하는 모습을 그려요. 다양한 자동차가 등장해요. 대부분의 시리즈는 첫 번째 책이 가장 인기 있는데 이 책은 두 번째 책이 더 인기를 끌어 베스트셀러 시리즈가 되었어요. 교훈을 담은 모범적 이야기로 엄마와 아이 모두 만족할 수 있어요. 라임을 잘 살렸고, 의성어가 많아 재미있게 읽어주면 아이들이 더 좋아해요. 리딩 레벨이 낮아 탈것 좋아하는 남자아이들이 리딩 연습할 때 활용해도 좋아요.

〈Good Night, Little Blue Truck〉은 천둥 번개 치는 밤 무서움에 떠는 동물 친구들이 작은 트럭의 집으로 모여드는 모습을 그려요. 비가 그치고 친구들을 하나둘씩 집에 데려다주고, 그제야 잠자리에 드는 모습이 사랑스러운 책이에요. 미국 그림책에서 자주 만날 수 있는 '굿나잇' 이벤트를 재미있게 풀어냈어요. 만 3세부터 킨더 수준의 그림책 시리즈예요.

토들러용 보드북인 〈Little Blue Truck's Halloween〉, 〈Little Blue Truck's Springtime〉, 〈Little Blue Truck's Christmas〉는 20쪽 분량으로 토들러부터 만 3세까지 보면 좋아요.

(Sherri Duskey Rinker) ● Goodnight, Goodnight, Construction Site ● Mighty, Mighty Construction Site ● Bulldozer's Shapes ● Dump Truck's Colors

〈Goodnight, Goodnight, Construction Site〉는 공사 현장을 배경으로 다양한 공사 차량이 나오는 시리즈예요. 라임을 잘 살려서 소리 내어 읽어주기에 좋은 글이에요. 32~40쪽 분량인데 글밥이 페이지당 평균 4줄이에요. 토들러나 만 3세 아이에게는 좀 많은 분량일 수 있어요. 탐 리히텐헬드의 그림이 정말 멋져서 그림만 봐도 좋은 책으로, 만 3세 전후로 보여주기를 추천해요. 세 번째 책부터는 일러스트레이터가 바뀌었지만 비슷한 분위기를 유지하고 있어요. ⟨Bulldozer's Shapes⟩, ⟨Cement Mixer's ABC⟩, ⟨Dump Truck's Colors⟩, ⟨Excavator's 123⟩, ⟨Crane Truck's Opposites⟩는 20쪽 짜리 토들러용 보드북이에요.

(John Cena) ●Elbow Grease ●Elbow Grease vs. Motozilla ●Elbow Grease: Fast Friends ●Elbow Grease 리더스북

⟨Elbow Grease⟩는 파란색 몬스터 트럭이에요. 형들에 비해 작지만 배짱이 두둑하고 끈기와 열정이 넘쳐요. 자신을 사랑하고 이를 증명하기 위해 노력하는 모습이 모범적이에요. 미국의 유명한 프로레슬링 선수이자 영화배우인 존 시나가 써서 나오자마자 베스트셀러가 되었어요. 존 시나는 모범적인 사람이라 부모와 아이들의 열렬한 지지를 받아요. 그림은 다른 작가가 그렸는데 존 시나의 긍정적인 이미지와 잘 부합하는 것 같아요. 2018년부터 나온 시리즈라서 아직 그림책 3권과 [Step-into-Reading 스텝 1]의 리더스북 3권밖에 없지만 계속 나올 거라 예상돼요. 이 시리즈는 토들러에게는 좀 어려워요. 인기가 많아 앞으로 토들러용 보드북이 나올 수도 있어요.

Jon Scieszka's Trucktown 시리즈 ●Smash! Crash! ●Welcome to Trucktown! ●Uh-Oh Max ●Who's That Truck?

존 시나의 책이 나오기 전에 여러 종류의 트럭으로 인기를 끈 '트럭타운' 시리

즈가 있어요. ⟨Jon Scieszka's Trucktown⟩은 존 세스카가 글을 쓰고 데이빗 섀논, 로렌 롱, 데이빗 고든이 그림을 그렸어요. 인기 그림책 군단이 모여 만든 책이라 2008년에 나오자마자 엄청난 인기를 얻었어요. 분홍색 아이스크림 트럭과 하얀 앰뷸런스 트럭까지 등장해 여자아이도 즐길 수 있어요. [Ready-To-Read] 리더스북으로도 나왔고 토들러용 보드북도 있어요.

프리스쿨러를 위한 탈것 책

●Richard Scarry's Cars and Trucks and Things That Go ●Richard Scarry's What Do People Do All Day? ●Richard Scarry's a Day at the Fire Station ●Richard Scarry's a Day at the Airport

리처드 스캐리의 책은 구석구석 볼거리가 아주 많아요. 엄마 눈에는 복잡하고 조잡해 보이는 그림 스타일인데, 아이들은 코를 박고 보는 책이에요. 300권이 넘는 그의 책 중 탈것에 관한 책으로 ⟨Richard Scarry's Cars and Trucks and Things That Go⟩가 있어요. ⟨Richard Scarry's What Do People Do All Day?⟩는 사람들이 무슨 일을 하며 사는지를 그린 책이에요. 도시 구석구석에서 일하는 직업을 다루다 보니 탈것이 정말 많이 나와요. 두 책은 1974년과 1968년에 출간돼 요즘 나온 탈것 관련 책과는 조금 다른 부분이 있지만 아이들이 보기에는 충분해요. 72쪽과 64쪽 분량에 판형이 큰 하드커버 책이에요. ⟨Richard Scarry's a Day at the Fire Station⟩과 ⟨Richard Scarry's a Day at the Airport⟩는 24쪽짜리 페이퍼백 그림책이에요. 소방서와 공항에서의 하루를 그린 내용이에요.

로렌 롱은 탈것이 주인공인 책을 많이 그렸어요. 그림책 고전인 ⟨The Little Engine That Could⟩는 여러 작가가 그렸지만 로렌 롱이 그린 책이 가장 인

(Loren Long) ● The Little Engine That Could ● Jon Scieszka's Trucktown
● Otis ● Toy Boat

기 있어요. 앞에서 소개한 존 셰스카의 〈트럭타운〉 시리즈에도 그림 작가로
참여했어요. 〈Otis〉 시리즈는 트랙터가 주인공이에요. 농장에 사는 다른 동
물도 등장해 동물 좋아하는 아이들이 보기에도 좋아요. 그림책도 여러 권이고
[Penguin Young Readers]에서 리더스북으로도 나와 다독을 장려하는 시리
즈예요. 〈Toy Boat〉는 소년과 배의 우정을 그렸어요.

(Kate McMullan, Jim McMullan) ● I Stink! ● I'm Dirty! ● I'm Brave!

케이트 맥뮐란과 짐 맥뮐란 부부의 탈것 시리즈입니다. 〈I Stink!〉는 청소
차가 "나는 냄새가 고약해!"라고 자랑스럽게 외치는 내용의 책이에요. 〈I'm
Dirty!〉는 굴착기, 〈I'm Brave!〉는 소방차, 〈I'm Smart!〉는 스쿨버스, 〈I'm
Tough!〉는 픽업 트럭, 〈I'm Mighty!〉는 예인선, 〈I'm Cool!〉은 스케이트
링크의 얼음을 고르게 만드는 차, 〈I'm Fast!〉는 화물열차에 관한 이야기예
요. 각자 자신이 하는 일을 자랑스럽게 늘어놓는데, 의성어가 많아서 소리 내
서 읽으면 더 재미있어요. 프리스쿨부터 1학년까지 볼만한 그림책으로 부품,
기능, 성능 관련 용어가 꽤 나와요. 엄마가 읽어주기에는 좀 어려울 수 있어

요. 한글판 책이 두 권 있으니, 먼저 보고 아이가 좋아한다면 나머지 책을 원서로 읽는 것도 좋은 방법이에요.

킨더를 위한 탈것 책

(virginia Lee Burton) ●Choo Choo ●Mike Mulligan and His Steam Shovel ●Katy and the Big Snow ●The Little House

버지니아 리 버튼은 아들을 위해 탈것이 나오는 그림책을 많이 그렸어요. 〈Choo Choo〉는 말괄량이 기관차가 선로를 이탈해 벌어지는 소동을 그렸어요. 그림이 흑백이라 더 박진감 넘치게 느껴져요. 〈Mike Mulligan and His Steam Shovel〉에는 증기 삽차가 등장하고, 〈Katy and the Big Snow〉는 제설차가 폭설로 어려움에 처한 도시를 구해내는 이야기예요.

〈Maybelle, the Cable Car〉는 샌프란시스코의 명물 케이블카에 대한 이야기예요. 〈The Little House〉는 시골에 있는 작은 집이 주인공이에요. 시간이 지나면서 말이 달리던 집 주변 길에 마차, 자동차, 전차, 트럭이 등장해요. 그래서 작은 집이 더 시골로 이주한다는 이야기인데, 탈것 좋아하는 아이들은 온갖 종류의 탈것을 즐길 수 있어요. 탈것의 시대 변화상도 배울 수 있고요.

〈Polar Express〉는 눈 내리는 크리스마스이브에 깨어 있던 소년이 북극으로 향하는 신비로운 기차를 타고 경험하는 모험을 그려요. 1986년 칼데콧 메달을 받은 후로 지금까지 크리스마스 때마다 베스트셀러가 되는 책이에요. 겨울이 되면 학교나 도서관 스토리텔링에도 빠지지 않고 등장해요. 2004년에 나온 영화도 겨울 휴가 기간에 가족끼리 많이 시청해요.

- **The Polar Express** (Chris Van Allsburg) ● **Locomotive** (Brian Floca)
- **Thomas & Friends** (W. Awdry) ● **Little Red Train** (Benedict Blathwayt)

〈Locomotive〉는 증기기관차의 역사를 설명한 논픽션으로 칼데콧 메달을 받았어요. 150년 전 미국에 대륙 횡단 철도가 개통된 직후의 증기기관차에 대한 책이라서 재미있는 스토리를 기대하는 아이에게는 지루할 수 있어요. AR 4.7, 단어 수 2,573개, 64쪽 분량으로 킨더부터 3학년 수준이에요.

영국의 유명한 기차 그림책인 〈Thomas & Friends〉는 기차들끼리 싸우는 상황이 많다며 싫어하는 엄마들이 꽤 있어요. 책보다 영상과 장난감이 더 인기 있어요. [Step-Into-Reading] 리더스북이 그림책보다 오히려 읽기 쉬워요. 토마스 기차가 파란색인 데 반해 빨간색 기차가 주인공인 〈Little Red Train〉 역시 영국 작가의 책이에요. 그림이 아기자기하고 따뜻해요. 구석구석 볼거리가 많고 풍경도 아름다워요.

미국에는 알파벳책(Alphabet Books)과 카운팅 북(Counting Book)이 서점의 한 코너를 차지할 만큼 종류가 많아요. 알파벳을 배우거나 외우고 싶을 때 봐도 좋고, 알파벳에서 단어로 확장하는 단계에 봐도 좋아요. 알파벳책이라는 형식을 빌려왔을 뿐 일반 그림책으로 볼 수 있는 책도 많아요. 그림책의 한 장르라고 봐도 될 정도로 나름 위치를 구축하고 있어요.

알파벳을 외우는 게 목적이라면 영상물을 한두 편 보는 게 시간 대비 더 효과적일지 몰라요. 책으로 알파벳을 외운다 해도 한두 권이면 충분해요. 하지만 알파벳이라는 소재를 활용한 스토리 탄생 능력을 감탄하며 볼 수 있는 책이 많이 있어요. 알파벳책에 관심이 없더라도 놓치지 말아야 할 좋은 그림책도 있고요.

알파벳책을 보는 시기는 목적에 따라 조금씩 다를 수 있어요. 미국에서는 보통 만 3세 정도부터 알파벳을 가르치지만 일주일에 한 글자 정도예요. 본격적으로 알파벳을 배우는 시기는 만 4세 이후 프리스쿨에서입니다. 한국에서라면 영어 교육에 관한 부모의 생각과 아이의 발달 정도에 따라 그 시기가 다르겠지만, 가장 좋은 시기는 아이가 알파벳에 관심을 보일 때라고 생각해요.

알파벳을 익히기 위해서가 아니라 그림책의 한 장르로 본다면 아무 때나 볼 수 있는 게 알파벳책이에요. 제가 알파벳책을 따로 소개하는 이유도 알파벳을 쉽게 배우게 하기 위해서가 아니라, 아름답고 독특하고 재미있는 그림책의 한 종류로 소개하고 싶어서예요. 물론 알파벳을 배우기 위해 재미있는 책이 필요할 경우에도 이용할 수 있어요.

미국 어린이집과 유치원에서 많이 읽어주는 알파벳책

● Chicka Chicka Boom Boom (Bill Martin Jr., Lois Ehlert) ● Chicka Chicka abc (Bill Martin Jr., Lois Ehlert) ● Eating the Alphabet (Lois Ehlert) ● Dr. Seuss's ABC (Dr. Seuss) ● Miss Bindergarten Gets Ready for Kindergarten (Joseph Slate)

만 4세 전후부터 미국 프리스쿨과 킨더 교실에서 많이 읽어주는 책입니다. 첫 번째 〈치카 치카 붐붐〉은 노래가 흥겨워서 책을 안 봐도 노래를 흥얼거리는 아이가 많아요. 알파벳 송으로 대충 알파벳에 대한 감을 익힌 후 들려주면 좋은 수준입니다.

두 번째 책은 첫 책의 앞부분으로 만든 짧은 버전이에요. 유아라면 두 번째 책이 더 적당해요. 이 책에 그림을 그린 로이스 엘러트의 알파벳책도 있어요. 〈Eating the Alphabet〉으로 먹을 것이 잔뜩 나옵니다. 먹는 것 좋아하는 아이에게는 즐거운 책이 되지만, 스토리 없는 단순 나열 형태로 지루해할 수도 있어요.

닥터 수스의 책은 거의 모든 선생님들이 사랑해요. 소리 내서 읽으면 좋습니다. 라임이 잘 맞아 아이들이 챈트처럼 중얼거려요. 닥터 수스의 알파벳책도 필독서 수준이지만, 아이가 닥터 수스의 그림 스타일을 좋아하지 않는다면 존재만 알고 지나가도 됩니다.

〈Miss Bindergarten Gets Ready for Kindergarten〉은 미국 킨더 교실에서 많이 읽어줍니다. 라임이 잘 맞아 소리 내어 읽어주기에 좋아요. 하지만 라임을 맞추려고 사용한 단어들이 어색하고 그림도 매력적이지 않아 한국 아이에게는 권하고 싶지 않은 책이에요.

상 받은 알파벳책

알파벳책 중 칼데콧상, 닥터 수스상 등 작품성을 인정받은 수상작도 있어요. 칼데콧상은 워낙 역사가 깊어 오래전에 나온 책 중에는 지금은 잘 읽지 않는 책도 있지만, 상 받은 알파벳책 몇 권을 소개할게요.

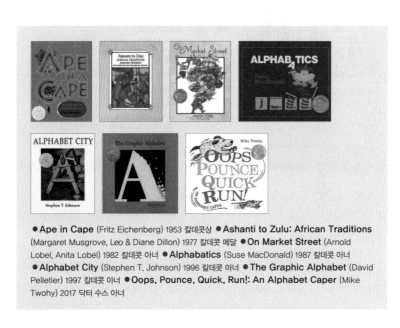

● **Ape in Cape** (Fritz Eichenberg) 1953 칼데콧상 ● **Ashanti to Zulu: African Traditions** (Margaret Musgrove, Leo & Diane Dillon) 1977 칼데콧 메달 ● **On Market Street** (Arnold Lobel, Anita Lobel) 1982 칼데콧 아너 ● **Alphabatics** (Suse MacDonald) 1987 칼데콧 아너 ● **Alphabet City** (Stephen T. Johnson) 1996 칼데콧 아너 ● **The Graphic Alphabet** (David Pelletier) 1997 칼데콧 아너 ● **Oops, Pounce, Quick, Run!: An Alphabet Caper** (Mike Twohy) 2017 닥터 수스 아너

〈Ashanti to Zulu: African Traditions〉는 아프리카 전통을 각 알파벳으로 시작하는 단어로 설명해요. A부터 Z까지 이어지는 알파벳 스타일이긴 한데, 흔히 생각하는 알파벳책과는 거리가 멀어요. 〈Oops, Pounce, Quick, Run!: An Alphabet Caper〉는 닥터 수스상을 받은 알파벳책이에요. 알파벳 글자마다 단어 하나씩만 나오는 단순한 책이에요.

이 중에 세번째 책인 〈On Market Street〉을 추천해요. 알파벳마다 그 글자로 시작하는 물건을 입고 쓰고 들고 있는 사람이 등장해요. D에 등장하는 사람은 도넛 드레스를 입고, 도넛 모자를 쓰고, 도넛 부츠를 신었어요. F는 꽃, I는 아이스크림으로 장식한 사람이 나와서 아이들을 행복하게 하죠. 제목에서 알 수 있듯이 시장에서 만날 수 있는 물건들이 등장해 볼거리가 많고 사랑스러운 그림이에요.

미술 시간에 봐야 할 것 같은 알파벳 보드북

● **A B See** (Elizabeth Doyle) ● **Alphablock** (Christopher Franceschelli)
● **TouchThinkLearn: ABC** (Xavier Deneux) ● **Alphabeasties** (Sharon Werner)
● **A is for Apple** (Tiger Tales, Georgie Birkett)

알파벳 공부와 상관없이 미술 작품으로 봐도 좋을 만한 책들이에요. 〈A B See〉는 각 알파벳 글자 모양 안에 해당 알파벳으로 시작하는 그림을 넣었어요. 듣기는 살하는데 읽기를 아직 시작하지 않은 아이에게 좋습니다. 2015년 보드북으로 나왔어요.

〈Alphablock〉은 입체형 보드북이라 아이들이 흥미를 갖기 좋아요. 자비에 드뇌의 〈ABC〉 역시 미술책 느낌이 강합니다. 공작이나 종이 공예 작품집 같아요.

〈Alphabeasties〉는 타이포그래피책 느낌이에요. 표지를 보면 알 수 있듯 A로 시작하는 동물인 악어의 모양을 A와 a로 채우고, Z로 시작하는 동물인 얼룩말 모양을 Z와 z로 채웠어요. 대문자와 소문자의 차이, 폰트에 따라 글자가 어떻게 달라 보이는지를 설명해요. 크고 긴 동물을 표현하기 위해 책장이 위, 아래, 옆으로 자유롭게 펼쳐집니다.

〈A is for Apple〉은 알파벳 대문자와 소문자 부분을 잘라내서 손가락으로 따라 쓰기 연습을 할 수 있는 책이에요. 숨어 있는 작은 문을 통해 해당 알파벳 단어를 찾아볼 수 있는 플랩북 형식이에요. 다른 책에 비해 예술성은 떨어지지만 알파벳 쓰기 연습용 책을 찾는 아이에게 권할 만합니다.

숨은그림찾기가 가능한 알파벳 그림책

● **ABC** (Alison Jay) ● **Animalia** (Graeme Base) ● **I SPY Letters** (Jean Marzollo & Walter Wick) ● **I SPY A to Z** (Jean Marzollo & Walter Wick)

숨은그림찾기를 좋아하거나 그림을 구석구석 세심하게 보는 아이에게 권할 만한 알파벳책도 있어요. 아이가 알파벳에 관심이 없어도 그림을 보면서 흥미를 갖게 돼요. 파닉스를 공부할 때 각 알파벳의 음가가 들어간 단어를 배우게 되는데, 이런 숨은그림찾기와 연결된 알파벳책에는 그 주요 단어들이 다 들어가 있어요.

엘리슨 제이의 〈ABC: A Child's First Alphabet〉은 유아부터 유치원생까지 볼 수 있는 비교적 단순한 그림책이에요. A에는 'Apple', 'Ant', 'Airplane' 등이 그림에 숨어 있어요.

그레이엄 베이스의 〈Animalia〉는 동물을 사실적으로 묘사했고, 그림이 복잡할 정도로 많은 내용을 담고 있어요. 유치원생부터 초등생까지 권합니다. A에는 'Armoured Armadillo Avoiding as Angry Alligator'라고 쓰여 있어요. 동물 이름과 동사도 함께 나와요. 그림 속에 'Alphabet', 'Ape', 'Ace', 'Acrobat'이 숨어 있어요.

[I SPY] 시리즈에서 〈I SPY Letters〉는 작은 보드북 형태로 만 3세 전후에 볼 만합니다. 〈I SPY A to Z: A Book of Picture Riddles〉는 각 페이지에 해당하는 알파벳이 들어간 그림을 찾아야 합니다. A 페이지에서는 'A'가 들어간 그림을 찾아야 해요. 다른 책에서는 보통 'A'로 시작하는 단어를 모아놓는데, 이 책에서는 'A'가 들어가는 단어를 찾는 거예요. Apple에는 A가 단어 첫 번째 글자이지만, Hat이나 Cat에서는 가운데 글자예요. A를 다른 색으로 표현

해 단어의 여러 곳에 A가 들어가는 것을 배울 수 있어요. 이런 식으로 A부터 Z까지 이어집니다.

(Roxie Munroe) ●**Mazeways: A to Z** ●**Mazescapes**

록시 먼로는 미로 그림책 작가로 유명한데 알파벳책도 두 권 있어요. 〈Mazeways: A to Z〉와 〈Mazescapes〉예요. 〈Mazeways: A to Z〉에서는 A 지면에 airport 그림이 나오고 A로 시작하는 여러 그림이 숨어 있으며, 함께 찾아볼 목록도 나와요. 일종의 아이 스파이(I Spy) 게임을 할 수 있는 책이에요. 〈Mazescapes〉는 하늘에서 내려다보이는 동네 곳곳에 알파벳들이 숨어 있어요. 각 그림에서 찾아야 할 알파벳이 4개씩 나오고, 위에서 내려다보이는 건물은 해당 알파벳 모양이에요.

대부분 알파벳책은 스토리가 빈약해 재미를 좇는 아이들에게는 인기가 없어요. 그런데 케이스 베이커의 알파벳 시리즈는 색감이 예쁘고 사랑스러워 그림 때문에 보는 아이가 많아요. 각 글자로 시작하는 직업을 소개하는 게 주요 스토리로 아이에게 직업의 종류를 알려주기에 좋아요.

〈LMNO Peas〉는 주인공이 완두콩들(Green Peas)이기 때문에 제목에 'P' 대신 'Peas'가 들어가 있어요. 작은 완두콩이 구석구석 숨어 있어요.

(Keith Baker) ●LMNO Peas ●LMNO Pea-quel ●Hap-Pea All Year
●Little Green Peas

인기 작가 알파벳 시리즈

(Nick Bruel) ●**Bad Kitty** ●**Poor Puppy**

닉 브루엘의 〈Bad Kitty〉배드키티는 초등생 챕터북 시리즈로 유명하지만 그림 책이 먼저 나왔어요. 표지만 보면 알파벳 그림책인 것을 알아차리기 힘들어 요. 〈배드키티〉는 고양이가 싫어하는 건강한 음식 26가지와 화난 고양이가 일으킨 사건 26가지, 좋아하는 음식 26가지, 사건을 수습하는 26단계를 그렸 어요. 그림책인데 호흡이 길어 유아에게는 어려워요. 그림만 봐도 재미있어하 지만, 스토리까지 즐기려면 빨라야 유치원, 초등 저학년 이상 아이에게 적당 해요. 고양이를 좋아하는 아이에게 권합니다.

●**Once Upon a Alphabet** (Oliver Jeffers)

〈Once Upon a Alphabet〉은 올리버 제퍼스의 책이에요. 그는 한국에서도 인기 작가라서 대부분 번역본이 나와 있어요. 그런데 이 책은 번역을 아무리 잘해도 의미 전달이 힘들어서인지 아직 한글판이 나오지 않았어요. A를 설명 하기 위해 'Astronaut'을 사용하는데, 번역하면 '우주 비행사'가 되어 알파벳 과 연관 짓기 어려워서일 거예요. 원어민이라면 프리스쿨 시기부터 엄마나 선 생님이 읽어주는 것을 듣고 리딩을 시작하면 읽는 연습이 되겠지만, 한국에서는 알파벳 외우는 시기의 아이에게 읽어주기에는 버거울 정도로 양이 많아요.
AR 2점대 중반의 리더스북을 읽는 아이에게 적당합니다.

● **Alphabet Adventure** (Audrey Wood) ● **Alphabet Mystery** (Audrey Wood)
● **Alphabet Rescue** (Audrey Wood) ● **Alpha Oops!: The Day Z Went First** (Alethea Kontis)

오드리 우드의 알파벳책은 알파벳의 모험담입니다. 스토리는 재미있는데 그
림에 대한 호불호가 있어요. 출간한 지 20년이 넘어 지금은 덜 읽는 추세예요.
비슷한 분위기의 〈Alpha Oops!〉 시리즈가 더 인기 있어요. 'Z'가 마지막 글
자인 게 싫다며 제일 처음 하겠다고 하자 순서가 뒤섞여버린 알파벳책이에요.
아이가 알파벳 순서를 제대로 알고 있을 때 보면 더 재미있어요.

● **The Alphabet Tree** (Leo Lionni) ● **Z is for Moose** (Kelly Bingham, Paul O. Zelinsky)
● **Eric Carle's ABC** (Eric Carle) ● **A to Z** (Sandra Boynton)

인기 작가의 알파벳책은 그 작가를 좋아하는 사람들이 찾아서 보기 때문
에 책 스토리와 상관없이 읽히는 편이에요. 레오 리오니의 알파벳책 〈The
Alphabet Tree〉는 알파벳 글자 하나가 어떻게 단어와 문장으로 발전하는지
를 그립니다. 1968년에 출간돼 작가의 명성과 함께 고전이 되었지만 요즘은
덜 읽는 추세예요.
폴 오 젤린스키가 그린 〈Z is for Moose〉는 제목을 보자마자 아이들이 말

도 안 된다는 반응을 보이는 책이에요. M까지 기다리지 못해 안절부절하는 'Moose'와 생쥐 'mouse'에게 M 자리를 빼앗긴 'Moose'의 반응이 재미있어요. 알파벳책의 전형적인 스토리에서 살짝 벗어난 게 특징이에요.

에릭 칼의 〈Eric Carle's ABC〉와 산드라 보인튼의 〈A to Z〉는 각 알파벳으로 시작하는 단어 하나와 그림 하나만 나옵니다. 그런데도 작가의 인기 때문에 많이 팔렸어요. 작가의 모든 책을 보고 싶어 하는 게 아니라면 알파벳책으로서 매력은 없다고 생각해요.

인기 캐릭터 알파벳책

● **Curious George Learns the Alphabet** (H. A. Rey) ● **Max's ABC** (Rosemary Wells) ● **Clifford's ABC** (Norman Bridwell) ● **Jon Scieszka's Trucktown: Junkyard DIG!** (Annie Auerbach) ● **Thomas' ABC Book** (W. Rev. Awdry)

유명 캐릭터 시리즈는 대부분 알파벳책이 있어요. 구색을 맞추기 위한 책이 많아 스토리와 그림 모두 평범해요. 아이가 특정 캐릭터를 좋아해서 그 캐릭터가 나오는 알파벳책을 찾는 경우에 추천해요.

흔히 명작 동화로 알려진 책의 원작은 어린이용 작품이 아닌 경우가 많아요. 대부분 아이들이 보기 쉽게 각색한 책이라 어린아이에게는 부담스러운 설정도 꽤 있어요. 주인공을 위협하는 나쁜 왕비나 마녀, 거인이 등장하고, 부모가 죽거나 부모에게 버림받는 상황이 나와요. 아이가 감정이입을 잘해서 무섭거나 잔인한 내용을 보면 힘들어한다면 너무 어릴 때는 명작 동화를 접하지 않는 게 좋아요.

명작 동화는 오래전부터 전래된 이야기를 샤를 페로(Charles Perrault), 그림 형제, 안데르센(Hans Christian Andersen) 같은 작가들이 책으로 엮으면서 형태를 갖췄어요.

샤를 페로는 〈장화 신은 고양이〉, 〈잠자는 미녀〉, 〈신데렐라〉, 〈빨간 모자〉를, 그림 형제는 〈헨젤과 그레텔〉, 〈백설공주〉, 〈라푼젤〉, 〈개구리 왕자〉, 〈빨간 모자〉, 〈신데렐라〉를 썼어요. 〈빨간 모자〉와 〈신데렐라〉는 샤를 페로의 책을 각색한 거예요.

안데르센의 작품으로는 〈인어 공주〉, 〈미운 오리 새끼〉, 〈벌거벗은 임금님〉, 〈엄지공주〉가 있어요. 전래 동화로만 알려진 작품으로는 〈골디락스와 곰 세 마리〉, 〈잭과 콩나무〉, 〈아기 돼지 삼 형제〉, 〈진저브래드맨〉, 〈미녀와 야수〉가 있어요. 이솝 우화 〈도시 쥐와 시골 쥐〉와 〈아라비안 나이트〉에 나온 '알라딘'도 그림책에 많이 등장해요.

나온 지 200년이 넘어 저작권이 소멸돼 검색하면 같은 제목의 여러 출판사 책이 나와요. 애니메이션이나 실사 영화로도 만들어졌어요. 이 책에선 원어민 아이들이 많이 보는 책 위주로 소개할게요.

명작 그림책 그림 작가

명작 그림책을 많이 그린 작가는 잰 브렛, 수잔 제퍼스, 폴 오 젤린스키, 제리 핑크니, 바바라 맥클린톡, 제임스 마셜, 폴 갈돈이에요.

잰 브렛은 〈골디락스와 곰 세 마리〉 책을 세 권이나 그렸어요. 〈The Three Snow Bears〉곰 세 마리가 한 집에 있어에는 북극곰과 에스키모 소녀가 등장하고, 〈The Mermaid〉는 바다 버전 골디락스예요.

〈The Gingerbread Baby〉는 〈진저브래드 맨〉의 아기 버전이에요. 사탕과 과자를 좋아하는 아이들이 보기만 해도 행복해하는 그림책이에요. 여자아이들이 좋아할 〈신데렐라〉와 〈미녀와 야수〉 이야기도 그렸어요. 〈Cinders: A Chicken Cinderella〉에는 사람이 아닌 닭이 등장해요. 〈The Night Before Christmas〉도 여러 종류가 있는데 잰 브렛의 그림책이 가장 아름다워요.

(Jan Brett) ●Goldilocks and the Three Bears ●The Three Snow Bears
●The Mermaid ●The Gingerbread Baby ●Cinders: A Chicken Cinderella
●Beauty and the Beast ●The Night Before Christmas

폴 오 젤린스키는 명화풍 그림 작가예요. 칼데콧상을 네 번 받았고, 그중 세

(Paul O. Zelinsky) ●**Rapunzel** 1998 칼데콧 메달 ●**Rumpelstiltskin** 1987 칼데콧 아너
●**Hansel and Gretel** 1985 칼데콧 아너

권이 명작 그림책입니다. 글밥이 많은 편이에요.

(Charles Santore) ●Snow White ●The Little Mermaid ●The Night Before Christmas ●The Velveteen Rabbit

(K. Y. Craft) ●Cinderella ●Beauty and the Beast ●Sleeping Beauty

폴 오 젤린스키의 그림을 좋아한다면 찰스 산토레와 케이 와이 크래프트의 책을 추천해요. **찰스 산토레**는 〈Snow White〉와 〈The Little Mermaid〉를 그렸어요. 그의 책 중 가장 사랑받는 책은 〈The Night Before Christmas〉와 〈The Velveteen Rabbit〉입니다.

K. Y. 크래프트의 그림은 로코코 스타일 드레스를 입은 귀족이 나와 유럽 복식사 책을 보는 느낌이에요. 화려하고 사랑스러워요. 〈신데렐라〉, 〈미녀와 야수〉, 〈잠자는 미녀〉를 그렸어요.

제리 핑크니는 칼데콧상을 다섯 번이나 받았어요. 명작 그림책으로는 2000년 칼데콧 아너를 받은 〈The Ugly Duckling〉미운 오리 새끼과 〈Puss in Boots〉장

(Jerry Pinkney) ●The Ugly Duckling ●Puss in Boots

화 신은 고양이가 있어요.

바바라 맥클린톡은 〈Adele & Simon〉아델과 사이먼 시리즈로 유명해요. 섬세하고 사랑스러운 그림의 〈Dahlia〉와 〈Mary and the Mouse, The Mouse and Mary〉까지 마음에 든다면 〈신데렐라〉도 바바라 맥클린톡이 그린 그림책을 권해요.

(Barbara McClintock) ●Adele & Simon ●Dahlia ●Mary and the Mouse, the Mouse and Mary ●Cinderella ●The Gingerbread Man ●Goldilocks and the Three Bears

제임스 마셜의 그림은 코믹한 느낌이 나서 악당 이미지를 약화시키는 효과가 있어요. 〈골디락스와 세 마리 돼지〉 책은 칼데콧 아너를 수상했어요.

(James Marshall) ●Goldilocks and the Three Bears ●Red Riding Hood ●Hansel and Gretel ●The Three Little Pigs

폴 갈돈은 20권이 넘는 전래 동화 그림책을 그렸어요. 다른 작가들이 잘 다루지 않은 전래 동화까지 그렸기 때문에 미국 교실에서 많이 활용해요. 하지만

1970년대에 나온 책이라 요즘 아이들 눈에는 그리 매력적이지 않아요. 오히려 1950년대에 칼데콧상을 두 번이나 받은 생쥐 그림책 〈Anatole〉 시리즈가 독특해요.

(Paul Galdone) ● **The Three Billy Goats Gruff** ● **The Little Red Hen**
● **Henny Penny** ● **Anatole**

칼데콧상 받은 명작 그림책

● **The Three Pigs** (David Wiesner) 2002 칼데콧 메달 ● **Puss in Boots** (Charles Perrault, Fred Marcellino) 1991 칼데콧 아너 ● **Little Red Riding Hood** (Trina Schart Hyman) 1984 칼데콧 아너 ● **Snow-White and the Seven Dwarfs** (Nancy Ekholm Burkert) 1973 칼데콧 아너 ● **Cinderella** (Marcia Brown) 1955 칼데콧 메달

인기 있는 순서대로 나열할게요. 〈The Three Pigs〉는 아기 돼지 삼 형제 이야기를 패러디한 책이에요. 데이비드 위즈너 특유의 사실적이면서도 판타지 느낌이 나는 책이에요. 〈Puss in Boots〉는 장화 신은 고양이를 명화풍으로 그렸어요. 〈Little Red Riding Hood〉는 빨간 모자 쓴 아이에 대한 책으로 원작에 충실해요. 액자 형식의 그림이 독특하고 고전적인 느낌의 그림 스타일이에요. 〈Snow-White and the Seven Dwarfs〉는 백설공주와 일곱 난쟁이 이야기예요. 표지의 백설공주는 눈처럼 서늘한 피부에 눈썹이 없어요. 본문의

그림도 서늘하고 현실적이면서도 신비로운 분위기예요. 디즈니의 백설공주나 난쟁이처럼 명랑하고 귀여운 느낌이 아니라 진짜 원작을 읽기 원하는 이들에게 적합해요. 〈Cinderella〉는 엉성하고 어설퍼 보이는 펜화에 수채화 물감을 칠한 그림이에요. 1955년에는 칼데콧상을 받을 만한 그림이었겠지만 요즘 아이들 눈에는 신선하기는 해도 감탄할 정도의 그림은 아니에요.

컬렉션 북

● Mary Engelbreit's Nursery Tales ● Mary Engelbreit's Fairy Tales

학령기 이전 아이가 명작 그림책을 볼 때는 책 한 권에 이야기 한 편이 담긴 그림책이 좋아요. 한 권에 여러 이야기를 모은 컬렉션 북은 대부분 엄마가 읽어준다는 전제로 만들어 글밥이 많아요. 유아기부터 볼만한 책 두 권을 소개할게요. 〈Mary Engelbreit's Nursery Tales〉와 〈Mary Engelbreit's Fairy Tales〉입니다.

두 권 모두 130쪽 분량이고 이야기가 12편씩 들어 있어요. 이야기는 한 편당 10쪽 전후로 짧아요. 〈Mary Engelbreit's Nursery Tales〉에는 '골디락스와 곰 세 마리', '아기 돼지 삼 형제', '장화 신은 고양이', '빨간 모자', '벌거벗은 임금님', '헨젤과 그레텔', '도시쥐와 시골쥐', '잭과 콩나무', '진저브래드 보이', '미운 오리 새끼' 이야기가 들어 있어요.

〈Mary Engelbreit's Fairy Tales〉에는 '신데렐라', '미녀와 야수', '알라딘', '백설공주', '개구리 왕자', '인어공주', '라푼젤', '엄지공주', '잠자는 미녀'가 들어 있어요. 'Fairy Tales'는 흔히 '동화'로 번역되는데, 단지 아이들을 위한 이야기를 뜻하는 게 아니라 마법이나 상상 속에 나올 만한 비현실적인 이야기를 의미하기도 해요.

이솝 우화

〈이솝 우화〉는 358편의 짧은 이야기를 모은 책입니다. 청소년용 〈이솝 우화〉 책에는 아이가 읽기에 적당하지 않은 이야기를 제외한 207편이 실려 있어요. '토끼와 거북이', '사자와 생쥐', '늑대와 양치기 소년', '개미와 베짱이', '북풍과 태양', '고양이 목에 방울 달기', '양가죽을 쓴 늑대' 등 제목만 봐도 어떤 내용인지 눈에 그려지는 친근한 이야기예요.

〈이솝 우화〉 중 하나의 이야기를 그림책 한 권으로 펴낸 경우가 많아요. 앞서 소개한 명작 그림책의 그림 작가들이 〈이솝 우화〉도 많이 그렸어요. 제리 핑크니는 2010년 칼데콧 메달을 받은 〈The Lion & the Mouse〉 사자와 생쥐와 〈The Tortoise & The Hare〉 토끼와 거북이를 그렸고, 〈시골 쥐와 도시 쥐〉 이야기는 잰 브렛이 그린 〈Town Mouse, Country Mouse〉와 폴 갈돈이 그린 〈The Town Mouse and the Country Mouse〉가 있어요.

●The Lion & The Mouse (Jerry Pinkney) ● The Tortoise & The Hare (Jerry Pinkney) ●Town Mouse, Country Mouse (Jan Brett) ●The Town Mouse and the Country Mouse (Paul Galdone)

20여 편의 〈이솝 우화〉를 모아 킨더부터 3학년 수준의 그림책 합본 형태로 낸 책이 있어요. 제리 핑크니, 돈 데일리, 찰스 산토레의 책은 특히 그림이 사실적이라 자연 관찰책을 보는 것 같아요. 취향에 맞는 그림을 선택하면 되지만 가장 최근에 나온 찰스 산토레의 책을 추천해요. 2018년 나온 클래식 에디션은 전체 64쪽으로 왼쪽에 그림, 오른쪽에는 글 형식으로 각각 두 쪽씩 총

- **Aesop's Fables** (Jerry Pinkney) 80쪽, 61편 ● **The Classic Treasury of Aesop's Fables** (Don Daily) 56쪽, 20편 ● **Aesop's Fables** (Charles Santore) 64쪽, 24편
- **Aesop's Fables: Oversized Padded Board Book** (Charles Santore) 24쪽

24편의 우화가 실려 있어요. 책 내용의 일부로 만든 얇은 보드북도 있어요.

바바라 맥클린톡의 〈Animal Fables from Aesop〉은 48쪽에 9편의 이야기가 실렸어요. 삽화가 많고 글도 다른 책보다 길어 어려운 리더스북이나 초기 챕터북 읽는 시기에 적당해요.

이야기와 삽화가 많은 책을 찾는다면 130편 이상 담긴 밀로 윈터의 〈Aesop's Favorite Fables〉를 권해요. 1919년에 나온 책이지만 지금까지도 많이 읽히고 있어요.

- **Animal Fables from Aesop** (Barbara McClintock)
- **Aesop's Favorite Fables** (Milo Winter)

명작 우화 패러디 그림책

누구나 다 아는 이야기를 살짝 비튼 패러디 그림책도 있습니다.

앨런 앨버그와 자넷 앨버그의 그림책은 명작을 알아야 재미있게 볼 수 있어요. 〈Each Peach Pear Plum〉은 한 페이지에 한 문장만 나오는 단순한 스토리로 그림에 숨어 있는 전래 동화 주인공을 찾는 'I SPY' 게임을 할 수 있

어요.

〈The Jolly Postman〉우체부 아저씨와 비밀편지과 속편인 〈The Jolly Christmas Postman〉우체부 아저씨와 크리스마스은 우체부 아저씨가 편지를 배달하는 모습을 그렸어요. 편지를 쓰고 받는 주인공이 동화의 주인공들이고, 책에 실제로 편지 봉투와 편지가 들어 있어 아이들이 좋아해요.

(Allan Ahlberg, Janet Ahlberg) ●Each Peach Pear Plum ●The Jolly Postman ●The Jolly Christmas Postman

〈아기 돼지 삼 형제〉는 유독 패러디 작품이 많아요. 알고 보니 나쁜 놈은 늑대가 아니라 돼지이거나 돼지가 늑대를 더 괴롭히는 스토리예요.

●The Three Pigs (David Wiesner) 아기 돼지 세 마리 ●The True Story of the 3 Little Pigs (Jon Scieszka) 늑대가 들려주는 아기돼지 삼 형제 이야기 ●The Three Little Wolves and the Big Bad Pig (Eugene Trivizas) 아기 늑대 세 마리와 못된 돼지

연령별 그림 형제와 안데르센의 책

〈눈의 여왕〉은 안데르센의 작품으로 유아가 읽기에는 너무 슬퍼 초등학생 이상 아이에게 권해요. 눈 속 나라와 눈빛 드레스를 입은 여왕을 아름답게 그린 그림책이 많아요. 32~48쪽 분량이 대부분이에요. 미리 보기로 보고 마음에 드는 스타일의 그림을 고르면 돼요. 첫 번째 표지인 블라디슬라브 예르코의

- **The Snow Queen** (Vladyslav Yerko) ● **The Snow Queen** (Bagram Ibatouline)
- **The Snow Queen** (P. J. Lynch) ● **The Snow Queen** (Geraldine McCaughrean)

〈눈의 여왕〉은 사진 같은 느낌이 나는 아름다운 그림이에요. 두 번째와 세 번째 책표지는 명작 그림책에서 자주 만나는 작가들의 그림이에요. 네 번째 책표지는 흑백 톤이 독특해요.

(Scott Gustafson) ● **Classic Bedtime Stories** ● **Classic Fairy Tales**
● **Classic Storybook Fables**

스콧 구스타프손이 그린 명화 스타일의 컬렉션 북입니다. 프리스쿨이나 킨더 전후로 엄마가 읽어주는 글밥 많은 그림책 모음집이에요. 아이가 혼자 읽는다면 높은 레벨의 리더스북이나 챕터북을 읽는 시기에 적당해요. 〈Classic Bedtime Stories〉는 84쪽에 8편의 이야기가 들어 있는데, 〈재미와 감동이 있는 일러스트 세계명작동화〉로 한글판도 나왔어요. 〈Classic Fairy Tales〉는 144쪽에 이야기 10편이 들어 있고, 한글판은 〈꿈과 모험이 있는 일러스트 세계명작동화〉예요. 〈Classic Storybook Fables〉는 84쪽에 이야기 8편이 들어 있고, 한글판은 〈삶의 지혜와 깨달음이 있는 일러스트 세계명작동화〉로 나왔어요. 한글판 목차를 보고 어떤 이야기가 들어 있는지 비교한 후에 골라도 좋아요.

● **A First Book of Fairy Tales** (Mary Hoffman, Julie Downing) ● **An Illustrated Treasury of Hans Christian Anderson's Fairy Tales** (Anastasiya Archipova) ● **An Illustrated Treasury of Grimm's Fairy Tales** (Daniela Drescher)

〈A First Book of Fairy Tales〉는 DK 출판사에서 나온 책으로 80쪽에 이야기가 14편 들어 있어요. 프리스쿨이나 킨더 전후로 엄마가 읽어주기에 적당하고, 리딩 레벨이 높은 리더스북이나 챕터북 수준이에요. 〈An Illustrated Treasury of Hans Christian Anderson's Fairy Tales〉는 216쪽에 이야기가 8편 들어 있어요. 1~2학년 수준으로, 어려운 리더스북이나 챕터북 읽는 시기에 적당해요. 〈An Illustrated Treasury of Grimm's Fairy Tales〉는 224쪽에 30편의 이야기가 들어 있어요. 같은 출판사에서 나왔으나 삽화가 다르고, 글밥이 많은 챕터북 수준으로 3~4학년에게 적당해요.

● **Whatever After** (Sarah Mlynowski) ● **Grimmtastic Girls** (Joan Holub) ● **The Sisters Grimm** (Michael Buckley)

〈Whatever After〉 시리즈는 주인공들이 마술 거울을 통해 안데르센이나 그림 형제의 이야기 속으로 들어가 펼쳐지는 내용입니다. 리딩 레벨은 AR 2~3점대인데 챕터북에 비해 글밥이 많고 삽화가 없어요. 조안 홀럽의 〈Grimmtastic Girls〉는 그림 형제의 동화를 각색한 책이에요. 리딩 레벨 AR 4~5점대에 197쪽 분량인데도 아이들이 어렵지 않아 해요. 챕터북을 읽고 소설책으로 넘어가는 시기에 유용해요. 두 시리즈 모두 3학년 여자아이들이 좋아합니다. 〈The Sisters Grimm〉 시리즈는 그림 형제의 후손인 두 자매가 주인공으로 나옵니다. 그림 형제의 동화 속 여러 주인공도 등장해요. 여자아이가 주인공이지만 남자아이도 잘 읽어요. 4학년 소설에서 언급한 책으로 3학년 아이들도 많이 읽어요.

● **The Land of Stories** (Chris Colfer) ● **Fairy True Tales** (Liesl Shurtliff)
● **A Tale Dark & Grimm** (Adam Gidwitz) ● **The Descendants** (Melissa de la Cruz)

최근 그림 형제나 안데르센 동화에 나오는 캐릭터가 등장하는 책이 많아진 이유는 〈The Land of Stories〉의 인기 때문입니다. 〈랜드 오브 스토리즈〉는 4학년 이상 아이가 읽는 책이에요. 술술 읽혀 3학년 아이들도 많이 읽어요. 아이가 두꺼운 책에 대한 부담이 없어졌다고 엄마들이 고마워하는 책입니다. 이 시리즈를 읽은 후 비슷한 책을 찾는다면 〈Fairy True Tales〉, 〈A Tale Dark & Grimm〉, 〈The Descendants〉가 있어요. 〈랜드 오브 스토리즈〉보다 쉬운 책을 원하면 위에서 언급한 〈The Sisters Grimm〉이 좋아요. 〈Fairy True Tales〉는 3~6학년 수준이에요. 〈A Tale Dark & Grimm〉은 으스스한 분위기의 책으로 5~6학년 수준이에요. 〈The Descendants〉가 영화까지 나와서 앞의 두 시리즈에 비해 인지도가 높고 인기도 더 있어요. 하지만 책은 좀 더 어려워 6~9학년 아이들이 많이 읽어요.

〈Felix〉 시리즈는 전 세계를 여행하는 토끼 인형에 관한 이야기입니다. 펠릭스는 소피의 애착 인형으로 여행 갔다가 공항에서 잃어버렸어요. 슬퍼하는 소피에게 어느 날 편지가 도착해요. 편지 봉투 앞면에는 미국 중부에 사는 소피의 주소가 적혀 있고, 뒷면에는 영국 런던이라고 적혀 있어요. 이후 프랑스 파리, 이탈리아 로마, 이집트 카이로, 아프리카 케냐, 미국 뉴욕에서 편지가 와요. 책에 편지 봉투가 붙어 있고, 봉투를 열면 진짜 편지가 나와서 아이들의 흥미를 끌어요. 첫 번째 책에서는 유명한 도시를 여행하고, 다른 책에서는 고대 도시나 자연환경 등 테마가 있는 여행을 즐겨요. 프리스쿨부터 2학년까지 재미있게 읽을 수 있는 책입니다.

Felix 시리즈 (Annette Langen) ●**Letters from Felix: A Little Rabbit on a World Tour** ●**Felix Travels Back in Time** ●**Felix Explores planet Earth** ●**Felix's Christmas Around the World**

안노 미쓰마사의 여행 그림책 시리즈에는 글자가 없어요. 첫 번째 책 〈Anno's Journey〉는 특정 나라가 아닌 유럽의 전원 마을을 여행하는 기분이 들게 해요. 이후 영국, 스페인, 미국, 이탈리아, 덴마크, 중국 편이 나왔어요. 각 나라의 자연, 역사, 사회, 문화 등을 유명한 장소와 풍경 속에 담아 그렸어요. 아는 만큼 보이는 그림책이에요. 영국 편에는 〈곰돌이 푸〉, 〈이상한 나라의 앨리스〉, 〈로빈 후드〉, 〈메리 포핀스〉, 〈피터 래빗〉 등 영국의 유명한 작품들이 구석구석 숨어 있어요. 스페인 편에는 가우디의 건축물, 알람브라

궁전, 돈키호테와 피카소 등이 숨어 있어요. 세밀한 펜화에 잔잔한 분위기의 수채화로 채색되어 있어요.

(Mitsumasa Anno) ●Anno's Journey ●Anno's Britain ●Anno's Spain ●Anno's U.S.A.

〈This is〉 시리즈는 어린이를 위한 최초의 여행 그림책입니다. 1959년 런던과 파리를 시작으로 뉴욕, 로마, 베니스, 샌프란시스코, 홍콩, 그리스 등 20권 가까이 나왔어요. 아이들 눈높이에 맞춰 유명한 도시와 나라를 소개해 선풍적인 인기를 얻었어요. 오래전에 나온 책이라 요즘 아이들 눈에는 촌스러워 보일 수도 있어요. 그림이 마음에 든다면 관심 있는 도시 몇 개만 골라 봐도 돼요. 64쪽 분량으로 해당 도시와 나라의 중요한 지점은 다 설명하는 듯해요. 2~4학년생이 보기에 적당한 수준이에요. 〈This is the World〉는 작가 사후에 여러 도시의 일부 내용을 발췌해서 만든 234쪽 분량의 컬렉션 북이에요.

(Miroslav Sasek) ●This is London ●This is Paris ●This is New York ●This is the World

〈Adele and Simon〉 시리즈는 물건 흘리기 대장인 남동생 사이먼에게 아델이 조심할 것을 당부하는 장면으로 시작해요. 하지만 집으로 돌아오는 도중 사이먼은 여기저기에 물건을 흘리죠. 처음 읽을 때는 주인공을 따라 도시

(Barbara McClintock) ● Adele and Simon ● Adele and Simon in America
● Adele and Simon in China

구경을 하게 되지만, 곧이어 사이먼이 흘린 물건들을 찾기 위해 처음부터 다시 읽고 싶어지는 책이에요. 〈Adele and Simon〉는 파리 시내, 〈Adele and Simon in America〉는 미국 전역, 〈Adele and Simon in China〉는 중국을 배경으로 해요. 세피아 톤의 잉크와 잔잔한 채색 때문에 고전 그림책을 보는 느낌이에요.

(Holly Hobbie) ● Toot & Puddle ● Top of the World ● Wish You Were Here
● I'll Be Home for Christmas

〈Toot and Puddle〉 시리즈는 여행 좋아하는 투트(Toot)와 집에서 노는 것 좋아하는 퍼들(Puddle)의 일상, 우정, 모험을 그렸어요. 수채화로 그들이 사는 숲의 사계절이나 투트가 여행하는 전 세계의 아름다운 자연을 눈부시게 보여줍니다. 내셔널 지오그래픽에서 만화 영화로까지 만든 것을 보면 여행하고 싶게 만드는 책이라고 인정받은 느낌이에요. 프리스쿨부터 2학년 아이까지 볼 만해요. 32쪽 분량으로 12권 이상 나왔어요.

〈Eloise〉 시리즈는 뉴욕의 고급 호텔에 사는 여자아이 엘로이즈가 주인공이에요. 킨더부터 저학년까지 여자아이들이 좋아해요. 지면 수가 많고 글밥도 꽤 많아 읽어주려면 목이 아플 정도예요. 파리, 모스크바, 할리우드를 배경으로 도시 구석구석을 여행할 수 있어요.

(Kay Thompson) ● Eloise ● Eloise in Paris ● Eloise in Moscow
● Eloise in Hollywood

피터 시스는 체코슬로바키아 프라하 출신으로 미국에 망명한 작가예요. 냉전 시대에 공산주의 정권의 장벽 안에서 자랐어요. 억압의 장소에서 그림을 사랑하는 아이가 어떻게 자유의 땅으로 향했는지를 그린 책이 〈The Wall〉이에요. 작가 자신의 고국과 유년 시절의 이야기를, 미국에서 태어나고 자란 딸에게 알려주기 위해 썼다고 해요. 프라하에 대한 사랑과 자긍심은 〈The Three Golden Keys〉에도 잘 나타나요. 이 책에서도 프라하 도시를 구석구석 여행해요. 지도, 미로, 고양이를 좋아하는 아이들이 정말 사랑할 만한 책이에요. 다만 그림이 약간 으스스한 분위기라 어둡고 무서운 느낌을 싫어하는 아이는 조심해주세요.

〈Tibet〉는 티베트의 문화와 역사에 관한 책이에요. 피터 시스의 책은 글밥이 많고 호흡도 길어요. 〈The Three Golden Keys〉는 2학년 이상, 〈The Wall〉은 3학년 이상, 〈Tibet〉는 7학년 이상 아이에게 권해요.

(Peter Sis) ● The Wall ● The Three Golden Keys ● Tibet

지도책

● National Geographic Kids World Atlas ● National Geographic Kids Student World Atlas ● Merriam-Webster's Student Atlas ● DK: Where on Earth? Atlas

지도책은 내셔널 지오그래픽과 DK 출판사에서 나온 것이 내용이 알차요. 몇 년에 한 번씩 개정되니 최신판으로 구입하세요. 〈National Geographic Kids World Atlas〉(2018년 개정 5판)는 208쪽 분량으로 4～5학년 수준이에요. 〈National Geographic Kids: Student World Atlas〉(2019년 개정 5판)는 144쪽 분량으로 9학년 이상 아이에게 권해요. 〈Merriam-Webster's Student World Atlas〉(2020)는 132쪽 분량으로 5학년 이상 아이에게 권해요. 〈DK: Where on Earth? Atlas〉(2017)는 160쪽 분량으로 3～7학년 수준이에요. 더 어린 연령을 위한 지도책은 'Beginner's World Atlas'나 'My First Atlas'로 검색해보세요. 보통 32～64쪽 분량으로 간단한 버전이에요.

(Aleksandra Mizielinska & Daniel Mizielinski) ● Maps ● Maps Special Edition

〈Maps〉는 중세 지도 느낌이 나는 지도책이에요. 112쪽 분량으로 5학년 이상 아이에게 적당해요. 〈Maps〉는 2013년에 나왔고 2017년에 160쪽 분량의 〈Maps Special Edition〉이 나왔어요

지도책을 읽으며 구글 지도(Google Map)와 구글 어스(Google Earth)도 함께 활용해보세요. 2차원 지도를 넘어서 거리 사진과 위성 사진을 함께 볼 수 있어요.

지리 그림책

(Jason Chin) ● **Grand Canyon** AR 6.9, 단어 수 3,446개, 56쪽 ● **Coral Reefs** AR 6.4, 단어 수 1,827개, 40쪽 ● **Island** AR 5.8, 단어 수 2,120개, 40쪽 ● **An Island Grows** (Lola M. Schaefer) AR 1.4, 단어 수 119개, 32쪽

제이슨 친의 논픽션 그림책 중 여행이나 지리에 관심 있는 아이들이 좋아할 만한 책이 있어요. 〈Grand Canyon〉은 그랜드 캐니언의 지리, 지질, 생태계에 관한 지식 정보를 담은 논픽션 그림책으로 칼데콧 아너와 로버트 F. 시버트 아너를 수상했어요. 그랜드 캐니언을 여행하는 아빠와 딸의 모습 때문에 지식책이 아닌 그림책처럼 볼 수 있어요. 3학년 이상 아이에게 적당해요. 〈Coral Reefs〉는 산호초에 관한 그림책이에요. 환경오염으로 인한 산호초의 위기도 설명해요. 그림만 본다면 유아부터 볼 수 있지만 텍스트가 많아서 초등 저학년 아이에게 적당해요. 〈Island〉는 다윈의 자연선택설의 배경이 된 갈라파고스 제도에 있는 섬들의 생성과 생태계의 진화를 그렸어요. 아름다운 섬과 바다와 동물을 실컷 즐길 수 있는 책이에요. 다른 작가의 책 중 섬의 생성 과정을 그린 〈An Island Grows〉는 프리스쿨부터 1학년 아이까지 볼만한 그림책이에요.

피너 레이놀즈의 그림책 중 〈The Dot〉점, 〈Ish〉느끼는 대로, 〈Sky Color〉그리는
대로는 아이들에게 색과 그림에 대해 새로운 시선을 허락해주는 책이에요. 남
들 눈에 보기 좋은 그림을 그리기 위해 노력할 게 아니라 느끼는 대로, 그리고
싶은 대로, 자신을 나타내는 것이 그림임을 깨닫게 해줍니다.

(Peter H. Reynolds) ●The Dot ●Ish ●Sky Color

〈Beautiful Oops!〉도 망친 그림 같은 것은 없으니 자유롭게 그리면 된다는
말을 아주 창의적으로 표현한 책이에요. 토들러부터 볼 수 있어요. 데이비드
위즈너의 〈Art & Max〉아트와 맥스 역시 그림 그리기의 자유로움과 창의성을 보
여주는 그림책입니다.

●Beautiful Oops! (Barney Saltzberg) ●Art & Max (David Wiesner)
●Never Let A Unicorn (Diane Alber)

〈Never Let A Unicorn〉 시리즈는 여자아이와 애완동물인 유니콘이 등장해
요. 유니콘 덕분에 그림 세계의 자유로움과 힘에 눈뜨는 아이를 볼 수 있어요.

(Drew Daywalt, Oliver Jeffers) ●**The Day The Crayons Quit** ●**The Day The Crayons Came Home**

〈The Day The Crayons Quit〉크레용이 화났어!와 〈The Day The Crayons Came Home〉크레용이 돌아왔어!은 드류 데이월트가 쓰고 올리버 제퍼스가 그린 크레용 시리즈예요. 크레용들의 불평을 통해 색에 대한 고정관념을 깨달을 수 있어요. 글밥이 꽤 많아서 초등학생이 좋아할 만한 내용이지만, 프리스쿨부터 킨더 아이도 그림만 보면서 즐기는 경우가 많아요.

You Can't Take a Balloon into the Museum 시리즈 (Jacqueline Preiss Weitzman, Robin Preiss Glasser)

〈팬시 낸시〉 시리즈의 그림 작가(Robin Preiss Glasser)가 그린 미국의 유명 미술관 시리즈는 풍선을 들고 미술관에 놀러 간 아이가 미술관 안으로 풍선을 가지고 들어갈 수 없어서 밖에 맡겨둔다는 설정이에요. 아이가 미술관을 구경하는 동안 만나는 작품들과 풍선이 날아다니는 것이 대비되며 재미있는 그림이 연속적으로 등장해요. 풍선 보는 재미에 아이들이 즐거워하는 그림책이에요. 유아 때부터 봐도 좋고, 3~4학년 때 봐도 미술관과 도시를 구경하는 재미가 있어요. 〈You Can't Take a Balloon Into the Metropolitan Museum〉은 뉴욕, 〈You Can't Take a Balloon Into the Museum of Fine Art〉는 보스턴, 〈You Can't Take a Balloon Into the National Gallery〉는 워싱턴 D.C.가 배경이에요.

컬러에 관심이 있는 아이들에게 매년 올해의 컬러를 발표하는 'Pantone' 사이트를 소개해요. 해당 연도의 컬러를 발표하고, 이를 이용한 다양한 제품 콘셉트도 소개하고 있어요. 부채처럼 펼쳐서 볼 수 있는 컬러 가이드 〈Color Fan Deck〉을 보면 다양한 색 이름을 접할 수 있어요.

 ◀ www.pantone.com

● The Cat in the Hat's Learning Library: Inside Your Outside ● The Magic School Bus: Inside Human Body ● The Magic School Bus Explores the Senses ● The Magic School Bus Presents: Human Body

8장 논픽션에서 소개한 과학 시리즈에는 대부분 인체에 대한 책이 한두 권씩 들어 있어요. 〈Inside Your Outside: All About the Human Body (The Cat in the Hat's Learning Library)〉는 48쪽 분량으로 킨더부터 3학년 아이까지 권해요. 세 권은 〈매직스쿨버스〉 시리즈에 들어 있는 책으로 3～4학년 수준의 교과 수준에 맞춘 책이에요. 〈The Magic School Bus: Inside the Human Body〉는 인체 내부에 관한 40쪽 분량의 일러스트 그림책이고, 〈The Magic School Bus Explores the Senses〉는 감각에 관한 40쪽 분량의 일러스트 그림책이에요. 〈The Magic School Bus Presents: Human Body〉는 인체에 관한 실사 그림책이고요.

● The Magic School Bus Chapter Book: The Search for the Missing Bones ● Horrible Science: Blood, Bones, and Body Bits ● Horrible Science: The Body Owner's Handbook ● Horrible Science: Disgusting Digestion ● Horrible Science: Bulging Brains

〈The Magic School Bus Chapter Book: The Search for the Missing

Bones〉는 뼈에 관한 80쪽 분량의 챕터북입니다. [Horrible Science]는 208쪽 분량의 챕터북으로 그 안에 들어 있는 〈Blood, Bones, and Body Bits〉와 〈The Body Owner's Handbook〉은 신체, 〈Disgusting Digestion〉은 소화, 〈Bulging Brains〉는 뇌에 관한 책이에요.

● DK: My Amazing Body Machine (Robert Winston) ● National Geographic Kids: Ultimate Bodypedia (Christina Wilsdon) ● The Fantastic Body (Howard Bennett) ● DK: Human Body ● DK: The Complete Human Body (Alice Dr. Roberts)

백과사전 형식으로 인체에 관해 자세히 다룬 책도 있어요. 〈DK: My Amazing Body Machine〉은 128쪽 분량에 3~5학년 아이가 볼만해요. 〈National Geographic Kids: Ultimate Bodypedia〉는 272쪽 분량에 3~6학년 수준이고, 〈The Fantastic Body〉는 256쪽 분량에 4~6학년 수준이에요. 〈DK: Human Body〉는 DK 출판사와 스미소니언이 같이 만든 책으로 208쪽 분량이며 4~8학년 수준이에요. 〈DK: The Complete Human Body〉는 528쪽 분량으로 대학생 수준입니다.

● The Way We Work (David Macaulay)
● The Body: A Guide for Occupants (Bill Bryson)

데이비드 맥컬레이의 〈The Way We Work〉놀라운 인체의 원리는 그림으로 인체를 설명해요. 〈도구와 기계의 원리〉를 좋아했던 6학년 이상 아이에게 권해요. 그림 하나 없이 말로만 인체 이야기를 풀어낸 빌 브라이슨의 〈The Body: A Guide for Occupants〉바디 우리 몸 안내서는 대학생 수준의 영어를 읽을 수 있는 고등학생 이상에게 권해요.

● **Skeleton Hiccups** (Margery Cuyler) ● **Book of Bones** (Gabrielle Balkan)
● **Bones** (Steve Jenkins)

마저리 카일러의 〈Skeleton Hiccups〉해골이 딸꾹딸꾹는 딸꾹질 때문에 고생하는 해골을 유머 있게 그린 32쪽 분량의 그림책입니다. 다음 두 권은 그림이 아주 멋진 논픽션 그림책이에요. 〈Book of Bones〉는 킨더부터 4학년까지, 〈Bones〉는 2~5학년까지 권해요.

● **Nine Months** (Miranda Paul, Jason Chin)

미란다 폴이 쓰고 제이슨 친이 그린 〈Nine Months〉탄생는 태아의 성장을 담은 그림책입니다. 지면 왼쪽에는 9개월간 태아의 변화 과정을 그리고, 오른쪽에는 새 생명을 기다리는 엄마, 아빠, 언니의 모습을 그렸어요. 사진처럼 사실적으로 그려 유아에게는 충격적일 수 있어요. 3~4학년 아이에게 적당해요.

아이의 소설책 취향

아이의 소설책 취향에서는 초등학생 이상의 아이들이 관심을 가질만한 주제들을 담았습니다. 서양 문화를 이해하는데 필수적인 신화와 성경을 살펴봅니다. 아이들이 좋아하는 장르인 판타지, 미스터리, 디스토피아, SF 책들도 소개합니다.

그림책

(Kinuko. Y. Craft) ●**Cupid and Psyche** ●**King Midas and the Golden Touch**
●**Pegasus**

키누코 크래프트가 명화풍의 그림으로 그린 그리스 신화 그림책이에요.
〈Cupid and Psyche〉, 〈King Midas and the Golden Touch〉, 〈Pegasus〉
세 권만 있는 게 아쉬울 정도예요. 드레스와 꽃을 아름답게 그리는 작가라
서 여자아이들이 좋아해요. 작가의 그림이 아이 취향에 맞는다면 동화를 그
린 〈Beauty and the Beast〉, 〈Sleeping Beauty〉, 〈The Twelve Dancing
Princess〉도 있어요. 킨더부터 3학년 수준의 그림책인데 리딩 레벨이 AR
4~6점대로 꽤 높아요. 글밥은 레벨 높은 리더스북 수준이에요.

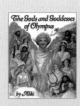

●**The Gods and Goddesses of Olympus** (Aliki) ●**Greek Myths for Young
Children** (Heather Amery, Linda Edwards) ●**The Orchard Book of Greek Myths**
(Geraldine McCaughrean)

그림책인데 글밥이 많아 리더스북에서 챕터북 수준으로 느껴지는 책이에요.

〈The Gods and Goddesses of Olympus〉는 48쪽 분량으로 킨더부터 2학년 아이들이 많이 봐요. 그리스 신화에 등장하는 유명한 신들을 정리한 요약집 같은 책이에요. 영국 어스본(Usborne) 출판사에서 나온 〈Greek Myths for Young Children〉은 128쪽 분량이고 〈The Orchard Book of Greek Myths〉는 96쪽 분량으로 두 권 다 1~3학년 수준이에요. 원어민은 잠자리 동화로 많이 활용해요. 챕터북을 읽을 수 있는 시기에 아이 스스로 읽기 적당해요.

3~5학년 수준 신화 모음집

(Ingri d'Aulaire & Edgar Parin d'Aulaire) ● D'Aulaires' Book of Greek Myths
● D'Aulaires' Book of Norse Myths

신화책으로 유명한 작가가 있어요. 에드거 파린 돌레르와 인그리 돌레르 부부의 그리스 신화와 북유럽 신화는 3~5학년 때 많이 읽어요. 그리스 신화는 208쪽, 북유럽 신화는 160쪽 분량이에요. 1960년대에 나와서 지금까지도 많은 추천 도서 목록에 들어가는 책이에요. 색연필로 채색한 그림이라 잔인한 내용이 순하게 느껴지는 특징이 있어요.

내셔널 지오그래픽에서 나온 신화책은 강렬한 그림 때문에 나오자마자 인기

National Geographic Mythology (Donna Jo Napoli, Christina Balit) ● Treasury of Greek Mythology ● Treasury of Egyptian Mythology ● Treasury of Norse Mythology

를 얻었어요. 돌레르 부부의 색연필 그림에 익숙한 독자들에게 금가루를 뿌린 듯한 이 시리즈는 획기적이었어요. 4학년 수준으로 3~7학년 아이들이 주로 읽어요. 그리스 신화, 이집트 신화, 북유럽 신화 모두 192쪽 분량인데, 종이가 두꺼워 무거운 편이에요.

최근 20여 년간 불고 있는 신화 열풍은 릭 라이어던의 〈Percy Jackson and the Olympians〉 시리즈에서 시작되었어요. 〈퍼시잭슨〉 시리즈의 주인공은 그리스 신화에 등장하는 신과 인간 사이에 태어난 청소년들이에요. 그리스 신화에 대해 몰라도 읽을 수 있는 책이에요. 〈퍼시잭슨〉 시리즈를 읽고 나서 그리스 신화에 대해 더 많이 알고 싶어 하는 독자들이 생겼어요. 작가는 퍼시잭슨이 이야기를 들려주는 것처럼 그리스 신화에 대한 책을 썼어요. 아이들은 퍼시잭슨의 목소리가 들리는 것 같아서 더 재미있게 읽어요. 〈Percy Jackson's Greek Gods〉는 제우스 · 포세이돈 같은 신에 대한 이야기이고, 〈Percy Jackson's Greek Heroes〉는 페르세우스 · 헤라클레스 같은 인간 영웅에 대한 이야기예요.

(Rick Riordan) ● Percy Jackson and the Olympians ● Percy Jackson's Greek Gods ● Percy Jackson's Greek Heroes

챕터북과 소설

조앤 홀럽은 그리스 신화에 나오는 신들의 어린 시절을 상상해서 챕터북과 소설로 냈어요. 〈Goddess Girls〉가 가장 인기 있는데 신들의 학창 시절을 그려요. 제목에서 알 수 있듯이 주로 여신들의 청소년 시절이기 때문에 여자아이들이 좋아해요. AR 4~5점대, 200쪽 내외 분량의 삽화 없는 소설책으로 3~5학년 아이들이 많이 읽어요. 이 시리즈의 인기로 더 어린 아이들을 위한 챕터북 시리즈 〈Little Goddess Girls〉가 나왔어요. 96쪽 분량으로 2~3학년 수준이에요. 후속 시리즈라서 아직 많이 나오지 않았어요. 〈Heroes in Training〉은 남자아이를 위한 책이에요. 제우스, 포세이돈, 하데스가 열 살 무렵의 소년으로 나와요. 삽화 없는 3학년 수준의 챕터북으로 112쪽 분량이에요.

(Joan Holub & Suzanne Williams) ●Goddess Girls ●Little Goddess Girls ●Heroes in Training

릭 라이어던의 책에는 그리스, 로마, 이집트, 북유럽 신화에 나오는 신과 인물이 등장해요. 〈퍼시잭슨〉 시리즈는 그리스와 로마 신화, 〈The Kane Chronicles〉 시리즈는 이집트 신화, 〈Magnus Chase and the Gods of Asgard〉 시리즈는 북유럽 신화를 바탕으로 했어요. 〈퍼시잭슨〉 시리즈는 4~5학년 아이들이 가장 많이 읽고 그의 다른 시리즈까지 읽는 아이가 대부분이에요.

(Rick Riordan) ●Percy Jackson and the Olympians ●The Heroes of Olympus ●The Kane Chronicles ●Magnus Chase and the Gods of Asgard

유튜브 영상

'크래쉬 코스(Crash Course)'는 미국 고등학교 수업 수준의 강의를 제공하는 사이트입니다. 30개가 넘는 과목이 있는데 그중 '신화(Mythology)'도 있어요. 그리스 신화뿐 아니라 북유럽, 남미, 아시아 신화까지 총망라했어요. 미국 고등학교 수준의 강의로 10여 분 분량의 에피소드 35편이 있어요. 처음부터 끝까지 본다면 신화에 대해서는 대충 다 안다고 느낄 수준으로 자세하게 만들었어요.

◀ www.thecrashcourse.com

오디세이와 일리어드

(Homer, Robert Fagles) ● The Odyssey ● The Iliad

호메로스의 〈오디세이〉와 〈일리어드〉의 원작은 대서사시예요. 500쪽이 넘는데 시(詩)라서 더 어렵게 느껴지기 때문에 산문으로 풀어 쓴 책도 많이 읽어요. 고등학생이나 대학생이 수업 시간에 읽을 때는 원작으로 읽고요. 호메로스의 원작은 그리스어로 쓰였고 영어 번역서도 여러 권이에요. 그중 펭귄 클래식에서 나온 로버트 페이글스(Robert Fagles)의 번역을 권해요.

연령별 오디세이

〈매직트리하우스〉의 작가 메리 폽 어즈번이 쓴 〈Tales from the Odyssey〉는 초등 저학년 수준의 얇은 챕터북이에요. 원래 6권짜리 시리즈인데 얼마 전부터 3권씩 묶은 합본으로 나와요. 4~7학년 수준의 책으로는 길리언 크로스가 쓰고 닐 패커가 그린 〈The Odyssey〉와 〈The Iliad〉가 좋아요. 긴장감 넘치게 이야기를 잘 풀어내서 남자아이들이 특히 좋아할 책이에요.

● **Tales from the Odyssey** (Mary Pope Osborne)
● **The Odyssey** (Gillian Cross, Neil Packer) ● **The Iliad** (Gillian Cross, Neil Packer)

서양 문화를 받치고 있는 양대 산맥은 성경과 신화예요. 성경의 주요 인물이나 사건을 알면 다른 콘텐츠를 이해하는 데 도움이 돼요.

기독교와 성경에 익숙하다면 아이의 연령과 리딩 레벨에 맞는 책을 선택하세요. 성경을 연령별로 구분하면 크게 네 가지예요. 유아용 성경, 초등생용 성경, 청소년용 성경, 어른용 성경입니다. 각 연령대의 대표 도서는 유아용은 〈The Beginner's Bible〉, 초등생용은 〈The Jesus storybook Bible〉, 청소년용은 〈NIrV(New International Reader's Version) Bible〉이에요. 어른은 〈NIV Bible〉이나 〈NKJV Bible〉을 많이 읽어요.

●The Beginner's Bible ●The Jesus Storybook Bible ●NIrV Bible ●NIV Bible

기독교와 성경에 익숙하지 않다면 연령에 상관없이 어린이 성경부터 시작하는게 쉬워요. 어린이 성경은 성경에 나오는 주요 인물과 사건을 중심으로 이야기처럼 엮어서 훨씬 쉽고 재미있게 읽을 수 있어요.

유아용 성경
프리스쿨, 킨더, 1~2학년까지 엄마가 아이에게 읽어주는 용도로 나온 책 중 가장 인기 있는 책은 〈The Beginner's Bible〉이에요. 글의 양은 페이지당 평균 5~6줄이고 분량은 512쪽, 5페이지마다 내용이 바뀌어 호흡이 짧아요. 리더스북 레벨 2를 쉽게 읽거나 초기 챕터북을 읽는 시기에 적당해요. 이 책을 토들러에게 읽어주는 수준으로 축약해 〈The Beginner's Bible for Toddlers〉로도 나왔어요. 160쪽 분량이고 글은 페이지당 2~4줄이에요. 리더스북 레벨 2를 읽는 시기에 적당해요.

더 쉬운 책을 찾는다면 〈The Beginner's Bible〉을 챕터별로 한 권씩 펴낸 리더스북 시리즈예요. 이렇게 나온 책이 수십 권이고, [I Can Read]의 My First 레벨과 레벨 1에 들어 있어요. 두꺼운 책은 부담스럽고 리더스북 수준으로 한 권씩 읽고 싶은 아이에게 추천해요.

● **The Beginner's Bible** (ZonderKidz) ● **The Beginner's Bible for Toddlers** (ZonderKidz) ● **[I Can Read] 시리즈 중 Noah and the Great Big Ark** ● **Jesus Feeds the Five Thousand**

유아용 성경 중 읽기 쉬운 책을 원한다면 〈A Child's First Bible〉과 〈Read and Learn Bible〉을 권해요. 그림책보다 리더스북 느낌이에요.

〈A Child's First Bible〉은 262쪽 분량이에요. 〈The Beginner's Bible〉보다 텍스트양은 조금 더 많지만 단어나 문장 수준은 그보다 쉬워요. 〈Read and

● **A Child's First Bible** (Tyndale House)
● **Read and Learn Bible** (American Bible Society)

Learn Bible〉은 544쪽 분량으로 리더스북 합본집 느낌이에요. 두 권 모두 리더스북을 읽는 시기에 적당해요.

초등생용 성경

● **The Jesus Storybook Bible** (ZonderKidz) ● **The Children's Illustrated Bible** (DK)

〈The Jesus Storybook Bible〉은 2~4학년 수준으로 챕터북을 읽는 아이가 혼자 읽기에 적당해요. 엄마가 읽어줄 경우, 더 어린 아이에게도 읽어줄 수 있어요. 352쪽 분량이고 AR 3점대 챕터북 수준이에요.

DK 출판사에서 나온 〈The Children's Illustrated Bible〉은 5~6학년 수준의 원서를 읽을 수 있을 때 적당해요. 출판사 특성상 지도나 삽화, 사진 등이 풍부해 백과사전처럼 활용하기에 좋아요. 하지만 성경 이야기를 전혀 모른다면 읽기 힘들 수 있어요. 종교 서적 전문 출판사에서 나온 책이 아니라 무신론자 입장에서 청소년용 백과사전을 보는 느낌으로 만든 책이에요. 분량은 320쪽입니다.

청소년용 성경

● **NIrV, Adventure Bible for Early Readers** (ZonderKidz)

청소년이 되면 성경의 유명한 사건과 인물만 일부 간추려서 풀어 쓴 책이 아니라 성경 전문을 담은 책을 읽어요. 〈NIrV(New International Reader's Version) Bible〉은 어른들이 가장 많이 읽는 〈NIV(New International Version) Bible〉을 3학년 수준의 영어로 바꾼 버전이에요. 문장과 단어를 3학년 수준으로 썼지만 5~6학년 책을 읽을 만한 아이에게 적당해요. NIrV 성경도 여러 출판사에서 나오는데, 그중 존더반(Zondervan) 출판사에서 나온 〈NIrV, Adventure Bible for Early Readers〉가 인기 있어요. 분량은 1,584쪽입니다.

성인용 성경

●NKJV ●NIV ●NLT ●The Message

성경은 시대에 따라 어법이 달라 여러 버전의 책이 있어요. 그중 17세기에 나온 〈KJV(King James Version)〉가 가장 권위 있다고 생각하는 사람이 많아요. 하지만 고어(古語)를 어려워하는 사람에게는 현대어로 바꾼 〈NKJV(New King James Version)〉가 읽기 편할 수 있어요. 현대어로 된 성경 중 가장 대중적인 것은 〈NIV(New International Version)〉예요. 〈NIV〉보다 더 쉬운 영어로 쓴 책은 〈NLT(New Living Translation) Bible〉이고요. 〈The Message〉도 비슷한 수준으로 많이 읽어요. 이 책은 다른 버전에서 볼 수 없는 의역이 많아요.

퍼시잭슨과 해리포터

(Rick Riordan) ●Percy Jackson and the Olympians ●The Heroes of Olympus
●The Kane Chronicles ●Magnus Chase and the Gods of Asgard

판타지 소설은 대부분 주인공과 그의 친구들이 악의 세력에 맞서 싸우며 고난을 통해 성장하는 스토리예요. 출생의 비밀이나 비범한 능력을 갖춘 주인공, 혼자 스스로 설 수 없는 주인공을 돕는 친구들과 스승들, 주인공의 세계를 망치려 드는 거대한 악의 세력이 빠짐없이 등장해요. 판타지 장르 특성상 현실 세계에서 볼 수 없는 존재, 능력이 등장하고 사건·사고가 벌어지기 때문에 스토리 진행이 빨라요.

⟨퍼시잭슨⟩과 ⟨해리포터⟩ 시리즈는 최근 10년 넘게 어린이 판타지 장르의 대표적인 베스트셀러였어요. 애초 중학생 이상을 주 독자층으로 생각하고 만든 책들이지만 영화가 나오면서 독자층이 한층 어려져 ⟨퍼시잭슨⟩은 4학년, ⟨해리포터⟩는 5학년의 대표 책처럼 분류하는 곳이 많아요.

⟨퍼시잭슨⟩은 신화를, ⟨해리포터⟩는 마법을 배경으로 벌어지는 판타지예요. 두 시리즈의 인기로 신화뿐만 아니라 안데르센이나 그림 형제의 동화, 각종 전래 동화에 등장하는 비현실적 존재에 관한 책이 많아졌어요. 마녀와 마법사도 흔하게 나오고 마법사가 아닌데 마법이나 초능력을 가진 인물이 등장하기도 해요. ⟨퍼시잭슨⟩과 비슷한 책인지 ⟨해리포터⟩와 비슷한 책인지 명확하게 구분하기 힘든 책도 많아요.

〈퍼시잭슨〉에는 그리스 신화와 로마 신화에 나오는 캐릭터들이 등장해요. 이 시리즈를 좋아하는 아이들은 작가 릭 라이어던이 이집트 신화를 배경으로 쓴 〈The Kane Chronicles〉나 북유럽 신화를 배경으로 쓴 〈Magnus Chase and the Gods of Asgard〉 시리즈까지 읽어요. 〈퍼시잭슨〉 시리즈는 4~5학년 아이들이 가장 많이 읽는데, 〈퍼시잭슨〉의 후속작 〈The Heroes of Olympus〉 시리즈는 주인공들이 자라 틴에이저가 되어 초등생이 읽기에는 적합하지 않은 내용도 있어요. 주인공이 17세가 넘으면서 데이트, 약물, 동성애 등을 소재로 한 이야기가 많아져요.

● **Harry Potter** (J. K. Rowling)

〈해리포터〉 시리즈는 마법 학교를 배경으로 펼쳐지는 판타지 성장소설이에요. 1권에서는 주인공이 6학년 나이인데, 시리즈가 진행되면서 사춘기 소년을 거쳐 청년으로 성장해요. 영화 덕분에 책의 리딩 레벨에 비해 어린 아이들도 많이 읽는데, 어둡고 우울한 분위기라 무서워하는 아이도 많아요. 5학년 이후에 읽기 시작하면 제일 적당하고, 친구나 영화의 영향으로 일찍 읽고 싶어 하는 아이라면 3~4학년 때 1~2권만 읽는 것도 괜찮아요. 5권은 사춘기 소년의 예민한 짜증이 많이 드러나 읽기 힘들어하는 아이도 많아요. 이럴 땐 계속 읽으라고 권하지 말고 몇 년 후에 읽게 놔두는 것도 좋은 방법이에요.

〈퍼시잭슨〉과 〈해리포터〉보다 먼저 읽기를 권하는 책

아이가 판타지를 처음 읽는다면 〈퍼시잭슨〉 시리즈를 읽기 전 〈The Land of Stories〉와 〈The Sisters Grimm〉을 추천해요. 〈The Land of Stories〉 시리즈는 안데르센과 그림 형제 동화에 나오는 등장인물들이 함께 나오는 동화 판타지예요. 디즈니와 드림웍스 영화가 만난 느낌으로 호불호 없이 거의 모든 아이가 열광해요. 3~6학년 때 많이 읽어요.

● **The Land of Stories** (Chris Colfer) ● **The Sisters Grimm** (Michael Buckley)
● **The Chronicles of Narnia** (C. S. Lewis)

〈The Sisters Grimm〉 시리즈는 그림 형제 캐릭터들이 등장하는 판타지예요. 제목이 그림 형제가 아닌 '그림 자매(Sisters Grimm)'인 이유는 현대에 살고 있는 그림 형제 자손의 자매 둘이 주인공이기 때문이에요. 역시 3~6학년 때 많이 읽어요. 〈The Land of Stories〉는 대중적으로 인기 있는 책이고, 〈The Sisters Grimm〉은 분량이 적어 어린 연령에 적합해요. 책을 많이 읽는 아이라면 〈The Sisters Grimm〉, 〈The Land of Stories〉 순으로 읽고 〈퍼시잭슨〉으로 넘어가는 게 좋아요.

〈The Chronicles of Narnia〉 나니아 연대기는 기독교적 은유와 신화, 전래 동화적 요소로 가득한 시리즈예요. 세계 3대 판타지라고도 불려요. 유명 작가이자 신학자인 C. S. 루이스가 써 기독교 가정에서 특히 좋아하는 책이에요. 원어민은 저학년부터 엄마가 읽어주는 잠자리 동화로도 많이 활용하고, 홈스쿨링하는 아이도 필독서처럼 읽어요. 요즘 나오는 판타지 소설에 비해 자극적이지 않고 순하고 모범적이라 〈퍼시잭슨〉이나 〈해리포터〉를 읽기 전에 읽는 게 좋아요. 다른 판타지를 많이 읽고 나서 읽으면 지루하고 심심하다고 느끼는 아이가 많아요. 하지만 20세기 중반 영국의 영문과 교수가 쓴 책이라는 것을 고려해도 읽기 쉬운 문체는 아니에요. 5학년 이상 아이에게 적당한 판타지인데, 20대 이후에 영어 공부를 위해 읽는 이도 많아요. 영화로 먼저 보고 읽으면 훨씬 쉽게 읽을 수 있어요.

〈퍼시잭슨〉 좋아하는 아이를 위한 판타지 소설

(Brandon Mull) ●Fablehaven ●Dragonwatch ●Beyonders ●Five Kingdoms

릭 라이어던처럼 4~8학년용 판타지 소설을 많이 쓰고 고정 팬이 많은 작가로 브랜든 뮬(Brandon Mull)이 있어요. 〈Fablehaven〉 시리즈가 대표작인데 신화, 동화, 우화에 나오는 존재들과 마법사까지 공존하는 세상 이야기예요. 〈Dragonwatch〉는 〈Fablehaven〉의 후속편입니다. 〈Beyonders〉는 마법사에게서 세상을 구하는 소년이 주인공이에요. 〈Five Kingdoms〉 시리즈는 〈해리포터〉에 좀 더 가까워요.

●Keeper of the Lost Cities (Shannon Messenger)
●Kingdom Keepers (Ridley Pearson)

〈Keeper of the Lost Cities〉 시리즈는 여자아이들이 좋아할 만한 판타지예요. 모든 면에서 완벽한 여자아이가 주인공으로 판타지라고 하기에는 로맨스 요소가 지나치게 많아요. 리딩 레벨은 AR 5점대인데, 500~800쪽으로 분량이 꽤 많아요. 한 줄로 할 말을 열 줄로 늘이는 재주가 있는 아이들이 좋아할 수다스러운 책이에요.

〈Kingdom Keepers〉 시리즈는 매직 킹덤, 애니멀 킹덤, 할리우드 스튜디오,

Epcot 같은 디즈니 월드를 배경으로 펼쳐지는 판타지예요. 디즈니 콘텐츠에 등장했던 악당들로부터 디즈니 월드와 세상을 구하는 이야기예요.

- **Inkheart** (Cornelia Funke) ● **The Underland Chronicles** (Suzanne Collins)
- **The Dark is Rising** (Susan Cooper)

유명한 책이지만 예전의 명성에 비해 인기가 줄고 있는 책들이 있어요. 〈Inkheart〉 시리즈는 2003년에 나왔고 고전 같은 느낌이에요. 책을 좋아하는 주인공들이 나와 교사나 사서들의 전폭적인 지지를 받았어요. 책 속에 펼쳐진 세상과 현실 세상을 오가는 판타지 소설의 대표주자였는데, 최근 이런 플롯의 책들이 쏟아져 나오면서 인기가 줄었어요. 스토리는 4~7학년이 재미있게 읽을 수준이지만, 리딩 레벨 5점대, 500~600쪽 분량이라 두껍다고 싫어하는 아이들이 꽤 있어요.

〈The Underland Chronicles〉는 뉴욕시 아래 존재하는 세상을 배경으로 하는 판타지예요. 이 시리즈는 작가의 다음 작품이 베스트셀러가 되면서 인기를 얻었어요. 표지에 〈헝거 게임〉 작가의 작품이라고 썼기 때문에 뒤늦게 인지도가 높아진 책이에요.

〈The Dark is Rising〉 시리즈는 1974년 뉴베리 아너와 1976년 뉴베리 메달을 받았어요. 추천 도서 목록에 늘 빠지지 않는 시리즈였는데, 요즘 지루하다는 반응이 늘며 인기가 식었어요.

〈해리포터〉 좋아하는 아이를 위한 판타지 소설

〈Septimus Heap〉은 마법사의 아들과 여왕의 딸이 주인공이에요. 운명의 장난으로 마법사와 공주로 살지 못한 그들이 악과 싸우며 자신을 찾는 여정을

●**Septimus Heap** (Angie Sage) ●**The Secrets of the Immortal Nicholas Flamel** (Michael Scott) ●**Shadow and Bone** (Leigh Bardugo) ●**Children of Blood and Bone** (Tomi Adeyemi)

그려요. 〈해리포터〉처럼 학교에서 배우는 게 아닌 중세시대처럼 도제식으로 성장하는 모습이 나와 고전을 읽는 느낌이에요. 5~6학년이 많이 읽고 8학년까지 읽을 만해요. 리딩 레벨 5점대에 500~600쪽 분량으로 두꺼운 편이에요. 하지만 판형이 작고 여백이 많은 편이라 아이들은 부담을 덜 느껴요.

〈The Secrets of the Immortal Nicholas Flamel〉 시리즈는 니콜라스 플라넬에 관한 판타지입니다. 〈해리포터〉 시리즈 1권에서 마법사의 돌을 만든 전설적인 마법사예요. 니콜라스 플라멜이 살아있다는 설정으로 어둠의 세력과 싸우는 이야기예요. 〈해리포터〉 시리즈를 읽은 7학년 이상 아이들이 좋아해요.

〈Shadow and Bone〉 시리즈는 19세기 러시아를 연상케 하는 곳을 배경으로 펼쳐지는 본격 마법 판타지입니다. 평범한 아이가 세상을 구하기 위해 성장하는 모습을 그렸고, 로맨스 요소가 많아 여자아이들도 좋아해요. 2021년 넷플릭스 드라마가 나온 후에 책의 인기가 더 높아졌어요. 드라마는 작가의 다른 시리즈인 〈Six of Crows〉와 〈Shadow and Bone〉을 합쳐서 만들었기 때문에 드라마를 좋아하는 아이들은 〈Six Of Crows〉까지 읽어요.

〈Children of Blood and Bone〉 시리즈는 〈해리포터〉의 여자아이 버전 영 어덜트 소설이에요. 2018년에 나오자마자 베스트셀러가 되었고, 작가는 〈TIME〉에서 선정한 차세대 인물로도 선정되었어요. 서아프리카를 배경으로 〈해리포터〉 같은 마법 판타지가 펼쳐진다는 점, 아프리카 여자아이가 해리포터처럼 주인공으로 나온다는 점, 미국 사회의 인종차별을 연상케 하는 차별을 그린다는 점 등이 이유였어요. 최근 아프리카계 미국인 작가들이 주목받는 분위기도 한몫했어요. 3부작 예정으로 2권까지 나왔고, 영화로도 만들어질 예정이에요.

중세 분위기 나는 판타지 소설

(John Flanagan) ●Ranger's Apprentice ●Royal Ranger ●The Brotherband Chronicles

7~8학년 아이들에게 인기 있는 작가 존 플래너건의 대표작은 〈Ranger's Apprentice〉 시리즈예요. 중세 시대를 배경으로 한 판타지 소설로, '레인저'는 왕국을 지키는 특수 첩보 부대예요. 레인저의 견습생이 된 15세 소년이 왕국의 평화를 지키기 위해 애쓰며 성장하는 모습을 그렸어요. 작가가 자신의 12세 아들에게 자신감과 용기를 키워주고 싶어 쓴 책이에요. 12권으로 끝났는데, 새롭게 〈Royal Ranger〉를 시작하며 이전에 나온 12권이 새 시리즈의 1권이 되었고 현재 4권까지 나왔어요. 또 다른 시리즈 〈The Brotherband Chronicles〉는 바다를 배경으로 펼쳐지는 판타지 소설이에요. 전사가 되기 위해 '브라더밴드'라는 조직에 들어가 성장하는 소년의 모습을 그렸어요. 존 플래너건의 판타지는 중세 느낌이 물씬 나서 역사소설을 읽는 느낌도 나요. 7~8학년 이후에 읽는 게 제일 재미있을 수 있지만, 평소 판타지를 많이 읽은 아이라면 6학년 때도 충분히 읽을 수 있어요.

동물이 주인공인 판타지 소설

고양이가 주인공인 〈Warriors〉 시리즈가 인기 있어요. 주인공은 고양이지만

● **Warriors** (Erin Hunter)

스토리 전개는 사람들이 주인공인 판타지와 비슷해요. 4~5학년 남자아이들이 많이 읽는 시리즈예요. 6권이 한 세트인데 7세트까지 나온 방대한 시리즈예요. 스페셜 에디션과 가이드북까지 합하면 60권이 넘는데 다 찾아 읽는 열혈 팬들이 많은 시리즈예요. 이 시리즈로 영어 소설책 다독이 가능했다는 아이들이 많아요.

드래곤 좋아하는 아이를 위한 판타지 소설

● **Dragon Masters** (Tracey West) ● **How to Train Your Dragon** (Cressida Cowell)
● **Wings of Fire** (Tui T. Sutherland) ● **The Inheritance Cycle** (Christopher Paolini)

⟨Dragon Masters⟩ 챕터북을 좋아했던 아이라면 ⟨How To Train Your Dragon⟩ 시리즈를 권해요. 주인공이 자신의 드래곤과 함께 성장하는 모습을 그렸다는 점에서 비슷해요. 리딩 레벨 AR 5~6점대지만, 삽화가 많아 AR 3~4점대를 읽는 아이도 잘 읽는 경우가 많아요. 리딩 레벨이 높은 책에 대한 두려움을 해소하는 데 효과가 좋은 책이에요. 다 읽은 후 ⟨Wings of Fire⟩ 시리즈를 읽으면 삽화 없는 소설책으로 무난히 넘어갈 수 있어요. 흔히 영 어덜트 드래곤 판타지의 대표작으로 불리는 ⟨The Inheritance Cycle⟩ 시리즈

● **The Girl Who Drank the Moon** (Kelly Barnhill) ● **Where the Mountain Meets the Moon** (Grace Lin) ● **Dragon Rider** (Cornelia Funke) ● **Dragon Pearl** (Yoon Ha Lee)

는 첫 번째 책 제목인 〈Eragon〉 시리즈로 부르는 사람도 많아요. 드래곤 좋아하는 아이들은 7학년 때부터 읽지만, 보통 9학년 이상 아이에게 권하는 책이에요.

다음은 드래곤이 주인공인 단행본이에요. 〈The Girl Who Drank the Moon〉은 2017년 뉴베리 메달을 받은 책으로 마녀가 주인공이고 귀여운 드래곤이 주연급으로 등장해요. 〈Where the Mountain Meets the Moon〉도 2010년 뉴베리 아너를 받았어요. 작가가 중국계라서 중국 설화 같은 내용을 담고 있어요. 〈Dragon Rider〉 역시 드래곤을 타는 소년이 주인공이에요. AR 4.9에 432쪽 분량으로 꽤 두꺼운 편인데 4학년 때 글밥 늘이기 좋은 책이에요. 2019년 2권이 나오면서 시리즈가 되었지만 1권만 읽어도 좋아요. 〈Dragon Pearl〉은 한국 작가가 쓴 판타지예요. 릭 라이어던이 애독자들에게 다른 나라의 신화를 배경으로 한 책도 써달라는 요청을 받고 자신이 잘 모르는 나라의 신화는 그 나라 작가에게 맡기자는 취지로 [Rick Riordan Presents] 시리즈를 만들었어요. 그중 〈Dragon Pearl〉은 2019년 한국 작가가 한국적 배경으로 쓴 판타지예요. 320쪽 분량으로 4학년 수준 이상 되는 아이에게 권해요.

판타지의 고전

필립 풀먼의 〈황금나침반〉 시리즈는 평행 세계를 넘나드는 판타지예요. 인간과 '데몬'이라는 수호신 같은 동물이 등장하고 마녀와 반역 천사, 동물 전사까

●His Dark Materials Trilogy (Philip Pullman) ●The Earthsea Cycle (Ursula K. Le Guin) ●The Hobbit (J. R. R. Tolkien) ●The Lord of the Rings (J. R. R. Tolkien)

지 나와 판타지 소설의 온갖 요소를 버무린 책이에요. 이 시리즈의 정식 제목은 〈His Dark Materials Trilogy〉이지만, 첫 번째 책 제목인 〈The Golden Compass〉 시리즈로도 많이 불려요. 종교적이고 영적인 문제가 많이 나와 어렵게 느끼는 아이가 많으니 7~8학년 이후에 읽기를 권해요. 영화를 먼저 보면 조금 더 일찍 읽을 수는 있어요. 몇 년 전까지 필독서 대우를 받았는데, 요즘은 더 쉽고 자극적이고 전개가 빠른 판타지 소설이 많이 나와 인기가 줄어드는 추세예요. 좀 어렵게 느껴지더라도 수준 높은 판타지를 읽고 싶은 아이에게 권하고 싶어요.

〈The Earthsea Cycle〉 시리즈는 톨킨의 〈반지의 제왕〉, C. S. 루이스의 〈나니아 연대기〉와 함께 세계 3대 판타지로 꼽혀요. 마법 학교에서 성장하는 소년 마법사를 그린 책으로 〈해리포터〉가 처음 나왔을 때 〈어스시의 마법사〉를 베낀 것 아니냐는 말이 나왔을 정도예요. 어슐라 르귄은 판타지와 SF로 유명한 작가인데, 청소년을 위한 판타지를 써달라는 요청으로 이 시리즈를 썼다고 해요. 리딩 레벨 AR 5.5~6.7이고 200~330쪽 분량이라 5~6학년 수준으로 오해하기 쉬운데, 고등학생 수준의 책을 읽어낼 수 있는 7학년 이상 아이에게 권해요. 요즘 나오는 판타지에 비해 지루하다고 느끼는 아이가 많아요. 2004년에 나온 TV 드라마는 재미없어서 권하지 않아요. 2006년에 나온 지브리 스튜디오의 애니메이션도 평이 안 좋아요. 총 6권인데 두 번째 책으로 뉴베리 아너를 받았어요.

톨킨의 〈반지의 제왕〉은 아이들 도서가 아니에요. 판타지를 정말 좋아하고 대학생 수준의 책을 읽을 수 있는 11학년 이상이라면 읽어도 좋아요. 미국 학교에서는 9~10학년 때 〈반지의 제왕〉보다 쉬운 톨킨의 〈호빗〉을 많이 읽어요. 〈반지의 제왕〉은 세 권의 책을 영화 세 편으로 만들었고, 〈호빗〉은 한 권의 책을 영화 세 편으로 만들었어요. 영화를 보면 책 읽기가 한결 수월해요. 〈반지의 제왕〉 이후에 많이 읽는 조지 R. R. 마틴의 〈A Song of Ice and Fire〉얼음과 불의 노래 시리즈는 어른 책이에요. 〈얼음과 불의 노래〉는 드라마와 시너지 효과를 내며 엄청난 인기를 얻고 있지만, 드라마가 꽤 선정적이니 아이에게는 보여주지 마세요.

고등학생이 좋아하는 판타지 소설

● **The Mortal Instruments** (Cassandra Clare) ● **Miss Peregrine's Peculiar Children** (Ransom Riggs) ● **Michael Vey** (Richard Paul Evans)

4~8학년 아이들이 〈퍼시잭슨〉과 〈해리포터〉를 읽는다면 9학년 이상은 카산드라 클레어의 책을 읽어요. 대표작은 〈The Mortal Instruments〉새도우 헌터스 시리즈로 천사와 악마가 낳은 존재들이 주인공이에요. 다른 판타지 소설에 비해 로맨스 요소가 많아 여자아이들에게도 인기 있어요. 반대로 로맨스를 싫어하는 남자아이는 지루해할 수도 있고요. 작가의 충성스러운 팬들은 〈Infernal Devices〉와 〈The Dark Artifices〉 시리즈도 읽어요.

〈Miss Peregrine's Peculiar Children〉 시리즈는 한글판 〈패러그린과 이상한 아이들의 집〉으로 나왔어요. 이상하다 못해 기괴한 아이들이 나오는 공포 판타지 소설이에요. 영화로도 나와 어린 연령의 아이도 읽지만 고등학생 수준의 책이에요. 꽤 징그럽고 잔인해요.

〈Michael Vey〉 시리즈는 영 어덜트 소설 중 가장 쉬운 책일 것 같아요. 원어민들은 이 책의 단점을 '너무 쉽고 단순한 문장'이라고 할 정도예요. AR 3.5~4.4로 리딩 레벨이 낮은 고등학생에게 권해요. 전기 초능력을 가진 소년들이 세상을 정복하려는 세력과 싸우는 과학 액션 판타지예요.

미스터리물의 대표작은 〈셜록 홈스〉예요. 영화나 드라마로 나온 것도 많고, 패러디나 인용도 많이 되는 콘텐츠입니다. 원작 소설은 빠르면 6~8학년 때부터 읽어요. 〈셜록 홈스〉를 읽기 전 아이들이 많이 읽는 미스터리 책을 모았어요. 리더스북, 초기 챕터북, 챕터북은 앞에서 소개했기에 표지와 제목만 언급할게요. 소설도 앞에서 소개한 책은 따로 내용을 설명하지 않을게요.

리더스북

- **Young Cam Jansen** (David A. Adler) ● **Bones** (David A. Adler)
- **Hamster Holmes** (Albin Sadar) ● **Detective Dinosaur** (James Skofield)

초기 챕터북

(Marjorie Weinman Sharmat) ● **Nate the Great** ● **Olivia Sharp**

챕터북

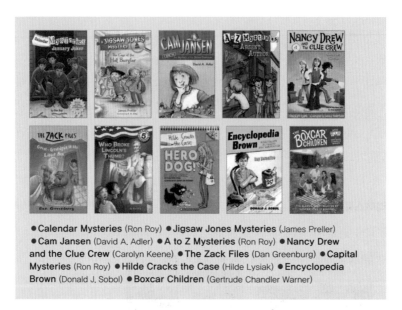

● **Calendar Mysteries** (Ron Roy) ● **Jigsaw Jones Mysteries** (James Preller) ● **Cam Jansen** (David A. Adler) ● **A to Z Mysteries** (Ron Roy) ● **Nancy Drew and the Clue Crew** (Carolyn Keene) ● **The Zack Files** (Dan Greenburg) ● **Capital Mysteries** (Ron Roy) ● **Hilde Cracks the Case** (Hilde Lysiak) ● **Encyclopedia Brown** (Donald J. Sobol) ● **Boxcar Children** (Gertrude Chandler Warner)

〈InvestiGators〉 시리즈는 그래픽 노블로 AR 2점대 챕터북 수준이에요. 〈제로니모 스틸턴〉은 챕터북에서 모험과 판타지 장르로 분류했어요. 하지만 신문사 편집장이 주인공이라서 사건을 해결하는 미스터리가 자주 등장해요. 200권이 훌쩍 넘는 방대한 시리즈이니 제목에 'Mystery'가 등장하는 책만 골라 읽어도 좋아요.

● **InvestiGators** (John Patrick Green) ● **Geronimo Stilton** (Elisabetta Dami)

소설

● **39 Clues** (Rick Riordan) ● **Mr. Lemoncello's Library** (Chris Grabenstein)
● **From the Mixed-up Files of Mrs. Basil E. Frankweiler** (E. L. Konigsburg)
● **The Westing Game** (Ellen Raskin)

〈39 Clues〉는 픽션과 팩트를 잘 조화시킨 팩션(Faction)이에요. 전 세계를 무대로 펼쳐지는 미스터리를 풀기 때문에 다양한 지식을 습득할 수 있어요. 〈Mr. Lemoncello's Library〉는 도서관을 무대로 펼쳐지는 미스터리라서 교육적이고요. 〈From the Mixed-up Files of Mrs. Basil E. Frankweiler〉와 〈The Westing Game〉은 뉴베리상을 받은 단행본입니다.

 ● **The Mysterious Benedict Society** (Trenton Lee Stewart)

〈The Mysterious Benedict Society〉 시리즈는 중학생 수준의 미스터리 소설이에요. 독특한 능력을 갖춘 아이들이 뽑혀서 '베네딕트 비밀 클럽'을 결성해 나쁜 어른으로부터 세상을 구하는 이야기예요. 현대 사회의 병폐에 대한 비판 메시지, 주인공들의 심리 묘사, 유치하지 않으면서 유머 있는 문체로 좋은 평을 받고 있어요. 하지만 분량이 많고 스토리 전개가 빠르지 않아 지루하다는 아이도 많아요. 7~8학년 이상 아이에게 적합한 수준이에요. 2021년 디즈니플러스에서 드라마가 나왔어요. 드라마를 먼저 보면 책을 훨씬 쉽게 읽을

수 있는 장점이 있고, 스토리를 다 알기 때문에 책에 대한 흥미를 잃는 단점도 있어요. 아이의 성향과 상황에 따라 선택하면 돼요.

● **Artemis Fowl** (Eoin Colfer) ● **Alex Rider** (Anthony Horowitz)

〈Artemis Fowl〉은 판타지와 미스터리가 적절하게 섞인 시리즈예요. 〈아르테미스 파울〉에 등장하는 첩보물 요소에 관심이 생겼다면 7〜8학년 수준의 〈Alex Rider〉 시리즈를 이어서 읽으면 좋아요. 〈알렉스 라이더〉는 007 첩보물의 청소년용이에요.

〈하디 보이즈〉와 〈낸시 드루〉는 미국 청소년 추리 소설의 고전 같은 책이에요. 청소년 주인공들이 아마추어 탐정으로 나와요. 〈하디 보이즈〉는 1927년부터, 〈낸시 드루〉는 1930년부터 출간되어 각각 500권이 넘는 방대한 시리즈예요. 이제 두 이름은 '아마추어 아이 탐정'을 가리키는 말이 되어 다양한 콘텐츠에 등장해요.

(Franklin W. Dixon) ● **The Hardy Boys** ● **The Hardy Boys Adventures**
● **Hardy Boys: The Secret Files** ● **Hardy Boys Clue Book**

〈하디 보이즈〉의 오리지널 시리즈는 〈The Hardy Boys (Mystery Stories)〉예요. 4〜5학년 수준의 소설로 190권이 나왔어요. 〈The Hardy Boys

Adventures〉는 오리지널 시리즈의 현대판이에요. 3~4학년 이상 아이들이 읽는 소설로 현재 23권까지 나왔어요. 챕터북 시리즈도 두 종류 있어요. 〈Hardy Boys: The Secret Files〉는 19권으로 완결되었고, 〈Hardy Boys Clue Book〉은 현재 13권까지 나왔어요. 추리물을 좋아하는 아이들은 오리지널 시리즈를 많이 읽어요.

(Carolyn Keene) ●Nancy Drew Mysteries ●Nancy Drew Diaries
●Nancy Drew and the Clue Crew

〈낸시 드루〉의 오리지널 시리즈는 〈Nancy Drew Mysteries〉로 175권 나왔어요. 현대판 버전은 〈Nancy Drew Diaries〉 시리즈인데, 2013년부터 22권이 나왔어요. AR 4점대에 200쪽 분량의 소설이에요. 좀 더 어린 독자를 위해 낸시 드루를 8세로 설정한 〈Nancy Drew and the Clue Crew〉 챕터북 시리즈가 40권 있어요. 추리물을 좋아하는 아이는 오리지널 시리즈를 많이 읽지만, 여자아이들은 표지 때문에 새로 나온 책을 선호하기도 해요.

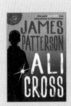

●Ali Cross (James Patterson) ●An Enola Holmes Mystery (Nancy Springer)

〈Ali Cross〉는 탐정 아빠를 존경해서 아빠 같은 탐정이 되려는 소년 'Ali'가 주인공인 시리즈예요. 애초 제임스 패터슨이 쓴 어른용 범죄 미스터리 소설

〈Alex Cross〉가 있어요. 〈알렉스 크로스〉는 27권의 책과 여러 편의 영화가 나온 인기 시리즈라서 아들 버전인 〈알리 크로스〉가 나오자마자 베스트셀러가 되었어요. 그런 걸 보면 미국 부모들은 자신이 어려서 읽은 책에 대한 충성도가 대단한 것 같아요. 〈알리 크로스〉는 5~9학년 수준의 미스터리 소설이에요.

〈Enola Holmes Mystery〉 시리즈는 셜록 홈스에게 '에놀라'라는 여동생이 있다는 가정하에 나온 청소년용 미스터리예요. 5~7학년 수준으로 넷플릭스 영화 덕분에 인기가 높아져 좀 더 어린 연령의 아이들도 읽어요. 미스터리를 많이 읽은 아이는 너무 단순하다는 평이고, 셜록 홈스 팬들에게도 부정적인 평가가 꽤 있으니 참고하세요.

● **Sherlock Holmes** (Arthur Conan Doyle) ● **Young Sherlock Holmes** (Andrew Lane)

셜록 홈스는 아서 코난 도일의 미스터리 시리즈 〈셜록 홈스〉의 주인공이지만, 해리포터처럼 독특한 세계관에 실존 인물처럼 느껴질 정도의 팬텀을 구축했어요. '셜록 홈스' 하면 망토 달린 코트를 입고 사냥 모자를 쓰고 파이프 담배를 문 모습이 떠올라요. 이런 이미지는 이미 오래전부터 탐정 캐릭터를 상징하는 아이콘이 되어 다른 탐정물에도 자주 등장하지요. 탁월한 두뇌와 대비되는 특이한 성격으로 더 매력적이고, 그와 대비되는 동료 왓슨 박사 덕분에 멋진 팀이 되었어요.

원작 소설은 리딩 레벨 AR 8점대로 빠르면 7~8학년 때부터 읽어요. 셜록 홈스는 원래 아이용으로 나온 책이 아니라 중고생도 어렵게 느끼는 경우가 많아요. 그래서 다른 작가가 '14세의 셜록 홈스'를 설정으로 쓴 〈Young Sherlock

Holmes〉 시리즈도 나왔어요. 이 책은 〈Sherlock Holmes: The Legend Begins〉로 부르기도 해요. 리딩 레벨 AR 6점대로 7학년 이상 수준이에요. 영화와 드라마도 다양해요. 아이언맨을 연기한 로버트 다우니 주니어가 셜록 홈스로 나오는 2009년 영화는 한국에서는 12세 이상 관람가예요. 베네딕트 컴버배치가 나온 영국 드라마는 12~15세 관람가이고요. 하지만 영국 드라마 는 지나치게 잔인해 고등학생 이상에게만 권하고 싶어요.

● The Inbestigators

〈The Inbestigators〉는 초등생 아이들이 주인공인 호주 드라마 시리즈예요. 넷플릭스에 올라오면서 세계적 인기를 얻었어요. 초등 저학년부터 볼 수 있 어요.

디스토피아(Dystopia)는 '나쁜'을 뜻하는 Dys와 '장소'를 뜻하는 Topos가 결합해 만들어진 단어예요. 좋은 장소, 이상향을 뜻하는 '유토피아(Utopia)'의 반대말이에요. 디스토피아 소설은 주로 권력에 의해 망가진 사회를 그려요. 권력자는 전체주의 정부일 수도 있고, 기술이나 정보를 독점한 특정 계층일 수도 있어요. 그래서 보통 영 어덜트 소설이나 성인용 도서로 많이 나와요.

5학년생이 읽을 만한 디스토피아 소설

● The City of Ember (Jeanne DuPrau)

〈The City of Ember〉 시리즈는 재앙에서 살아남은 마지막 인류가 땅속 세상에 사는 설정이에요. 어둠이 지배하는 곳에 빛을 가져오기 위해 애쓰는 모습을 그렸어요. 영 어덜트 디스토피아 소설에 나오는 설정을 버무려 초등생이 읽을 만한 수준으로 쉽게 쓴 책이에요.

중학생이 읽을 만한 디스토피아 소설

〈The Giver〉, 〈The Maze Runner〉, 〈The Hunger Games〉는 7~8학년 이후에 많이 읽는 대표적인 디스토피아 소설이에요. 전쟁, 자연재해, 전염병 등으로 암울해진 미래 사회를 배경으로 그린 디스토피아 소설 중 영화로도 제작된 인기 도서예요.

〈The Giver〉 시리즈는 청소년을 위한 디스토피아 소설의 원조 격인 책으로 이후에 나온 다른 디스토피아 소설에 많은 영향을 끼쳤어요. 미국 학교에서는 7~8학년 수업 시간에 많이 읽어요. 비교적 쉬우면서 유치하지 않아서 영어 책 읽기를 늦게 시작한 어른들도 많이 읽어요.

● **The Giver** (Lois Lowry) ● **The Maze Runner** (James Dashner)
● **The Hunger Games** (Suzanne Collins)

〈The Maze Runner〉 시리즈는 바이러스가 퍼진 세상을 구하기 위해 아이들을 실험 대상으로 가두는 설정이에요. 아이용 책에서는 주로 어른들이 아이들을 이용하는데, 공동의 선을 위한 희생을 강요해요. 2권부터 바이러스로 인해 좀비처럼 변한 사람들이 나오기 때문에 좀비 소재를 싫어하는 아이는 1권만 읽어도 돼요. 〈The Hunger Games〉 시리즈는 독재 권력자가 체제를 유지하기 위해 아이들을 이용해요. 생존 게임에 아이들을 던져놓고 살아남는 마지막 한 명이 되기 위해 서로 죽이는 모습을 관찰 예능처럼 전국에 생방송해요. 영화의 인기로 중학생도 많이 읽는 분위기라서 중학생으로 분류했지만, 솔직히 9학년 이상 아이에게 권하고 싶어요.

영 어덜트 디스토피아 소설

영 어덜트 소설은 중학생 소설과 달리 로맨스, 폭력, 약물 등 자극적인 소재가 많이 등장해요. 리딩 레벨도 높지 않고 전개 속도도 빨라 재미있게 읽을 수 있어요. 하지만 리딩 레벨만 보고 중학생에게 권하지 않기를 바라요. 영화나 드라마로 제작된 책도 많은데 가장 인기 있었던 책은 〈Divergent〉 시리즈예요. 과학이 발달한 디스토피아 사회가 배경이라 SF와 판타지 요소가 많아요. 액션과 로맨스도 잘 녹아 있어서 여자아이와 남자아이 모두 재미있게 읽을

● **Divergent** (Veronica Roth) ● **Legend** (Marie Lu) ● **Arc of a Scythe** (Neal Shusterman)

수 있어요. 디스토피아 소설로 SF 성격이 강한 〈Legend〉도 인기가 많아요. 〈Arc of a Scythe〉 시리즈는 SF 판타지 성격이 강한 디스토피아 소설이에요. 죽음과 질병 없는 세상에서 인간의 죽음을 결정하는 이들을 그리고 있어요.

디스토피아 소설의 고전

다음 책들은 디스토피아 장르의 고전입니다. 9~12학년 수업 시간에 많이 읽고 토론하는 책이에요. 조지 오웰의 〈1984〉와 〈동물농장〉은 2차 세계대전 후 공산주의 사회를 풍자한 디스토피아 소설로 현대와 미래의 통제 사회까지도 예언해요. 올더스 헉슬리의 〈멋진 신세계〉 역시 1932년에 쓴 책이라고는 믿을 수 없을 만큼 엄청난 상상력과 통찰력이 넘치는 디스토피아 소설의 고전이에요. 레이 브래드버리의 〈화씨 451〉은 1951년에 나온 책으로 책이 금지된 통제 사회를 배경으로 한 디스토피아 소설이에요.

● **1984** (George Orwell) ● **Animal Farm** (George Orwell)
● **Brave New World** (Aldous Huxley) ● **Fahrenheit 451** (Ray Bradbury)

SF는 'Science Fiction'을 줄인 말로 공상 과학 소설입니다. 과학이 발달한 세상을 배경으로 하면서 판타지 성향이 강한 책이 많아요. 과학적 사실을 설명하는 부분이 있어서 어려운 단어가 나오기도 해요. 하지만 초등생이 읽을 만한 SF는 일상이나 판타지 장르에 과학적 상상력을 조금 더한 정도의 책도 많아요.

초등생이 읽을 만한 SF 소설

● **A Wrinkle in Time** (Madeleine L'Engle) ● **When You Reach Me** (Rebecca Stead)

매들렌 렝글의 〈A Wrinkle in Time〉시간의 주름은 사라진 천재 과학자 아빠를 찾아 나선 아이들이 우주까지 진출하는 SF 판타지예요. 이 책이 뉴베리 메달을 받은 1963년 당시에는 획기적인 내용으로 엄청난 반향을 일으켰어요. 영화도 두 편이나 나왔고, 두 번째 영화에는 유명 인사들이 조연으로 나와 화제가 되었어요. 이 책과 영화를 모두 좋아하는 아이라면 조디 포스터 주연의 영화 〈콘택트〉도 추천해요.

〈시간의 주름〉에 영향을 받은 작가가 많은데, 레베카 스테드의 〈When You Reach Me〉에서는 주인공이 〈시간의 주름〉을 읽는 모습이 중요한 복선으로 등장해요. 〈시간의 주름〉을 먼저 읽으면 더 재미있게 읽을 수 있는 책이에요.

중고생이 읽을 만한 SF 소설

● **Maximum Ride** (James Patterson) ● **I am Number Four** (Pittacus Lore)
● **Daniel X** (James Patterson) ● **The House of the Scorpion** (Nancy Farmer)

7~8학년 이후 많이 읽는 SF 소설로는 제임스 패터슨의 영 어덜트 소설 〈Maximum Ride〉와 〈I am Number Four〉, 〈Daniel X〉 시리즈가 있어요. 과학이 만들어낸 초능력자나 외계인이 등장해요. 판타지 좋아하는 아이들도 재미있게 읽을 수 있는 책이에요. 〈The House of the Scorpion〉은 복제 인간에 관한 이야기예요. 뉴베리상과 프린츠상을 비롯해 많은 상을 받아 엄마들이 믿고 권하는 SF 소설이에요. 2권까지 나왔지만 1권만 읽어도 좋아요.

● **Ready Player One** (Ernest Cline) ● **Ender's Game** (Orson Scott Card)
● **The 5th Wave** (Rick Yancy) ● **The Martian** (Andy Weir)

〈Ready Player One〉은 가상현실 게임 속에서 펼쳐지는 세계를 그렸어요. 게임 좋아하는 아이들은 대부분 좋아해요. 〈Ender's Game〉 시리즈 역시 게임과 관련이 있어요. 우주를 배경으로 펼쳐지는 전쟁 시뮬레이션 게임이 등장해요. 꽤 무거운 윤리 문제를 다루지만 우주 SF 판타지 정도로 재미있게 읽는 아이도 많아요. 〈The 5th Wave〉 시리즈는 외계인의 침공으로 파괴된 지구에서 생존하는 십 대를 그렸어요. 이 책들은 모두 영화로도 나와 함께 즐기기 좋아요. 〈The Martian〉은 화성에 홀로 남겨진 우주 비행사의 생존담을 그렸어요. 〈인터스텔라〉, 〈그래비티〉 같은 영화를 좋아했던 아이들이 〈마션〉 영화는 굉장히 쉽다고 생각해요. 리딩 레벨이 높지 않지만 일기 형식이라 지루해하는 아이가 종종 있어요. 이럴 땐 영화를 먼저 보면 책이 훨씬 쉽게 읽혀요.

SF 고전

● I, Robot (Isaac Asimov) ● The Hitchhiker's Guide to the Galaxy (Douglas Adams)
● Dune (Frank Herbert)

아이작 아시모프의 〈I, Robot〉은 로봇과 AI에 관련한 윤리 이야기가 나올 때마다 소환되는 '로봇공학 3원칙'을 탄생시킨 책이에요. 아시모프의 〈Foundation〉 시리즈는 우주를 배경으로 펼쳐지는 대하드라마입니다. 〈아이, 로봇〉은 9학년 이상이 읽을 만한 분량이지만, 〈파운데이션〉 시리즈는 대학생 수준의 책을 읽을 수 있을 때 적당해요. 더글러스 애덤스의 〈The Hitchhiker's Guide to the Galaxy〉 시리즈는 코믹 SF 장르를 개척했다는 평가를 받아요. 단행본으로 나온 5권을 묶어 〈The Ultimate Hitchhiker's Guide to the Galaxy〉로도 나와요. 프랭크 허버트의 〈Dune〉듄은 우주를 배경으로 한 〈반지의 제왕〉 같은 책이에요. 〈스타워즈〉나 〈왕좌의 게임〉 같은 영상물, 책, 게임 등의 문화 콘텐츠에 많은 영향을 끼쳤어요.

아이의 관심 직업과 꿈

　우리 아이표 영어책을 찾기 위한 두 번째 나침반은 '꿈'이에요. 아이는 커서 하고 싶은 일이나 되고 싶은 사람에 대해 꿈꿔요. 아이가 지금 꿈꾸는 곳에 아이의 관심과 바람이 있어요. 엄마는 아이의 관심사에 정성껏 반응해줌으로써 함께 미래를 찾아갈 수 있어요.

　아이의 꿈은 계속 바뀌어요. 유아기에 공주나 요정이 되고 싶다거나 경찰관이나 소방관이 되고 싶다고 해서 아이가 정말 그런 직업을 가질 확률은 높지 않아요. 아이가 관심을 두는 직업군은 수십 번 바뀔 수 있어요. 유사한 직업군에 머물며 조금씩 옮겨갈 수도 있어요.

　아이가 장래희망이나 관심 직업을 따라가며 읽는 책은 세상을 탐구하는 시간으로 축적돼요. 아이가 읽는 모든 책이 성적이나 입시와 연관되지 않았으면 해요. 아이가 세상의 다양함을 자유롭게 경험할 수 있도록 허락해주세요.

직업에 대한 탐색

'커서 무엇이 되고 싶냐?'는 질문에 대답하는 아이도 있지만, 대답하기 어려워하는 아이도 많아요. 아이가 아직 어리다면 그냥 기다리면 돼요. 자라며 관심 분야가 다양해지면 저절로 해결될 문제이기도 하니까요. 하지만 아이가 아는 직업이 몇 개 안 되거나 직업에 대해 생각해본 적이 없어서 대답을 못 하는 거라면 엄마와 아이가 함께 탐색해볼 수 있어요.

아이는 무엇이 되기 위해 연관 책을 읽고 싶기도 하지만, 무엇이 되고 싶은지 탐색하기 위해서 책을 읽을 수도 있어요. 어떤 분야에 관한 정보와 지식이 많아질수록 그 분야와 자신이 맞는지 아닌지를 파악하기 쉬워져요. 아이가 좋아하는 것을 발견했을 때처럼 싫어하는 것을 발견했을 때도 기뻐해야 해요. 이 또한 소중한 경험이에요.

지금 아이가 관심 있는 사람, 직업, 분야에서 시작하세요. 특정 인물이 있다면 그 인물에 대한 책이나 영상에서 시작하면 돼요. 그 인물이 직접 쓴 책일 수도 있고, 다른 사람이 그 인물에 대해 쓴 책일 수도 있어요. 원서 찾기가 힘들면 한글책으로 검색해 고른 후 그 책의 원서로 읽어도 돼요. 영상도 한글로도 나왔다면 인기 있거나 유명한 영상일 확률이 높아요. 해당 분야의 다른 인물의 책이나 영상물을 함께 보는 것도 좋아요. 한 시간짜리 다큐멘터리나 두 시간짜리 영화가 부담스럽다면 유튜브에서 인물 이름으로 검색한 후 BBC나 〈TIME〉, 〈Discovery〉, 〈History〉 같은 매체에서 만든 5~20분짜리 영상을 보는 것도 대안이에요.

유아 시선에 맞춘 직업관

제리 스피넬리의 〈I Can Be Anything!〉나는 무엇이든 될 수 있어은 '아이가 커서 무엇이 될지' 상상하는 스토리예요. 이 책에서 아이가 되고 싶어 하는 사람은 어른들이 생각하는 직업과 많이 달라요. 민들레 홀씨 부는 사람, 종이비행기 접는 사람, 강아지 지켜주는 사람, 물웅덩이에서 첨벙거리는 사람, 빈 깡통을 멀리 차는 사람, 맨발로 방방 뛰는 사람, 풍선껌 불어서 터트리는 사람, 구덩이 깊게 파는 사람, 꽃 냄새 맡는 사람이 나와요. 어떤 직업을 선택하기에 앞서 아이에게 많은 것을 꿈꿀 수 있음을 이야기하는 책이에요. 유아 때 아이의 장래 희망이 엄마 눈에는 황당해 보이는 게 당연해요. 하지만 그 과정을 무시하지 말고, 그 꿈이 어떻게 변해가는시 즐겁게 지켜봐야 해요.

〈LMNO Peas〉는 각 알파벳으로 시작하는 직업을 보여주는 알파벳 책이에요. 〈Richard Scarry's What Do People Do All Day?〉처럼 도시 구석구석에서 일하는 직업군의 모습을 보여주는 그림책도 있어요. 두 권 모두 현실에 존재하는 여러 직업을 접할 수 있어요.

특정 직업을 가진 주인공이 등장하는 그림책도 있어요. 라르스 클린팅의 〈Handy Harvey〉캐스터 시리즈는 손재주 많은 비버가 주인공으로 목수, 제빵사, 정원사, 화가의 일상을 그립니다.

●I Can Be Anything! (Jerry Spinelli) ● LMNO Peas (Keith Baker) ● Richard Scarry's What Do People Do All Day? (Richard Scarry) ● Harvey the Carpenter (Lars Klinting)

과거의 위인과 영웅 탐색하기

킨더부터 초등생이 많이 읽는 위인전 시리즈 〈Little People Big Dream〉, 〈Ordinary People Change the World〉, 〈The Story of〉, 〈Who Was〉를 보면 다양한 직업을 가진 세계적 인물들이 나옵니다. 〈Who Was〉 시리즈 웹사이트에는 정치인, 과학자, 발명가, 탐험가, 예술가, 사업가, 음악인, 종교인, 운동선수, 작가 등 200여 명의 인물을 장르별로 구분해놓았어요. 워낙 유명해 대부분 단행본, 영화, 다큐멘터리 등 여러 형태로 제작물이 나온 사람들이에요. 이런 위인이나 영웅을 탐색할 때는 관심 분야의 인물이나 관심 인물이 속한 분야에서 새로운 인물의 책이나 영상물을 보는 방법으로 확장해나가세요.

●Little People, Big Dream ●Ordinary People Change the World ●The Story of ●Who Was

동시대의 세계적 리더 만나기

20세기에 태어나 21세기를 살면서 미래 사회를 만들어가는 동시대 인물들이 있어요. 아이들은 이런 사람들이 만든 시대에 태어나고 자라요. 이들은 아이들이 만들어갈 시대의 가장 명확한 힌트이기도 해요.

매년 〈TIME〉에서 발표하는 '100 Most Influential People'은 한 해

동안 사회에 영향력을 미친 과학자, 예술가, 작가, 정치인, 종교인, 사회
운동가, 기업인, 운동선수 등을 소개해요. 가장 최근에 영향력 있는 사
람들이 누구인지 파악할 수 있고, 각 인물을 토대로 세계 이슈도 정리
되어 있어 현대사를 이해하기에도 좋아요. 이후로 〈TIME: The Next
100 Most Influential people〉에서는 차세대를 이끌 리더들을 소개해
요. 십 대, 이십 대에게 익숙한 얼굴이 많아 아이들이 재미있어해요.

●TIME　●TIME: The Next 100 Most Influential people

인권 운동가 말랄라

(Malala Yousafzai) ● Malala's Magic Pencil AR 3.6, 단어 수 870개, 48쪽 그림책, 킨더~3학년
● Malala : My Story of Standing Up for Girls' Rights AR 5.5, 단어 수 20,447개, 176쪽,
3~5학년 ● I Am Malala 청소년을 위한 나는 말랄라 AR 5.9, 단어 수 40,936개, 256쪽, 5학년 이상
● I Am Malala 나는 말랄라 AR 7.1 단어 수 90,914개, 368쪽, 9학년 이상

말랄라 유사프자이(Malala Yousafzai)는 파키스탄 인권 운동가예요. 11세에 탈레반 점령지의 억압받는 일상과 여성의 교육 금지 현실에 관한 글을 영국 방송 사이트에 올려 세계 언론의 주목을 받게 되었어요. 이후 탈레반 무장대원이 쏜 총에 맞아 중태에 빠졌으나 극적으로 살아남았고요. 16세에 UN에서 연설했고, 17세 최연소로 노벨평화상을 수상했어요. 지금은 중동, 아프리카 소녀들의 교육 환경 개선을 위해 활동하고 있어요. 그에 관한 여러 책 중 말랄라 자신이 직접 쓴 책을 권해요. 생애를 간단히 알고 싶다면 리더스북 [Step-Into-Reading 스텝 4]의 〈Malala: A Hero for All〉이나 [Who Was?] 시리즈의 〈Who is Malala Yousafzai?〉를 권해요

법조인 루스 베이더 긴즈버그

루스 베이더 긴즈버그(Ruth Bader Ginsburg)는 여성으로 미국 연방 대법관이 된 두 번째 인물이에요. 연방 대법관으로 27년간 지내면서 불평등 해소와 성평등을 위해 일했어요. 그녀에 관한 책과 다큐멘터리와 영화가 많이 나왔어

●I Dissent 4~8세 그림책 ●Who Was Ruth Bader Ginsburg? 8~12세 챕터북
●Notorious RBG Young Readers Edition 8~12세 ●My Own Words 자서전

요. 2020년 사망 직후 나온 추모 영상들을 유튜브에서 쉽게 찾아볼 수 있고, 젊은 시절 변호사가 되는 과정을 그린 영화 〈On the Basis of Sex〉세상을 바꾼 변호인와 그녀의 일생을 다룬 다큐멘터리 영화 〈RBG〉루스 베이더 긴즈버그: 나는 반대한다가 있어요.

환경 운동가 그레타 툰베리

●Who is Greta Thunberg? AR 5.7, 910L, 단어 수 3,867개, 56쪽, 3~7학년
●No One Is Too Small to Make a Difference 940L, 112쪽, 4학년 이상 ●Greta's Story
AR 7.1, 980L, 단어 수 11,850개, 144쪽, 4학년 이상 ●TIME: Person of the Year 2019

2003년생 그레타 툰베리(Greta Thunberg)는 현재 아이들과 동시대를 살고 있는 환경 운동가예요. 2018년 등교 거부를 하며 기후변화와 환경문제에 대해 목소리를 높일 당시 나이가 15세였어요. 그 후 유엔 기후변화총회, 다보스포럼 등 국제무대에서 연설을 했고, 2019년 노벨평화상 후보에 올랐어요. 〈TIME〉에서 뽑은 올해의 인물로 2019년 표지 모델이 되기도 했어요. 아마도 그녀의 이름은 앞으로 더 자주 듣게 될 거예요. 그녀가 직접 쓴 〈No One

Is Too Small to Make a Difference〉는 동시대 청소년을 향해 너희도 행동하라고 촉구하는 책이에요. 〈Greta's Story: The Schoolgirl Who Went On Strike to Save the Planet〉도 크레타 툰베리에 대해 알아갈 수 있는 챕터북입니다. 두 권 모두 환경오염과 관련된 단어가 많이 나와 리딩 레벨이 높은 편이지만, 4학년 이상 아이들을 위한 책이에요.

환경 관련 책

●**We Are Water Protectors** (Carole Lindstrom, Michaela Goade)
AR 1.9, 단어 수 281개, 40쪽

그림책 〈We Are Water Protectors〉는 송유관으로 인한 환경오염에 저항하는 미국 원주민들의 모습을 그렸어요. 물의 오염은 자연과 모든 생명을 해치는 일이기 때문에 인간 역시 피해를 입을 수 있어요. 물을 오염시키는 일도 인간이 하지만, 물을 지키는 일도 인간이 할 수 있다는 것을 아름답게 그렸어요. 2021년 칼데콧 메달을 받았습니다. 킨더부터 저학년 수준이에요.

●**The Brilliant Deep** 눈부신 바다 AR 4.6, 단어 수 972개, 48쪽, 그림책 ●**The Lorax** AR 3.1, 단어 수 1,815개, 64쪽, 그림책, 1학년 이상 ●**The Magic School Bus and the Climate Challenge** AR 4.2, 단어 수 3,174개, 40쪽, 논픽션 그림책, 3학년 이상

초등 저학년이 보기 좋은 환경 관련 그림책입니다. 〈The Brilliant Deep〉은

멸종 위기에 놓인 산호초를 살리기 위해 노력하는 모습을 그린 그림책이고, 〈The Lorax〉는 환경문제를 다룬 닥터 수스의 그림책이에요. 〈매직스쿨버스〉 책은 논픽션 지식 정보 그림책입니다.

● **What Is Climate Change?** AR 5.7, 단어 수 8,579개, 108쪽, 챕터북, 4학년 이상
● **The New 50 Simple Things Kids Can Do to Save the Earth** AR 4~6점대, 논픽션, 208쪽, 4학년 이상 ● **Hoot** AR 5.2, 단어 수 61,113개, 292쪽, 소설, 6학년 이상

4~6학년이 보기 좋은 책입니다. 〈What is Climate Change?〉는 〈Who Was?〉 시리즈에서 나온 논픽션 지식 정보책이고, 두 번째 책은 지구를 살리기 위해 아이들이 실생활에서 할 수 있는 방법들을 알려주는 논픽션 책이에요. 〈Hoot〉은 뉴베리상을 받은 소설로 환경 문제를 재미있는 스토리로 풀었어요.

사회 활동가 윌리엄 캄쾀바

The Boy Who Harnessed the Wind (William Kamkwamba) ● **원작 소설** ● **영 리더스 에디션** ● **그림책**

아프리카 말라위는 2001년 14세 소년 윌리엄 캄쾀바(William Kamkwamba)가 집에 만든 풍차로 전기를 생산해내기 전까지만 해도 고작 인구의 2%만 전기와 물을 사용하는 열악한 나라였어요. 그 과정을 담은 책이 〈The Boy Who Harnessed the Wind〉바람을 길들인 풍차소년예요. 내용 중 풍차를 만드는 과정이 많은데 원작은 AR 6.4, 단어 수 90,073개, 290쪽 분량으로 9학년 이상 아이에게 권할 정도로 꽤 수준이 높아요. 다행히 같은 제목의 쉬운 책이 두 권 더 있어요. 영 리더스 에디션은 AR 5.8, 단어 수 58,297개, 293쪽, 5학년 이상 수준이에요. 킨더부터 저학년 수준인 그림책은 AR 5.3, 단어 수 1,351개, 32쪽입니다.

2006년생 힐디 리색(Hilde Lysiak)는 2014년부터 'The Orange Street News'라는 신문사를 운영하는 발행인이자 기자 협회에 정식 등록한 어린이 기자입니다. 그의 기사는 'orangestreetnews.com'에서 볼 수 있어요.

〈Hilde Cracks the Case〉는 힐디 리색이 쓴 기사를 바탕으로 아빠와 함께 만든 챕터북 시리즈예요. 아홉 살짜리 신문기자 여자아이가 미스터리를 해결하는 줄거리입니다. AR 3.2~3.6, 권당 단어 수 6,071~6,591개이고 6권까지 나왔어요. 이후 아이의 삶을 바탕으로 한 드라마 〈Home Before Dark 시즌 1〉이 2020년 10개의 에피소드로 나왔어요.

신문기자가 주인공인 책으로는 〈제로니모 스틸턴〉 챕터북 시리즈가 있어요. 주인공은 대도시 유명 신문사 편집장이고 주변에 기자나 방송국 직원들이 등장해요. 주로 사건·사고를 파헤치는 스토리로 AR 3.1~4.7, 128쪽 분량에 75권까지 나왔어요.

소년 기자 틴틴이 주인공인 〈The Adventures of Tintin〉틴틴의 모험은 탐정 만화의 고전이에요. 신문기자로 세계 각국을 돌아다니며 엄청난 사건들을 접하고 해결하는 활약을 보여줍니다. 2차 세계대전 전후의 시대상을 잘 반영한 시리즈예요.

● **Hilde Cracks the Case** (Hilde Lysiak & Matthew Lysiak)
● **Geronimo Stilton** (Elisabetta Dami) ● **The Adventures of Tintin** (Herge)

최근에 나온 책으로 그래픽 노블 〈Cub〉(2020), 〈The Leak〉(2021)과 챕터북 시리즈 〈The Newspaper Club〉(2021)이 있어요.

● **Cub** (Cynthia L, Copeland) ● **The Leak** (Kate Reed Petty) ● **The Newspaper Club** (Beth Vrabel)

테드(TED) 사이트는 주제별 카테고리가 있어요. 이 중 'Topics'에서 저널리즘 과 커뮤니케이션 코너에 있는 글과 영상을 추천해요. 한국에서는 신문방송학 과나 언론정보학과로 불리는데 미국에서는 저널리즘, 커뮤니케이션, 방송학 과로 부르는 경우가 많아요.

 ◀ www.ted.com/topics/
journalism

 ◀ www.ted.com/topics/
communication

미국 드라마 〈The Newsroom〉은 방송국 뉴스가 만들어지고 전달되는 과정 을 생생하게 그립니다. 기자, 앵커, 프로듀서, 방송국 사장까지 뉴스 방송에 관련된 사람들이 총출동해요. 2012~2014년 시즌 3까지 나왔어요.

● The Newsroom

언론인에게 주는 퓰리처상 수상작을 둘러보세요. 기사뿐 아니라 책, 드라마, 음악도 상을 받아요. 1917년부터 시작해 홈페이지(www.pulitzer.org)에서 엄청난 양의 연도별 수상작을 만날 수 있어요. 헤밍웨이의 〈The Old Man and the Sea〉노인과 바다, 펄 벅의 〈The Good Earth〉대지, 제레드 다이아몬드의 〈Guns, Germs, and Steel〉총균쇠, 하퍼 리의 〈To Kill a Mockingbird〉앵무새 죽이기도 퓰리처상을 받았어요.

● The Old Man and the Sea (Ernest Hemingway) ● The Good Earth (Pearl S. Buck)
● Guns, Germs, and Steel (Jered Diamond) ● To Kill a Mockingbird (Harper Lee)

침팬지 연구로 유명한 동물학자 제인 구달(Jane Goodall)은 아이들 책에 가장 자주 등장하는 생물학자예요. 2012년 칼데콧 아너를 받은 패트릭 맥도널의 〈Me...Jane〉내 친구 제인은 토들러부터 킨더 수준의 정말 쉬운 그림책이에요. 제인 구달에 관한 많은 어린이 책 중 가장 쉬운 책으로 보여요. 제인 구달이 직접 쓴 책도 있어요. 자신의 생애를 챕터북 수준으로 쓴 〈My Life With Chimpanzees〉는 AR 6.1, 단어 수 31,657개, 156쪽 분량이에요. 성인용으로 쓴 〈In the Shadow of Man〉인간의 그늘에서은 AR 8.7, 단어 수 89,910개, 297쪽 분량으로 9학년 이상 수준의 아이에게 권해요.

● **Who is Jane Goodall?** (Roberta Edwards) ● **Me...Jane** (Patrick McDonnell)
● **My Life With Chimpanzees** (Jane Goodall) ● **In the Shadow of Man** (Jane Goodall)

〈Primates: The Fearless Science of Jane Goodall, Dian Fossey, and Birute Galdikas〉는 영장류에 대해 연구한 제인 구달, 다이앤 포시, 비루테

● **Primates** (Jim Ottaviani) AR 3.6, 단어 수 8,223개, 144쪽
● **Naturalist: A Graphic Adaptation** (Edward Wilson) 240쪽

갈디카스의 생애와 업적을 그린 그래픽 노블이에요.

에드워드 윌슨(Edward Wilson)은 일반인에게는 〈통섭〉이라는 책으로 유명하지만, 개미 연구의 세계적 권위자이자 집단생물학과 동물행동학의 대가예요. 그의 자서전 〈Naturalist〉자연주의자를 토대로 한 그래픽 노블 〈Naturalist: A Graphic Adaptation〉은 소년이 관찰자에서 생물학자로 변모해가는 과정을 그렸어요.

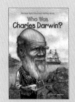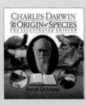

● **Who Was Charles Darwin?** (Deborah Hopkinson) ● **Island** (Jason Chin) ● **The Origin of Species** (Charles Darwin) AR 5.8, 단어 수 2,120개, 40쪽 ● **The Voyage of the Beagle** (Charles Darwin)

〈Island〉갈라파고스는 찰스 다윈의 자연선택설의 배경이 된 곳을 설명하고, 그의 연구에 관해서도 소개해요. 갈라파고스 제도에 있는 섬들의 생성과 생태계 진화를 그린 책이에요. 글밥이 꽤 많은 그림책으로 3학년 이상 수준의 아이에게 권해요.

〈The Origin of Species〉종의 기원는 AR 10.3, 〈The Voyage of the Beagle〉찰스 다윈의 비글호 항해기은 AR 13.4예요. 두 권 모두 사진과 그림의 도움을 받을 수 있는 일러스트 에디션을 권해요. 원작이 너무 어렵다면 'Young Readers Edition'으로 읽어보세요.

스티븐 호킹은 갈릴레이, 뉴턴, 아인슈타인의 계보를 잇는 대표적 현대 물리학자예요. 일반인에게는 루게릭병으로 휠체어에 앉아 연구하는 이미지로 기억되는 과학자예요. 그가 딸 루시 호킹(Lucy Hawking)과 함께 쓴 〈George's Secret Key〉 시리즈는 5학년 이상의 아이들을 위한 우주 과학책이에요. 블랙홀, 빅뱅, 화성, 우주 탐험, 시간 여행, 컴퓨터 해킹과 인공지능을 아이들 눈높이에 맞게 소개한 판타지 SF 소설이에요. 그의 생애와 이론을 그린 그래픽 노블 〈Hawking〉은 9학년 이상 아이들이 읽을 만한 내용인데도 리딩 레벨 5점대로 쉽게 쓰였어요. 〈A Brief History of Time〉시간의 역사은 시간과 우주의 본질에 대한 책이에요. 과학책 중에서 가장 유명하지만 완독한 사람이 드물 정도로 어려워 '호킹 지수'라는 단어까지 생겨난 책입니다.

● **Who Was Stephen Hawking?** (Jim Gigliotti) AR 6.0, 단어 수 7,512개, 112쪽 ● **George's Secret Key to the Universe** (Lucy Hawking & Stephen Hawking) AR 5.6, 단어 수 50,060개, 336쪽 ● **Hawking** (Jim Ottaviani) AR 5.2, 단어 수 298개, 304쪽 ● **A Brief History of Time** (Stephen Hawking) AR 10.5, 단어 수 61,832개, 212쪽

리처드 파인만(Richard Feynman)은 양자역학으로 노벨상을 받은 이론물리학자입니다. 음악을 사랑하고 대중서를 많이 썼어요. 매력적인 인물이라 인기가 많아요. 〈Feynman〉은 그의 생애와 업적을 소개하는 그래픽 노블이에요. 쉽게 쓴 책이지만 물리학 이론이 많이 등장해 9학년 이상 수준의 아이들이 읽을 만해요. 그가 쓴 물리학 강의 책보다 〈"Surely You're Joking, Mr. Feynman"〉파인만 씨, 농담도 잘하시네!이 대중적으로 더 많이 읽혀요.

● **Feynman** (Jim Ottaviani) AR 4.4, 단어 수 28,766개, 272쪽
● **"Surely You're Joking, Mr. Feynman"** (Richard P. Feynman) 400쪽

과학자들의 생애를 그린 그래픽 노블 시리즈

〈Graphic Science Biographies〉는 위대한 과학자들의 생애를 그린 그래픽
노블 시리즈예요. 40쪽 분량으로 5∼8학년 수준입니다. 2020년부터 출간되
었고 뉴턴, 다윈, 아인슈타인, 퀴리 부인이 나왔어요.

Graphic Science Biographies (Jordi Bayarri) ●Isaac Newton and the Laws of
Motion ●Charles Darwin and the Theory of Evolution ●Albert Einstein and the
Theory of Relativity ●Marie Curie and Radioactivity

에이다 러브레이스(Ada Lovelace)는 최초의 컴퓨터 프로그래머예요. 컴퓨터
가 발명되기 100년 전 상상력과 수학적 능력으로 컴퓨터 프로그래밍에 대한
개념을 상상해낸 사람이에요. 1975년 미국 국방성이 당시 난립하던 컴퓨터
프로그래밍 언어를 통합한 뒤 '에이다'라는 이름을 붙였어요. 앨런 튜링(Alan
Turing)이 에이다의 글에서 힌트를 얻어 미래의 컴퓨터는 스스로 생각하는 인
공지능으로 진화할 거라고 예언했다고 해요. 최근 여성 과학자의 책이 많이
나오면서 에이다 러브레이스에 관한 그림책도 여럿 나왔어요. 그중 로리 월마
크의 〈Ada Byron Lovelace & the Thinking Machine〉에이다 러블레이스: 세계 최
초의 프로그래머을 권합니다. 40쪽짜리 그림책으로 1~4학년 수준이에요. 9학년
이상이라면 시드니 파두아의 〈The Thrilling Adventures of Lovelace and
Babbage〉에이다, 당신이군요. 최초의 프로그래머를 권해요. 320쪽 분량의 그래픽 노블
이지만 각주가 논문 수준으로 많아서 읽기 쉽지 않아요.

● **Ada Byron Lovelace & the Thinking Machine** (Laurie Wallmark)
● **The Thrilling Adventures of Lovelace and Babbage** (Sydney Padua)

그레이스 호퍼는 컴퓨터 코딩과 프로그래밍의 여왕이라고 불리는 인물로 버
그와 컴파일러 개념, 코볼 언어를 만든 컴퓨터 프로그래머입니다. 미국의
해군 제독으로 2차 세계대전 당시와 이후까지 활약했어요. 로리 월마크의
〈Grace Hopper: Queen of Computer Code〉컴퓨터 코딩의 여왕 그레이스 호퍼는 48
쪽짜리 그림책으로 2~4학년 아이에게 권해요.

●**Grace Hopper: Queen of Computer Code** (Laurie Wallmark)

앨런 튜링(Alan Turing)은 컴퓨터 과학의 선구자, 인공지능 과학의 창시자라고 불립니다. 대중에게는 영화 〈The Imitation Game〉이미테이션 게임으로 낯이 익어요. 〈Alan Turing: The Enigma〉앨런 튜링의 이미테이션 게임는 독일의 에니그마 암호를 해독해 2차 세계대전을 승리로 이끈 튜링의 업적과 생애를 그린 성인 도서예요. 9학년 이상 아이에게는 짐 오타비아니의 그래픽 노블 〈The Imitation Game: Alan Turing Decoded〉앨런 튜링를 권해요. AR 4.3, 240쪽 분량입니다.

●**The Imitation Game** (영화) ●**Alan Turing: The Enigma** (Andrew Hodges)
●**The Imitation Game: Alan Turing Decoded** (Jim Ottaviani)

스티브 잡스의 전기로 유명한 월터 아이작슨의 〈The Innovators〉이노베이터는 디지털 혁명을 주도한 창의력 넘치는 천재들에 관한 책이에요. 프로그래밍 분야를 개척한 에이다 러블레이스, 컴퓨터 공학의 아버지라 불리는 앨런 튜링, 인텔의 로버트 노이스, 마이크로소프트의 빌 게이츠, 애플의 스티브 워즈니악과 스티브 잡스, 구글의 래리 페이지가 등장해요. 이 책은 대학생 수준의 책을 읽을 수 있는 고등학생 이상에 권해요. 이 책에 등장한 인물들을 검색해 그들에 대한 책을 읽다 보면 컴퓨터 공학의 역사를 파악할 수 있어요.

(Walter Isaacson) ● **Steve Jobs** ● **The Innovators**

〈Mousetronaut〉은 전직 우주 비행사가 쓴 책으로 속편 〈Mousetronaut Goes to Mars〉도 있어요. 〈Me and My Place in Space〉는 저학년 수준의 논픽션 그림책을 많이 쓴 존 스위니의 책으로 요점만 잘 정리한 게 특징이에요. 〈There's No Place Like Space!: All About Solar System〉은 〈The Cat in the Hat's Learning Library〉에 들어 있는 논픽션 리더스북이에요.

● **Mousetronaut** (Mark Kelly) ● **Mousetronaut Goes to Mars** (Mark Kelly) ● **Me and My Place in Space** (Joan Sweeney) ● **There's No Place Like Space!** (The Cat in the Hat's Learning Library)

우주에 관심 있는 아이에게 추천하는 챕터북으로 초기 챕터북인 〈Command Toad〉토드 선장 시리즈와 [스팅크] 시리즈 중 다섯 번째 책 〈Stink: Solar System Superhero〉가 있어요. (자세한 설명은 p.248 참고)

● **Commander Toad** (Jane Yolen)
● **Stink #5: Solar System Superhero** (Megan McDonald)

〈National Geographic Little Kids First Big Book of Space〉는 128쪽 분량의 논픽션 정보책으로 킨더~3학년 수준이에요. 내셔널 지오그래픽에서 나왔고 그림과 사진이 멋져요. 3~8학년 수준의 아이에겐 64쪽 분량의 〈National Geographic Kids Everything Space〉를 권합니다.

● National Geographic Little Kids First Big Book of Space
● National Geographic Kids Everything Space

8장 논픽션 부분에서 언급한 칼 세이건의 〈코스모스〉 다큐멘터리도 추천해요. 2014년 〈Cosmos: A Spacetime Odyssey〉로 13편 나왔고, 2020년 〈Cosmos: Possible Worlds〉로 13편 나왔어요. 그래픽이 아주 훌륭해요. 일반적으로 7학년 이상 아이에게 적합한 내용이지만 과학에 관심이 있는 아이라면 5학년부터 볼 수 있어요. 〈One Strange Rock〉도 비슷한 내용을 다루는 2018년 10부작 다큐멘터리예요. 모두 내셔널 지오그래픽에서 만들었기 때문에 디즈니플러스에서 볼 수 있어요.

● COSMOS: A Spacetime Odyssey ● COSMOS: Possible Worlds ● One Strange Rock

레오나르도 다빈치, 빈센트 반 고흐, 클로드 모네, 파블로 피카소 등은 아이들 그림책에 자주 등장하는 미술가입니다. 3~5학년이 많이 읽는 위인전이 〈Who Was〉 시리즈에도 있어요.

● Who Was Leonardo da Vinci? ● Who Was Claude Monet?
● Who Was Pablo Picasso?

로렌스 안홀트의 〈Anholt's Artists Books for Children〉 내가 만난 미술가 그림책 시리즈는 저학년을 위한 32쪽 분량의 그림책이에요. 주인공이 우연히 화가를 만나는 에피소드 형식으로 여러 화가를 소개해요. 〈Van Gogh and the Sunflowers〉, 〈Picasso and the Girl with a Ponytail〉, 〈Degas and the Little Dancer〉, 〈The Magical Garden of Claude Monet〉 등이 있어요.

Anholt's Artists Books for Children 시리즈 (Laurence Anholt) ● Van Gogh and the Sunflowers ● Picasso and the Girl with a Ponytail ● Degas and the Little Dancer ● The Magical Garden of Claude Monet

제임스 메이휴의 〈Katie〉 시리즈는 저학년을 위한 32쪽 분량의 그림책이에요. 주인공 케이티가 그림 속으로 마법 여행을 떠나는 형식입니다. 〈Katie and the Waterlily Pond〉, 〈Katie and the Starry Night〉, 〈Katie and the Sunflowers〉, 〈Katie and the Mona Lisa〉 등이 있어요.

크리스티나 비외르크와 레나 엔데르손의 〈Linnea in Monet's Garden〉모네의 정원에서은 소녀가 할아버지와 함께 모네의 정원을 방문한 이야기입니다. 56쪽 분량으로 3∼6학년 아이에게 권해요.

Katie 시리즈 (James Mayhew) ●**Katie and the Waterlily Pond** ●**Katie and the Starry Night** ●**Linnea in Monet's Garden** (Christina Bjork, Lena Anderson)

〈Who Was Frida Kahlo?〉는 자화상을 많이 그린 멕시코 여성 화가 프리다 칼로의 전기예요. 유이 모랄레스(Yuyi Morales)의 〈Viva Frida〉프리다 칼로, 나는 살아 있어요는 2015년 칼데콧 아너를 받았어요. 인형을 만든 후 그림이 아닌 사진으로 표현한 책으로 글이 거의 없어요. 〈Portrait of an Artist: Frida Kahlo〉는 킨더부터 저학년 수준의 그림책으로 그녀의 일생을 그립니다. 남편의 여성 편력으로 받은 고통을 그림으로 승화한 이야기가 중요한 사건이지만, 어린이 책에서는 크게 언급하지 않는 편이에요. 그녀의 삶을 그린 영화도 있는데 도록을 더 권해요. 〈Basic Art Series 2.0: Kahlo〉는 96쪽 분량으로 비교적 큰

●**Who Was Frida Kahlo?** ●**Viva Frida** ●**Portrait of an Artist: Frida Kahlo** ●**Basic Art Series 2.0: Kahlo**

작품 사진과 설명을 실었어요.

● Who Was Andy Warhol? ● Andy Warhol So Many Stars
● Andy Warhol Happy Bug Day ● Andy Warhol What Colors Do You See?

〈Who Was Andy Warhol?〉은 20세기 미국 팝아트의 거장 앤디 워홀의 전기예요. 그의 작품은 아이들도 재미있어해 토들러용 보드북 시리즈로도 나와 있어요. 〈Andy Warhol So Many Stars〉는 20쪽, 〈Andy Warhol Happy Bug Day〉와 〈Andy Warhol What Colors Do You See?〉는 28쪽 분량의 보드북입니다.

● Radiant Child: The Story of Young Artist Jean-Michel Basquiat
● Little People, BIG DREAMS: Jean-Michel Basquiat ● Basquiat (Paolo Parisi)
● Basic Art Series 2.0: Basquiat

2017년 칼데콧 메달을 받은 〈Radiant Child: The Story of Young Artist Jean-Michel Basquiat〉빛나는 아이는 장 미셸 바스키아의 어린 시절을 다룬 그림책입니다. 바스키아의 그림 스타일보다 그림책 작가의 스타일이 더 부각된 편이에요. 어린이용 전기로는 〈Little People, Big Dreams: Jean-Michel Basquiat〉가 있어요. 〈Basquiat〉는 스타가 되고 싶어 했던 그의 이십 대와 죽음까지 아우르는 그래픽 노블이에요. 바스키아의 도록은 굉장히 많은데 〈Basic Art Series 2.0: Basquiat〉는 일반인이 접하기 좋은 수준이에요.

● The Story of Art ● DK: ART That Changed the World ● DK: The Arts: A Visual Encyclopedia ● DK: Artist: Their Lives and Works

에른스트 곰브리치(E. H. Gombrich)의 〈The Story of Art〉서양미술사는 서양 미술 관련 책 중 가장 많이 읽히는 책이에요. 선사시대부터 현대에 이르기까지의 미술을 정리했어요. 1950년에 처음 나온 책으로, 이후 컬러로 바뀌면서 여러 번 업데이트되었어요. 688쪽 분량으로 대학생 수준의 책을 읽을 수 있는 9학년 이상의 아이에게 권해요. 좀 더 화려하게 편집한 미술사책을 원한다면 DK 출판사에서 나온 백과사전 스타일의 책 두 권을 권해요. 〈DK: ART That Changed the World〉는 2013년에 나오고, 〈DK: The Arts: A Visual Encyclopedia〉는 2017년에 나온 책입니다. 이 책들은 시대순으로 정리한 책이고, 인물별로 정리한 책을 찾는다면 2017년에 나온 〈DK: Artist: Their Lives and Works〉가 있어요.

아이가 좋아하는 작가가 있으면 판형이 큰 도록을 보여주세요. 미술 작품 사진은 책 크기에 따라 느낌이 아주 달라요. 물론 가장 좋은 건 작품을 직접 눈으로 보는 거예요. 미술관에 갈 수 없다면 구글이 제공하는 온라인 미술관을 방문해보세요. '구글 아트 & 컬처(Google Art & Culture)' 서비스로 아티스트, 재료, 화풍 등의 주제와 테마로 여러 작품을 감상할 수 있어요. 작품을 확대해서 볼 수도 있어 미술관에서 보는 것보다 더 정교하게 볼 수 있는 장점이 있어요.

◀ artsandculture.google.com

아이들 책에서 자주 만나는 의상 디자이너는 단연 코코 샤넬이에요. 〈Little People, BIG DREAMS: Coco Chanel〉은 킨더부터 저학년 아이까지 적당한 전기 그림책이에요. 〈Along Came Coco〉는 32쪽 분량의 그림책으로 샤넬이 보육원에서 보낸 어린 시절부터 디자이너가 된 이후의 삶을 간결하게 잘 그려냈어요.

● **Little People, BIG DREAMS: Coco Chanel** (Maria Isabel Sanchez Vegara)
● **Along Came Coco** (Eva Byrne)

패션 일러스트레이터인 메간 헤스의 〈Coco Chanel: The Illustrated World of a Fashion Icon〉코코 샤넬, 일러스트로 세계의 아이콘을 만나다은 그림책에 가까운 전기예요. 아이용은 아니지만 그림이 멋져서 일러스트레이터가 꿈인 아이에게 권하고 싶은 책이에요. 그림이 마음에 든다면 유명한 드레스 100벌을 모아 소개한 〈The Dress〉나 이탈리아 패션 디자이너 10명을 소개한 〈Iconic〉을 권해요. 어린이를 위한 그림책 시리즈 〈Claris The Chicest Mouse in Paris〉

(Megan Hess) ● **Coco Chanel: The Illustrated World of a Fashion Icon**
● **The Dress** ● **Iconic** ● **Claris The Chicest Mouse in Paris**

클라리스는 예쁜 옷을 좋아하는 시골 생쥐의 파리 입성기입니다. 48쪽 분량으로 예쁜 드레스 보는 게 취미인 킨더부터 3학년 아이까지 권해요.

● Bloom: A Story of Fashion Designer Elsa Schiaparelli (Kyo Maclear, Julie Morstad)

의상 디자이너와 예술가의 중간 즈음일 것 같은 엘사 스키아파렐리를 그린 그림책 〈Bloom: A Story of Fashion Designer Elsa Schiaparelli〉피어나다를 보면 의상 디자이너의 폭넓은 행보를 만날 수 있어요.

● DK Fashion: The Definitive History of Costume and Style ● DK: ART
● DK: Furniture

〈DK Fashion: The Definitive History of Costume and Style〉은 복식사에 관한 책이에요. 시대별로 잘 정리되어 있어서 의상의 역사를 제대로 훑을 수 있어요. 2012년에 나온 책으로 그림과 사진만 봐도 충분히 즐길 수 있어서 초등 고학년 이상 아이에게 권해요. 〈DK: ART〉(2018)나 〈DK: Furniture〉(2010)와 연계해서 봐도 좋아요.

●**Who Was Frank Lloyd Wright?** (Ellen Labrecque) ●**Frank Lloyd Wright for Kids**
(Kathleen Thorne-Thomsen) ●**Fallingwater** (Marc Harshman) ●**Shape of the World**
(K. L. Going)

세계적으로 유명한 건축가라고 하면 안토니 가우디, 프랭크 게리, 르코르뷔지
에, I. M. 페이, 자하 하디드 등 많지만, 아이를 위한 책으로 가장 많이 나온
건축가는 '프랭크 로이드 라이트'예요. 〈Who Was Frank Lloyd Wright?〉
는 112쪽 분량의 챕터북입니다. 〈Frank Lloyd Wright for Kids: His Life
and Ideas〉는 144쪽 분량의 논픽션으로 그의 생애와 작품을 잘 설명해놓았
어요. 흑백 사진이라 좀 아쉽지만 4학년 이상 아이가 볼 수 있는 가장 체계
적인 책입니다. 킨더 이후의 아이를 위한 그림책으로는 〈Fallingwater: The
Building of Frank Lloyd Wright's Masterpiece〉와 〈Shape of the World:
A Portrait of Frank Lloyd Wright〉가 있어요. 둘 다 40쪽 분량이에요.

(Chris Van Dusen) ●**If I Built a House** ●**If I Built a School** ●**If I Built a Car**

그림책 크리스 반 두센의 〈If I Built〉 시리즈는 '내가 만약 우리 집을 짓는다면 어떻게 지을까'에 대한 신나는 해답입니다. 주인공 아이가 지은 학교에는 놀이동산이 있기도 해요. 남자아이들이 좋아할 스타일의 내용과 그림이지만, 구석구석 즐거운 상상이 많아서 여자아이들도 재미있게 볼 수 있어요. 킨더부터 2학년까지 권합니다.

● **Brick** (Joshua David Stein, Julia Rothman)

조슈아 데이비드 스타인과 줄리아 로스먼의 〈Brick: Who Found Herself in Architecture〉^{작은 벽돌}에는 세계 유명 건축물이 등장해요. 폴란드의 말보르크 성, 러시아 모스크바의 성 바실리 대성당, 이라크의 말위야 탑, 미국 뉴욕의 파크 이스트 유대교 회당, 인도 부다가야의 마하보디 사원 등으로 다른 어린이 책에서 보기 힘든 건축물들이에요. 멋진 그림 스타일은 아니지만, 낯선 건축물이 많이 나와 신선해요.

● **The Cat Man of Aleppo** (Irene Latham & Karim Shamsi-Basha, Yuko Shimizu)

유네스코 세계문화유산에 등록된 고대 도시 시리아의 알레포를 배경으로 한 책이에요. 내전으로 인해 어려움을 겪는 고양이들을 돌보는 아저씨가 주인공이에요. 2021년 칼데콧 아너 수상작으로 중세 아랍 건축물의 아름다움을 볼 수 있어요.

● **If You Lived Here** (Giles Laroche) ● **Home** (Carson Ellis)

세계 각국 15개 지역의 주거 형태에 관한 그림책입니다. 콜라주 기법의 그림
도 아름답고 각 주거 형태의 특성에 대해서도 잘 설명해요. 그림만 본다면 프
리스쿨이나 킨더 아이가 봐도 되지만, 논픽션책으로는 1~4학년 수준의 아이
에게 추천하는 32쪽 분량의 그림책입니다. 〈Home〉은 동물부터 사람까지 다
양한 집을 소개하는 40쪽 분량의 유아용 그림책이에요.

(Andrea Beaty, David Roberts) ● **Iggy Peck, Architect**
● **Iggy Peck and the Mysterious Mansion**

STEM을 사랑하는 아이들을 위한 안드레이 비티와 데이비드 로버츠의
[The Questioneers] 시리즈 중에도 건축을 좋아하는 아이가 주인공인 책
이 있어요. 그림책 〈Iggy Peck, Architect〉와 챕터북 〈Iggy Peck and the
Mysterious Mansion〉이에요.
스티븐 비스티의 책에는 크로스섹션(Cross-Section)단어가 많이 나와요. 단
면을 잘라서 보여주는 기법인데 건물, 도시, 교통수단, 인체, 기계 내부를 들
여다볼 수 있어요. 건축 역사에 관심이 있다면 고대 도시를 그린 〈Greece〉,
〈Rome〉, 〈Egypt〉, 〈Ancient World〉가 있어요. 〈Stephen Biesty's
Cross-Sections Castle〉은 중세 유럽의 성을 해부한 책이고 〈The Story of

(Stephen Biesty) ● Rome ● Stephen Biesty's Cross-Sections
● The Story of Buildings

Buildings〉는 피라미드, 시드니의 오페라 하우스 같은 유명한 건물에 대한 크로스섹션 책이에요.

(David Macaulay) ● Castle ● Cathedral ● Building BIG ● Underground

데이비드 맥컬레이는 〈도구와 기계의 원리〉로 유명한 작가이지만 그가 칼데콧상을 받은 책은 전부 건축책이에요. 〈Castle〉성, 〈Cathedral〉고딕 성당, 〈City〉도시, 〈Pyramid〉피라미드, 〈Mosque〉이슬람 사원가 있어요. 흰 종이에 펜으로 그렸는데 흑백판 이후 컬러판으로도 나왔어요. 건축 시공에 관심 있는 고등학생 수준 이상의 아이에게는 〈Building Big〉큰 건축물과 〈Underground〉땅속 세상를 권합니다.

건축 & 인테리어 잡지

건축과 인테리어 관련 종이 잡지도 볼만한 게 많아요. 그중 〈Architectural Digest〉, 〈Architectural Record〉, 〈Dwell〉을 추천해요. AD(Architectural Digest)는 건축과 인테리어 디자인 인터넷 잡지로 유튜브 채널도 있어요. 유명

●Architectural Digest ●Architectural Record ●Dwell

인사의 집을 소개하는 10분짜리 'Open Door' 동영상 콘텐츠는 영어 듣기 연습에도 유용해요.

 ◀

AD 홈페이지
www.architecturaldigest.com

 ◀

AD 유튜브 채널
www.youtube.com/ArchitecturalDigest

음식 나오는 그림책

잰 브렛의 〈Gingerbread Baby〉와 〈Gingerbread Friends〉는 쿠키와 사탕이 정말 예쁘게 그려진 책이에요. 로이스 엘러트의 〈Eating the Alphabet〉은 음식이 등장하는 알파벳책이고요. H. A. 레이의 [큐리어스 조지] 시리즈 중 〈Curious George Makes Pancakes〉는 장난꾸러기 원숭이 조지가 팬케이크 만드는 모습을 그렸어요.

● **Gingerbread Baby** (Jan Brett) ● **Gingerbread Friends** (Jan Brett) ● **Eating the Alphabet** (Lois Ehlert) ● **Curious George Makes Pancakes** (H. A. Rey)

로렌 차일드의 [찰리와 롤라] 시리즈 중 〈I Will Never Not Ever Eat a Tomato〉난 토마토 절대 안 먹어는 편식 심한 여동생이 오빠 덕분에 음식에 대한 장벽을 넘어서는 모습을 그렸어요. 마크 브라운의 [아서] 시리즈 중 〈D. W. the Picky Eater〉 역시 편식 심한 여동생의 변화 과정을 그렸어요.

● **I Will Never Not Ever Eat a Tomato** (Lauren Child)
● **D. W. the Picky Eater** (Marc Brown)

〈If You Give a〉 시리즈는 동물에게 음식을 줬을 때 벌어지는 일을 그린 그림책이에요. 생쥐에게 쿠키를 주면 꼬리에 꼬리를 물며 어떤 일이 일어나는지를 유머 있게 그렸어요. 이후에 나오는 책들은 동물과 음식 이름이 같은 알파벳으로 시작해요. Cat에게는 Cupcake를 주고, Pig에게는 Pancake를 주고, Moose에게는 Muffin을 주는 식이에요. 그림이 사랑스러워 프리스쿨러부터 좋아하지만, 유머를 이해할 수 있는 킨더 이후에 보면 더 재미있게 읽습니다.

[If You Give a] ●If You Give a Mouse a Cookie ●If You Give a Cat a Cupcake
●If You Give a Pig a Pancake ●If You Give a Mouse a Muffin

케이트 디카밀로의 책에는 특정 음식을 좋아하는 돼지와 아이들이 등장해요. 〈Mercy Watson〉 시리즈의 주인공인 돼지 머시는 토스트를 좋아해요. 달콤한 팝콘 냄새를 맡으면 정신을 못 차려 사고를 치기도 해요. 함께 사는 사람들과의 파티 장면도 자주 등장해요. 작가는 〈Bink and Gollie〉 시리즈에서도 팬케이크 장면을 적절하게 사용해요.

(Kate DiCamillo) ●Mercy Watson to the Rescue ●Bink and Gollie

에이미 크루즈 로젠탈이 쓰고 제인 다이어가 그린 〈쿠키 한 입의 인생수업〉 시리즈는 맛있는 쿠키가 계속 등장하는 사랑스러운 책이에요. 인생과 행복,

사랑에 관한 좋은 말이 많이 나와 아이보다 엄마에게 더 인기 있는 시리즈이기도 해요. 유아기에 읽어줘도 좋지만 초등 저학년까지도 생각하며 읽을 수 있는 그림책이에요.

(Amy Krouse Rosenthal, Jane Dyer) ●Cookies: Bite-Size Life Lessons ●Christmas Cookies: Bite-Size Holiday Lessons ●Sugar Cookies: Sweet Little Lessons on Love ●One Smart Cookie: Bite-Size Lessons for the School Years and Beyond

초콜릿이 주인공인 3학년 수준의 소설책 〈Charlie and the Chocolate Factory〉찰리와 초콜릿 공장는 주인공이 초콜릿 공장의 후계자가 되는 과정을 그린 모험담이에요. 패트릭 스킨 캐틀링의 〈The Chocolate Touch〉초콜릿 터치는 초콜릿에 대한 탐욕으로 만나게 된 마법의 초콜릿 가게를 통해 성장하는 주인공의 모습을 그려요. 로버트 킴멜 스미스의 〈Chocolate Fever〉걸어 다니는 초콜릿는 초콜릿을 좋아하는 소년이 겪는 어려움을 통해 다름과 틀림의 차이나 좋아하는 것을 마음껏 탐하는 것의 문제점 등 소년이 겪는 유별난 일상과 심리를 그립니다.

●Charlie and the Chocolate Factory (Roald Dahl) ●The Chocolate Touch (Patrick Skene Catling) ●Chocolate Fever (Robert Kimmel Smith)

어린이 요리책 & 요리 잡지

요리 방송 채널이나 잡지사에서 나온 단행본 요리책도 추천해요. 다음 책들은 요리에 있어서 거의 논픽션 지식 정보책 수준이에요. 최근 나온 책일수록 보기 좋아요.

'푸드 네트워크(Food Network)'는 미국의 유명 요리 방송 채널이에요. 여기서 나온 〈Food Network Magazine: The Big, Fun Kids Cookbook〉(2020년)은 192쪽 분량에 3∼7학년 수준이에요. 아메리카 테스트 키친 키즈(America's Test Kitchen Kids)에서 나온 〈The Complete Cookbook for Young Chefs〉(2018)는 208쪽, 〈The Complete Baking for Young Chefs〉(2019)는 224쪽 분량에 4∼8학년 수준이에요.

- The Big, Fun Kids Cookbook ● The Complete Cookbook for Young Chefs
- The Complete Baking Book for Young Chefs

● Food Network Magazine ● Taste of Home ● EatingWell

요리 좋아하는 아이에게 권하는 유튜브 채널

제이미 올리버나 고든 램지처럼 유명한 요리사의 채널부터 'Amber Kelley'나 'CharlisCraftyKitchen' 같은 어린이 요리사 채널, 'Rosanna Pansino'나 'The Icing Artist' 같은 베이킹 채널과 'Tasty', 'Bon Appetit', 'So Yummy'

같은 대형 요리 채널이 대표적이에요. 'Maangchi'는 미국에 사는 한국 교포가 영어로 운영하는 채널입니다. 한국 음식을 많이 소개하고, 발음보다 유창성과 적극적인 태도가 더 중요하다는 것을 느낄 수 있어요.

'영국에서 온 감탄 식객'은 한국의 OCN이라 불리는 아웃도어 여행 채널에서 방영하는 요리 프로그램으로 외국인이 하는 한국 요리를 볼 수 있어요. 한국인을 대상으로 한 방송이라 듣기 좋은 속도와 발음으로 설명하고, 한국 요리를 소개하기 때문에 익숙한 요리와 재료가 나와 쉽게 알아들을 수 있어요. 한글 자막도 제공해요. 외국인에게 한국 음식을 어떻게 소개하는지에 대한 요령도 많이 배울 수 있어요.

영어책 구입하는 방법

영어책 전문 서점을 이용하세요

엄마들이 많이 이용하는 영어책 전문 서점으로 웬디북, 동방북스, 키즈북세종, 북메카, 애플리스, 쑥쑥몰, 잉크앤페더, 하프프라이스북 등이 있어요. 온라인 쇼핑몰이지만 종종 오프라인 세일을 하기도 해요. 사이트마다 특성이 있고 가격대도 달라요. 몇 군데 들어가보고 자신에게 맞는 곳을 정해 쿠폰이나 포인트 혜택을 활용하세요.

웬디북
www.wendybook.com

동방북스
www.tongbangbooks.com

키즈북세종
www.kidsbooksejong.com

북메카
www.abcbooks.co.kr

애플리스
www.eplis.co.kr

쑥쑥몰
eshopmall.suksuk.co.kr

잉크앤페더
www.inknfeather.com

하프프라이스북
www.ocw.mit.edu

대형 서점을 이용하세요

교보문고, 알라딘, 인터파크, 예스24 같은 국내 대형 서점에서도 원서를 구입할 수 있어요. 영어책 전문 서점은 한국 엄마들이 많이 찾는 책 위주로 공급해요. 종종 아이가 찾는 독특한 책을 찾을 수 없어서 아마존에서 직구를 하는 경우도 있어요. 해외 사이트 이용이 부담스러울 때 대형 서점의 해외 서적 사이트에서 먼저 찾아보세요.

공동구매를 이용하세요

카페나 개인 사이트의 공동구매를 이용하는 경우도 많아요. 어떤 책이 인기 있는지 파악하기 쉽고 영어책 정보를 얻을 수 있어요. 하지만 영어책에 관한 지식이 많지 않을 때는 분위기에 휩쓸려 불필요한 책을 구입할 위험도 높아요. 정말 인기 있는 책은 많은 곳에서 자주 공동구매하기 때문에 아이가 당장 읽지 않을 책을 너무 일찍 사둘 필요는 없어요.

도서관이나 대여 사이트를 이용하세요

도서관이나 도서 대여 사이트에서 골라 먼저 보고 나서 아이가 좋아하는 책만 구입하는 것도 좋은 방법이에요. 프리스쿨러 이상이 되면 책이 많이 필요해져요. 반복을 싫어하고 계속 새로운 책을 원하는 성향의 아이라면 특히 많은 책이 필요해요. 아이의 취향을 파악하지 못한 상태에서 모든 책을 사서 보여줄 수는 없어요. 도서관이나 대여 사이트를 이용해 많이 접하게 한 뒤 아이가 좋아하는 책을 구입해주는 것도 좋은 대안이에요. 다른 아이들이 좋아한다는 책을 덜컥 사줬더니 아이의 반응이 안 좋다고 실망하는 엄마가 많아요. 아이의 의견을 듣지 않고 엄마의 단독 결정으로 책을 사면 아이가 좋아하기를 기대하거나 강요하게 될 확률이 높아요. 시리즈로 살 경우에는 특히 한두 권만 먼저 접해보고 아이가 좋아하면 시리즈 전체를 구입하는 게 좋아요.

2021년 7월, 민간 우주여행 시대가 열렸어요. 리처드 브랜슨과 제프 베저스가 9일 간격으로 우주선을 타고 우주 경계까지 다녀오는 모습을 전 세계에서 실시간으로 시청했어요. 리처드 브랜슨의 우주여행을 기념하며 '뉴노멀(New Normal)'이라는 노래가 나왔어요. 뉴노멀은 시대의 변화에 따라 새롭게 떠오른 기준을 의미해요. 곧 일론 머스크까지 합세할 예정이라고 하니, 민간인 우주 관광이 '뉴노멀'이 되어가는 게 맞나 봅니다. 팬데믹으로 인해 많은 일상적인 것들이 비일상이 되었고, 4차 산업혁명 시대로 전환에 가속도가 붙었어요.

세상은 빠른 속도로 변하고 있는데, 21세기에 태어난 아이들은 아직도 20세기 초에 만들어진 교육 시스템의 영향 아래 있어요. 2차 산업혁명 시대에 필요한 일꾼을 기르기 위해 만들어진, 남이 시킨 일을 빠르고 정확하게 해내는 사람을 키우는 시스템이죠. 세상은 바뀌어, 남이 만들어 놓은 경계를 허물고 새로운 것을 만들어내는 인재를 요구해요. 하지만 우리 아이들은 아직도 남이 정해준 길을 남보다 빨리 가기 위해 달리고 있어요. 이 책은 아이가 자기 자신을 발견하고, 자기에게 맞는 길을 찾는 데 도움이 되길 바라는 마음으로 썼어요.

아이가 좋아하는 책을 찾는 방법은 의외로 아주 간단해요. 아이가 고르면 됩니다. 엄마가 열심히 공부하고 고민해서 고른 것을 아이에게 건네주지 마세요. 아이와 함께 고르고, 아이가 자라면서 선택의 주도권을 아이에게 넘겨주면 좋겠습니다. 이 책도 아이와 함께 보는 책이 되길 소망합니다.

아이걸음

3세 이상

5세 이상

만 6세

그림책 대표 작가 에릭 칼의 책들

챕터북

초기 챕터북

챕터북

그래픽 노블

소설

초등학생 수준

중학생 수준

고등학생 수준

고전

뉴베리상 수상작

논픽션

과학

공룡 좋아하는 아이를 위한 책

알파벳책

명작 전래 동화 그림책

연령별 신화

연령별 성경

연령별 판타지